中世と近世のあいだ

中世と近世のあいだ

――14世紀におけるスコラ学と神秘思想――

上智大学中世思想研究所編

知泉書館

転換期としての十四世紀

――序言に代えて――

哲学的思索は、常に真理を規範として遂行され、それ自体の内に意味を有するものであるにしても、真理を究明するさまざまな観点に関しては、歴史的に制約された問題設定に左右される。そのため、その思索を理解するには、それがどのような潜在的な意図に根差しているかを考慮することが不可欠である。そうした観点において、近代思想の意味と限界を問い、その思想史的前提に遡ろうとするなら、中世末期の思想の内にその端緒を求めることができるだろう。なぜなら中世末期の思想こそ、連続と対立という双方の仕方で、近代思想の発展を後押ししたものにほかならないからである。

このような問題設定の下では、中世と近世はそれぞれ独自の特徴をもつ時代として区別されると同時に、思想史的な連続的発展の段階としても考えられる。なるほどこうした時代区分は、理解のための目印の役割を果たすにすぎないとも言えるだろう。このような時代区分が容認されるのは、区別された各時代にそれぞれ固有の主題が明確に認められながら、同時にそこに同一の動機の連続的変化が確かめられるような場合である。十四・十五世紀における文化的・社会的・政治的状況の変動は、その影響が深く後世にまで及ぶものであり、中世末期の内に時代的転換を考える想定が裏づけられるばかりか、そこには、近世における問題設定の萌芽とみなせるものが少なからず存在するのである。

歴史的に見るなら、中世末期には、経済上の慢性的な危機や人口の減少が見られ、市民階級の勃興によって封建的体制が揺らぎ、ペストの流行や東方からの脅威によって不安が蔓延すると同時に、領邦国家が神聖ローマ帝国に対して独自の地位をますます強く要求することで、教皇権力の求心性も弱まっていった。そうした弱体化は、教皇のアヴィニョン捕囚と、それに続く大分裂《シスマ》、さらに十五世紀の改革公会議によって、もはや覆いがたいものとなっていく。ラテン語を学問上の共通言語とすることで成り立っていた知的統一も、俗語の成長と、各国家における大学の設立によって弱体化していく。個人の自己意識も徐々に強化され、その傾向は、神秘思想や異端の運動においてだけでなく、領主や市民といった一般社会のあいだでも顕著になっていくのである。学問の世界では、経験的検証によって支えられた個別科学が優勢に立ち、逆にそれまで主流であった形而上学的体系が疑いの目に晒される。そのために、十三世紀中頃において、さまざまな思想が、緊張を孕みながらも調和の取れた連繫を成しているかに見えた盛期スコラ学は、十四・十五世紀には解体を余儀なくされるのである。

哲学・神学・霊性というより狭い領域においては、この時代の多面的で複合的な特徴にもとづいて、中世末期には、盛期スコラ学の「大全」や托鉢修道会などの運動とは性格の異なる新たな動向が現れている。その一方でこの時代には、近世を予告するようなさまざまな思想が出現し、学問と信仰、言語と実在の関係をめぐる議論、世界への結びつきと内面性とのあいだの関わりといった問題が新たに精察され、詳細な分析によって学問的方法が確立されつつあった。こうして十四世紀という時代は、互いに競合する思想が多様に拡散していくところにその特徴があるため、本書はそれらの思考様式を総合しようとするものではなく、それぞれの思想家、それぞれの学派をその特徴に即して展開することを目指している。その際、主要な問題群や指導的な思想家に関しては、同時代の論争を背景として、その影響史をも見据えながら論じられることになる。そうすることによって、この時代の思考形態や認識論の多様性が、その地盤となる存在論的思考とともに浮彫りになることだろう。とはいえ、本書の第一部「宗教・神秘思想」と第二部「スコラ学・自然哲学」という区分が示しているように、この時代に関しては、その「生活の座」に照らして、二つの基本的傾向を区別することができる。

当時の人々のあいだには、まずは学問的方法に先立って、教養や人生の意味の教示を求める要求が高まり、そうした欲求によって人々は、芸術や文学、歴史研究に親しむだけでなく、スコラ学的・新プラトン主義的神秘思想や純粋な「キリストの模倣《イミタティオ・クリスティ》」の理念に刺戟されて、宗教経験の内面性への関心を深めていった。こうした黙想的・実践的な傾向の強い精神性とは別に、大学での学問的討議においては、理論的認識の批判的な確証が主題となっていた。その議論においては、存在と本質の関係といった存在論的諸問題から、認識構造の内でのその条件に対する反省へと、中心的論点が移行していった。そしてここでの認識論は、悟性内在的な論理学と、経験的・客観的な対象として捉えられた自然の考察――すなわち、十四世紀にアリストテレスを発展させて構築された諸学――といった相補的な両極の関係を扱うものであった。

合理的・経験的認識と内的経験という二つの領域に関して、神秘思想については、その最も重要な思想家たちはドイツやネーデルラントに現れ、また論理学や経験科学の主要な思想家は、イングランドの諸大学が輩出している。一方イタリアでは、十四世紀初頭以来、自らが古典的・ラテン的伝統に帰属しているとの自覚が深まり、その初期ルネサンスは、中世に幾度かなされた古典古代の復興《ルネサンス》の一段階を成すと同時に、十四世紀の終わり以降、ビザンツからギリシアの遺産を受容する土壌を準備することになった。ビザンツの思想的環境を形成する二つの側面、すなわち、主流を成すキリスト教信仰の歴史と、古典古代の思想という底流は、本書の第三部「東方キリスト教思想」で論じられる。そのため、本書にまとめられた諸論文を通読することで、読者は十四世紀という転換期の思想的状況を展望することができるであろう。

盛期スコラ学においては、哲学と神学の担い手は、ラテン語で研鑽を積んだ聖職者たちであったが、十四世紀初頭以来、これらの知識が俗語によって広められ、一般の人々にも手の届くものとなった。ダンテ（第一論文）は、中世の宗教的理念に洗練された詩的表現を与えるだけでなく、読者を哲学的思考へと導こうとしたのであり、そのためにスコラ学的な学問論の枠の中で、百科全書的な哲学的知識を展開している。この詩人哲学者ダンテにおいては、当時の大学での哲学において激しく論じられた問題、すなわちアウグスティヌス的な超越への志向とアヴェロエス主義的な合理主義とのあいだで議論された知性論あるいは自由意志論が反映している。ほぼ同じ時期にスペインでは、ライムンドゥス・ルルス（第二論文）が、宣教を目的として、イスラーム世界やユダヤ教世界との対話において、文芸・自然学・哲学・神学を活用している。フランシスコ会の精神に近かったとはいえ、自らは神秘的経験に動機づけられた平信徒であったルルスは、信仰の真理を、必然的な論理によって、合理的に理解可能にすることを目指したのである。ルルスは、自らの「大いなる術《アルス・マグナ》」によって、存在論的な超範疇的規定の理論を公理化し、論理化しようとしており、その試みは、ニコラウス・クザーヌスやジョルダーノ・ブルーノ、さらにはライプニッツの「普遍数学」の理念にまで脈々と受け継がれていく。

同じ頃、後世においてはほとんど注目されることがなかったとはいえ、フライベルクのディートリヒ（第三論文）が、アルベルトゥス・マグヌスの衣鉢を継ぎながら、アリストテレス的な知性論とアウグスティヌス的な照明説を融合させ、魂の根底における知性の自発性を、神の働きに対する受容性と、自然的対象の本質に対する構成的機能に即して解明している。ディートリヒの知性論は、人間の精神にとって本質的である至福についての問いをその背景としているため、マイスター・エックハルト（第四論文）はディートリヒに依拠し、魂の根底への内面化を通して、神との無区別の一致に向かう自己超越を説き、この「離脱」から、魂における神の誕生を導くことができたのである。ここでは、新プラトン主義の精神形而上学、トマス的な存在論、そして否定神学といった諸要素によって、三位一体・創造・受肉・恩寵という信仰の基礎的諸真理がひとつの統一の下に明らかにされ、信仰もまた精神の根本的遂行として実践されるものとされる。言語的にも強引な仕方で展開されるエックハルトの思弁的神秘思想は、その高弟ハインリヒ・ゾイゼ（第五論文）によって、中世末期の受難の神秘思想と関係づけられながら、自己を放棄する「放下」、およびキリストとの内密な共感といった繊細な信仰心へと転じられる。詩的で情感溢れるゾイゼの著作は、早くも中世末期に広く流布し、その豊かな感性は近世におけるドイツ敬虔主義にまで浸透している。

ザクセンのルドルフス（第六論文）にも、エックハルトおよびゾイゼの神秘思想からの影響が見られるが、ルドルフスの『キリストの生涯』は、教父たちやクレルヴォーのベルナルドゥスを典拠としながらも、福音書の記述、とりわけキリストの受難の物語に対して、一心に感情を込めて接することを読者に促すものであった。そこにおいては、想像力をもってこの出来事をまざまざと思い浮かべ、キリストの振舞いに感情移入することが勧められるのである。きわめて広く読まれたこの『キリストの生涯』は、ドミニコ会の神秘思想に劣らず、「新しい敬虔《デヴォティオ・モデルナ》」の指針となり、その精神は、イグナティウス・デ・ロヨラの『霊操』を介して、カトリック改革の霊性にまで流れ込んでいる。同様に、哲学的な神秘思想とは距離を取りながら、リュースブルク（第七論文）は超越に向かう関係を、魂の花婿である神の子キリストとの人格的交わりの段階的上昇として展開している。その際、道徳的態度から、神への希求、そして見神における神との合一を経て、活動と観想とは「共通の生」の内で有機的に結合するのである。

個人の内面に根差したこうした信仰生活の構想は、教会に忠実なものではあったが、大学での学問的な議論とは異なった独自の道を徐々に歩み始める。後期スコラ学は、同時代の精神的要求に応えることができなかったのである。盛期スコラ学の代表的な思想家たちの歿後、トマスの存在論にも関わる一二七〇・七七年のパリにおけるラテン・アヴェロエス主義の禁令の公布後は、十四世紀まで続く学派間の論争が始まる。それは例えば、ガンのヘンリクスとフォンテーヌのゴドフロワ（第八論文）、および彼らの学派のあいだで、人間の認識をめぐるトマス的な抽象理論とアウグスティヌス的な照明説との抗争、および自由論をめぐる主知主義と主意主義との争いという仕方で展開された。こうした議論においては、認識の確実性を人間の能力の範囲内で論じる批判的問いが焦点となったため、ドゥンス・スコトゥス（第九論文）は、哲学的認識の強固な地盤を求め、推論、経験、精神的活動の自己確証を区別していった。スコトゥスと同様に、彼の学派（第一〇論文）も、オッカムの唯名論との論争においては、普遍的な概念内容の認識を、存在論的に設定された共通本性から基礎づけることに努め、そのために、普遍者から個別者への個体化という問題が生じることになった。このような議論においては、認識の秩序と存在の秩序、精神の内在的領域と実在、主観と客観といった区別が視野に収められ、普遍概念と個的対象との差異と関連とが、代示《スポジティオ》理論のかたちで論理学的・意味論的に論じられた。

　オッカム（第一一論文）は、認識論の転換を試みる中で、認識の可知的形象（スペキエス）を排除することで、形而上学的前提を取り除くだけでなく、同時に認識と対象との直観的で直接的な関係を強調することになった。こうして、オッカムに発する唯名論は、存在論と精神形而上学との伝統的な連繫を壊し、真理を言語論と論理学の次元においてその形式に関して考察するのである。こうして、オッカムの弟子であるアダム・デ・ヴォデハム（第一二論文）において明らかになるように、スコラ学の哲学的伝統のみがもはや過去のものとなるのではなく、信仰の神学内容への問いそのものが学問的関心の内から失われていく。いまや学問上の関心は、たとえば知性と感性との結びつき、あるいは経験と理論の関係を問うような、論理学的・認識論的な学問論へと収斂するのである。

十四世紀後半、フランスにおけると同様にイングランドにおいても、こうした唯名論的な認識論と方法理解に対して、実在論の側からの反撥が起こり、それは十五世紀まで持続することになる。ウィクリフ（第一三論文）は、オッカム主義に対する強力な反対者として、厳格な形而上学的実在論を提示し、アウグスティヌス主義に忠実な着想とともに、その実在論をもって教義に対する批判の出発点とした。教会の位階秩序を否定する彼の宗教改革的精神は、イングランドのロラード派だけでなく、ボヘミアのフス派の運動の中に生き続け、十六世紀の宗教改革にまで受け継がれていく。

宗教的な動機に裏づけられた平信徒のこうした動向とは別に、現実の理解や現実認識の基準の変化というような思考全体の傾向において、目立たないながらも根本的な転換が、中世から近世への移行を示している。アリストテレス以来、運動は自然的世界の根本現象とみなされていたが、十四世紀のオックスフォードでは、運動論（第一四論文）がもはや目的因から存在論的に把握されるのではなく、質を量へと還元することによって、数学的に記述可能なものとして、近世初頭の機械論的な世界像を準備することになった。他方で、近世が幕を開けるとともに、中世末期では高度の展開を遂げていた多くの思考形態が衰退することになる。十二世紀の初期スコラ学における普遍論争以来、個物に対する普遍者の優位が揺らぎ始めるが、それを承けて、唯名論を支持するオッカム学派が、論理学（第一五論文）を高度に精細な体系にまで仕上げ、それは十六世紀まで維持される。しかしやがてその体系は、論理学一般の探求ともども、人文主義の修辞学によって衰退に追いやられることになる。近世を牽引した多様で複合的な思想的動機のうちには、このような新規の出発と断絶と並んで、過去から持続的に発展し、徐々にその解明が進んでいったものも含まれる。視覚の理論（第一六論文）などは、古代において問題が提起され、イスラーム思想における展開や、盛期スコラ学における形象論による基礎づけを経て、十四世紀において、近世初頭のケプラーによる解決に接近するという仕方で、連続的に発展していったものと見ることができる。西方世界においては、経験に裏づけられた合理性が近世への道を着々と切り拓く一方で、そこには常に内面的な宗教的精神がともなっていることが自覚されていた。他方で、ビザンツの東方世界における静寂主義《ヘシュカズム》（第一七論文）は、教父以来培われた信仰に神学上の基盤を与え、西方的な思考にならった批判に抗して、自らの優位を主張していた。これに対して、十四世紀末にはイタリアの人文主義者たちが、ギリシア語の知識からプラトンの諸著作、さらに数学や自然学をも含むビザンツの知的遺産（第一八論文）を、古典古代の教養に対する自らの探求と連動させることに成功し、続く二世紀のあいだ、古典古代を模範とした人間像や教養の理念を、ヨーロッパの西方および北方地域へと浸透させていくのである。

中世文化は、十三世紀の盛期スコラ学において思想的頂点に達したのち、十四世紀には危機と転換の時代を迎えたように見える。しかしながら、対立するさまざまな潮流のあいだの緊張においてこそ、吟味可能な確実性と経験可能な真理を模索しながら、普遍的な知識や個々の人間の自己実現の新たな規範を打ち建てる精神的な活動が一挙に花開くのである。同じ歴史的状況というものは二度と繰り返されることはないにしても、ここには、いつの時代にも道しるべとなるような方向が示されているように思える。本書が、現代という思想的な転換期にあたって、創造的な取り組みを促すひとつの契機となれば、本書の課題は達成されたことになるだろう。

K・リーゼンフーバー

目次

第一部　宗教・神秘思想

第二部　スコラ学・自然学思想

第三部　東方キリスト教思想

中世と近世のあいだ

――十四世紀の哲学と神秘思想――

第一部　宗教・神秘思想

1　ダンテと哲学

――『饗宴』と『神曲』を中心として――

岩倉具忠

はじめに

従来ダンテ（Dante Alighieri　一二六五―一三二一年）は、はたして哲学者と言えるかという疑問がしばしば繰り返されてきた。ダンテは哲学については素人で「それらの学理は、思索されたものではなく、ただ想像されたものにすぎず、その真偽のほどを議論するまでもない」[1]と決めつけているクローチェ（Benedetto Croce　一八六六―一九五二年）の言葉に代表される俗説は案外根強いようである。クローチェの心酔したジャンバッティスタ・ヴィーコ（Giambattista Vico　一六六八―一七四四年）に至っては、ダンテが「もしスコラ哲学もラテン語も知らなかったとしたら、さらに偉大な詩人になっていたに相違ない」[2]と断言してはばからない。もっともこの発言の裏には、詩的想像力と哲学的思弁とは両立しがたいというヴィーコ特有の確固たる信念があったことを念頭に置かなくてはならない。アリストテレスからトマス・アクィナス（Thomas Aquinas　一二二四／二五―七四年）に至る諸々の学説を『饗宴』（Convivio）や『神曲』（Divina Commedia）で縦横に活用し、哲学的論議を展開したダンテには、はたして彼独自の哲学と言えるものがあったのであろうか。

ダンテ自身は『饗宴』の序文で、自身を職業的哲学者ではなく、哲学者と素人の中間に立って知識を広める啓蒙家として明確に位置づけている。

「私は祝福された宴には列席できぬ身ではあるが、俗衆の牧場から逃れ、宴の席に着く人々の足下に身を寄せ、宴席より落ちこぼれる食物をば拾いつつ、後に残してきた仲間たちの貧しい暮らしをとくと心得ているだけに、わずかずつ拾い集めた食物の甘美な味わいが忘れがたく、かの貧しき者たちを不憫に思い、彼らのために何分かを蓄えることを忘れなかった。それをば幾久しく、彼らの目に触れるように示したのであった。そして彼らの欲望を大いに掻き立てたのである」(『饗宴』一、一、一〇)。

この表明が中世文学の常套手段である「装われた謙譲」であることを割り引くとしても、「日頃の太陽の光〈ラテン語〉が照らされなかったがために薄暗がりにいた人々に」光を与えるために、俗語で書くことによって従来ラテン語という障壁によって閉ざされていた学問の世界を開いて見せるというのがこの著作の目的であったとすれば、ダンテがそうした自身の社会的役割を意識していたことは明白である。ダンテが想定した読者層は、学問を暮らしの手段としているラテン語に堪能な医者や法律学者や聖職者などではなく、「知の糧」を求めている「高貴な心の持ち主」なのである。この高貴な心は、「世の中の堕落がもとで、学問を貴婦人から娼婦へと転落させた連中に学問を委ねてしまった人々」に宿り、「彼らの多くはラテン語ではなく、俗語を知っているのである」。ダンテは俗語の使用を通して学者という特権階級の独占する学問の世界を開放するために、新しい俗語による「哲学」を構想したのである。そしてこの著作の意図するところは「人々を学問と徳に導くこと」にあった(『饗宴』一、九、七)。

一　学問体系の構想

ダンテは諸学の分類に当たって、三学と四科から成る自由七学芸の後に、自然学と形而上学を共に置き、その上位に倫理学（la Morale）を、さらに全学問の上に神学を位置づけている（『饗宴』二、一四、一三―一四）。形而上学に対する倫理学の優位について、ダンテは倫理学が「諸学の探究に具えられた」学問であるからだと言っている。倫理学は人間に最高善とは何かを教え、それを追求する道を示すからにほかならない。したがってダンテが『饗宴』の他の個所（三、一一、一六）で、形而上学は「当然の帰結として、そこで最も集約的に哲学の目的が達せられるのであるから、〔最高の〕哲学と称されるのである」と述べていることと一見矛盾するかのようである。しかし真理についての思索は、人間のなしうる最も高貴で、高次の活動ではあるが、知性をそのような思索に向かわせるのが倫理学であるとすれば、倫理学はそうした意味で実践的であると思索的であるとを問わず、あらゆる学芸の上位に位するものだというのである。

ダンテは上記『饗宴』第二巻一三章の学問の分類に当たって、たとえば文法を月天に、弁証法を水星天に、幾何学を太陽天にといったように学問の順位を天界の位階になぞらえている。しかしこれは単なる比喩ではなく天界の位階にもとづいた宇宙の構成と、世界という「書物」に映し出された知の百科全書的な順位とのあいだに完全な呼応関係があることを示したものなのである。すなわち諸学の順位と天界の位階が同一視されたのは、諸学の性格と天界の「地上への作用」の特徴を類似のものとみなすアナロジーの産物であった。したがって「世界の像」（Imago mundi）と「知恵の形」（forma Sapientiae）は、現実に宇宙的完成そのものを映し出す鏡の両面だったのである。(3)

二　哲学と神学

ダンテはそうした天界の頂点、神の座所である最高天を、学問の世界の頂点に位する神学と呼応させている。「最高天はその平安のゆえに平和に満たされた神学に似ている。神学はその対象がほかならぬ神であるところから群を抜いた確実性があるため、見解の対立や詭弁的な論議にまったく煩わされることがないからである。この神学についてキリストは弟子たちに〈私は、平和をあなたがたに残し、私の平和を与える〉と述べているが、キリストは弟子たちに自身の教義を与え残したのである。それが私の語っているこの学問にほかならない。この学問についてソロモンは述べている。〈王妃が六〇人、側女が八〇人、若い婢の数は知れないが、私の鳩、完全な乙女は一人〉。すべての学問は王妃と呼ばれ、親しい友、婢と呼ばれるが、この学問は論争の汚点にけがれることがないので、鳩と呼ばれ、そこにわれわれの魂が安らぐ真理を完全に見究めるので、完全と呼ばれる」(『饗宴』二、一四、一九―二一)。

神学についてのダンテの見解は、可能な限り信仰の論拠や神の存在を証明し、合理的に正当化する努力を重ねるのが神学者の立場であるとするトマス・アクィナスのそれとは大きな隔たりのあることがわかる。ダンテにとって神学は、あくまでも神の言葉とキリスト教の信仰と密接に関わり、それらにもとづくものである。したがって他の諸学には必要不可欠の「論議」とは無縁なものなのである。この分野でのダンテの聖書からの数多い引用もそうした見解に由来するものと思われる。

また十三世紀には言い慣わされ、トマスによっても繰り返し言われた「哲学は神学の婢」という表現[4]についても一考を要する。ダンテが「雅歌」の一節を引用しながら神学を「鳩」に見立てたのは、むしろ神学にその他の諸学とは次元のまったく異なった地位を与えることによって、諸学とは別格のものとし、そのことによって諸学を神学から解放独立させようとする意図からであるとも言えよう。しかし「この高貴な婦人〔哲学〕はその驚くべき姿によってわれわれの信仰を助ける」(『饗宴』三、七、一六)と言っているように、ダンテが科学や哲学を最高の神学的真理に役立ちうる知識であるとみなしていることもまた確かである。

しかし『饗宴』におけるダンテの論述は、一見一筋縄ではいかないところがある。そこでは哲学の象徴である「高貴な婦人」は、二つの顔をもっていて、一方をわれわれに見せ、他方を隠している。しかし理性が見せられた方の顔から識別しうる限りの真理もまた、人間の知性を超越する「知」そのものから漏れ出づる光にほかならないのであるから、それは奇蹟なのである。したがって人間はこの絶え間ない奇蹟を省察することによって、その精神が理解しうる真理よりいっそう高い真理が存在することを信ずるようになるのである。このようにして人間には理解しえないが、「より高次の知性」(天界の知性)が理解するところのそうした真理は、たとえばキリストの啓示のように神の直接の啓示によってのみ人間にも開示されうるのである。かくして哲学は、見せられた方の顔を通して人間の信仰を助け、理性を超えたものを信じるように仕向け、「隠されたもの」を知ろうとする欲求へと導くのである(5)(『饗宴』三、一四、一三―一四)。人間の思索行為は、「直接の光によって」「媒介なしに」(『饗宴』三、一四、一四)神の啓示の力を借りて導き出されるのであるから、「人間の技以上のもの」(『饗宴』三、一四、一一)である。

真理の理解を人間精神を超越したものと見るこうしたダンテの態度は、きわめて神秘主義的であり、合理主義的傾向とはほど遠い。キリスト教世界でこうしたプラトン的・プロティノス(Plotinos 二〇五頃―二七〇年)的神秘主義を代表する思想家は、アウグスティヌス(Augustinus 三五四―四三〇年)である、中世のキリスト教の思想家は多少ともその影響の下にあると言ってよい。トマスでさえその例外ではない。このプラトン的神秘主義は、要するに人間の知は、神の「知」の分け前に授かるもので、人間の知性には何分か神的なものがあるというアリストテレスの学説でもある。アリストテレスは、この人間の知性は外部から人間の中に入るものであるとする。「しかし知性のみは外部から侵入し、それのみが神的なものとしてとどまる」（『動物発生論』[De generatione animalium] II, 3, 736b27-28）。

ところが第四巻一三章においては、前述のこうした神秘的な傾向が忘れ去られたかのように、人間の哲学と神の哲学の弁別を試みるばかりではなく、両者を切り離し、アヴェロエス（Averroes; Ibn Rushd　一一二六―九八年）主義者たちのように両者を互いに関係のないものとするきわめて合理主義的な主張が現れるのである。この主張は「高貴な婦人」は、第一に神に、第二に被造物としての諸知性に同時に具わった「知」の象徴であるという第二章の説明とは一見対立するかのようである。しかし「ダンテの疑義と解決は、突如として大胆にも合理主義的な傾向を示している」(6)というナルディの説明は適切であるとは思えない。なぜならこうしたダンテの「合理主義」的主張は、神学を鳩に見立てて、人間の哲学とは別格なものとする前述の第二巻一四章にすでにその伏線が敷かれていたと考える方が妥当であり、むしろ神秘的傾向と共存しつつ、この考えは一貫してダンテの思想を貫いているものと見るべきであろう。ここでダンテは次のように述べている。人間の知への欲求が、「この世で得られるかの学問」によって完全に満たされ、この欲求の充足において「人間的完成、つまり知性の完成が得られる」のだとすれば、「人間の知性を超越する」諸事物を知ることは、人間の本性からして欲求されないことになり、まさにアヴェロエス主義者たちの言うように、人間の哲学はそれ自体で完成したものであるということになる。(7)

ダンテの知的形成期の文化的環境にあっては、すでに「哲学」と「神学」の離別は自明なものとなっていた。ナルディに従えば中世キリスト教史において「哲学」は、常に信仰についての省察を意味し、信仰の知的理解（intellectus fidei）の産物であって、いわゆる哲学と神学との関係も正確な歴史的状況と切り離しては考えられない。[8] つまり伝統的・キリスト教的な「知」もしくは哲学に対してアリストテレスとそのギリシア・アラブの註解者たちの自然学・形而上学の体系が導入された十三世紀に、初めてその関係はより明確にされることになる。したがって「神学」とは「一二世紀間にわたり教父の思想と教会の教義によって解釈されてきた福音的啓示にもとづいたキリスト教の教え」であるのに対し、「哲学」とは「主として〈哲学者〉アリストテレス、〈知者たちとその註解者たちの師〉に起源を発するギリシア・アラブの学説の総体」[9] であるということになる。それはキリスト教の哲学すなわち神学と、古代の哲学すなわちギリシア・アラブの科学という二つの哲学のあいだにまさに生じた対立にほかならなかったのである。

『饗宴』でダンテは、当時の百科全書的な知識を総動員しながらも、同時代の哲学者の主な関心事であった論理学や自然学についての末梢的な議論には拘泥せず、古代から中世に至る多くの賢人の英知のなかから哲学と神学を超越した彼の構想する「単一の知」のイメージに適合するものを取捨選択したのである。しかしダンテはなかでもアリストテレスの『ニコマコス倫理学』（Ethica Nicomachea）に最もよく精通していると言われ、彼の中心的関心が知の達成による人間の幸福に向けられていたことがわかる。『ニコマコス倫理学』の西欧世界への再導入が人間の「自律性」の意識の形成に決定的な役割を果たしたことは、倫理・政治思想史の研究者によってしばしば指摘されてきた。[10] ダンテの利用した著作家たちは、キケロ（Marcus Tullius Cicero　前一〇六－四三年）、セネカ（Lucius Annaeus Seneca　前四－後六五年）といった思想家のみならず、ウェルギリウス（Publius Vergilius Maro　前七〇－一九年）、ルカーヌス（Marcus Annaeus Lucanus　三九－六五年）、スタティウス（Publius Papinius

Statius 四五頃―九六年頃）のような詩人たちであり、彼らから知者のきわめて深い倫理的な教えを抽き出し、専門用語に託されて表現される哲学の教師たちの真理よりもいっそう具体的で説得力のある真理を秘めている彼らの「仮構の世界」からより多くの宝を掘り起こしたのである。聖書からの力強い聖句の引用もまたダンテのこうした傾向をよく表している。

三　霊魂の生成

中世からルネサンスにかけて人間の霊魂は、哲学の重大問題の一つであった。この問題についてダンテがどのような見解を抱いていたかを主として『饗宴』と『神曲』を通して探ってみたい。これによってダンテの哲学思想の根幹に触れることができると考えるからである。『饗宴』でダンテは百科全書的に霊魂の能力を植物的、感覚的、理性的の三者に分けて説明し、人間の霊魂の性質を規定したのち、次のように述べる。「すべてこうした能力を含みもつ霊魂は、すべての霊魂のなかで最も完全なものであり、これが人間の霊魂である。それは最高の能力、すなわち理性の卓越性によって永遠の知性〔天使〕と同様に神的性質を分有している。それゆえ人間の霊魂は卓越性を授かり物質から解放されたかの至上の能力を具えているので、神の光が天使におけると同様に輝くのである。したがって哲学者たちは人間のことを神にまがう生き物と称するのである」（『饗宴』三、二、一四―一五）。『神曲』においてもまた次のように述べられている。「あらゆる動植物の魂は／形相力を具えた複合体のなかから／清らかな星々の光と動きによって抽き出されたものです。／しかしあなたたち人間の魂は、最高善が他を介さず、／息を吹き込んで、最高善を常に慕うように創るのです」（「天国篇」第七歌、一三九―一四三）。ダンテに従えば動植物の魂は直接神の手によって創造されるのではなく、形相力を神によって付与された天体が、すでに創造されてある質料から言わば二次的に創り出すのである。しかし人間の魂のみは動植物の魂と同じ過程を辿って形成されたのちに、直接神から知性を吹き込まれて知性的魂が生成されるや感覚的魂と合体して形成される。この魂の起源に関する学説は、天体の影響力によって原質料（prime materie）から形相が生じるという学説に由来するのであって、トマスとダンテの思想の大きな違いを示す例の一つである。一方アルベルトゥス・マグヌス（Albertus Magnus 一一九三／一二〇〇―八〇年）にはこれにきわめて近い一節が見出される。「人間の霊魂の実体は、一部は内部から一部は外部から入るものである。というのは植物的部分と感覚的部分が母親と父親の滴にある質料から形成力〔天体の影響〕によって抽き出されるのに対し、そうした形成力は理性的・知性的形相および実体が可能態であるため、それらを同じ仕方では抽き出しえないからである。形成力自体があまねく創造作用に働きかける無形の知性〔神〕によって動かされない限りは。第一原因〔神〕の知性は、いかなる媒介も通さず、質料から抽き出すのでもなく、自身の光を通して純粋な混じり気のないものとして知的な形相と実体〔人間の魂〕に流れ込む」[11]。

人間の霊魂の不滅については、ダンテは上述のように人間の理性的魂が媒介なしに直接神から息を吹き込まれることによって生成されるとすれば、「神的」であることの最大の特質である「不滅性」をも付与されるのは当然であると主張する。「介在なくして形成者〔神〕によって直接惹き起こされる、すなわち形成されるもの〔人間の魂〕は、形成者に比例しているはずであるが、死すべきものと不死のもののあいだにはいかなる比例も成り立たない」（『饗宴』二、八、一三）という論理にもとづき、人間の霊魂の不滅性を証明している。

『神曲』の「煉獄篇」でダンテは、人間の霊魂の生成についてスタティウスから懇切な説明を聞かされる。「男の体内には完全な血があって、その他の普通の血は心臓から血管に送り込まれるが、その完全な血だけは、心臓にとどまり、胎児の肢体を形成する力となる。その血が再び消化されて精液となる。〈言うをはばかるところ〉へと下った精液は女性の〈自然の器〉の中に滴り、血と血が混じり合って固まり、凝固して魂が創られる。その状態は感覚的・動物的魂と言われ、ここまでの手順は動物の生成と異ならない。この動物と変わらない胎児がどうして人間になるのかが問題である」(「煉獄篇」第二五歌、三七―六一)。原文では「どのようにして動物から fante になるのか」となっている。この fante という語は、語源的にはラテン語の fari (口をきく) から出ており、本来「話す者」の意味である。ダンテは話す能力を具えているのは、人間のみであり、それは理性のなせる業で、思考能力があるために他人にその考えを明かす必要が生じると考えていた。人間は知力の点であらゆる他の動物とは異なっている。動物もその感覚的魂の働きによって個別の対象を識別する能力は具えている。しかし人間の魂のみが個別に対して普遍的なものを捉える能力を具えている。たとえば動物はある山を見て、その山のイメージを描くことができる。人間も同様であるが、さらに山に共通した普遍的な性質「山性の概念」とも言うべきものを抽出する能力をもち合わせている。ダンテは『俗語詩論』(De vulgari eloquentia) で「理解すること」よりも「理解させること」のほうがより人間的な行為であると言っている。[12] 外界の知覚能力は動物にも具わっているので、「理解すること」は動物にも可能である。しかし自分の感情や思考を他者に理解させる能力は言語というコミュニケーションの手段を有している人間のみに授けられたものだというわけである。

このように抽象概念を形作ったり、結びつけたり、弁別したり、表現したりしうる能力は、知性と呼ばれ、この知的作用は人間の肉体のどの器官の働きでもなく、霊魂に具わったものだというのが、アリストテレスの影響を受けた中世の哲学者たちの考えであった。ダンテはここで、胎児の脳の組織が完成すると、「最初の発動者」が「力に満ちた新しい霊魂をその中に吹き込む」[13] と言っているが、まさに「最初の人間であるアダムを地の塵から創り、その鼻の穴に生命の息を吹き込まれた」という「創世記」の言葉を想起させる表現である。こうして知的霊魂のみが、神から直接に授けられるわけだが、この万人に授けられる知性を中世ラテンの用語を借りて、ダンテは「可能知性」(intelletto possibile) と呼び、普遍的な概念を把握することのできる潜在能力であるとしている。

「註解者」アヴェロエスは、知性は肉体的器官に所属せず、肉体から切り離された存在であるとすれば、この可能知性は、人類にとって唯一つのものであって、人間は生まれるとすぐ、いわば可能知性の貯水池から知性を借り、死ぬ時にはまたそこへ返すので、知性は霊魂にとって本質的なものではないと考えた。これが有名な「霊魂単一説」である。この説によれば霊魂の不滅性は否定されることになり、キリスト教の教義とはまっこうから対立することになる。アヴェロエスはもともと医者であり、当時の西欧世界では知られていなかった人体解剖も行っている。したがってそうした医学の知識にもとづいてアヴェロエスは、人間の霊魂が脳と不可分であることを主張し、脳が死滅する時に霊魂も滅びると考えたのである。

四　可能知性

感覚的知覚は認識の第一前提であるが、真の知識もしくは普遍性の完全な理解は、感覚とは異なった、より高次の「本然的に知的な」機能の介入なしには不可能である。この見解は、アリストテレスの認識論に由来し、知性の性質と機能についての考え方の相違とは関係なく、あらゆるスコラ哲学の教義に共通のものである。ダンテもまた同時代の思想家と同様にこの知性の働きを「可能知性」と名づけている。ダンテの定義によれば、それは「普遍的形相を創造主の内にあるがままに理解する能力を潜在的に具え、原知性〔神〕から遠ければそれだけ具わり方が少ない」（『饗宴』四、二〇、五）。その結果「理性は各人ごとに認識、判断、選別の能力についてそれぞれ異なっている」（『俗語詩論』一、三、一）ことになるのである。人間の霊魂は、前述したように理性の高貴さによって神性を分有する。それは理性的魂がその最高能力において高貴になり、物質から解放されるので、天使におけるごとく神の光がそこに輝くのであるが、人間の魂はその高貴さにおいてけっして一様ではない。宇宙の構成が最下位の形相から最高位の形相へ、最高位から最下位へと降ったり昇ったりするように、個々の魂もその完全度に応じて同様な位階があって、天使に近い魂から動物の最も完成した魂に至るまで連続的な順位がある。したがって上を見れば天使にもまがう人間があるかと思えば、一方には獣のような人間がいることになる。

それではこの人間の知性の潜在能力が、どのようにして実現化するのかを見なければならない。ダンテによれば知的活動の出発点は、あらゆる魂に生得の「知ることへの自然の欲求」（『饗宴』三、一五、八）にあるが、その能力が、経験から得た多様な想念を分別をもって消化し始めた時点で初めて、可能知性は現実化し始める。その際、現実化は魂に先験的に具わった二つの原理にもとづいて果たされる。すなわち絶対に確実な真理である「最初の原理の認識」（lo'ntelletto de le prime notizie）、およびあらゆる被造物生得の善への自然の性向にほかならぬ「最初の欲求への愛着」（de' primi appetibili l'affetto）である。これらは「蜂が蜜をつくる熱意」（studio in ape di far lo mele）（『煉獄篇』第一八歌、五八−五九）に似て、神の善意そのものが魂に与えた性向（habitus）である。したがって魂は自身の存在がまったく神に依存していることを感じ取るので、自身の存在を確たるものとするために、神と一体になることを望むのである。一方、知への欲求も魂の神的部分から、またそれが知性を照らす光から生じる。それは「知恵」への愛であり、永遠の真理との合体への希求である。知恵と真理は、人知をまったく超越する原理と意味をもっており、その絶対的基盤は「すべての真理が湧き出でる泉」（fonte ond'ogne ver deriva）神にある。

「神はそれ〔知恵〕をもって宇宙を創始し、ことに天界の動きを始動させ、それがすべてのものを生み出し、それからすべての運動が起こった」（『饗宴』三、一五、五）と述べているところを見ると、ダンテは「知恵」と神の意志を同じものと見ていたことがわかる。このように「知恵」は人間の性質と可能性を無限に超越するものであるにもかかわらず、他の原理とともに生来人間の魂に宿った知への欲求は、完全な実現を見なければならないし、また「知恵」への愛は満たされずにはすまないのである。このようにして自然の欲求はあらゆる困難を排して真実を追求する絶え間ない努力へと転化する。すべての人間の知力は完成に向かって伸展し、自己の潜在能力を完全に実現しようとするとはいえ、この完成に到達するものの数は少ない。大部分の人間は原罪による堕落が原因で「魂と肉体の汚濁のゆえに」（『饗宴』四、一五、一一―一七）それが妨げられているからである。

五　自由意志

人間の魂に先験的に具わった善を目指す性向は、それ自体「賞賛にも非難にも値しない」（『煉獄篇』第一八歌、六一）。人間のみに具わったそうした最初の欲求（prima voglia）に個々の意志作用、個々の選択が合致するために、人間には思考能力（virtù che consiglia）が与えられ、決断を左右する能力（assenso）が具わっている（『煉獄篇』第一八歌、六二―六三）。したがって意志による選択を通して実行された個々の行為は、初めてその道徳的善悪を問われることになる。人間に必然的に起こってくる本能的な傾向を抑制するのもこの高貴な能力であり、それが「自由意志」（libero arbitrio）である。(14)

言語思想は、ダンテの哲学体系の中で最も独創的な見解の見られる分野の一つである。ダンテは『俗語詩論』で言語の性質を論じた際に、言語の歴史的変化の要因を人間の「自由意志」に帰している。「いかなる結果も、その原因を越えることはない」というアリストテレスの原理にもとづき、言語変化の原因をその使い手である人間に求め、「いかなるものももともと内包しないものを結果として導き出すことは不可能である」[15]から、人間自体に言語変化という結果が内包されているはずだとする。「人間はきわめて不安定で変わりやすいがゆえに」人間の話す言語も「継続性がなく、たとえば伝統と習性のごとく人間特有の他の諸現象のように、空間と時間の隔たりに連れて変化すべきもの」[16]である。ナルディやパリアーロは、ダンテの言語観のなかで特に注意を引くのは、人間と人間社会の変化に応じて表現形態も変化するという言語の性質を見抜いた点であるとする。しかしこうした考察は、たとえばレストーロ・ダレッツォ（Restoro d'Arezzo　一二八二年頃活動）のような中世の他の著述家にも見られ[17]、ダンテの独創とは言いがたい。ダンテはバベルの塔の崩壊後「言語はすべてわれわれが好き勝手に創り直したもの」(a nostro bene placito reparata) と述べている。ダンテによれば、言語は「理性的かつ感覚的な」記号である。この記号の性質は、音声が感覚にもとづくという点で感覚的存在であると同時に、音声と意味の統合が自然の必然によってではなく、人間の自由意志によって得られる点で理性的な実体であるということになる（「音声である限りは感覚的なものであり、何かを任意に表示する限りは、理性的なものであることは明らかである」[18]）。この自由意志の働きによって人間は自分の言語の創造者となることができる。ダンテが言語の性質についてこの点を特に強調するのは、自由意志こそ「新しい言語」の創造の原動力となりうるポジティブな機能を発揮しうると考えたからにほかならない。本来ならラテン語で書かれるべき哲学的論議をダンテがあえて俗語で書くことにした背景には、そうした言語の創造についての理論的根拠があったからである。また『神曲』で発揮された限りない言語的創造もこうした信念に支えられていたに相違ない[19]。

六　ダンテの哲学とその時代背景

『饗宴』で述べられたダンテの思想の「色彩」については、十九世紀末以来多くの研究者のあいだで絶えず論争が繰り返されてきた。そうしたいわゆる「色彩」を代表するものとしては、トマスの思想とアヴェロエス主義が挙げられる。ことにトマスについてはダンテの作品の註解に際して推定の域を越えてあたかも「現実の」出典であるかのごとくもっともらしく引き合いに出されることが多かった。十九世紀末から二〇世紀の初めにかけて中世哲学への関心が高まり、それとあいまって「ネオ・トミズム」が隆盛を迎え、カトリックの哲学思想の革新の推進力となった。そうした状況が『饗宴』や『神曲』でダンテの示した哲学的見解の見直しを促すきっかけとなった。新たな研究は確かにこれまで誤解されたり、歪めて解釈されていた章句のいくつかの意味を明確にするのに役立ちはしたが、同時に先入観にもとづく主張を押しつける結果をも招いた。ことに『饗宴』のテキストには「原典」とのより正確な符合に固執するあまり無理な校訂がほどこされるケースも少なくなかった。こうした傾向が、「ネオ・トミズム」の研究者たちの複雑きわまりない歴史についての無知から生じたことは明らかであった。[20]

ダンテの「ネオ・トミズム」を批判した代表的な学者は、ナルディとジルソンであった。ことに前者は十三世紀と十四世紀の文化についての広範な知識を踏まえて「原典」を詳細に吟味し、ダンテが実際に接したと思われる思想的状況と、関連の哲学の諸問題とを明らかにすることに成功した。[21] ナルディの研究は、ダンテの著作の哲学的背景についての情報を著しく増大させることに貢献したが、一方「ラテン世界のアヴェロエス主義」の解釈と呼応させながらダンテの思想的背景にアヴェロエス主義の影響をあまりにも強調するきらいがあった。[22] しかしこの研究が、アルベルトゥス・マグヌスのダンテへの影響の重要性を際立たせるとともに、アヴェロエスのテキストのいくつかの個所との紛れもない結びつきを突きとめ、ブラバンのシゲルス（Sigerus de Brabantia　一二四〇頃－八一／八四年）の哲学思想との具体的関連性および中世プラトン主義の伝統からの影響を探り出すという重要な成果をもたらしたことは否めない。そのほかダンテの思想の背景には、十二世紀の霊的・宗教的世界観や、「様相学者」（modisti）と呼ばれる論理学者の系譜との関わり合いが存在することを明らかにしている。[23] ダンテの哲学がアヴィセンナ（Avicenna; Ibn Sīnā　九七三／八〇－一〇三七年）の強い影響下にあってそこにはラテン・アヴェロエス主義のいくつかの問題が溶け込んでいることは確実である。一方トマスの思想との懸隔は、たびたび言及したようにきわめて大きいと言わなければならない。

おわりに

最後に冒頭に掲げた問いに答えなければならない。ダンテの哲学の独創性はどこにあるのかについて触れなければならない。『饗宴』でダンテの用いた哲学用語が未熟であるために、テクストの読みに曖昧な解釈を招きやすく、時としては相反する「流派」のどちらにも帰着しうるように読み取れる場合が多々あるので、それがダンテの哲学を「折衷主義」であるとする主張を助長する結果を生んだことは否めない。しかしダンテの用語が一見不正確であるとする批判は、まだ一定の専門語彙が存在しなかった俗語という新しい言語手段を苦心してダンテが活用しつつ、啓蒙家としての意識から入念に選択した用語であることを十分に考慮しないところから生じている。また「ダンテの体験の中心的な意義と伝統的なスコラ哲学の枠内に設けられた歴史的研究の学問的規範とは異なったダンテ独自の思想を十分に把握せずには、当時の知的・歴史的危機に晒された文化状況に対するダンテの独創性を理解することはできない」[24]はずである。しかしダンテは多方面にわたるさまざまな流派に属する学説を活用しながらも、真理の限りない奥深さ、人間にあって真に「神的」活動であり、人間を限りなく神に似たものとするきわめて高い「思索」の能力を個性的に自覚することで、単なる「折衷主義」を克服していると言えよう。

ダンテの思索は、常に自身の使命と人類の救済という終局目的に向かって凝縮していく。そうした動きの根源を探れば、それはもともとは堕落し、引き裂かれ、苦悩する人間の性状への深い省察から生まれた倫理的な情動に由来するものであるが、そうした人間の朽ちやすい本性の深い認識があってこそ人間精神の「高貴さ」とその完成のモデルを限りなく追求する詩人特有の執念が生じたのである。言葉を換えれば、肉体の「厚みと不透明さに覆われた」[25]人間の魂の限界を徹底的に自覚しつつ、その飛翔へ永遠の憧憬の念を抱くというのが詩人の一貫した姿勢なのである。そしてそのことはここでは紙幅の都合上触れえなかった『君主論』(De monarchia) の倫理観や『俗語詩論』の言語創造の原理にも明確なかたちで現れている。要するにこうした人間性についての飽くなき探究がダンテの思想の中核となっていることに疑いの余地はない。そうした人間の「性《さが》」と「知恵」は、しばしば聖句を借りて語られ、古代の知者の箴言を通して力強く表現されている。

こうしたダンテの思想は、アルベルトゥス・マグヌスのそれに近く、その学説の影響を他の誰からよりも強く受けた形跡がある。アルベルトゥスは、アリストテレスとその古代およびアラブの註解者やアラブの科学者たちによって築き上げられた学問の伝統のキリスト教文化への受容を体現した思想家であり、アヴェロエスのそれにきわめて近い「観想の至福」(beatitudo speculativa) という思想の光に照らしてそれらを解釈した。[26] ダンテのアリストテレス解釈もラテン＝アラブの仲介者であり、啓蒙家であったアルベルトゥスの著作に依存するところが多い。アルベルトゥスとトマスを思想的発展において同一線上に置き、両者の関係を重視する一般的な解釈に対して、ナルディはこの師弟のあいだには大きな違いがあって、アルベルトゥスの諸著作に見られる混成した文化的特徴、アルベルトゥスのアラブの註解者たちへの強い関心、プラトン的な思想的傾向、などを明らかにしたうえで、ことに彼の教説が十三世紀にはトマスのそれよりはるかに人気が高かったことを強調している。(27)

ダンテの哲学の重要な部分を占めるもう一つの傾向として、特に青年期にフランシスコ会の神学者たちの影響下に形成された思想をおろそかにすることはできない。それはジェンティーレを始めとする近世の歴史家たちが神秘的、反弁証法的、反アリストテレス的、したがって反哲学的であるとみなして、中世哲学の歴史の周辺に追いやった思想的立場に立つ人々であった。(28) ナルディはダンテの哲学について、プラトンに強く傾斜した思想傾向やアヴェロエス主義的色彩、哲学と啓示の峻別、帝国と教会を後者の政治的介入を非難しつつ完全に分離させた点などを挙げて『君主論』の「世俗的」思想を復元してみせた。また彼は、ダンテの、ことに『神曲』の予言者的傾向を、福音主義と同時代の黙示録的終末論の伝統に深く根ざした改革の予言者としてのヴィジョンと告示として捉えた。

要するにダンテの哲学は、他とはまったく異なったところに目標を定め、ある一定の哲学的「流派」には解消しえない独自の視座にもとづいて構築されたものとも言えよう。それは人間の、そしてその道徳的・政治的・知的・宗教的な生き方の根本的な革新を目指し、自身の思想と信仰のたゆまざる革新を目標としたものにほかならなかった。

註

（1） B. Croce, *La poesia di Dante*, Bari [11]1966, p. 10.〔クローチェ『ダンテの詩篇』黒田正利訳、刀江書院、一九四〇年〕

(2) G. B. Vico, *Scienza nuova prima* 314, *Opere*, t. 3, a cura di Fausto Nicolini, Bari 1931.
(3) C. Vasoli, Introduzione, in: *Convivio*, Dante, *Opere minori*, Tomo I, Parte II, Milano/Napoli 1987, p. xxvii.
(4) Dante Alighieri, *Convivio* II, xiv, 20.
(5) B. Nardi, Dante e la filosofia, *Studi danteschi* 25 (1940), p. 14.
(6) *Ibid*., p. 22.
(7) 「第三章で示したように、私たちの諸々の自然の欲求は、一定の範囲内で達成される。学問に対する欲求は生来のものである。したがってそれは要領が悪いために、わずかな人々のみがやり遂げるとしても、一定の目的を達成する。『霊魂論』の第三章で註解者〔アヴェロエス〕が述べるところをよく理解する者は、彼からこのことを理解するであろう……。したがって学問は完全な高貴な完成を遂げるのであり、人がそれを欲求するがゆえに、学問の完成は呪われた地上の富とは異なり、失われることはないのである」(Dante Alighieri, *Convivio* IV, xiii, 7-9)。Cf. B. Nardi, *op. cit*., pp. 22-23.
(8) T. Gregory, Introduzione, in: B. Nardi, *Dante e la cultura medievale*, Bari 1983, pp. xii-xiii.
(9) *Ibid*., p. xiii.
(10) C. Vasoli, *op. cit*., p. Lxxix.
(11) Albertus Magnus, *De natura et origine animae*, tr. I, c. 5, in: B. Nardi, Alcuni luoghi di Alberto Magno e di Dante, in: *Saggi di filosofia dantesca*, Firenze 1967, p. 71.
(12) Dante Alighieri, *De vulgari eloquentia* I, v, 1.〔『ダンテ俗語詩論』岩倉具忠訳、東海大学出版会、一九八四年〕
(13) Id., *Divina Commedia*, Purgatorio XXV, 69-71.
(14) *Ibid*., XVIII, 61-66.
(15) Id., *De vulgari eloquentia* I, ix, 6.
(16) *Ibid*.
(17) Restoro d'Arezzo, *La composizione del mondo colle sue cascioni*, Firenze 1976.
(18) Dante Alighieri, *De vulgari eloquentia* I, iii, 3.
(19) 岩倉具忠『ダンテ研究』創文社、一九八八年、一〇九―一一六頁。

(20) C. Vasoli, *op. cit.*, p. xxv.

(21) *Ibid.*, p. Lxxvi.

(22) B. Nardi, Filosofia e teologia ai tempi di Dante, in: *Saggi e note di critica dantesca*, Milano/Napoli 1965.

(23) *Ibid.* 岩倉具忠「ダンテの言語思想とその fonti について—— Maria Corti の新著をめぐって——」『ダンテ俗語詩論』二四五−二六七頁参照。

(24) C. Vasoli, *op. cit.*, p. Lxxvii.

(25) Dante Alighieri, *De vulgari eloquentia* I, iii, 1.

(26) C. Vasoli, *op. cit.*, p. Lxxviii.

(27) T. Gregory, *op. cit.*, p. xii.

(28) *Ibid.*, p. xiv.

2　ルルスの思想と近代

R・ロペス・シロニス

序

ライムンドゥス・ルルス（Raimundus Lullus; Ramón Llull　一二三二／三三―一三一五／一六年）は、中世後半のキリスト教思想史の中で注目に値する位置を占めており、その博識と敬虔のために「天啓博士」（Doctor illuminatus）と尊称されるようになった。スペインのマリョルカ（Mallorca）でカタルーニャ人の両親から生まれた哲学者・神学者・神秘家で、その生涯については多くの伝説が残っている。彼はさまざまな分野の学問的活動のためばかりではなく、イスラーム教徒とユダヤ教徒に対する宣教活動のためにもよく知られている偉大な人物である。(1) 数年間パリ大学で教職にあり、近代思想の先駆者（特にニコラウス・クザーヌス［Nicolaus Cusanus　一四〇一―六四年］）にも影響を及ぼしたルルス学派を創設した。(2)

ルルスの思想は当時のある学者にとっては示唆に富む独創的なものであったが、他の学者にとっては荒唐無稽なものであり、しばらく忘れられていたが、ライプニッツ（Gottfried Wilhelm Leibniz　一六四六―一七一六年）以来、新たに関心がもたれるようになった。(3) ルルスの思想に対する関心は二十世紀に入ってますます強まり、一九五七年には、『ルルス研究』(Estudios lulianos、一九八七年からStudio Lulliana) という、ルルスの思想の専門誌が創刊され、一九六〇、一九七六、一九八四年にはルルスの思想をテーマとする国際学会が開かれた。現在では「マリョルカ・ルルス学院」(Maioricensis Schola Lullistica [Mallorca]) と「ライムンドゥス・ルルス研究所」(Raimundus-Lullus-Institut [Freiburg im Breisgau] 一九五七年創立) という研究所で、ルルスの思想が探究されている。その成果として、シリーズ「キリスト教原典集成・中世編」(Corpus Christianorum. Continuatio Mediaevalis) にルルスのラテン語の作品の原典批判版が収録され、またカタルーニャ語で書かれたさまざまな著作も出版された。(4) さらに主要な著作は多くの言語に翻訳されている。

ルルスの思想の意義として、中世のキリスト教思想と近代思想との橋渡しとなったことと、キリスト教思想とイスラーム教やユダヤ教の思想との対話の面で先駆的役割を果たしたことが挙げられる。ルルスの思想の顕著な特徴の一つは、ライプニッツの思想と同じく、「汎知学的」思想と呼ばれうるということである。ルルスの著作には、文学的なもの、自然学的なもの、哲学的なもの、神学的なもの、神秘的なものがある。そのうちで最もよく知られていて、近代思想史に最も大きな影響を及ぼしたのは、「大いなる術《アルス・マグナ》」(ars magna) である。ルルスはこの術により、当時の学問のさまざまな分野を統一しようとした。(5) 本論文でははじめに、ルルスの思想を二十世紀における研究に従って吟味する。それはその思想を近代・現代の思想の枠組みの中に位置づけ、その近代的・現代的意義を示すためである。次に「ライムンドゥスの大いなる術《アルス・マグナ・ライムンディ》」(ars magna Raymundi) と呼ばれるルルスの術《アルス》あるいは探究の方法論 (彼の論理学とも言える) を吟味し、その近代的・現代的意義を明らかにしようと思う。

一　ルルス思想の概略

ルルスの思想を理解するためには、その生涯を考慮することが必要である。というのは、ルルスの思想がその生涯と密接な関係を有しているからである。ルルスの学問的活動のすべては、イスラーム教徒とユダヤ教徒をキリスト教の信仰へ改宗させようとする宣教活動によって方向づけられている。彼が「大いなる術」を考案したのは、それによって真偽を明白に識別しようとしたからであり、またそれを使って真の教えを示し、人々を納得させうるような理性的・論理的方法論を見出そうとしたからである。というのも、ルルスは異教徒をキリスト教の信仰へ導くために、彼らの信じている教えに対して、キリスト教の教えが真であることをも、理性によって証明する必要があると確信していたからである。(6)

(1)　ルルスの思弁的・実践的神学

これまでに公にされたルルス関連の研究書や論文で取り扱われたさまざまなテーマのうちで、ルルスの思想の特徴を示す基本的テーマが目立って多いことに気づく。そのテーマのうちで注目すべきものの一つは、ルルスの思想の宗教的・合理的性格を取り扱ったものである。(7) ルルスは中世のキリスト教信仰に深く根を降ろした神秘家・神学者であると言える。しかし彼は、それと同時に、信じる事柄について納得のゆく理由を示しうるという確信をもち、その理由を適切に表現して他の人に正しく示すことを生涯の課題とした。彼をめぐる歴史的状況が、彼の思想に顕著な合理的性格を形成するのに影響を及ぼしたことは確かである。その状況とは、当時のスペインなどにはイスラーム教やユダヤ教に属している熱心な信者や学者が多く、ルルスも彼らと接触せざるをえず、そのために彼らの信仰上の事柄に関してだけでなく、キリスト教の信仰上の事柄に関しても対話や討論を重ねざるをえなかったということであり、またパリ大学でアヴェロエス（Averroes; Ibn Rushd　一一二六－九八年）主義と接触することになったということである。アヴェロエス主義に与する人々は、信仰の対象である神に関する事柄は理性的認識の対象にはなりえず、したがって理性によっては理解されえないものであると主張していた。この考えは、パリ大学で教職にあった幾人かのキリスト教神学者によっても支持された。彼らはアヴェロエスの哲学に従っていわゆる「二重真理説」を主張した。この説によると、信仰箇条は、信仰の観点からすれば真として肯定できるが、理性の観点からすると——その反対こそが真であるため——偽として否定しなければならないのであり、しかもその両者を矛盾するものとみなす必要はない。たとえば、自然理性によると神が三位一体ではありえないとされるが、信仰によると神は三位一体である。また理性によると、アリストテレスの哲学に従って、世界は永遠であるとされるが、信仰によると世界は時間的始まりをもつ仕方で創造されたものである。(8)

ルルスの思想を合理主義として批判した学者たちもおり、彼らはその根拠としてルルスが三位一体と受肉というキリスト教の二つの基本的秘義を理性による論証によって証明されうるものとしたことを挙げている。ルルスのこの主張は、その真理が秘義であると主張する純粋なキリスト教とは相容れないものであるように思われる。ルルスはさらに、ただの権威（auctoritas）だけでは信仰上の真理を納得させるのには不十分だと考え、説得のために理性による堅固な論証を求める。(9)しかしルルスの思想を深く吟味すれば、それがけっしてヘーゲル（Georg Wilhelm Friedrich Hegel　一七七〇－一八三一年）や近代の他の思想家のような合理主義ではないことがわかるだろう。キリスト教の信仰を理解するために、理性による論証が重要であることをルルスが繰り返し強調した根本的な理由は、彼がアヴェロエス主義者に反対して、信仰の教義上の事柄が知性によって理解されうる、知性的認識の対象であることを確信していたということである。ルルスはその教義上の事柄が、神の啓示を受け容れる信仰なしに知られうるものであるとはけっして言っていない。ルルスはアウグスティヌス（Augustinus　三五四―四三〇年）やアンセルムス（Anselmus Cantuariensis　一〇三三／三四―一一〇九年）のように、「もし信じなければ、理解しないであろう」（Nisi enim credideritis, non intelligetis.［七十人訳、「イザヤ書」七・九］）という主張に共鳴してそれを受け継いだのである。理性はルルスにとって、上からくる知恵、信仰によって照らされた知性である。[10]そしてキリスト教の秘義を証明するために使う合理的証明は、アンセルムスやアウグスティヌスと同じく、証明に先立ってすでに信じている事柄を理解することにすぎない。[11]彼が合理的証明を強調したことは、権威による証明だけではイスラーム教徒やユダヤ教徒にキリスト教の教えの真理を納得させることはできないことを彼が実践を通じて学んだことを考えると、さらによく理解されよう。[12]

ルルスの合理主義で問題となるのは、三位一体とキリストの受肉の秘義を証明しようとして使う「必然的理由」（rationes necessariae）という言葉である。この言葉の意味に関する現代の文献は豊富であるが、それについては後で考察する。[13]

（2）ルルスの思想の汎知学的特徴

ルルスの学問と著作が汎知学的であることは、ルルス研究者の一致して認めるところである。今日、「学際的」と呼ばれる研究方法の萌芽がルルスの思想の中に見出されると言えよう。最近の研究成果によってそれを裏づけることができる。ルルスの著作と研究の分野は、機械学、[14]教育学、[15]占星術や天文学、[16]医学、[17]認識論と心理学[18]に及んでいる。ルルスの思想の中ではさらに、法に関する教え[19]と七自由学芸[20]が重要な位置を占めている。自然哲学とともに錬金術も、ルルスの取り扱ったもののなかに数えられる。[21]当然ながらルルスの思想では哲学と神学が優位を占めており、形而上学的性格が顕著である。[22]したがってルルスは、神学的理性、哲学的理性、自然学的理性を包含する広義の理性の概念を有していたと言える。また、彼は理性のそれらの側面を、適切に識別すると同時に、それぞれの研究課題にふさわしい仕方で当てはめようとしたのであり、このような態度は中世のキリスト教思想の特徴でもある。

(3) 新しい学問

ルルスのすべての学問的著作には、新たな学問を提起するという共通の意図が見られる。新たな学問とは、それまで中世において研究されてきた諸学問への新しいアプローチと方法論のことである。ルルスの学問の新しさとは、新しい理論や新しい発展のことではなく、諸学問に属するさまざまの問題や事柄を、ルルスが作り出した新しい術《アルス》あるいは論理学の諸原理に照らして吟味したということである。彼のこの新しい方法論の根源となっているのは、学問のあらゆる分野を彼の術《アルス》の普遍的原理に関連づけようとする哲学的要求である。彼がその方法論によって求めているのは、真理を見出すことであり、単なる実証（experientia）に頼る論証をもってだけでなく（そのような論証は、彼によると、誤りうるただの「意見」を生み出すにすぎない）、真理の堅固な確実性を生み出す「必然的理由」をもって真理を説明し証明することである。ルルスにとってこの新しい方法論は、最も理性的で最も確実なものである。彼によると、その時までの多くの学者は、実証に頼りすぎて厳密な意味での理性的方法論を用いなかったがゆえに、たびたび誤謬に陥った。これに対して彼自身は新しい術《アルス》によって、謬説を避けうることを確信していたのである。[23] 上述のルルスの方法論は、実証と帰納とを中心にする近代科学の方法論とは正反対のものである。しかしルルスのその新しい方法論を他の観点から考察すると、それが近代の学問のある側面と接点を有していることも認めざるをえない。後でその接点を吟味する。

(4) ルルスの思想の他の二つの特徴

ルルスの思想に見られる一つの近代的と言える特徴は、彼の人間観あるいはそこにおけるヒューマニズムである。その人間観は、中世のキリスト教思想との連続性を保っていると同時に、近代のヒューマニズムとの類似性を示していると言える。すなわちルルスは人間を、宇宙万物のなかの中心的存在者と考えているのである。彼は自らの人間論を提起する二つの著作を著した。『理性的魂について』(Liber de anima rationali 一二九六年)と『人間について』(Liber de homine 一三〇〇年)である。これらの著作では、宇宙万物の中心である人間および人格の尊厳が考察されるとともに、人間と宇宙との関わりが考察されている。もちろんルルスの人間論においては、中世のキリスト教思想と同じく、人間と、人間がその似姿であるところの創造主である神との関わりが、最も本質的なものとされている。また被造物を認識することによって神を認識し愛することができる理性的人間が存在するからこそ、根本的な意味で神が宇宙万物の目的であると言える。その意味で非理性的被造物は、人間を媒介としてのみ、神の栄光を語るという究極目的を達成することができる。ルルスのこの宗教的人間観と世界観を考慮すると、人間が気随に非理性的被造物を破壊したり濫用したりすることは、ルルスにとってはけっして認められないことである。[24] さらにルルスのヒューマニズムの理想が普遍的平和であったことを付言しておく必要があろう。[25]

ルルスの思想は行為の哲学と呼ばれる。この特徴はブロンデル(Maurice Blondel 一八六一―一九四九年)が実践哲学を展開した著作である『行為』(L'action)を連想させるであろう。しかしルルスの思想における行為の哲学は、ただ思考という内在的行為の理論としてではなく、哲学と生活の統一として、また知識と実践の統一として理解されねばならない。換言すれば、ルルスの思想は、実践から生じ、実践を目指す力動的な思想である。彼にとって哲学は、イスラーム教徒とユダヤ教徒を改宗させるために必要な知的道具である。ルルスのその宗教的実践は「受肉した宗教」と呼ばれ、ルルスの思想は、自分の外へ、世界へと方向づけられていて、けっして主観の内にはとどまらない思想として特徴づけられる。[26]

二　ルルスの思想の位置づけ

ルルスの思想に関する解釈は、互いに補完し合う二つの側面をもっている。一方を「統合的理論」、他の一方を「特異的理論」と呼ぶことができる。前者はルルスの思想とその時代の思想との関連を示し、後者はルルスの思想の特異な点を示す。すなわちルルスの思想の中には、中世の「知解を求める信仰」という側面と同時に、それを近代の思想に近づける側面が見出される。ある研究者によると、一種のユートピア思想、すなわち当時の社会を変えようとする一種の「革命的プロセス」も看て取れるのである。[27]

ルルスの思想は中世のキリスト教に根ざしている。それは特に彼の神学の内容が完全に正統的なものであるところから窺える。それはまた、アヴェロエス主義を論破する教えと、神学に優位を与え、護教論的性格をもつ学問の見方に現れている。ここではルルス思想の研究者に従って、特にルルス思想のアウグスティヌス的源泉と呼べるものを考察する。「必然的理由」あるいは「諸原理」[28](dignitates)の概念に関しては、それらがアウグスティヌス的・アンセルムス的起源をもつことを指摘することができるが、後ほどそれらを吟味するので、ここではルルスの思想における哲学と神学の関係に関するアウグスティヌス的な考えを吟味し、また「諸原理」に関わる考察と関連づけられうる、ルルスの思想におけるアウグスティヌス的範型説と照明説を取り扱う。

ルルスは『学問の樹』（Arbre ciència; Arbor scientiae　一二九六年）という著作の中で次のように述べている。「哲学は根源的・実在的諸原因を吟味し、さらにそれから実在的な特殊の存在者の下に降って、後者を、前者を媒介にして吟味する」。これに対して神学は、「神のことを取り扱う。すなわちその本質、その属性と諸原理、内的働きと被造物における働きを取り扱う」。ゆえに神学は哲学に優る。神学の確固たる原理を知らない哲学者は重大な疑問に直面し、難解な事柄に関してたびたび誤謬に陥るであろう。それに対して信仰に照らされた理性をもって神に関する諸真理——すなわち神の内的生、創造と受肉など——を知る神学者は、ルルスによると、神に関する事柄だけでなく、哲学と諸科学の対象である実在の世界に関する事柄をも、より深く知ることができるのである。しかしアウグスティヌスの思想においてと同様にルルスの思想においても、哲学と神学は真理探究という目標に向かって互いに協力し助け合う。ルルスにとって哲学をする最良の方法は、信仰という習性（habitus）を心に刻んで哲学に入ることである。[29] それゆえ、アウグスティヌスと彼に従ったアンセルムスが唱えた、「知解するために信じる」という言葉を、ルルスは自分のものにしたと言えるのである。[30]

ルルスによると、人は信仰に照らされた理性によって神の諸原理（アウグスティヌスの「永遠の理拠」［rationes aeternae］と同一視されうるもの）の認識へと昇り、続いてその「諸原理」の認識によって得られた光に助けられて、創造された世界の認識へと降りなければならない。人はこのようにして、被造物の概念を使って創造者である神についての概念を訂正しうるし、また神の正しい認識によって被造物の認識を訂正しうるのである。[30]

ルルスの哲学的・神学的思想に影響を及ぼしたのは、アウグスティヌスの範型説と照明説である。ルルスはアウグスティヌスからその世界観を受け継ぐ。その世界観によると、すべての被造物は神の諸威厳性、すなわち善や知恵などの諸完全性（perfectiones）を分有してそれらを反映する象徴であり、理性的人間はその象徴を媒介として神を認識しうるのである。特に人間の霊魂とその能力（記憶・知性・意志）が三位一体の像（imago）である。ルルスは、『祈りの本』（Libre de oració　一二九九―一三〇〇年）の第三章で次のように述べる。「あなたはすべての被造物の中にあなたの似姿を刻まれた。人々がその似姿を見てさらによくあなたを思い出し、讃美し、仕えることができるために」。また、よく知られている、『愛する者と愛された者についての書』（Llibre d'Amic e Amat　一二七六―七八年）で次のように述べる。「友に、世界は何かという質問が出された。友は次のように答えた、〈世界は一種の本です。それを読むことのできる人は愛している者（すなわち神）を知るようになります〉。さらに、〈それでは愛されている者は世界に内在しているのかどうか〉という質問が出された。友は答えた、〈はい。著者が著書に内在しているのと同じ意味で〉」[31]。しかし、その本をよく読んで神を知り、神による真理と真の正義を知るためには、神自身によって照らされ、教えられなければならない[32]。

したがってルルスは、アウグスティヌスとアウグスティヌス学派を通して、後にニコラウス・クザーヌスに及ぶ中世のキリスト教的新プラトン主義の思潮に入れられると言える。

ルルスの認識論[33]は実念論的である。理性が創造主である神に照らされて、神によって神の足跡を刻み込まれた自己や自己の外の世界を知り、神の存在を知ることができるということを、ルルスは確信している。それゆえ、彼の実念論的認識は、デカルト（René Descartes　一五九六―一六五〇年）の方法的懐疑や後の観念論的哲学とは遠く隔たっている[34]。しかし「大いなる術」の論理学はルルスの思想を近代ヨーロッパの思想に近づける。以下、この点について考察してみよう。

三　ルルスの大いなる術《アルス・マグナ》

先に述べたとおり、ルルスの「大いなる術」は、真理を見出し証明するという意図をもって考え出された方法論あるいは術である。この術はいろいろな著作の中に現れるが、『究極の一般術』（Ars generalis ultima）において完成された。ルルスはその術により、あらゆる特殊な学問に当てはまる一般的な原理（principia）と規則（regulae）を含む普遍的な論理学を打ち立てようとした。彼はその術の助けにより、単なる意見――すなわち誤る可能性があるので疑いうる認識――を乗り越えて、真の学問――すなわち実在に関する真の確実な認識――に達しうると考えたのである。(35) したがってルルスは自分のさまざまな著作の中で、この「大いなる術」という新しい術あるいは論理学的方法論を、哲学・法学・医学・天文学・倫理学・神学・説教学などに当てはめる。ここではまず『究極の一般術』を、次にルルスの「新しい論理学」（Logica nova）を考察し、最後にルルスのその「新しい術」や「新しい論理学」と近代の思想との接点や相違点を指摘する。

（1）『究極の一般術』

ルルスは『究極の一般術』の第一部で、Bという文字からKという文字まで九つの文字を象徴的アルファベットとして提示する。それらの文字はそれぞれ異なる六つの概念を表す。それは、一つの絶対的原理、一つの相対的原理、一つの規則、一つの主辞（subjectum）、一つの徳目と一つの悪徳である。ルルスは以上九つの文字とそれらが表す諸概念を記した四つの図（figura）を作る。その図はいくつかの同心円とその同心円によってできたスペースを区分けした領域から成り、それらがさまざまな組み合わせを可能にする。ルルスは第二部で、その図を説明する。

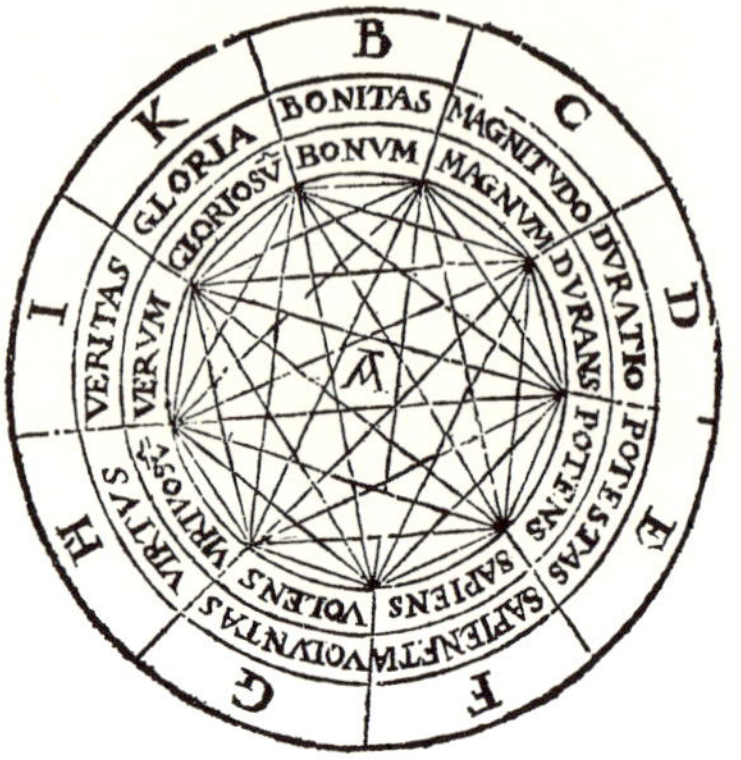

第三部では、彼は九つの絶対的原理（以下でさらによく吟味する「諸原理」のこと）の一つ一つを定義し、続いて同様に相対的原理——すなわち差異（differentia）、調和（concordantia）、反対性（contrarietas）、根源（principium）、媒介（medium）、目的（finis）、より大きいこと（majoritas）、等しさ（aequalitas）、より小さいこと（minoritas）——の一つ一つを定義する。

第四部でルルスは自らの術の規則を考察する。彼が「規則」と名づけたものは、さまざまな主辞について提起されうる質問である。それらは、「在るか」（utrum）、「何であるか」（quid）、「何から」（a quo）、「なぜ」（quare）、「どれほど」（quantus）、「どのようなもの」（qualis）、「いつ」（quando）、「どこに」（ubi）、「どのように」（quomodo）である。第四部でこの一つ一つの質問に対する可能な回答が一般的に考察される。

第五部では、それらの一つずつに対する回答として、第一部で提示された象徴的アルファベットのなかの三つずつの文字から成る一六八〇の組み合わせを載せた八四の縦の欄の表（tabula）が記され、それについての説明がなされる。ルルスによるとこの表は、「原理と規則を調和させたり互いの矛盾を避けたりして、提起された課題を考察し、それに関する諸問題の肯定的あるいは否定的回答を探究するための道具である」(36)。

第六部でルルスは第三図の中の可能な組み合わせに含蓄的に含まれる命題や問題や回答について説明する。第七部では、第四図の使い方が説明される。たとえばその図を使って、いかにして有効な三段論法を作るのに適した媒概念・媒名辞を見出しうるか、またいかにして誤りに陥らないために、虚偽（fallacia）を識別しうるかが説明される。

第八部でルルスは、いかにして諸原理と諸規則とを組み合わせうるかを説明する。次の第九部では、主辞（subjectum すなわち諸命題の主語になるもの）と呼ぶ、諸学問の対象について、いかにして『究極の一般術』の中で提示した原理と規則によって、その諸対象に関する真の認識を獲得しうるかを徹底的に吟味する。その主辞は、神・天使・（当時の自然哲学の意味での）天・人間・想像力（imaginatio）・諸感覚・栄養能力（potentia vegetativa）・四大（quattuor elementa）・徳目と悪徳という九つである。さらに進んで第一〇部では、それらの主辞について疑問が生じたとき、それを解くための術の適用法が吟味される。そのうえその一般術をさまざまの特殊な術、すなわち諸学問に適用する方法が吟味される。(37) その諸学問とは、神学・哲学・幾何学・算術・音楽・修辞学・論理学・文法学・倫理学・政治学・法学・医学・軍事科学・経済学・航海学・説教学である。祈り方や記憶術にも術が適用される。

第一一部でルルスは、『究極の一般術』で考察された方法論に従って提起されうる一二三六四の問題を指摘する。第一二部と最後の第一三部では、「練達者《アルティスタ》」（artista　技術家すなわち上記の術あるいは方法論を使い、他人に教える人）がその術に精通して、弟子に個々の固有の能力に応じて巧みに教えるためにはどうすればよいかが簡単に述べられる。ここで、絶対的原理に関するルルスの考えを、もう少し詳しく考察しておく。その原理は神学およびイスラーム教徒とユダヤ教徒との討論で重要なものである。絶対的原理と呼ばれるものは、良さ（bonitas）、偉大さ

(magnitudo)、継続 (duratio)、権力 (potestas)、知恵 (sapientia)、意志 (voluntas)、力 (virtus)、真理 (veritas)、栄光 (gloria) である。プラッェックの解釈によると、その原理は超越論的概念であり、その概念は存在と認識に関わるもので、ルルスの存在論と論理学の基礎を成すものである。[38] その原理はさまざまな仕方で定義され、使われうる。その一つはその本質的要素を示すことである。たとえば善ないし良さという原理の中には、良くするもの (bonificans)・良くされたもの (bonificatus)・良くすること (bonificare) という三つの本質的概念が含まれている。偉大さの中には、偉大にするもの (magnificans)・偉大にされたもの (magnificatus)・偉大にすること (magnificare) という三つの本質的概念が含まれる。他の絶対的原理の中にも、それと同様の三つずつの本質的概念が含まれる。その三つの概念が揃っていなければ、良さや偉大さ等の本質について語ることができないし、良さや偉大さ等が実在的なものであるとも言えないであろう。[39] 各々の原理のその三つずつの概念は相関的概念あるいは相関名辞 (correlativum) と呼ばれ、ルルスの行う神学的論証の中で重要な役割を果たす。というのは、それによってルルスは神が三位一体であることを証明しようとするからである。[40] つまり、たとえば神は本質的に善であり、そして善は良くするもの、良くされるもの、良くすることを必然的に含むとすれば、善である唯一の神のなかに、善のその三つの実在的要素に当たるなんらかの実在的なものが必然的にあるはずである。

ルルスは『究極の一般術』の第九部の第一章で神について述べ、絶対的原理を神学に適用する。神について語る場合、その原理は神的「諸原理」あるいは神的理拠と呼ばれる。「継続」という原理は、神について言われるとき、永遠性 (aeternitas) と呼ばれる。神の「諸原理」は、神の存在・本質と同一化する、神の属性であると言える。神は良いものである。そしてその良さのために良いものである。それゆえ、神はその良さであるとも言える。それと同様のことは神の他の「諸原理」についても述べられうる。その「諸原理」なしには、神は存在するとは言えない。したがって諸原理は、神の存在と同様、真の実在（ens reale）である。その諸威厳性は多くあっても、「それらは各々神の唯一の同じ本質であり、その意味で本質上互いに異なるものではない。別の言葉で言えば、本質的には、一つ一つの諸原理は他の諸原理に対して述定可能である。というのも、もしそうでなければ、たとえば（神の）良さは（神における）なんらかの偶有的（accidentale）なものとなり、逆もまた同じだということになり、そして同様のことが他の一つ一つの諸原理についても言えるということになってしまうからである」[41]。ルルスはさらに、「それゆえ、諸原理が永遠からそして永遠まで神の本質や実体と一体であるということが納得できる」と述べ、続いて、その諸原理がそれ自体においてまたそれ自体によって存在し、神の創造すなわち神が自分の外にある自分以外の実在を創造することに依存しないで存在すると言う[42]。諸原理は、神の存在と同様に、無限な存在である[43]。諸原理に関する教えは、ルルスの「新しい論理学」の本質的な点の一つを成している新しい論じ方を基礎づける。

（2）　ルルスの新しい「論理学」

ルルスは論理学に関して多くの著作を残した。その一つに『新しい論理学』（Logica nova）がある[44]。ルルス自身、諸書で提起する「新しい論理学」の新しさを示す。「ルルスの書簡」（Epistola Raimundi）と名づけられた、『一般術自体の実在の体験について』（De experientia realitatis）と題された著作の付録で、彼はさまざまな主辞（subjectum）に当てはめた新しい術の実在性あるいは真理を、実践すなわちその術の使用の体験自体から証明する。彼はその付録で次のように言う。「証明には四つの種（species）がある。そのなかの二つすなわち仮定あるいは他人によって提起されたり認められたりする前提による証明（demonstratio facta per hypothesim）および神的な事柄における同等による証明（demonstratio per aequiparantiam）は、古代の哲学者には、その不信仰のゆえに知られなかったものである。彼らは原因による（propter quid）証明と結果による（per quia）証明しか知らなかった」[45]。つまり新しい論理学の新しさとは、神学において神に関する諸真理を証明するにあたり、その「仮定による証明」と「同等による証明」を使用することである。ルルスによると、キリスト者でない哲学者が神に関する事柄を探究するにあたって、その証明法を知って探究に当てはめたならば、神に関するキリスト教的諸真理を知るようになったであろう。したがってルルスは、イスラーム教徒とユダヤ教徒との論争において、その二つの証明法を説得力のあるものとして使用する。以下、例を挙げてそれらの証明法について説明する。ここで、その二つの証明法が神に関する探究に当てはめられるとき、互いに関連し合っていることを付言しておかなければならない。

ルルスによると、イスラーム教徒とユダヤ教徒は、キリスト教徒と同様に、神が最高の善、最も偉大なもの、全能で最高の知恵、最大の愛であることを認める。そこでルルスは次のように論じる。もしも彼らが神のその属性（理拠、諸原理）を認めるならば、彼らは必然的に神の内に、創造に依存しない永遠・無限の内在的な働き（たとえば知るという知恵の働き、愛するという善の働き、およびその働きが含む上述の三つの要素）が存在すると結論せざるをえない。そこからさらに進んで、彼らはキリスト教で信じられている神に関する真理（三位一体）を理解し認めることができるであろう。ルルスは上記の付録で述べていることをさらに詳しく取り扱っている、『同等による証明について』（Liber de demonstratione per aequiparantiam）という一書を参考にすることを、同じくその付録で勧めている[46]。

この『同等による証明について』の序言でルルスは、神の諸原理の同一性によって（per aequiparantiam et aequivalentiam 同等性と相当性によって）神における三つの位格（persona）の一体性（unitas）と相違（distinctio）を証明すると言う。その証明法とは、彼によると、きわめて有効なものである。というのも、それは根本的で真に直接的・必然的な原理にもとづいて（すなわち諸原理の必然的実在性から出発して）証明するからである。諸威厳性は、他の原理から生じないので根本的・根源的な原理であり、絶対的真理である神の本質と同一であるので本質的に真であり、諸原理とその固有の働きとのあいだに媒介がないので直接的なものであり、現実有になっていない可能有が神と全く相容れず神のすべての実在・存在（たとえば神の知性）に神の内的働き（たとえば神の知る働き）が必然的にともなうので必然的なものである。三位一体の真理を証明するために使われる「必然的理由」による論証法は、特に神の諸原理にもとづいたものである。(47)

同等による証明と仮定による証明とのあいだには関連があり、どちらもルルスの新しい論証法の核心である。ルルスは『新しい論証法について』(Liber de novo modo demonstrandi) の序言で、信仰が証明されうるものであると主張する。このことを認めない人は、感覚や想像力による証明と知性による証明とを識別しないという虚偽に陥るからこそそのことを認めないのである。実際に信仰は前者の証明によっては証明されえないが、後者の証明によっては証明されうるのである。というのは、知性は神の理拠あるいは諸原理を知ることができるからである。

ルルスにとり、信仰者は自分の信仰について証明を求めるはずである。というのは、理解されるものは、ただ信じられているだけのものよりもっと愛されるからである。ここで理解されるものとは権威によって認められるだけでなく知性によって知られるもののことであり、ただ信じられているだけのものとは、ただ誰かの言葉あるいは証言によって、また誰かの権威によって知られるだけのものである。

ルルスが『新しい論証法について』の第一章で述べ、古典的三段論法よりも堅固で明確な真の論証であると考えている新しい論証法は、次のようなものである。はじめに、対立している二つの仮定の形式で問題を提起する。そのうちの一つしか真でありえない。そこで、一方の仮定が実際に矛盾していることを示すと、他方が真であることが必然的に帰結される。第二章でその方法によって、神が存在すること、神が三位一体であること、神による無からの創造、肉体の復活を証明し、第三章でキリストの受肉の秘義を証明する。さらに第四章と第五章で、その方法を他のさまざまな問題の吟味に当てはめる。ここでは神の唯一性と創造に関する証明について述べておく。

神の唯一性は次のようにして証明される。はじめに、多くの神々ではなく唯一の神しか存在しないことが大きな善であり大きな真理であること、そしてこの真理を理解し愛することも大きな善であり大きな真理であることを仮定する。もしもこの仮定とは正反対の仮定が真であるとすると、多くの神々が存在することが大きな善であり大きな真であると結論せざるをえない。しかし「後者の主張は不可能であり、誤りである。というのも、それぞれの本質が無限であるところの多くの神々が存在するとすれば、各々の神が他の神を限定して、その原因になるであろうからである。このことはまったく不可能である」。

創造に関しては次のように証明される。ルルスは神の内に無限の力・知性・意志が存在することを仮定して論を立てる。「もし神が全能によって世界を創造することができるのであれば、世界を創造することが大きな善であり大きな真理であると仮定して、神が世界の創造を理解してそれを愛すると結論せざるをえない。しかるに神が世界を無から創造しうることは大きな善であり大きな真理である。同様に神が無から創造しうることを知り愛すること、また神が無からの創造をなしうることをわれわれが知り愛することも、大きな善であり大きな真理である。他方、この仮定とは正反対の仮定が真であると仮定すれば、神が世界を無から創造しえないこと、また無から創造しえないということを神が理解し愛すること、およびそのことをわれわれが知り愛することも、大きな善であり大きな真理であると結論せざるをえない。しかし後者の仮定は誤りで、不可能であるので、この論証によって、世界が創造されたこと、無から存在へと産み出されたことが証明された」[48]。

さらにルルスは誤謬を避け真理を発見するという意図をもって、『新しい虚偽について』(Liber de novis fallaciis) と題する著作の中で、後の『知性の避難所について』(Liber de refugio intellectus) において「第二〇の虚偽」(vicesima fallacia) と呼ぶ「矛盾の虚偽」(fallacia contradictionis) あるいは「見掛けの矛盾」(apparens contradictio) を吟味する。[49] この虚偽は、次の例で説明できる。討論している二人の人物を仮定しよう。そのうちの一人が全称否定命題を提示し、他の一人がそれと矛盾する単称肯定命題を提示したとする。たとえば一人が「どんな永遠性もそれ自体として良いものではない」と言い、他の一人が「ある永遠性はそれ自体として良いものである」と言うような場合である。ここでの矛盾の原因は、永遠性という語が二つの意味を有し、永遠性を一方の意味で考えると一つの命題が真であるが、他の意味で考えると誤謬であるという二通りの意味で理解できるということである。つまり、「永遠性」という概念は、「始められた永遠性」(aeternitas incepta) という意味でも、「根源的永遠性」(aeternitas principalis) という意味でも理解できるのである。全称否定命題を提示するものは、前者の意味での永遠性を考え、これに反対して単称肯定命題を提示するものは後者の意味でのみ永遠性を考えている。永遠性を前者の意味で考えると、「いかなる永遠性もそれ自体として良いものではない」という主張が真である。しかし永遠性を後者の意味で考えると、「ある永遠性はそれ自体として良いものである」という主張が真である。それゆえ、この矛盾は見掛けの矛盾である。というのは、その矛盾は、討論している二人が「永遠性」という概念を異なった意味で考えていることから生じるからである。[50] ルルスによると、たびたび討論における陥穽となるこの見掛けの矛盾が虚偽の原因なのであり、そのため、使用されている言葉のさまざまな意味合いを識別することが、その矛盾を発見し虚偽を避けるために重要である。

『究極の一般術』におけるのと同様に、『知性の避難所について』においても、ルルスは自らの術（『知性の避難所について』における「見掛けの矛盾」という虚偽の原因を発見する術）をすべての学問と、その学問が対象として取り扱うもろもろの主辞（subjectum）とに適用する。その諸々の主辞とは、神学と哲学（神・天使・人間）・自然学・医学・七自由学芸（天・星）などである。

（3）ルルスの思想と近代思想との接点と相違点

はじめにルルスの大いなる術あるいはルルスの論理学とデカルトの『方法序説』（Discours de la méthode）との接点を考察し、続いて、近代の新しい探究方法と言えるデカルトのその方法と関連して、ライプニッツなどの近代・現代の新しい論理学とルルスの術との接点を考察する。同時に両者のあいだの相違点をも示す。

ルルスが大いなる術を考え出したとき、学問のあらゆる分野で取り扱われるすべての課題の探究に当てはめうる一般術を構築しようとしたことについては前述した通りである。ルルスはこの意図により、中世の思想家たちの理想を受け継ぎ、彼らとの連続性を示していたと言える。というのは、中世の思想家たちはすべての学問を統一することを求めたからである。ルルスは同時に、デカルトの新しい方法のある側面と接点を有する新しい術を考え出したとも言える。この接点について考察してみよう。

デカルトは『方法序説』に、「自らの理性を正しく方向づけ、諸学問における真理を探究するために」という長い副題を付した。そしてその第一部の始めで、理性は正しく判断する能力、すなわち真偽を識別する能力であると述べる。デカルトはその方法により、スコラ学の思想家から受け継いだ論理学の欠陥をもたない、真理探究のためのより良い論理学を構築したと考えた。デカルトは『方法序説』の第二部で、新しい方法の四つの規則を提示する。

そのうちの第一の規則は、「明証的に真であると認めることなしには、いかなることをも真であるとして受け取らない」ということである。そして第三部で新しい方法に従って倫理学の掟を考察してから、第四部で、考えられていることが明証的に真であるかどうかを識別する基準を示す。それは、あらゆる事柄の真偽の識別に当てはめられなければならない明晰・判明な概念という基準あるいは一般的規則である。新しい方法の上記の四つの規則と明証的真理に関する規則は、デカルトにとって、学問のあらゆる領域に当てはまる一般規則である。デカルトは第四部で、明証的真理に関する規則に従って、神の存在と人間の霊魂の存在を証明する。この二つの真理は形而上学の基礎を成すものである。さらに第五部では、その規則に導かれて、物理学と医学の諸問題を吟味する。第六部では、自然界を知るためだけではなくその支配者になるために、自然に関する諸問題を取り扱う。デカルトが目指したのは、思弁的学問にだけではなく技術の実践にも適用できる方法を発見することである。(51)

デカルトは『方法序説』の第二部で、論理学と、数学の中の幾何学における分析的解法および代数学という学問あるいは術が、自分の新しい方法の試みにとってなんらかの役に立つに違いないと、若い時分から考えていたと言う。数学のさまざまな領域で取り扱われる対象は異なっているが（数あるいは不連続量や、延長あるいは連続量）、その異なった対象のあいだにもさまざまな関係あるいは比例（proportiones）という共通点がある。デカルトによると、相違点よりもむしろその共通点に注目すべきである。というのは、その共通点によって、数学のさまざまの領域が互いに、ある意味で統一されうるからである。デカルトはさらに、異なった領域を含む数学を統一したものとしてより単純に理解するために、線（linea）や数（numerus）を表す象徴的文字（littera）という記号をもってその内容を表記することが必要であると述べている。デカルトのこの考えは、のちにライプニッツが受け継いで発展させるところの「普遍数学」（mathesis universalis）の素描であると言える。この「普遍数学」はたしかに、ルルスの術と接点を有している。その方法の特徴は、前述のように、さまざまな概念とそれらの概念のあいだの可能なさまざまな関係を、象徴的アルファベットの象徴的文字で表して、真の実在を探究することである。[52]

ルルスの方法とデカルトの方法とのあいだには、もちろん大きな相違点もある。ルルスは方法的懐疑から出発するのではなく、術の確実で明証な絶対的原理すなわち実在そのものである「諸原理」から出発する。[53] それゆえこの原理は、デカルトの明晰・判明な概念という規則・基準とは異なり、主観的な（すなわち主観による）原理ではなく、実在的な原理である。というのは、その原理は、主観にまったく依存しない絶対的存在である神の属性のことであり、その属性は神の本質・存在と一体だからである。次の相違点のことも付言しておかなければならない。ルルスがそれの能率・効力を求めて新しい術を構築したところの実践は、それによって自然界を支配できるところの技術の実践ではなく、人々をキリスト教の信仰へと導いて一致と平和の支配する世界を築くために、イスラーム教徒やユダヤ教徒と対話し討論する実践である。

最後に、ルルスの術と現代の新しい記号論理学（symbolic logic）との接点および相違点を指摘しておく。この論理学は、上記のデカルトの方法と同様、象徴的・数学的性格を帯びている。それゆえ、象徴的性格の点でルルスの術と接点を有する。しかし注目すべき相違点もある。それは記号論理学が物事の実在をまったく考慮に入れないで物事の関係のみ対象とする形式論理学であるのに対して、ルルスの術が実在論的・存在論的論理学の特徴を有していることである。コロメルによると、「それ（ルルスの術）において、ヘーゲルの弁証法においてと同様に、思考の過程は実在自体と一致する」。しかしコロメルが付言するように、ルルスの術あるいは論理学は、ヘーゲルの論理学のような観念論的な性格を有していない。ルルスの思想と観念論的思想との関連を見出そうとするなら、プラトンの観念論的形而上学となんらかの関連を見出すことができる。ここで観念論的形而上学とはすなわち、それによって時間的・偶存的・可変的実在が説明されるところの永遠的・根源的・不変的観念に関する思想のことである。この思想は実在論的なものである。ルルスがその思想をプロティノス（Plotinos　二〇五頃－二七〇年）とアウグスティヌスを通して受け継ぎ、彼らの影響を受けたことは考えられる。ルルスの思想においてプラトンの根源的観念にあたるものは絶対的原理あるいは諸威厳性である。この原理は、思考（ものごとの考え方）に関する原理であるばかりでなく、実在と物事の実在的諸関係に関する原理でもある。[54]

ルルスの思想の研究を通して次のことが理解されると言えよう。断片的になりがちな現代の学問にとってルルスの思想の最も顕著な意義は、彼が学問の異なった分野を取り扱いながら、それらを統一しうるアプローチの重要性を悟り、それを試みたということである。

註

（1） M. Cruz Hernández, La fundación de Miramar y el sentido de la «sabiduría cristiana» de Ramón Lull, in: *Actas del II Congreso Internacional de Lulismo*, I, Palma de Mallorca 1979, pp. 5-7; S. Trías Mercant, La ideología luliana de Miramar, in: *ibid.*, pp. 9-27; M. Nicolau, Motivación misionera en las obras de Ramón Lull, in: *ibid.*, pp. 117ss.; J. J. E. Gracia, El misionero como filósofo, in: *ibid.*, pp. 131-137.

（2） J. Carreras y Artau. Influencia de Ramon Llull en el pensamiento teológico-filosófico de los siglos XIV y XV, in: *L'homme et son destin d'après les penseurs du moyen âge (Actes du Premier Congrès international de Philosophie médiévale, Louvain-Bruxelles, 28 août-4 septembre 1958)*, Paris 1960, pp. 643-651. ルルスの思想とクザーヌスの思想との関連については、以下の文献を参照。E. Colomer, *Nikolaus von Kues und Raimund Llull*, Berlin 1961; E.-W. Platzeck, Von der lullschen zur cusanischen Denkform, *Mitteilungen und Forschungsbeiträge der Cusanus-Gesellschaft* 4 (1964), S. 145-163; H. Lohr, Ramon Lull und Nikolaus von Kues. Zu einem Strukturvergleich ihres Denkens, *Theologie und Philosophie*

56 (1981), S. 218-231.

（3） スペインの有名な思想家M・メネンデス・イ・ペラヨ（Menéndez y Pelayo　一八五六－一九一二年）の主張によれば、ルルスは観想と実践とを結合しようとした哲学者・神学者であり、その思想は、汎神論ぬきの一種のヘーゲル主義である。Cf. Ramón Lull, in: *Enciclopedia Universal Ilustrada*, 49, Barcelona 1923, p. 556. 彼はルルスの思想がJ・L・ビベス（Juan Luis Vives　一四九二－一五四〇年）の思想とスアレス（Francisco Suárez　一五四八－一六一七年）の思想とともに、スペインの三大哲学思想の一つであるとも言う。Cf. J. Ferrater Mora, Lull o Llull, Ramón. in: *Diccionario de Filosofía*, Madrid 1981, 3, p. 2050.

（4） Cf. E. Colomer, Situación de Ramon Llull, *Pensamiento* 26 (1970), pp. 434-451; E. Longpré, Lulle, Raymond, in: Dictionnaire de théologie catholique IX (1926), coll. 1072-1141. C. Ottaviano, *L'Ars compendiosa de R. Lulle avec une étude sur la bibliographie et le fond Ambrosien de Lulle*, Paris 1981 の中には、ルルスの全著作の年代順リストがある（pp. 32-95）。

（5） 「大いなる術」の完成したものは「究極の一般術」(ars generalis ultima; ars magna とも呼ばれる）である。同名の著作の原典批判版は Corpus Christianorum. Continatio Mediaevalis 75, Turnhout 1986 に収録されている。この著作はルルスがイタリアのピサ（Pisa）で書き終えたもので、その少し前にそれを要約した『簡略なる術』（Ars　brevis）を発表した。Ars brevis の原典批判版は Corpus Christianorum. Continuatio Mediaevalis 38, Turnhout 1984 にある。

（6） Raimundus Lullus, *Ars generalis ultima*, prol., 12-19. ルルスの著作の引用はすべて、断りのない限り、Corpus Christianorum. Continuatio Mediaevalis の原典批評版による。Cf. id., *Ars brevis* I, 1-3; III, 7-9. M・バウザによると、ルルスにおいて「術」（ars）という言葉は技法あるいは探究法を意味する（Corpus Christianorum. Continuatio Mediaevalis 39, M. Bauzà, Introducción general, Prolegomena ［Ars compendiosa Dei］, p. IX, 4）。

（7） 本論文で「合理的」と言うとき、「合理主義的」という意味ではなく、「理性的」という意味で使う。

（8） S. Garcia Palou, *Ramon Lull y el Islam*, Palma de Mallorca 1981, p. 343.

（9） Raimundus Lullus, *Ars brevis* XIII, 7-8.

（10） ルルスの *Libre de demonstracions* の第一部の冒頭と、Lullio, *Epistola Raimundi* 119　（cf. 註12）参照。M. Cruz

Hernández, *op. cit.*, pp. 5-7; W. W. Artus. Ramon Lull, the metaphysician, *Antonianum* 56 (1981), p. 726.

(11) M. Cruz Hernández, *op. cit.*

(12) Cf. Raimundus Lullus, *De experientia realitatis* VII, 94-100 (Corpus Christianorum. Continuatio Mediaevalis 37, Turnhout 1988). この個所は第七章の終わりに付け加えられた Epistola Raimundi にある。

(13) 「必然的理由」は特に、後に詳述する「諸原理」(dignitates) のことだが、これは神の属性のことである。Cf. *Liber de secretis sacratissimae trinitatis et incarnationis*, Corpus Christianorum. Continuatio Mediaevalis 78, Turnhout 1988; *Liber de trinitate et incarnatione,* Corpus Christianorum. Continuatio Mediaevalis 38, Turnhout 1984. Cf. W. W. Artus, The christian philosophical understanding of Ramon Lull's rationes necessariae, *Antonianum* 62 (1987), pp. 237-270; H. Merle, Dignitas: signification philosophique et théologique de ce terme chez Lulle et ces prédécesseurs médiévaux, *Estudios lulianos* 21 (1977), pp. 35-58.

(14) A. Llinares, Le travail manuel et les arts méchaniques chez Raymond Lull, in: *Raymond Lulle et le Pays d'Oc*, (Cahiers de Fanjeaux 22), Toulouse 1987, pp. 169-189.

(15) M. Deyà i Palerm, Mitjans i procediments de la pedagogia lulliana I-II, *Estudios lullianos* 27 (1987), pp. 37-83, 165-214.

(16) A. Llinares, Variations de Lulle sur l'astrologie, *Archives d'histoire doctrinale et littéraire de moyen âge* 53 (1986), pp. 55-109; A. Bonner, L'Astronomia lullina, *Estudios lulianos* 25 (1981-1983), pp. 187-198.

(17) M. Perreira, Le opere mediche di Lullo in rapporto con la sua filosofia naturale e la medicina del XIII secolo, *Estudios lullianos* 23 (1979), pp. 1-35. *Actas del II congreso Int. de Lulismo* 所収の医学関係の論考をも参照。

(18) J. Gracia, La doctrina luliana de las razones necesarias en el contexto de algunas de sus doctrinas epistemológicas y psicológicas, *Estudios lullianos* 19 (1975), pp. 5-52.

(19) R. Bauzà Bauzâ, Doctrinas jurídicas internacionales de Ramón Llull, *Estudios lullianos* 2 (1958), pp. 157-174.

(20) E. Colomer, Las Artes liberales en la concepción científica y pedagógica de Ramón Lull, in: *Arts libéraux et philosophie aux moyen âge (Actes du 4ᵉ Congrès international de philosophie médiévale*, Montréal, 27 août - 2 septembre

1967), Paris 1969, pp. 683-690.

(21) M. Perreira, Filosofia naturale lulliana e alchimia, *Rivista di storia della filosofia* 41 (1986), pp. 747-780.

(22) P.-E. Knabe, Der enzyklopädische Gedanke in Ramon Llulls Arbre de sciència, *Romanische Forschungen* 84 (1972), S. 463-488. Cf. E. Longpré, *op. cit*., coll. 1090s.

(23) Cf. M. Pereira, La «nuove» scienze di Raimundo Lulio, in: *Actas del V Congreso internacional de filosofia medieval* (Madrid), II, Madrid 1979, pp. 1083-1089; A. Llinarès, L'arbre de science de Raymond Lulle, in: *Raymond Lulle. Christianisme, judaisme, islam (Les actes du colloque sur R. Lulle,* Université de Fribourg, 1984), Fribourg 1986, pp. 29-57; Ch. Lohr, Les fondements de la logique nouvelle de Raymond Lulle, in: *Raymond Lulle et le Pays d'Oc*, pp. 233-248.

(24) W. W. Artus. Man as center and end of the world within the thought of Ramon Llull, in: *L'homme et son univers au moyen âge (Actes du septième Congrès international de philosophie médiévale*, 30 août-4 septembre 1982), I, pp. 396-405; id., Man's cosmic ties, *Estudios lulianos* 25 (1981-1983), pp. 25-46.

(25) E. Colomer, Die Vorgeschichte des Motivs vom Frieden im Glauben bei Raimund Lull, *Mitteilungen und Forschungsbeiträge der Cusanus-Gesellschaft* 16 (1984), S. 82-107.

(26) Cf. F. de Urmeneta, Précurseurs espagnols de Maurice Blondel, in: *Nature humaine (Actes du XIe Congrès des Sociétés de Philosophie de Langue Francaise, Montpellier, 4-6 sept. 1961*), Paris 1961, pp. 327-330; A. Llinarès, *Raymond Lulle, philosophe de l'action*, Paris 1963 (cf. E. Colomer, *Situación de Ramon Llull,*, p. 443). Cf. R. Sugranyes, Raymond Lulle, philosophe et missionnaire, in: *Ramon Lulle. Christianisme, judaisme, islam*, pp. 9-27; S. Servera, Utopie et histoire. Les postulats théoriques de la praxis missionaire, in: *Raymond Lulle et le Pays d'Oc*, pp. 191-229.

(27) S. Trias Mercant, La ideología luliana de Miramar, *op. cit*., pp. 10-13.

(28) 中世のスコラ哲学で dignitas という語は公理あるいは明白な論理的原理を意味することもある。

(29) E. Longré *op. cit*., col. 1114. Cf. *Liber lamentationis Philosophiae* (Corpus Christianorum. Continuatio Mediaevalis 32), Turnhout 1975, Prologus, 33-40.

(30) M. Cruz Hernández, *op. cit*., pp. 5-7.

（31） B. Mendia, La apologética y el arte lulianas a la luz del agustinismo medieval, in: *Actas del II Congreso Internacional de Lulismo*, I, pp. 235s. Cf. A. Madre, Prolegomena, *De ascensu et descensu intellectus* (Corpus Christianorum. Continuatio Mediaevalis 35, Turnhout 1981). Cf. B. Mendia, *op. cit.*, p. 237.

（32） Raimundus Lullus, *Llibre d'Amic e Amat*, n. 307. Cf. E. Longpré, *op. cit.*, coll. 1115s.; B. Mendia, *op. cit.*, pp. 222ss. 『愛する者と愛された者についての書』という書は、観想について語る『ブランケルナ』（Blanquerna）の中に含まれている。校訂版は Llibre d'Amic i Amat, Barcelona 1995 である。本論文ではスペイン語訳 *Libro del Amigo y del Amado* (Ediciones RIALP, Madrid 1956)に従って引用する。邦訳は『後期スコラ学』上智大学中世思想研究所編訳・監修「中世思想原典集成」第一八巻、平凡社、一九九八年、所収。英訳は以下のもの。*The Book of the Lover and the Beloved*, London 1978.

（33）「友は自分の愛する者にこの世における自由と平和と誉れを願った。愛されている者は友の記憶と知性に自分の美を教えた。そして自分を意志の対象として与えた」（*Llibre d'Amic e Amat*, n. 108）。「愛は友と愛されている者のあいだにある霧を照らした。そして夜における月や……昼における太陽の明白な輝きと同じような輝きが知性と意志の中に起こった」（*ibid.*, n. 123. Cf. nn. 204, 257, 313）。ルルスは『光について』（*Liber de lumine* 一三〇三年）という著書も著し、そこで光の形而上学を展開している。また *Magnus liber contemplationis*, cap. 239, n. 8 参照。

（34） Ch・ロールによると、ルルスは「イザヤ書」七章九節の「もし信じなければ、理解しないであろう」に従って、認識の二つの段階を考える。それは「信仰による積極的認識」(scientia positiva per credere) と「知解による論証的認識」(scientia argumentativa per intelligere) である。同じくロールによると、ルルスの認識論には、真理を知性と実在との合致とする説から、さらにアウグスティヌス主義的な真理論への発展が見られる（Ch. Lohr, Prolegomena, *Liber de novis fallacis*, Corpus Christianorum. Continuatio Mediaevalis 37, pp. 4–6）。

（35） W. W. Artus, Man's cosmic ties, p. 27.

（36） Raimundus Lullus, *Ars generalis ultima*, I, 22–27; cf. II, 28–31; *Ars brevis*, I, 4–6. 註6で引用したテキストも参照。『簡略なる術』の英訳（A. Bonner, *Selected Works of Ramon Llull*, I, Princeton 1985）と仏訳（A. Llinarès, *L'Art bref*, Paris 1991）がある。ルルスは『学問の樹』の序言で、「長いあいだあらゆる手段を使って真理の発見に努めた」と言う。そして最

後の章で、この本で学問のすべての領域を取り扱うという目的を述べてから、この本で、「諸問題を位置づけて、それらを解き、ものごとの真理を見出し、誤謬を論破する術と方法を説明する」と言う。Cf. L. Sala-Molins, *Lulle*, Paris 1967, pp. 130ss.

(37) Raimundus Lullus, *Ars generalis ultima* V, 3-7.

(38) *Ibid.*, X, 1276-1279.

(39) E.-W. Platzeck, *Raimund Lull. Sein Leben – seine Werke – die Grundlagen seines Denkens (Prinzipienlehre)*, 2 Bde., Düsseldorf 1962-1964. Cf. E. Colomer, Situación de Ramón Llull, pp. 447s. プラツェックはこの著作において、大いなる術の原理（「絶対的原理」と「相対的原理」）を考察する。彼によると、その原理の起源は中世のキリスト教神学者と新プラトン主義の哲学者の内に見出される。しかしイスラームの思想家（ガザーリー［al-Ghazālī; Algazel 一〇五八－一一一一年］）とユダヤ教の思想（『創造の書』［Sepher Jezirah］）の影響もあることを認めている。Cf. J. M. Millás-Vallicrosa, Las relaciones entre la doctrina luliana y la Cábala, in: *L'homme et son destin d'après les penseurs du moyen âge*, pp. 635-642.「カバラ」とはユダヤ教哲学のさまざまの省察のことである。そこで神は無限な存在として考察され、その属性（すなわち善、知恵、全能、愛など。ルルスはそれらを「諸原理」と呼ぶ）はセフィーロート（sefirot）と呼ばれ、神の無限の存在の「現れ」として考えられている。この論文で著者はセフィーロートとルルスの「諸原理」あるいは必然的理由との同一性を示す。ルルスは「絶対的原理」を「根源的で真の必然的原理」（principia primitiva, vera et necessaria）と呼び、その一つ一つを「有」（ens）として定義する。Cf. *Liber correlativorum innatorum* (Corpus Christianorum. Continuatio Mediaevalis 33, Turnhout 1978), 7-32; 54-98.

(40) Raimundus Lullus, *Ars generalis ultima* III, 99-109. ルルスは善と偉大さを「有」（ens）として定義する。*Ibid.*, III, 5, 6, 88, 91, 95.

(41) Cf. E. W. Platzeck, La combinatoria luliana, *Revista de Filosofía* 13 (1954), pp. 136-140. 各々の相関名辞（correlativa）は、各々の絶対的原理に相当するそれぞれの動詞の不定詞、現在分詞、過去分詞から成る。プラツェックはその「相関名辞」がプロティノスの思想（*Enneades* 2, 9, 1）とアウグスティヌスの思想（amans, amatum, amare と noscens, notum, noscere, *De Trinitate* VIII, 10）の中に見出されることに注目する。またそれらが、ルルスにおいて、絶対的原理と三つの相対的原理（すなわち根源・媒介・目的）の組み合わせによって成り立つことにも注目する。ルルスはそれについて、*Liber correlativorum innatorum* で取り扱う。

（42）Raimundus Lullus, *Ars generalis ultima* IX, 1, 61-64. Cf. *ibid.*, IX, 1, 18-60. ルルスは *Liber de ente simpliciter infinito* (Corpus Christianorum. Continuatio Mediaevalis 78), Turnhout 1988 で、絶対的存在である神の諸威厳性あるいは属性（たとえば絶対的善、絶対的偉大さなど）を絶対的原理と呼ぶ。

（43）*Id., Ars generalis ultima* IX, 1, 71-72.

（44）*Ibid.*, IX, 1, 128-189. ルルスは神が無限であることを、*Liber de ente infinito* (Corpus Christianorum. Continuatio Mediaevalis 33)で理性によって証明する。

（45）*Logica nova* のドイツ語訳は以下のもの。V. Hösle, W. Büchel, *Die neue Logik*, Hamburg 1985.

（46）Raimundus Lullus, *Epistola Raimundi*, 107-112.

（47）*Ibid.*, 120-135. Cf. *Logica nova*, dist. V; Ch. Lohr, *Liber de novis fallaciis*, Prolegomana (Corpus Christianorum. Continuatio Mediaevalis 37, pp. lss.)

（48）Raimundus Lullus, *Liber de demonstratione per aequiparantiam* (Corpus Christianorum. Continuatio Mediaevalis 35), 3-51. Cf. S. Garcia Palou, *Ramon Llull y el Islam*, pp. 167-171. ルルスは *Ars generalis ultima* (IX, 1, 27-270)で、神について考察する前に、神の諸原理と神の内的働きについて考察する。『対話形式によるライムンドゥスの言葉』(Declaratio Raymundi per modum dialogi edita）という著作の中で、ルルスはアヴェロエス主義者に反対して、創造された世界の時間性を次のように証明する。創造された世界が永遠であることは不可能である。というのは、神の無限の力と神の無限の善は同一のものであり、世界が永遠であることが、この神の無限の力と神の無限の善が同一であることと矛盾するからである。この矛盾は次のように示される。神のすべての諸原理（善、力など）と神の働き（たとえば創造の働き）とはまったく同一のものである。また神の無限の善は有限的にしか被造物に分与されえない（というのは無限の被造物の存在は矛盾であり、不可能だからである）。しかし、もしも被造物である世界が永遠だとすれば、世界の継続が無限であり、したがって、その働きによって永遠の世界が存在するところの神の力と有限的にしか分与されない神の善が同一ではないと結論しなければならなくなる。この結論は、神の力と神の善がまったく同一であるという明白な真理と矛盾するので誤謬であり、したがって世界が永遠であるという説も誤謬である。Cf. E. Longpré, *op. cit.*, coll. 1119, 1121. もちろんこの論証に対してさまざまの反論が出されうる。

(49) Raimundus Lullus, *Liber de novo modo demonstrandi* (Corpus Christianorum. Continuatio Mediaevalis 73), pp. 76-85, 230-246.

(50) Id., *Liber de novis fallaciis*, prologus, 4-39; id., *Liber de refugio intellectus*, prologus, 10-19 (Corpus Christianorum. Continuatio Mediaevalis 38).

(51) Ch. Lohr, Prolegomena (*Liber de novis fallaciis*), p. 5. Cf. Raimundus Lullus, *Ars generalis ultima* VII, 4, 2, 8.

(52) René Descartes, *Discours de la Méthode* (texte et commentaire par Étienne Gilson, Paris 1930), pp. 2, 3, 18, 21, 30, 32s., 40s., 62, 78.

(53) *Ibid.*, pp. 20, 29. Cf. *ibid.*, pp. 217-222, 272. Cf. id., *Regulae ad directionem ingenii* IV. ライプニッツはルルスの「大いなる術」とそれに関する主な解説を読んで、ルルスの考え出した諸字の結合により、いわば自動的に働く人間的思惟アルファベットを自分のものにし、そしてそれを、自分の考え出した「普遍数学」すなわち学問のあらゆる分野に当てはまる数学と考えられた論理学と関係づける。Cf. E.-W. Platzeck, Die Lullsche Kombinatorik. Ein erneuter Deutungs- und Darstellungsversuch mit Bezug auf die Westeuropäische Philosophie, *Franziskanische Studien* 34 (1952), S. 32-60, 377-407; id., Gottfried Wilhelm Leibniz y Raimundo Lull, *Antonianum* 48 (1973), pp. 46-63; W. Hubener, Leibniz und der Renaissance-Lullismus, *Studia Leibnitiana* 23 (1983), S. 103-112.

(54) E. Colomer, De Ramon Llull a la moderna informatica, *Estudios lulianos* 23 (1979), pp. 113-118, 120. コロメルはここで、J・ボヘンスキー（Joseph M. Bochenski　一九〇二―九五年）がルルスを数理論理学の先史に入れていることを指摘する。さらにルルスの術と現代の情報科学との類似点をも見出した。記号論理学の最初の文献と言えるライプニッツの『結合術について』(Dissertatio de arte combinatoria) という著作の中に、ルルスの「大いなる術」に含まれている結合法やその象徴的性格との類似点があることが学者によって指摘されたことを付言しておきたい。註52で挙げられた文献参照。

3　フライベルクのディートリヒの知性論

K・リーゼンフーバー
（村井則夫訳）

一　時代的背景

（1）ドイツ・ドミニコ会学派

一二七七年にパリ大学・オックスフォード大学でラテン・アヴェロエス（Averroes; Ibn Rushd　一一二六－九八年）主義に対する禁令が公布されてからマイスター・エックハルト（Meister Eckhart　一二六〇頃－一三二七／二八年）が歿するまでの期間、つまり、アルベルトゥス・マグヌス（Albertus Magnus　一一九三／一二〇〇－八〇年）の死からウィリアム・オッカム（William Ockham　一二八五頃－一三四七年）がバイエルン公ルートヴィヒ四世（Ludwig IV　神聖ローマ皇帝在位一三一四－四七年）のミュンヘンの宮廷に赴く（一三三〇年）頃までの半世紀のあいだには、中世末期への移行を特徴づける変化が起こっている。すなわち、盛期スコラ学の「大全」は徐々に後期スコラ学の専門的論考に取って代わられ、アリストテレス思想は単なる受容の対象から批判的論議の主題となり、神学的形而上学・人間論は中世末期の論理学・自然哲学・神秘思想へと転じていったのである。引き続き強い影響力をもっていたパリ大学・オックスフォード大学・ケンブリッジ大学などの学問界の総本山と並んで、ドイツ語圏ではケルンが頭角を現し、成立期のドイツ思想界に大きな力を及ぼし始めていた。ケルンにおけるこのような知的発展は、すでに十三世紀前半から準備されたものであり、さまざまな修道会の、相継いで設立された支部がその発展を支えることになった。一二一九年にはドイツ騎士団（Deutscher Ritterorden）が、一二二一年にドミニコ会（Ordo Fratrum Praedicatorum）、一二二二年にはフランシスコ会（Ordo Fratrum Minorum）、一二三七年にヨハネ騎士団（Ordo equitum sancti Johannis）、一二五二年にカルメル会（Ordo Fratrum beatae Mariae Virginis de Monte Carmelo）、一二五七年に女子ドミニコ会、一二六四年にアウグスティヌス隠修士会（Ordo Eremitarum sancti Augustini）、一三〇六年に女子フランシスコ会、一三〇七年に聖十字架修道会（Ordo Fratrum sanctae crucis）、一三三四年にカルトゥジア会（Ordo Cartusiensis）の修道院が創設されている。一二三三年の記録によればベギン（Beguines）も、ケルンに「家」をもっており、一三〇〇年にはその数はおよそ五〇にのぼっている(1)。

哲学と神学の研究は、重要な托鉢修道会――ドミニコ会・フランシスコ会・カルメル会・アウグスティヌス隠修士会――の「高等学院」（studia generalia）（ドイツを管轄する管区のための修道院高等教育機関）によって推進されていた。フランシスコ会の高等学院では、ヨハネス・ドゥンス・スコトゥス（Johannes Duns Scotus 一二六五／六六―一三〇八年）が晩年の一年間（一三〇七―〇八年）、教授活動に当たっている。アルベルトゥス・マグヌスがパリ大学を模範として、一二四八年に創設したドミニコ会の高等学院は、はるかに大きな影響力をもっていた。それというのもドミニコ会は、一三〇三年にはドイツで九三の修道院――そのうち四七の修道院は北・中部ドイツのサクソニア管区(2)――を擁しており、修道女たちに対する霊的指導や一般信徒への説教活動を通じて(3)、神学思想の富を民衆の思考と信仰心の内へと浸透させていたからである。ケルンのドミニコ学会派(4)に関しては、トマス・アクイナス（Thomas Aquinas 一二二四／二五－七四年）とともにアルベルトゥス・マグヌスの直弟子であったシュトラスブルクのウルリヒ(5)（Ulrich von Straßburg; Ulricus de Argentina 一二二五頃－七七年頃）、ドイツ神秘思想の神学者マイスター・エックハルト、ハインリヒ・ゾイゼ（Heinrich Seuse 一二九五／一三〇〇－六六年）、ヨハネス・タウラー（Johannes Tauler 一三〇〇頃－六一年）が夙《つと》に有名である。

近年の哲学史研究では、学派にとって重要であったそれ以外の神学者に関しても、その著作の研究と校訂版編集の作業が緒についている。(6) 新たに注目された思想家として、例えばシュトラスブルクのフーゴー(7)（Hugo von Straßburg; Hugo Ripelin 一二一〇頃－七〇年頃）は、神学の教科書『神学的真理の綱要』（Compendium theologicae veritatis 一二六七－七〇年）を著しており、これは近世初頭に至るまできわめて広く普及し、さまざまな言語に翻訳されている。またシュトラスブルクのニコラウス(8)（Nikolaus von Straßburg 一三一八－二七年活動）は、トマス・アクィナスおよびアルベルトゥス・マグヌスの思想の忠実な後継者であり、一三二六／二七年のケルンでの審理にあたってマイスター・エックハルトを擁護した人物である。リヒテンベルクのヨハネス（Johannes von Lichtenberg; Johannes Picardi 一三〇三－一三年活動）は、同様にトマス思想の継承者にして、パリとケルンの教授、および皇帝ハインリヒ七世（Heinrich VII 在位一三〇八－一三年）の顧問であった。フライブルクのヨハネス（Johannes von Freiburg; Johannes Rumsik 一二五〇頃－一三一四年）は、ドイツ語訳によって広く読まれた『告白大全』（Summa Confessorum）において、トマスの倫理学を司牧の実践活動へと応用した思想家である。さらにシュテルンガッセンのゲルハルト(9)（Gerhard von Sterngassen; Gerhard Korngin 一三一〇－二五年活動）は、『病める魂の治療』（Medela anime languentis; 別名 Pratum animarum『魂たちの牧場』）において、トマスの倫理学を、神秘的経験を含んだ理論実践的な徳論へと深めている。このゲルハルトの兄弟であるシュテルンガッセンのヨハネス[10]（Johannes von Sterngassen; Johannes Korngin　一二八五以前―一三三〇または一三三六年以降）は、その説教においてトマス思想に則った神秘思想を一般向けの仕方で展開した。リューベックのハインリヒ（Heinrich von Lübeck　一二八〇頃―一三三六年以降）は、『任意討論集』（Questiones quodlibetales）において、トマス・アクィナスとフライベルクのディートリヒ（Dietrich von Freiberg　一二四〇／五〇―一三一八／二〇年）のあいだの中庸の道を模索しているようである。ダンバハのヨハネス[11]（Johannes von Dambach　一二八八―一三七二年）は、マイスター・エックハルトの弟子であり、その『神学の慰めについて』（De consolatione theologiae）では、中世末期の宗教的慰めという文学ジャンルの基礎を据え、その影響はトマス・ア・ケンピス（Thomas a Kempis　一三七九／八〇―一四七一年）の『キリストに倣いて』（Imitatio Christi）にまで及んでいる。ヘルフォルトのハインリヒ[12]（Heinrich　von　Herford　一三七〇年歿）の哲学的・自然科学的百科全書『諸存在者の黄金の鎖』（Catena aurea entium）は、十三・十四世紀の最も重要なドミニコ会士たちの文書を編纂した著作である。同名の二人の――判別困難な――思想家、ハルバーシュタットのコンラート（Konrad von Halberstadt）（若年の方のコンラートは一三四二―五五年に活動。長年のコンラートは一三二一―二七年に活動）の著作のうちには、とりわけ司牧と説教のための百科全書と綱要が含まれている。モースブルクのベルトルト[13]（Berthold von Moosburg 一三〇〇以前―六一年以降）はプロクロス（Proklos　四一〇／一二―八五年）の一性の形而上学をアルベルトゥス学派の思想と融合させている。しかしながら本論の主題となるフライベルク（ザクセン地方）のディートリヒは、そうした彼らすべてにも優る重要な思想家である。しかも、ドミニコ会における盛期スコラ学のアリストテレス受容とドイツ神秘主義とのあいだ、つまりアルベルトゥスとマイスター・エックハルトとのあいだにあって鍵となる位置を占める彼の著作は、その全著作の校訂版が刊行されることで[14]、近年になってようやく日の目を浴びたものなのである[15]。

（2）フライベルクのディートリヒの生涯と著作、およびその影響

中世の史料のうちで、ディートリヒの生涯と活動について触れているものはきわめてわずかしか存在しない。(16) 一二七四年にはディートリヒはすでに読習講師であり、パリで神学を研究している。通常の修養過程から推定するなら、ディートリヒの誕生年は一二四〇年代初めと考えられる。一二八〇年にはドイツのドミニコ会修道院で読習講師として記録されている。フォンテーヌのゴドフロワ(17)（Godefroy de Fontaines; Godefridus de Fontibus 一二五〇以前―一三〇六年以降）の著作における引用から、彼が一二八五年以前に論考『範疇的事象の起源について』（De origine rerum praedicamentalium）を著していたことがわかる。一二九三―九六年には、ドイツのドミニコ会管区（テウトニア）で管区長として活動し、一二九四―九六年にはドミニコ会総長代理を勤めている。この時代のディートリヒの現存する五通の手紙は純粋に職務上のものであり、その思想については何も伝えてくれない。一二九六／九七年に、ディートリヒはパリ大学神学部で神学博士となり、そこでおそらくは二年間、フランス人以外のドミニコ会士のために割り当てられていた講座で、講座担当教授（magister ［actu］ regens）として講義と討論を受け持った。ディートリヒのいくつかの『討論』はこの時代のものと考えられる。神学部での他の同僚との学問上の関係については何も知られていない。(18)

一三〇三年、ディートリヒはコブレンツの管区監督官の一人に任命されている。新たに選出されたドミニコ会総長ピアチェンツァのアイメリクス（Aymericus de Piacenza 在任一三〇四―一一年）から、虹の成立についての理論を公にするように奨められた。(19) 一三一〇年にディートリヒは、ピアチェンツァのドミニコ会総会で、テウトニア管区長代理に任じられている。しかしその在任期間は、その年の晩秋までの数か月間で終わっている。彼の歿年についての報告は存在しないが、おそらく一三一八年から二〇年までのあいだに置くのが妥当であろう。このように

きわめてわずかな情報しか残されていないのだが、ここからあれこれ憶測を逞しくして、ディートリヒの人物像を、「ドイツ固有の独自の哲学的文化の形成に際して決定的役割」を果たした「偉大な個性」という印象的な姿に作り上げようという試みもないわけではない。[20] しかし推定にもとづくそのような憶測は、ディートリヒを、その著作が「数世紀に及ぶ閑却」を被った「中世の学問の歴史におけるはぐれ者《アウトサイダー》」[21]とする判断とは両立することはなさそうである。

ディートリヒの人となりが摑みがたいものであるのに対して、その著作はほぼ完全なかたちで残されている。中世の著作目録にディートリヒのものとして挙げられている三三の著作のうち、これまでに発見されていないのはわずか八著作である。その著作——八編のおおむね比較的短い『討論』以外には、もっぱら個別的主題を扱った体系的論考であり、註解は存在しない——の大半は、純粋に哲学的な議論に終始している。もっともディートリヒ自身は、「純粋に端的に神学と呼ばれるわれわれの学問は、哲学者たちの神的な学問からは区別される」(Fragmentum de subiecto theologiae『神学の主題についての断章』[= Subi.] 3. (8) [III, 281]) と言っているように、自らキリスト教神学者を自任してはいるのだが。

全著作のうち、自然学に関する五編——質料的物体の構造、重力、光、色彩、虹についての著作——は、明確に独立した一群を成している。なぜならそれらにおいては、形而上学的前提をそれとして引き合いに出すことなく、自然現象、とりわけ光学的現象を観察と実験による純粋に経験的な方法によってその原因から解明しようとしているからである。十九世紀初頭からつい最近に至るまでは、虹の成立についてのディートリヒの論考『虹と光線の現れについて』(De iride et de radialibus impressionibus) は、アリストテレス主義・スコラ学の基盤に立ちながらも、近代の自然科学、とりわけデカルト (René Descartes 一五九六―一六五〇年) による虹に関する説明を先取りする傑作とみなされてきた[22]（もっとも、最新の解釈においては、この著作の限界、および近代科学による理解との相違が明らかにされている[23]）。しかしディートリヒによる虹の説明は、中世の他の著作においては言及すらされていない。

　ディートリヒの著作の大半は形而上学に関するものである。そこにおいては、存在者と本質との関係[24]、実体に対する付帯性の不可分性[25]、矛盾、または度合いの段階性といった一般形而上学の基本概念を論じたもの、および、知性体による天体の運動[26]、時間の連続性[27]、物事の嵩《かさ》、諸範疇の起源などについての自然学的（自然科学的ではない）問題を主題とするもの、そしてまた、彼の哲学的思索の要として、知性認識の本質を形而上学的に解明しようとする試みが含まれる。

　若干の神学的論考では、キリストの遺骸や、至福者たちの身体の特性をめぐる周辺的問題が、形而上学的方法によって論じられている[28]。論理学・倫理学関係の著作[29]、および修徳についての著作は書かれていない。聖書引用（およそ二〇〇句）が鏤められているのも、その著作の約半数においてのことにすぎない。ディートリヒは霊的指導者としても尊敬を集めたと思われるが[30]、その説教は伝えられていない。

　ディートリヒが依拠した文献は、まず彼が引用している著作から推し量ることができる[31]。アリストテレス、とりわけその『形而上学』（Metaphysica）と『霊魂論』（De anima）がほとんどすべての著作において引用され、総数が八〇〇回にも及ぶところから、アリストテレスが彼にとって規範となる権威であったことは疑いを容れない。アリストテレス理解、さらには体系的問題の解明に際しては、アヴェロエスの著作がかなり自由に用いられており（二〇〇回以上）、その多くの場合ディートリヒはアヴェロエスに賛意を示しているが[32]、例えば能動知性の単一性といった問題に関しては、思い切った反論を行っていることも珍しくない。ここから推察されるように、フランスとイギリスでは大々的になされたアヴェロエスに対する断罪も、ドイツにあってはむしろ一地方の事情として受け取られ、冷静に距離を置いて捉えられていたようである。しかもディートリヒの場合は、批判的に判別しながらではあるが、アヴェロエスに対して基本的には否定的ではないところから窺えるように、名指しで引用こそしていないものの、アルベルトゥス・マグヌスの姿勢と解釈を継承しているのである。[33] ディートリヒがアリストテレスおよびアヴェロエスに次いで頻繁に依拠しているのが、アウグスティヌス（Augustinus 三五四―四三〇年）、特にその『三位一体論』（De Trinitate）および『創世記逐語註解』（De Genesi ad litteram）であるところから（およそ四〇〇回引用されている）、ディートリヒはとりわけ自らの知性論においてアリストテレスとアウグスティヌスを統合しようとしていたものと考えられる。ディートリヒの思想の第三の源泉が新プラトン主義であることは、プロクロスからの引用[34]（約六〇回）、およびプロクロスの著作の抜粋である『原因論』（Liber de causis）からの引用（約一五〇回）から明らかである。ディートリヒはプロクロスの『神学綱要』（Elementatio theologica）を十四世紀の哲学的論議の内に導入しているとも言える。それ以外の、キリスト教の著作からの引用――ディオニュシオス・アレオパギテス（Dionysios Areopagites 五〇〇年頃）、ボエティウス（Boethius 四八〇頃―五二四年）、ダマスコスのヨアンネス（Ioannes; Johannes Damascenus 六五〇頃―七五〇年頃）、ベーダ・ウェネラビリス（Beda Venerabilis 六七三／七四―七三五年）、カンタベリのアンセルムス（Anselmus Cantuariensis 一〇三三／三四―一一〇九年）、サン＝ヴィクトルのフーゴー（Hugo de Sancto Victore 一〇九六頃―一一四一年）、『標準的註解』（Glossa ordinaria）などの引照――はディートリヒの神学博士としての豊かな教養を窺わせる。

トマス・アクィナスに対するディートリヒの態度は、なおも問題の残るところである。[35] ディートリヒはトマスの著作に通じており、時には名指しで引用しているとはいえ、知性論に関する著作においては、名前を挙げないまでも、トマスの理論を「粗雑である」として厳しく批判しているからである。そうすることによってディートリヒは、すでに一三〇九年にはトマスの理論をドミニコ会神学者にとって厳密な規範として義務づけようとしていた当時のドミニコ会の主流に逆らっていたことになる。しかしディートリヒの構想をその狙いに即して理解するには、単純に反トマス主義者の烙印を捺すのではなく、むしろアルベルトゥス学派の継承という点から、つまりアウグスティヌス・新プラトン主義およびイスラーム哲学の知性理解という、より広い文脈においてその思想を捉えなければならない。そうすることでディートリヒの哲学は、トマスにおいては後退している問題群をその体系的意義に即して展開し、それによってトマスの枠組みを突破しようとしていたものとして理解されることになるだろう。[36]

ディートリヒの哲学は、直接にはケルンのドミニコ会学派によって受容されたのみであるが、そこにおいてはマイスター・エックハルトに対する影響[37]にとどまらず、さらに持続的で深い効果を及ぼしている。ディートリヒの思想は、グリュンディヒのエックハルト（Eckhart von Gründig　一三三七年頃歿）の『能動知性・可能知性に関する論考[38]』（Ler von der selikeyt: Von der wirkenden und der vermögenden Vernunft　推定一三〇二／〇三年）を通じてドイツ語圏に広まり、十四世紀中葉にはモースブルクのベルトルトによるプロクロス『神学綱要』に対する註解の基盤となり、さらにこの註解はニコラウス・クザーヌス[39]（Nicolaus Cusanus　一四〇一－六四年）の『知ある無知の弁明[40]』（Apologia doctae ignorantiae　一四四九年）においても言及されている。クザーヌスの同時代においては、その思想はケルン学派を通して、ケルンのアルベルトゥス学派の継承者たるカンポのヘイメリクス[41]（Heymericus de Campo; Heymeric van den Velde　一三九五－一四六〇年）に影響を及ぼし、トマス主義者であるゲルハルドゥス・テル・ステーヘン（Gerhardus ter Steghen　一四八〇年歿）との論争において活かされ、また同じくケルンで学んだカルトゥジア会士（レイケルの）ディオニュシウス（Dionysius Cartusianus; Dionysius Ryckelensis; von

Rijkel 一四〇二―七一年）の神秘神学の内にも流れ込んでいる。(42)

ディートリヒの著作群にあっては自然科学的著作は本筋の議論ではないため、ここではそれらには立ち入ることはせずに、彼の哲学的思想の体系的中心である知性論(43)――とりわけ互いに補完し合う関係にある二つの主著、すなわち『至福直観について』（De visione beatifica［= Vis.］）と『知性と知性認識されるもの』（De intellectu et intelligibili［= Int.］）に展開されている思想――に主題を絞ることにする。

二 知性論

（1） 至福への問いと知の諸段階

ディートリヒの著作は、純粋に理論的・形而上学的な諸問題を本領とするものではあるが、それらの哲学的思索は、聖書にもとづいた神学的問題設定、および人生の究極的意味の探求という基本的枠組みと意図に即して展開されている。ディートリヒにとっては、「真理の書〔聖書〕によってわれわれに約束されている至福直観」（Vis. 4. 3. 2. 2. (1)［I, 119］; cf. Vis. 4. 3. (1)［I, 111］）への問いが根本的なものであった。この問いは、アリストテレスのようにこの世の生の次元に限って論じられるわけではなく、彼岸の生との関係において、すなわち「この世の知恵者の神的知識が廃れてしまう（一コリ一三［一コリ一三・八。一コリ一・一九参照］）この世の終わりの後も、永遠の至福の獲得、そして善か悪におけるさらなる究極的な終わりへの到達」（Subi. 3. (9)［III, 282］）に対する問いとして、徹底して終末論的に論じられる。ここからこの議論がキリスト教的信仰にその基盤をもつことが窺えるのであり、まさにそのような出発点ゆえに、ディートリヒの思想は人間論の領域にとどまることなく、厳密な意味で形而上学的な仕方で展開されるのである。なぜなら、その本質からするなら、完全な至福はただ「直接的で至福に満ちた観想を通じての、われわれと神との合致によって」(Int. II 31. (8) [I, 170]) のみ達成されるからであり、「それによってわれわれは神をその本質に即して看取する」(ibid.) のであり、「それによって神は顔と顔を見合わせるかたちで看取されるのである」(Vis. 1. 2. 2. 4. 3. (1) [I, 52])。しかし神とのそのような直接的な合致は人間の自然本性の能力を超えているため、その実在は「理性のみによって帰結することはできない」(Vis. 4. 3. (1) [I, 111])。そのような合致の考えられるあり方に関してすら、「全面的な確実性をもって論じることは難しい。たとえそれをめぐって理性によって憶測的に推論することはできるにしても」(Vis. 4. 1. (6) [I, 106])。もとより至福についての問いは人間にとって普遍的である以上、至福についての問いや、少なくともそれに類する問いは、哲学的にも解明可能なものであり、そのためには神学は哲学的考察を活用することができるが、その際には、神学に固有の認識の追求が自立的な理性の活動に還元されるということはない。「それゆえ、これほど困難な事柄を論じるための神の助けに対する信頼を第一に前提として、そうした同じ問題、あるいは少なくとも似た問題を論じてきた哲学者たちの研究の熱意も、ある程度の貢献として役に立つものである」(Vis. 4. 2. 1. (1) [I, 106])。この点でディートリヒはアヴェロエスの『霊魂論第三巻註解』(Commentator Super III De anima [Comm. 36]) を参照している (Vis. 4. 2. 1. (2) [I, 106])。

　至福の本質に対する問いは、すでにテミスティオス (Themistios　四世紀) などの古代アリストテレス註解者においても、アリストテレスの知性《ヌース》論解釈の争点となっていたのであり[44]、それはアラブ人哲学者やラテン・アヴェロエス主義者たちによっても、とりわけブラバンティア〔ブラバン〕のシゲルス (Sigerus de Brabantia; Siger de Brabant　一二四〇頃－八四年以前) やダキアのボエティウス[45] (Boethius de Dacia　一二八四年以前歿) によっても、諸々の知性体や神に対する至福に満ちた直観についての自然的理性による理論という同様の方向でさらに展開された。同時代のトマス・アクィナスもまた、『神学大全』(Summa theologiae) 第二部において、「至福〔幸福〕」への問いの下で自らの倫理学を構築したが〔第二-一部第一-五問〕、至福の精神形而上学の可能性が論及されるということはなかった。しかしこの問いが、十四世紀初頭のキリスト教思想全般にどれほどの意義をもっていたかは、当時の教皇文書とそれに対する反動から理解できる。教皇クレメンス五世 (Clemens V 在位一三〇五-一四年) は、主にベギンとベガルド〔男子ベギン〕に見られる、理性を授けられた者にはその自然本性によって至福が具わるという主張をヴィエンヌ公会議 (一三一一年) で断罪し[46]、教皇ヨハネス二二世 (Johannes XXII 在位一三一六-三四年) は神に対する至福直観がいつ始まるのか〔死後であるのか最後の審判の後であるのか〕という問題についての宣言を行い、ベネディクトゥス一二世 (Benedictus XII 在位一三三四-四二年) は一三三六年にこの問題に決着をつけている[47]。

至福についての問いにおける哲学的次元と神学的次元のあいだの区別と連関は、ディートリヒの場合、自然と超自然のあいだの関係についての見解にもとづいている (cf. Int. II 22. (2) [I, 162])。この点に関してディートリヒは、神の「自然の摂理」(providentia naturalis) と「意志による摂理」(voluntaria providentia) というアウグスティヌスの区別を引き合いに出している[48]。この区別には、学問論上は、哲学的な「神的な学、ないし形而上学と呼ばれる神学」(Subi. 3. (8) [III, 281]) と「われわれが純粋に端的に神学と呼ぶ」(ibid.)「聖人たちによるわれわれの神的な学」(Subi. 3. (9) [III, 282]) との区別が対応している。

神学そのもの、ないし一般的な意味での神学は、「存在者の全総体を、神からの存在者の発出に従って、そして神に向かう秩序に従い、また諸々の存在者の性状、および神からそれらの諸々の存在者に与えられた固有のあり方に従って」（Subi. 3.(5)[III, 281]）論じる。このような存在者の神に対する関係が、ただ「自然の摂理において看て取られる秩序の必要に従って」（Vis. 4. 3. 2.(4)[I, 114]）のみ考察されるとき、「哲学者たちの神的な学」（Subi. 3.(8)[III, 281]）、ないし形而上学が生じる。アリストテレスによれば、神的学は「第一に根本的には、その本質に従って神的であるような神的存在者を考察し、さらに次いで他の諸々の存在者を考察するが、その神的学は、『形而上学』第一二巻で言われているように、他の諸々の存在者がいわば総体の主に向かうという仕方で神的存在者へ向かって秩序づけられているということを示すのである」（Subi. 3.(8)[III, 281]）。これに対して本来のキリスト教的神学は、これと同じ対象領域の考察に由来するが、それはそれらの存在者が「意志による摂理の秩序の下に配されており、そこにおいては功徳と報いの役割が重要である」限りにおいてなのであり、それゆえにそこでは神と人間の自由意志が考察されるのである（Subi. 3.(9)[III, 282]）。このような本来の意味での神学の対象領域は、具体的に「キリスト全体、頭と体ないし四肢、また物としるし、創造の業と復興の業、または神自身」（Subi. 3.(3)[III, 280]）と規定されるが、ここには順に、カッシオドルス（Cassiodorus　四八五頃―五八〇年頃）、アウグスティヌス、サン=ヴィクトルのフーゴー、そして再びアウグスティヌスの用語が用いられている。しかし他方でトマス・アクィナスに倣って、「恩寵も栄光も自然および自然の秩序を破壊するどころか、むしろそれを完成し完結する」（Vis. 2. 2.(2)[I, 65]）と言われるところからわかるように、神の自由は形而上学的な本質秩序に対して優位をもち、それゆえキリスト教神学は哲学的神学に優っているとはいっても、それによって哲学的神学とその真理や妥当性、またその自立性は少しも損なわれることはないのである。こうして意志による摂理の秩序が「自然による摂理の秩序の完成にして完結」（Vis. 4. 3. 2.(4)[I, 114]）であるため、知と信仰、哲学と信仰はアヴェロエス主義におけるように互いに対立するものとはなっていない。それどころかキリスト教神学は哲学的認識を下支えないし洞察の補助的手段として自らの内に組み込むことができるのであり、しかもその際、神学的認識を「一般の自然の経過」（Int. II 22. (2) [I, 162]）――「一般的法則と恒久的状態に従う」（Vis. 4. 3. 2. (2) [I, 119]）諸事物の過程――へと制限するということがない。そのためにディートリヒは、自らが範と仰いだ新プラトン主義およびイスラームの代表的思想家たちの基本的前提である、諸々の純粋知性体の位階的秩序の存在ということに関しては、繰り返し疑念を表明しているのである。「離存的知性体――そのようなものがあるならば――の秩序においては、能動知性が、秩序の中でわれわれに対する最も下位のものである」（Vis. 4. 3. 2. (5) [I, 114]）。「そのような諸々の知性体が諸事物の総体のうちに見出されるとするなら〔……〕」（Int. III 30. (2) [I, 202]. Cf. Quaestio utrum in Deo sit aliqua vis cognitiva inferior intellectu [= In Deo] 1. 1. (4) [III, 294]）。

自然本性的な知性的認識のなかでは、形而上学的神学が最高の認識様態であるが、それでもやはりこの形而上学的神学は、一般形而上学と不可分の関係にある。この一般形而上学は、「存在者である限りでの存在者を考察するのであり、この考察は、事物に関して、そのものの作用因または目的因とは区別されるそのものの何性という根拠に従い、本質を通じて存在者に関わる。そのため、その考察が自らに固有のこととしては、形相因による規定のみを行うのである」（Tractatus de origine rerum praedicamentalium『範疇的諸事象の起源についての論考』[= Or.] 5. (61) [III, 199]; cf. ibid. (66) [III, 201]）。この定義に現れるディートリヒの思想の特徴は、存在者を「何性」(quiditas) たる本質(49)へと差し戻し、形相因へと還元するために、厳密な意味での形而上学的探求からは、作用因と目的因が排除されるという点である（もっとも彼自身はそれを一貫して堅持してはいないが）。ここにおいては、存在を活動《アクトウス》として理解し、形而上学を存在者の諸原因についての学として捉えたトマス・アクィナスの見解があからさまに斥けられ、存在を「本質」へと還元し、それとともに存在理解を主知主義化していくという、十四世紀初頭に始まった哲学の動向をはっきりと窺い知ることができる。ディートリヒの場合、本来の意味での作用因と目的因の探求は、自然学ないし自然哲学に割り当てられる。自然学ないし自然哲学は、何性を探求するのではなく、そこにおいては「実体に関しては、作用者を通じて基体に内在するはずの何らかの自然的事物が証明される。ところで作用者は、何らかの目的に向かう秩序においてでなければ、そのような事物を実体に関して創り出すことがない」（Or. 5. (62) [III, 199]）。作用因は質料において働くため、質料もまた――それが実体形相の定義から生じるものであり、「全体」の中で実体形相に従う「部分」として実体形相によって要求されるもの（「全体部分がそうであるような、全体の後にくるもの」Or. 5. (62) [III, 200]）である限り――自然哲学的な探求の対象となる。

さらに数学的認識は、まずは自然学的認識から区別される。「なぜなら〔数学的認識は〕運動や質料からの抽象だからであり、そのためにそれは、定義する際に、質料にも作用因にも目的にも関わることがない。それというのもそれは、形相の概念に従って内在するもののみを考察するからである」（Or. 5. (63) [III, 200]）。しかし数学的認識は、同じく形相因を問題とする形而上学からも区別される。なぜなら形而上学は「存在者である限りの存在者」（Or. 5. (66) [III, 201]）を考察するのに対して、数学は存在者の部分的領域を対象とし、しかもその部分的領域をも、存在者としての存在者といった普遍的観点の下に扱うのではないからである。そのために数学はその対象を「あらゆる自然本性および自然本性の諸原理からの抽象というかたちでの形相の概念に従って」（Or. 5. (67) [III, 201]）論じるのに対して、形而上学は形相を、現実的ないし広い意味で自然的な存在者――それが質料的であろうが精神的であろうが――との関係で考察するのである（cf. ibid.）。

こうした諸々の区別によって、まずは感覚的認識を出発点とする学問的認識の諸段階の特徴が示されたが、ここではまだ、知性的認識そのものの本質、およびその可能根拠が問題とされてはいない。

（2） 知性的認識の本質と根拠

ディートリヒの知性論の根底には、認識活動とは人間が世界内の感覚的存在者に関わる際の機能的な役割を果たすだけでなく、それ自体の内に根拠をもち、それ自身のみにもとづいて把握しうる存在様態を成しているものとする洞察がある。そのような意味での認識を論じる知性論は、感覚および理性に具わる多様な認識能力同士の相互作用の機構を分析するということに尽きるものではない。むしろディートリヒの知性論は、第一段階としての個別対象に関する感覚的・理性的認識を通じて、認識諸能力の受容的諸作用と能動的諸作用が認識にまで高まり、本質・根源・原理に対する洞察となる際の原理にまで遡ろうとするものなのである。そのために認識の構成についての問いは、いかなる認識の根底にも働いているはずの、知性的洞察そのものの根源的様態を考察の目的とするのである。

自然の随伴現象としての認識という考えを乗り越えるために、まずは自然的存在と知性的存在（ディートリヒ独自の用語では「概念的存在者」[50] ens conceptionale）が、二つの等根源的な領域として区別される。[51]「ところで存在者は、一方で、自然において見出される実在的存在者——すなわち実体と、範疇の他の九つの類——と、魂における、ないし概念的存在者とに区別される」（Vis. 3. 2. 9. 1. (6) [I, 86]）。この概念的存在者は「すなわち知的ないし知識的〔……〕存在者、すなわちそれは認識や概念においてある限りで」（Vis. 3. 2. 9. 6. (1) [I, 96]）そうとも呼ばれるが、それは認識内容に限定されているわけではなく、存在論的な概念として、あらゆる知性的存在者を包括している。「概念的存在者とは、そのようなものとしては、知性的に〔知性的に理解するという仕方で〕存在するあらゆるものである。それは、概念的・知性的に把握されているという限りでの概念的に把握されたものに関して当てはまるだけでなく、そのもの自体によって概念的存在者であるような、知性的活動ないし概念的把握それ自体に関しても当てはまる。そのためそうしたことは、いかなる知性にも共通のものであり、知性にそれ自体によって具わるのである」（Vis. 4. 3. 4. (5) [I, 123]）。本来の厳密な意味での諸範疇は自然的存在者を種別化するものであるため、そうした区別を超える知性的存在は、諸範疇による限定的な類によっては十分に捉えることができない。「ところでここから、それが範疇による類の外部にあり、範疇による何らかの類の内部にはないということが、あらゆる知性に具わるのである」（Vis. 4. 3. 4. (6) [I, 123]）。のちに示すように、この二つの存在仕方の区別は、知性的存在そのものを構成する仕方にすら関わるものである。なぜなら、知性的存在は、構成される側が単に受動に被る能動的作用因の働きによっては産出されることがないためである。「実際このような知性は、それ自身の原理である神から、神から産出された（productae）他の諸々のものよりも、何らかより高くより高貴なる仕方で流出する。他の諸々の事物の産出においては、神が命じる被造物が存在するのだが、それは、神の全能の作用力に従って、存在へと導かれたのである」（Vis. 1. 2. 1. 1. 7. (2) [I, 43]）。そのためディートリヒは、知性的存在者がその原理から生じることを言う際には、「産出」（productio）ではなく「湧出」（ebullitio: Int. 8. (2) [I, 142]）、「放流」（defluxio: Vis. 1. 2. 1. 1. 7. (2) [I, 43]）、「流出」（emanatio: ibid.）、「発出」（processio: Int. II 34. (3) [I, 172]）または「自らの本質の受容」（acceptio suae essentiae: ibid.）などと語るのである。

知性的存在そのもの、あるいは知性的存在全般に帰せられる広い意味での知性的認識は、内官および外官を通じて個々の事物に関わる感覚的認識からは区別される。「実際のところ、われわれは感覚・想像・記憶・思惟をもち、それらすべてに優る仕方で知性をもつ」（Int. III 31. (1) [I, 202]）。なぜなら諸々の感覚は「個体的である限りでの個的個別者」（In Deo 1. 1. (6) [III, 294]）に関わるのに対して、知性的認識は、自らの対象の本質と根拠（ratio）についての洞察へと突き進むものだからである。「その根拠において知性的に認識されているのでなければ、いかなるものも知性的に認識されているとは言えない。それというのも、それ〔根拠における知解〕こそが知性的認識

(intelligere)、すなわち〈内的に読む〉(intus legere) ということだからである。これは、その名称自体が示しているように、知性 (intellectus) に固有のことである」(Int. III 35. (2) [I, 202]; cf. Int. III 26. (5) [I, 200])。ところで、広い意味で知性的と言われる知性的認識は、理性的な仕方によるか、狭義の意味で知性的な仕方によって遂行される。理性的認識の対象は、「形相に従って諸部分を有する普遍的なものであり、〔……〕これは、〈動物〉や〈理性的〉などの定義 (ratio) の諸部分ないし諸原理を概念に従って有し、それ自身によって普遍的である」(In Deo 1. 1. (7) [III, 294]; cf. Int. III 33. (1) [I, 204])。分析と総合を行う抽象的な理性的思考に対して、狭義の意味での知性的認識は、普遍的な認識形態を基盤として、理性的思考は概念、判断、そして推論へと進む (cf. In Deo 1. (3) [III, 293])。「単純な知解〔……〕、すなわち自らに付加される何らかの形相によってではなく、自らの本質によって、つまり、それによって知解する形相と知性自体とが同一であるような仕方で」(In Deo 1.1. (4) [III, 293]) 遂行される。狭義の知性的認識の対象は、特定の存在者(例えば「人間」という本質)に関して、概念的定義において先行的な本質的原理(この場合「動物」と「理性的」)を通じて把握された形相ではない。狭義の知性的認識の対象は、「それ自体の内に全体の存在を包含する単純なる本質である。すなわち、その本質は、それ自体の内にすべての存在者とその諸属性を、単純な仕方で、そしてそれがそれ自身においてあるよりも高貴な仕方であらかじめ有している限りのことである」(In Deo 1. 1. (8) [III, 294])。したがって、このような厳密な意味での知性的認識は、あらゆる普遍的認識を少なくとも潜在的に含む、存在そのものに対する包括的な洞察にほかならない。そのような洞察は抽象によってあとから獲得されるものではなく、定義を成す概念的諸形相に対する認識において、その遂行面と内容面の両方に関して前提されているものである。

このような知性的認識がそれ自体として、特に人間において事実として与えられているということは、直接的な経験によって確証されるものとはまず思えないが、そうした事実は、理性的認識の可能根拠ないし理性的認識を構成する原理を問うことを通じて窺い知ることができる（cf. Int. II 7. (2); (3) [I, 150–151]）。なぜなら理性的な認識活動は、普遍的な諸形相とその諸原理を、存在者そのものの何性ないし本質規定として把握することであり、それゆえにその根底において存在者そのものに対する洞察、ひいては存在それ自体に対する洞察を手中にしているということになるからである。「知性は、知性認識の遂行に当たって、あれこれのものに限定されないという、自らの知性的本質の固有性に従って、一般的で普遍的な本性である。そのことは、知性の対象から明らかである。すなわちその対象とは、あれこれの何性ではなく、普遍的な仕方であらゆる何性、および存在者としての存在者、つまり存在者という内容をもっているいかなるものでもある。そこで知性の本質は、知性的な〔知性的に理解するという〕仕方でそれがあるところのものであるため、知性自体がその本質によって、全存在の類似を自らの内に知性的な仕方で、しかも単純な仕方で、すなわちその単純な本性の属性に従って遂行すること、そして知性が知性的に何らかの仕方で全存在であるということが必然である」（Vis. 1. 1. 4. (2) [I, 28–29]）。

それゆえ、感覚的認識は個別的存在者を「いまここのものとして」（In Deo 1. 1. (9) [III, 294]）認識し、理性的認識は普遍的形相を、形相に先立つ普遍的諸規定から構成するのに対して、「理性的知識能力は自らを認識するという点で、これら二つの認識様態とは区別される。〔……〕それは単純な知性的性格によって、自らの対象、つまりその単純な本質に携わる。そしてこれは、全体の後に位置する部分をもつこともなければ（そうなれば、それは個体的なものになる）、全体に先立つ概念的に先行する部分をもつこともない（そうなれば、それは普遍的なものになる）」（In Deo 1. 1. (9) [III, 294]）。それに応じて、この三種の認識段階のそれぞれにおいて、その対象の与えられ方も異なってくる。(52)「感覚的能力の対象は〔……〕、その類似に従い、感覚的能力によって把握される。しかし理性的能力の対象は、その概念によって理性の内にある。しかし知性的能力の対象は、その本質を通じて知性的能力の内にある」(In Deo 1. 1. (10) [III, 294-295])。

知性に関する二つの認識段階、つまり理性的認識と本来の意味での知性的認識には、理性ないし知性の二つの認識能力が対応している。つまり、存在者についての最も普遍的な概念がその固有性 (proprietas) ないし存在様態 (modus entis) に従って、現実態と可能態とに区別されるのと同様に (cf. Vis. 3. 2. 9. 1. (2) [I, 86]; ibid. (19) [I, 87])、「働きにも二種類ある。一つは、何らかの能動を、もう一つは何らかの受動を本質とするものである。両者のいずれも、物体的存在者と知性的存在者との内に見出される」(Int. 1. 2. (1) [I, 137])。知性的存在者の領域においては、認識は一方では受動という仕方で――アリストテレスによれば「そこにおいては一切のものが生じる可能性において」――か、また他方では「一切のものをなす能動知性において」(Vis. 1. 1. 4. (3) [I, 29]) 遂行される。この際、成立の順序に関して、またその本質と順位に関して、能動知性は可能知性に先立っている。なぜなら「現実態は可能態よりも、形相的に優り、原理的に先立ち、より高貴で、本性と定義に従ってより先なるもの」(Vis. 3. 2. 9. 1. (9) [I, 87]) だからである。

(3) 能動知性

能動知性の可能知性に対するこのような優位性ゆえに (cf. Vis., Prooemium (6) [I, 14])、知性そのものの本来の本質は、能動知性においてこそ顕わになるため、ディートリヒの中心的関心は能動知性の解明にあると言ってよい。その議論の展開においては、アリストテレスの知性論《ヌース》が多重的に変更されて用いられているが、そうした改変の仕組みと狙いは、ディートリヒが用いた原典を考察することで明らかになるだろう。まずディートリヒは、アリストテレスに携わった著者たちをはっきりと名指しで挙げながら、アリストテレス解釈の一連の流れを受け容れようとしている。すなわち、アフロディシアスのアレクサンドロス（Alexandros　二五〇頃－三二八年）やテミスティオスといった古代のアリストテレス註解者から始まって、ファーラービー（al-Fārābī　八七〇頃－九五〇年）やアヴィセンナ（Avicenna; Ibn Sīnā　九八〇－一〇三七年）、そして「註解者」アヴェロエスなどのイスラームの思想家を経て、最終的にアルベルトゥス・マグヌスにまで至る系譜である。[53] たしかにディートリヒは、アルベルトゥスやトマスにならって、能動知性および可能知性の唯一性という主張を断固として斥けてはいるが、少なくとも仮説としては、この知性が諸々の知性体の本質的段階の内に位置づけられるという考えは受け容れている。能動知性を有限ではあるが純粋な知性体とするこうした解釈は、ディートリヒにおいては、イスラームの思想家たちとは異なり、もはや宇宙論的意味をもっているわけではなく、「勤勉な探究者」（Int. I 4. (1) [I, 138]）たるプロクロスおよび『原因論』におけるのと同様に、純粋知性ないし精神そのものの本質の表現として、その存在論的意味のみが強調されているのである。それゆえ、ディートリヒにとって新プラトン主義的な知性論は、アリストテレスの能動知性論――つまり、感覚的認識に対する知性による働きかけの可能条件として、いかなる受動性もなしに常に働く活動性という理解――をさらに展開したものにすぎなかった（cf. Int. I 8. (3) [I, 142]）。

アリストテレスの認識形而上学とプロクロスの流出論を総合するこうした知性理解は、古代末期以来すでに伝統的なものとなっていたが、ディートリヒ、および彼に影響を受けた思想家たちの特徴として、さらにそこにアウグスティヌスの心理学的な意識分析が結びつけられることになる。[54] このように人間論的な方向性が与えられることによって、「神的」（cf. Int. I 7. (1) [I, 140]）で宇宙論的な力と存在論的・超越論的な可能条件は、人間の自己認識の根底へと据えられ、個々人に内在する魂の根底とみなされる。そのため人間の主観性は、ただ超越に対して開かれている場というだけでなく、超越の現前によって直接に充たされている無限定な内面性の次元として捉えられるようになる。これほどにまで徹底して知性論を展開したディートリヒを衝き動かしていた動機は霊的なものである。つまりそこには、神認識は精神に対して直接的かつ霊的体験を通じて与えられ、したがって神認識と人間の中心的本質とは不可分であるという、まさにこのような洞察が働いていたのである。

アウグスティヌスの精神論と、二重の知性を主張するアリストテレスの理論とが対応するものであることを示すために、ディートリヒは、対象に制約された外的思惟と、内的な隠された精神の根底とを区別するアウグスティヌスの見解（cf. De Trinitate XIV 7, n. 9-10; ibid. XV 21, n. 40）を引き合いに出している。「われわれにおける知性的なものは〔……〕二種類に分けられる。一つは、思惟の外的形相化によって知性的なものに関して知性的な〔知性的に理解する〕仕方で関わるものであり、もう一つは、――彼〔アウグスティヌス〕の言葉では――隠れたところと〈精神の秘所〉において知性的に輝くものである。この後者からまさに、本源的で根源的な原理にもとづくように、われわれが外的思惟によって知性的に行うということが生まれてくるのである」（Vis., Prooemium (4) [I, 14]）。ここでディートリヒは、知性の二重の機能に関するこの同じ区別を、能動知性と可能知性の理論においても指摘している。「これ〔精神の秘所〕は、われわれが、言葉遣いは異なるにしても内容に関しては違わないものとして見出すものである。彼らは、われわれの知性において能動知性と可能知性を区別しているが、結果としては、哲学者たちにおける能動知性とアウグスティヌスにおける精神の秘所、哲学者たちにおける可能知性とアウグスティヌスによる外的思惟能力とは同じである。それは、哲学者〔アリストテレス〕が能動知性と可能知性について論じたことは何であれ、すべてアウグスティヌスが精神の秘所と外的思惟の力に関しても確かめられ、その逆も成り立つというところから明らかである」（Vis., Prooemium (5) [I, 14]）。

また、アウグスティヌスによる記憶・知解・意志の三段階において「常に同時に」（Vis. 1. 1. 2. 3. (3) [I, 25]）遂行される根底的な知は、自覚的な意識活動によることなく、つまり「外的思惟において考えられても考えられなくても」（Vis. 1. 1. 2. 3. (3) [I, 25]）成立している。しかしそのような根源的知は、外的認識が習態的記憶において沈潜することで成り立つものではない。実際アウグスティヌスは、ここで問題になっている根源的知――つまりあらゆる経験と個別的な認識の追求に先立つ、真理全体についての根源的知――と習態的記憶とを区別している。ディートリヒも、アウグスティヌスがそのように語っている点に注意を促している。アウグスティヌスは別の個所(Confessiones X 10, n. 7) で、「習態的記憶について語っている。習態的記憶は外的思惟能力に仕え、外的知識にもとづいて生じるものであり、これをアウグスティヌスは、『三位一体論』(De Trinitate) 第一五巻第六三章（XV 21, n. 40）において、記憶の中に隠されたかの深淵――そこにおいて諸真理の総体が輝くところ、また『三位一体論』第一四巻（7, n. 9）では〈精神の秘所〉と呼ばれているところ――から区別している。後者こそが能動知性であり、その秘められたところにおいて人間は、真なるものを何であれ、それを推論によって自分自身の下で看て取るものであれ、あるいは他人から巧みに問われ応えることであれ、見出すのである。ここで〈見出す〉と私は言うのであって、作り出したり、生み出したりするとは言わない」（Int. II 37. (6) [I, 175-176]）。

能動知性はその本性上、常に純粋な活動であり、「その本質によって活動する」（Vis. 3. 2. 9. 4. (7) [I, 92]）ため、「その働きはその本質である」（Vis. 2. 3. (10) [I, 67]）。したがってこの能動知性は、「本質によって知性であり、知性的であるということをその本質とする」（Vis. 1. 1. 2. 1. (2) [I, 23]）。知性的性格の純粋な遂行として、そこにはいかなる成長も減衰もありえないため、「この知性は、いかなる仕方でも偶有性を受容しえない実体である」（Int. I 7. (1) [I, 140]）。もし能動知性が何らかの偶有性であったなら、それは一方では自らの属している基体に関わり、また他方では、自身がその形相を表している客体にも関わることになるが、すでにアリストテレスが言っているように、自己および他のものへと同様の仕方で関わることはできないということになる。それゆえ、「本質によって知性たるものに具わる、固有の基体を超出するあり方」(Vis. 1. 1. 7. (3) [I, 32]) は、それ自身において実体であるような活動性においてのみ可能である。知性的認識は、実体的遂行としてのみ、認識主観に固有の視点拘束性を免れており、そのために普遍的な広がりをもつ。「それというのも、それ固有の基体を超出することは〔……〕固有の基体に関わるような仕方で、他のものと関わるということだからである」(Vis. 1. 1. 7. (2) [I, 32])。

知性的存在ないし知性的実体のあるもの、すなわち「本質によって常に活動している知性」(Vis. 1. 1. 8. (3) [I, 33]) として、能動知性は、外部からの影響に関わりなく、自らの認識活動の自己遂行の内面性をその本質としている。「このように離存し、このように混合されえず、またいかなる部分にも、何らかの外的本性にも依存しないような存在者は、その本質の内在性において、必然的に知性的な仕方で実在する」(Vis. 1. 1. 2. 1. (2) [I, 23])。実体的な知性は「自らの外に何ものをも知性認識するということはない」(Int. II 40. (3) [I, 177]) 以上、実体的知性にとっては外部というものは存在しないため、実体的知性の第一にして基本的な認識対象となるのは、それ自らの本質である。なぜなら、『原因論』によれば、実体的知性は、「知性的認識の働きによって、全き還帰というあり方で自らの本質へと還帰することで」(Int. II 40. (1) [I, 177]) 知性認識を遂行するのであり、その際には、あらかじめ何らかの外的対象によって活動へと仕向けられることはない。実体的知性は「このように、直接に、かつそれ自身によって、そして無媒介的に自ら固有の本質そのものを通じて、自らの本質を知性的に認識する」(ibid.)。まさにこのような「本質と実体の内面性」(Vis. 3. 2. 9. 5. (4) [I, 94]) にもとづいて、純粋に知性的な認識の完全性が生じる。「本質による、いやむしろ、活動するものの本質である知性的活動は、他なるものにおける形相を通じてであるような、活動するものの本質の外部にある知性的活動よりも、より内部で、より完全で、より高貴であり、結果として、知性認識された事物にとってより近しくより自らに浸透するものである」(Vis. 2. 3. (11) [I, 67])。

こうして、能動知性の自己認識において、純粋な知性は自らの自己実現の基本的あり方を有することになる。「知性的性格は、自らにふさわしい仕方で、すなわち知性的な仕方で、知性の本質に関して、形相的根源の意味内容と関係をもっている。そしてこのことは、知性自身が知性的に自己自身へと関わり、そのことによってその実体が構成され、本質によって自己自身を知性的に認識するのでなければありえないことである」(Vis. 1. 1. 3. (2) [I, 26])。このような知性的自己構成において、能動知性は認識一般の領域全体に開かれる。(55)「〔知性は〕自らの本質と自らの原理、あるいは自らに最も深く内在する原因のみを知性認識するのであり、そして、何であれ他のものを知性認識するなら、それを自らの本質によって、そして自らの本質の固有の仕方に従って、あるいはそれを自らの原理において、そしてその原理のあり方に従って、知性認識するのである」(Int. II 40. (3) [I, 177])。知性はまず最初に、その内的構造に応じて自己自身へと沈潜し、自らの自己存在の最内奥にして同時に超越的な中心であるところ、つまり自らの本質の根底ないし根源へと還帰する。知性の諸々の対象のなかで「第一にして主要なものは自らの原理であり、そこから〔知性が〕知性認識しながら発し、そのことにおいて自らの本質の受容が成り立つのである」(Int. II 37. (2) [I, 175])。

自らの本質、あるいは——それと不可分のこととして——自らの存在を神からそのように受容することによって、知性は自らの原理に対する認識において、またその同じ遂行において、自己自身へと還帰し、つまり自己自身をこうした関係そのものの内に把握するに至る。ゆえに第二の対象は、「自らが知性的に認識する自らの本質であり、それは知性が自らの原理を知性的に認識するその仕方に即した順序においてなされる。しかもそれは二つの知性的認識ということではなく、まさに数にして一つの知性的認識なのである」(Int. II 37. (3) [I, 175])。次いで知性は、自らの全体的根源にもとづき、自己自身を通じて、存在者一般の認識領域全体を構成する。「第三は存在者総体であり、その全体を自らの範囲において、自らの認識と関わる限りで、包括するのである」(Int. II 37. (4) [I, 175])。知性は第一原理へと上昇すると同時に、自らの存在を構成する運動に即して神から下降して、自らへと還帰する限り、「われわれは能動知性の内に、それが自らの本質を知性的に認識する二つのあり方を看て取る。一つは、直接にそれ自身によって、そして無媒介に自らの本質によって、自らの本質に固有のあり方に従ってなされるものである。もう一つは、〔知性が〕自らの根源と自己、および他のすべてのものをその根源において、根源の固有のあり方に従って知性的に認識する際の、その原理に関する知性的認識によるものである」(Int. II 42. (1) [I, 178])。その際、自らの原理に対する知性的認識は、知性の直接的な自己認識よりもさらに内密で、それゆえにより重要でより親密なものである。「ところで、そこからその実体が知性的に流れ出る原理は、そのような知性そのものが自分自身に対してそうであるよりも、〔知性に対して〕より内密である。このように自らの根源を知性的に認識する際には、自らの外にある何ものかを知性的に認識するというのではなく、むしろ自らの本質を知性的に認識する場合よりも、さらに自らの内奥にあるものを知性的に認識するのである」(Vis. 1. 2. 1. 1. 7. (3) [I, 43])。

神から能動知性が発出するというこのディートリヒの理論は、彼の知性論の中でも、その思弁的思考の極まった頂点とも言えるだろう。しかしディートリヒはそこにおいて、人間的知性に関しては、その本質の諸条件を展開しているにすぎない。つまり人間の知性は一方で、人間の意識における真理の生起であり、存在全体を包含する洞察を通じて、真理そのものを自らのものとして遂行するが、他方でその知性は、個々の人間に具わるものとしては、有限で派生的なものであるというのである。こうした二つの契機の統一を、ディートリヒは「似像」(imago) の概念の内に看て取っている。[56] なぜなら似像の概念は、自然的因果性のモデルとは異なった発出の関係を表現しているからである。「知性は常に本質によって現実態的にあるのである以上、それは他の自然物とは異なった仕方で存在に至るということになる」(Int. II 32. (1) [I, 170])。そのため能動知性は、「それが神の似像に即したものであるように、神が理性的被造物を特徴づけた、神と同形相的なかのものである」(Int. II 31. (7) [I, 170])。似像の成立とは、原像が似像の構成において、自己自身を他のものの内に表現することであるため、似像は、「自らの原像を顕現させる」(Vis. 1. 2. 1. 1. 6. (6) [I, 42]) ということをその本質とする。そこで原像は、「自身から自らの像を表出することによって、自己自身を他のものにおいて表出することになる。〔……〕それは、別の存在に従ってということであるが、それは、自らの似像においてあることが、他の自己自身においてあるという仕方によるものである」(ibid.)。似像とは、「原像として映された当のものに対する、その完全にして全き同形相性にして、代理表現的な類似であり、それ以上のものが見出されない」(Vis. 1. 2. 1. 1. 7. (1) [I, 43]) ため、似像の構成のためには、「理念的な範型」(Vis. 1. 2. 1. 1. 5. (2) [I, 41]) との合致、また神におけるある程度の観念 (ratio) との合致だけでは不十分であり、その構成のためには、「神的本質、ないしそれ自身によってそれに属したものとの類似と同形相性」(ibid.) が必要なのである。

こうして、似像は原像から発する以上、原像に対して本質的な依存関係の内にあるが、そうした関係にもとづく本質上の完全な一致は、父と子のあいだに見られるようなかたちでの、他における自己表現である。それは、建築家と建造物のあいだに見られるような、内容面に関して自由に構想される製作品における自己表現に汲み尽くされるようなものではない。「原像は、いわば他における自分自身のような仕方で、その似像を表出するものである。それゆえこのような表現においては、それは自然本性の固有性、ないしは像化されたものの本質に従って成立するということに注意が向けられなければならない」(Vis. 1. 2. 1. 1. 6. (2) [I, 41])。このような意味で、似像の成立は、手仕事による製作のような仕方で、神的理性から（「理性に従って」secundum rationem: Int. II 35. (2) [I, 173]; cf. Int. II 36. (1)-(3) [I, 174-175]）導き出されるだけではない。似像は、神的理性そのものの中から(57)（「理性から」a ratione: Int. I 9. (1) [I, 142]）、それの横溢する豊かさにもとづいて成立するのである（「その豊かさによって流れ出る」sua fecunditate redundet: ibid.）。「それというのも、理性から生じるということは、厳密に語るなら、理性自身が、何ものかを産出する力であり、能力であるということなのだが、しかもそれは、産出者において、効果的に産出の遂行を惹き起こす他の力は何ら必要としないという仕方においてなのである」(ibid.)。このようにして産出されたものは、「産出者の実体ないしは本質との類似となり、産出者における理念的形相、またはそれにおける範型との類似に至るというだけではない」(Int. II 35. (3) [I, 173])。

こうして、神的理性からの発出という仕方で、活動を自らの本質とする実体にある能動理性が生じるため、この能動理性は、その発出の関係に関して単に受動的に規定されるものではない。もしそうでないならば、そこで生じるものは、それ自身としての活動をもたない、非生産的な客体ということになってしまっただろう。これに対して、能動知性の構成が受動的と言われるのは、ただ次のような意味においてでしかありえない。それは、「そのような諸知性がその本質をより高次の諸々の根源から受容し、しかもそれを受け身としてではなく、活動として受容するということを〈受動的〉と言う場合のことである。このような事実ゆえに、そこに成立するものは何であれ、全体は他のものに向けて活動的に溢れ出ていく。そしてこのことは、その知性によってなされるのである」(Int. I 3. (1) [I, 138])。このように能動知性は、自らの存在を自発的活動として受け取るため、その成り立ちそのものにおいて能動的かつ活動的なのである。この点に関してディートリヒは、天使の創造についてアウグスティヌスが語った言葉を引き合いに出している。つまり、アウグスティヌスが言うように、「天使たちは、神を認識するという仕方で神から発出する。〔……〕〈そのため、それによってそのもの〔天使〕が創られる神の言葉を認識することが、そのものにとって「成る」ということなのである〉」(Int. II 34. (3) [I, 172]; cf. Augustinus, Super Genesim ad litteram III 20, n. 31)。したがって能動知性の発出そのものは、本質的に「知性的に行われる。すなわちそれは、原因は原因づけることにおいて原因づけられたものを知性確認し、また原因づけられたものは、原因から発出するということにおいて、自らの原因を知性認識するということである」(Int. III 23. (3) [I, 195])。その際このような認識は、前もって与えられた存在に後から従うわけではない。「像である限り発出することは、自らの起源であるところを認識するという仕方で発出することである。しかもそれは、そのような認識そのものは、その発出そのものであり、自らの本質の受容であるという仕方においてである」(Int. II 34. (3) [I, 172])。

このような受容的・能動的認識は、「〔知性〕自身と神との最も近接的で無媒介的な合致である。なぜならそのような接近は、事物の内的な実体的なものに従って認められるのであり、それゆえにそれは本来の意味で似像と言われるものだからである」(Int. II 32. (3) [I, 171])。その受容的・能動的認識は、同時に自らに固有な本質の受容でもある。それというのも知性の本質は、知性の自己認識において、まさに神認識に由来するものとして能動的に自らを構成するからである。「さらにこのような知性は、〔……〕かの最高にして最も形相的な本質——すなわち神——から、自らの本質の一種の形相的な流出に従って存在に至った。それは神から知性的な仕方で発出するという仕方においてであり、それによって、かの最高の本質を知性認識することを通じて自らの本質を把握するという仕方においてである。そしてこのようにして、それは実体において本質的に、自ら自身に対する知性認識によって、自らの本質を通じて自己自身を知性認識するものそのものである。このことは、自らの原理を知性認識することにもとづいて、根源的かつ原理的にそうなのである。そしてこのようにして、それは、その実体が何らかの概念以外のものではないという仕方で知性認識的にそこから流出する。その理念把握によって、かの根源なくしては自ら固有の本質をも知性認識することのできない自らのその根源を把握し知性認識するのである」（Vis. 1. 2. 1. 1. 7. (2) [I, 43]）。

こうした神からの発出は、能動知性における神への還帰という新プラトン主義的原理に対応している。「そして実際、以下のことは、それ自身によって、何らかの原理から下降してくるあらゆる本性に普遍的に固有なことである。すなわち、その原理自体へと転向し、自らの流出の源であるところへと向かうことであり、いわばある種の円環を描きつつその同じ原理との交わりを目指すことである」（Vis. 1. 5. (2) [I, 62]）。能動知性において、神から自らの原理としての神を認識することでもあるため、能動知性はすでに、その発出そのものの遂行において、「彼〔神〕との交わり、および彼自身との結合を有するために」（ibid.）、能動的に神に関わる。「自らの実体とは異なった固有の作用によって」（Vis. 1. 5. (6) [I, 63]）その成立の後に初めて神へと立ち還る他の存在者とは異なり、能動知性は、「その本質によって」「常に神へと転向している」（Vis. 4. 3. 2. 2. (1) [I, 119]）。そしてそうした神への転向は、「本質によって自らの原理から知性的な仕方で流れ出るその流出は、自身が自身の原理へと向かう知性的転換であるという仕方において」（Vis. 1. 5. (6) [I, 63]）なのである。

能動知性が認識において自らの本質を受容し実現することは、それ自体においてすでに神への向き直りであるため、能動知性は、まさにこのような転向において、またこのような転換として自らの本質を有する。「ところで知性は自らの転向によって自らの本質を獲得する。なぜなら知性は、その本質的原因が働くことによって、それがその本質のあり方に応じて、成立すると同時にそのものの内に転向しているからである」（Int. III 25. (13) [I, 199]）。

しかし人間は能動知性によって「神との同形相性、および神とのある種の直接性」（Vis., Prooemium (4) [I, 147]）へと達するため、人間は単に比例的類比の意味で「似像」であるだけでなく、帰属的類比の意味で、神への生ける指示なのである。「〔人間が〕神の似姿であるというのは、自らを想起し自らを知性認識し自らを好むがゆえにではなく、自身を創った方を想起し知性認識し愛することができるがゆえにである」（Vis. 1. 4. (2) [I, 61]）。神へと開かれた還帰であるこのような似像としてのあり方によって、人間はその本質において、「神に対する受容能力」(ibid.) なのである。ところで、人間は神を直視することにおいてこそ完成に至る以上、「それゆえ人間は、このような知性に固有なこのような働きそのものによって、最大にしかも直接に、至福直観において神との合致を得る」(Vis. 2. 3. (12) [I, 67-68])。

能動知性の理性としての本質が、神から発出するとともに、それと同一的なかたちで神へと還帰することによって構成されることにおいて、能動知性は存在者全体の認識まで自らを形成する。なぜなら理性の本質に従えば、理性にとっての本来の対象は「あれこれの何性ではなく、一般的な何性であり、存在者としての存在者である、つまり、存在者のあり方を有するいかなるものでもある。そこで、その本質は、それがいかなるものであっても、知性的な仕方であるがゆえに、知性自体は必然的に、その本質によって自らの内にすべての存在者の類似を知性的な仕方で遂行することになる。しかもそれは、単純な仕方において、すなわち、単純本質の固有性に従ってなされるのである」（Vis. 1. 1. 4. (2) [I, 28-29]）。このように知性的な認識を遂行する範型因性によって、つまり「存在者全体の存在者である限りにおいての類似にして範型」として、能動知性は、「自分自身と同様に、他のあらゆるものをもその本質を通じて知性認識し、しかも自ら自身を知性認識するのと同じ仕方で、すなわち同様の単純な知性認識によって認識する」（Vis. 1. 1. 1. 3. 6. (2) [I, 22]）のである。

ところで理性としての能動知性には、すべての存在者を認識において原像として構成する働きが属しているのは、能動知性は神的理性によって（「理性に従って」）だけではなく、神の理性から（「神的理性にもとづいて」）発出するため、神的理性の認識を自らの内に受容するからである。「それゆえこのような知性は、存在者である限りでの存在者全体の類似へと、神から発出し、その広がりにおいて、自らの発出の源と同様に、存在者の総体へと関わる。なぜなら知性は、存在者全体の根拠である限りの神的理性から発出するからである」（Int. II 36. (3) [I, 174-175]）。それゆえ能動知性の能産的な存在認識は根本的に、「不変の真理が精神に現前することによって生じるが、この不変の真理は神であり、また現世においても看取されるのである」（Vis. 1. 1. 4. (9) [I, 30]）。それ自体としては必要ではないが、理性における存在者全体の認識にとってある種の確証となる事態を、ディートリヒは、「聖ベネディクトゥスが、魂のある種の高揚において宇宙全体を見た」（Vis. 1. 1. 4. (5) [I, 29]: cf. Gregorius Magnus, Dialogi II, 35）という、大グレゴリウス（Gregorius Magnus　五四〇頃－六〇四年）の記述の内に見出している。

（4） 魂の根底としての能動知性

ここまでの考察において、ディートリヒは能動知性を、純粋知性体としてのそのあり方に照らして、「本質によっての、また常に活動態にある知性」として解明してきており、その際には、能動知性と個々の人間との関わり、および能動知性と人間の内世界的・感覚的認識との関係は考慮されることがなかった。このような意味での能動知性は――アウグスティヌスにおいては、「精神の秘所」（abditum mentis）という言葉によって、魂の不死性を証明する際の前提とされているように――それ自体で自存する実体である。「精神の秘所に関する限りで、魂それ自体は実体であることが帰結される」（Vis. 1. 1. 8. (5) [I, 34]; cf. Vis. 1. (1) [I, 15]）。それゆえ能動知性は魂の単なる偶有的な能力ではありえないため、この能動知性は、個々の人間の魂とどのような関係にあるのかという問いが生じる。個々の人間は知性的な生を自ら固有のものとしてそれ自身の内に有している以上、能動知性は――アヴェロエスや、ある時期のブラバンティアのシゲルスもそう考えていたように――作用因的な影響を通して魂の内で単なる外的な原理として働く（「その知性的活動に関する限りでのみ」Int. II 12. (1) [I, 155]）わけでなく、「単なる作用者と形相の中間に位置して、それによって両者の特性をともに分有している」（ibid.）のである。このような関係を示すためにディートリヒは、作用因性と本質的な作用を受けたものの内属性を結び合わせる事態を表すものとして、「本質原因」(58)（causa essentialis）の概念を用いている。この「本質原因」の概念において、新プラトン主義的な流出論とアリストテレス的な原因論が融合し、形相因と作用因とが結び合わされるのである。

能動知性は、その実体的自存性と純粋な知性的性格ゆえに魂に先行するため、魂に依存するということはなく、むしろ逆に、魂のほうが能動知性にもとづいているのである。そうでなければ、能動知性は魂にとって外的なものとなってしまい、魂に固有の知性的生命の原理たりえなくなることだろう。それゆえ能動知性は魂の根源および原因であり、しかも「作用の規定に従って」（Int. II 8. (5) [I, 152]）そうなのである。このような根源である能動知性は、それ自身の内から、魂を成立させる。しかも能動知性は、それ自身から産出されるがゆえにそれ自身とは区別される魂へと自己自身を伝え、その内に内属する。それは「あたかも、心臓が動物の中に命として存在するのと同様である」（Vis. 1. 1. 8. (5) [I, 34]）。しかしディートリヒが注意を喚起しているように、能動知性を内的な生命原理としての心臓と比較することはすべての面で妥当するわけではないにしても（cf. Int. II 9.-11. [I, 152-154]）、そのような比較は、先行する原理と、根拠づけられたものにおけるその内在とが一致する事態を的確に表現するものである。「したがってさらに次のように言うことができる。すなわち、われわれの能動知性は、魂の本質の原因たる原理であり、しかも、動物においては心臓がそうであるように、原因という仕方で魂そのものと同一で、魂に内属している原理なのである」(Int. II 8. (6) [I, 152]; cf. Int. II 31. (1) [I, 161])。「本質を成り立たせる原因、ないし魂の実体そのもの」(Int. II 2. (1) [I, 147]) の原因として、能動知性はそれゆえ、魂に対して分け与える完全性をそれ自身の内に有している。「能動知性は潜在的に自らの内に、魂の実体全体の他の部分のすべてを含んでおり、そこにおいて心臓と一致する」(Int. II 9. (4) [I, 153])。しかしながら能動知性は、物体同士のあいだに働く作用における原因として、質料に働きかけることで変化を起こすというだけではなく、自らの本質から直接に魂の本質を構成する。こうしたことは、能動知性が根拠づけられるものの本質を――神と能動知性との関係がそうであるように――自らの本質そのものの内により高次の仕方で含み、その本質によって働きかけるということによってのみ可能となる。本質に対するこのような原因づけは、「本質原因の特徴である。この本質原因は、それによって原因づけられたものを、その原因づけられたもの自体がそれ自身の内にあるよりも、本質的でより内密に、したがってより高貴な仕方で自らの内にあらかじめ有している。それゆえこの本質原因は、その本質によって、それが原因づけるものの原因なのである」(『天体論』De animatione caeli [= De an.] 8. (2) [III, 19])。

そのような本質の移転は、「個々のものである限りでの諸々の存在者に具わるものではない。そうではなくそれは、ただ、諸々の存在者が自らの類ないし種のあり方に従って端的に存在する限りで〔諸々の存在者に関わる〕のである」(De an. 8. (4) [III, 20])。個体性よりも、その原因と結果においてより深くかつより先行的に根拠づけられたこのような本質関係[59]にもとづいて、「このような原因は、他であるという仕方で、本質的に、それによって原因づけられたものである」(De an. 8. (3) [III, 20])。このようなけっして一義的でなく (cf. Int. II 7. (4) [I, 151])、原因性による活動的な同一性において、単にその能力としてのみならずその本質によって、能動知性は、「他であるというあり方において、その知性的性格という理由によって、本質原因の仕方を通じて、魂の本質全体であり、そのようにして、原因という仕方で、魂の本質と同一である」(Int. II 10. (4) [I, 153])。

ところで能動知性は「その自然本性の必然性によって、魂の本質の根源的原理であり」(Int. II 9. (2) [I, 154])、また逆に魂は能動知性に依存しているため、能動知性と魂の両者のあいだには、「同時性」、すなわち「本質にもとづく、これらのものの共存性」(Int. II 2. (3) [I, 148]) が成り立つ。能動知性と魂の両者は、「その両者が本質によって根拠としている一つの秩序の下に服しており、結果的に、互いに依存し合っている」(Int. II 10. (2) [I, 154])。それゆえ能動知性が、魂の知性的生の内的原理として魂に内在しているなら、「内在性は両者の相互的な関係をもたらしており」、しかもそれは単に偶有的な仕方においてではなく、「実体ないし実体の本質」に従って、すなわち相互的な本質的内在性という仕方においてなのである。「そのように互いに内在しているもの、つまり一方が本質に従って他のものの内にあるものは、本質より一なのである」(Int. II 7. (3) [I, 151])。このような本質原因的な関係の意味で、「能動知性は、魂の本質と本質的に同一である」(ibid.)。能動知性が魂に向けて自らを能動的に伝えるこのような事態は、それらが互いに、あらゆる二次的原因の内に第一原因として働く神の秩序の下に、すなわち「原理的な作用者の秩序の下に」(Int. II 9. (4) [I, 153]) 属し合っていることにもとづいている。

能動知性と魂の相互の帰属関係から、能動知性の個体化が生じる。(60) 能動知性の単一性を主張するアヴェロエス主義に対抗して、ディートリヒは次のような論拠を挙げている。「〔能動知性が〕多くの個体に共通であるなら、それは運動の内在的な原理ではないし、したがって本来的な運動原理でもないだろう。なぜなら、そうなると能動知性は、実体に従ってではなく、結果に従ってのみ内在的ということになろうし、そのようなことは、あるものが生命原理と呼ばれ実際にもそうであるためには不十分だからである」(Int. II 13. (3) [I, 155])。そこでディートリヒは、能動知性の個体化を、拡散の原理としての第一資料からではなく、「全体のあとなる諸部分」(61)(Int. II 17. (4) [I, 158])という事態によって基礎づけている。なぜなら、個体そのものの特性は、同一の種的本質の「全体」が、さまざまな担い手によってそれ自身のものとして所有されるというところにあるからである。「個体である限りの個体は、本質に対する付加にもとづいているが、それは本質が種という観点の下で捉えられ、それにもかかわらず本質全体をもたらすといった場合のことである」(Int. II 27. (2) [I, 165])。しかしこのことは、個々の担い手同士のあいだに、本質より「のち」にある諸々の相違を前提している。「その本質によって一であり、全体より〈のち〉である諸部分を有する存在者すべては、まさに個体である」(Int. II 18. (2) [I, 158])。類や種的差異の概念は、本質や種の定義に「先立ち」、それらを構成するものであるのに対して、個体化を惹き起こす差異は種以下のところ、より正確には種以外のところにあり、種の下に位置づけられる。「個体化の規定根拠とは、事物の定義の内には入ってこない、全体の〈のち〉なる諸部分をもつというところにある。全体に先立つ諸部分のみが定義の内に入ってくるのである」(Int. III 26. (3) [I, 165])。

ところで、純粋知性体としての能動知性には、それ自体としては、自ら個体化を惹き起こす部分をもたないが、自然本性的かつ現実に魂に対する本質原因性を含み、それによって魂そのものに関わる。「このようにして現実的・自然本性的関係は、いずれの能動知性にも、その本性に従って具わっている。そうした本性により能動知性は、精神的実体と一つになりうるのである。〔……〕そして、能動知性においては個体的実体への秩序づけという点に看て取られるそのような関係にもとづいて、知性は個体化されるのである」(Int. II 27. (3) [I, 166])。

能動知性が魂へと関係するということは、能動知性の個体化を生じさせる基本的な可能条件ではあるが、いまだ個体化の全面的な説明とはならない。神や――「哲学者たちが考えた」(Int. II 19. (2) [I, 159])――宇宙論的な知性体のような本質原因が、それによって惹き起こされるものから「まったく切り離されている」(ibid.) のと異なり、「能動知性および魂の実体からは、その本質によって一であるような、一なる存在者が生じる」(Int. II 18. (2) [I, 158])。そのため能動知性は、「それが原因となるところに結びついている原因」(Int. II 19. (3) [I, 159]) の一つなのである。ところで身体の本質形相としての魂は、いずれにせよ、種たる人間それ自体の本質にとって「あと」なる諸部分を、その性向において (Int. II 19. (3) [I, 159]) もつため、能動知性と魂の実体から成る「全体そのものは実際に個体であり、人間の多数性に従って、一人の人に一つのものとして教えられている」(Int. II 18. (2) [I, 158])。なぜなら、自らの結果と結びついている本質原因には、「本質にもとづくそのような結合によって、原因づけられたものの条件を獲得するからである。〔……〕そしてそのようにして、能動知性は魂と関わるが、それはすなわち、個体化の特性が能動知性においては萌芽としてあり、魂の本質においては性向的にあり、結合の全体においては全きかたちであるという仕方によってである」(Int. II 19. (3) [I, 159])。個体として数の点では無限に増大可能な諸知性は、「個体である限りでの個体としては、それが他の内に見出されない仕方では、具体的な完全性を自らと自らの実体の一性へと集約するということがない」限り、互いに本質的に同等のものでありうる。しかし、「高貴さと自然本性的完全性の段階の相違に関して」(Int. II 21. (3) [I, 161])、あるいは「超自然的目的へと向かわせる特別な賜物によって」(Int. II 22. (2) [I, 162])、諸々の知性は、キリストとその母がそうであるように、異なった位置をもつということもありうるのである。

純粋な能動知性が質的制約に従って個体化するというこの理論によって、ディートリヒは、トマス・アクィナスを出発点としながらもトマスを超えたところにまで進み、あらゆる人間において能動知性も可能知性も単一であるとするアヴェロエス主義を克服し、精神そのものの個体性を明瞭に示したのである。このような意味での個体化は天使についても認められている。つまりディートリヒは天使を、魂と同様に、純粋な知性体とみなすことをせず、純粋な知的存在として能動知性をもったものと考えたのである。[62]「物体から離存したすべてのものが、かならずしもその本質によって知性的というわけではないし、それが知性であるわけでもない。このことは、ある種の離存的精神、例えば天使や理性的魂に関して明らかである」(Int. II 6. (2) [I, 150])。

(5) 可能知性に対する能動知性の働きかけ

反省可能で言語的に把握される対象的で自覚的な認識の場は、能動知性ではなく可能知性にある。この意味でディートリヒは可能知性を「外的思惟力」(Vis. 1. 1. 1. 3. 1. (3) [I, 19])、あるいは「顕在的思惟力」(Vis. 2. 3. (4) [I, 66])と呼んでいる。「その本質に従って知性であり、常に活動している知性である」能動知性は、その内容を自ら自身の内から汲み取り、その意味で「あらゆる知解可能性の根源にして源泉であり、いわば知解可能性の大洋」(ibid.)なのであり、一切のものを自ら自身の本質に従って、自ら自身において、自らのものとして認識する。それに対して可能知性は、それ自身としては純粋な受容可能性であり、それゆえにその受容可能性を実現する認識遂行のためには何らかの対象を必要とし、その対象を自らとは区別された外的な客体として、その客体へと関わるのである。そこで、知性的認識とは、それが存在者そのものの何性ないし本質とを把握するものとしては、ただ二つの種類のみがあるということになる。つまり第一に、その内に何ら可能態性を含むことがなく、自ら自身によって、しかもその超越的根源にもとづいて「すべての存在者」を手中に収め、「あらゆることをなす」ことのできる純粋な知性的活動である能動知性によって遂行される知性的認識である。第二には、それ自身の内からそれ自身においてはいかなる内容も規定されることはなく、それゆえいかなる知性的内容をも受容することができる――アリストテレスによって「すべてのものになる」(De anima III 5, 430a14-15) ことができると言われる (Int. II 1. (1) [I, 146])――純粋な知性的受容可能性である可能知性による知性的認識である。

このような二種類の認識様式は、経験的認識をその可能根拠に関して分析することによって得られるだけでなく、存在者を存在者としてその全体において把握することのできる知性的認識の本質から、形而上学的な必然性をもって直接に導出されるものなのである。したがって可能知性は、さまざまな反論に対してディートリヒが強調しているように、端的にそれ自身において「一切の内容的な本性を欠いた純粋な可能性」(Int. II 2. (2) [I, 147]) である。なぜなら、もし可能知性が「存在者の秩序の中で特定の本性をもつ」なら、その本性に関しては受容的な可能性の状態にはないということになり、そのためにその本性と異なる対象を知性認識することができなくなる (cf. Vis. 3. 2. 4. (10) [I, 75]) と同様に、「自分自身を知性認識するという可能態にあるということはない」(Vis. 3. 2. 4. (9) [I, 75]) ということになるからである。「ところで、何ものかを知性認識するという可能態にあるものは、それによって知性認識されうるものから自由である。しかし事物は、それ自身から自由であるということはない」(ibid.)。

ア・ポステリオリで経験的な知性認識の能力である可能知性は、認識の可知的形象 (species intelligibilis) を受容し、つまり偶有的な形相に媒介されることによって (cf. Int. II 2. (2) [I, 147]) 初めて認識という本質を実際に実現するものである以上、可能知性それ自身は実体ではありえない (cf. Vis. 1. 1. 1. 3. 3. (2) [I, 20])。それゆえ可能知性は自存するものではなく、その担い手である魂という基体 (subiectum: cf. Int. II 2. (3) [I, 147-148]) の属性である。すなわち可能知性は、「他のもの、つまり人間において分有された形相である。なぜなら、このような知性が知性認識を行うのではなく、人間が、その知性を通じて、いわば自らの形相を通じて知性認識するのだからである」（Vis. 2. 3. (10) [I, 67]）。そのために、認識遂行においては、可能知性と認識の可知的形象とは、質料と形相のようなかたちで一つの合成された全体を作り成すのではなく（cf. Int. III 26. (2) [I, 199]）、ディートリヒがたびたび言っているように、可能知性は単なる可能態に尽きるのであり、したがってただ可知的形象そのもののみが、可能知性によって受容されそれを現実態化するものとして、可能知性固有の現実態的本質ないしその実体を成すのである。「可知的形象が知性になる」（Vis. 1. 1. 1. 3. 5. (2) [I, 21]）。「われわれにおける可知的形象は、現実化された可能知性と同一である」（Vis. 4. 2. 1. (8) [I, 108]）。「可知的形相は可能知性の本質全体である」（Int. II 2. (2) [I, 147]）。このような意味で、「可能知性は、純粋に知性的な何ものかである限りは、それがある種の可能性であり、可能態における可知的形相ないし可知的形象にほかならない」（Vis. 3. 2. 5. (1) [I, 76]）。また「哲学者の『霊魂論』第三巻（De anima III 4, 429a24）によれば、〔可能知性は〕知性認識を遂行する以前には、存在するもののいかなるものでもない」（Vis. 1. 1. 1. (4) [I, 16]）。しかし認識行為において「可能知性の活動が可能知性の実体なのである」（Int. III 10. (2) [I, 185]）。

このように、可能知性の行う知性的認識活動は、全面的に認識の可知的形象に依存し、その可知的形象を介して、感覚的対象の現象世界へと志向的に関わるものである。なぜなら、「概念把握された存在者の秩序において、可知的形象と感覚的表象から、いわば質料と形相から成るような、合成された一なるものが形成される。そしてこの一なるものが、知解する活動を惹き起こす原理そのものなのである。なぜなら、哲学者によれば、感覚的表象がなければ、知性的認識は生じることがないからである」（Int. II 3. (2) [I, 148]）。しかしながら、感覚的な個別的対象とのこのような関わりは、可能知性が「〔自らの〕概念把握するものを普遍的な仕方で概念把握する」（Int. III 9. (1) [I, 184]）ことを何ら妨げるものではない。

可能知性は、その可能態性にもとづいて、認識の可知的形象を介してのみ「可能態における魂が現実態における魂になるように、現実態に移行する」（Int. III 26. (2) [I, 199]）のであり、認識形象は、認識されるために、偶有的な現実態として、この知性に対してア・ポステリオリに付加され、表象像（phantasma）に媒介されて可能知性の外部にある存在者に還帰し、その存在者を現前化する。それゆえに可能知性は、本質的に自らの対象を、他なるものないし外部なるものとして認識する。そのために可能知性は対象認識の能力であり、主観・客観の区別に応じた（「知性認識する者と知性認識されるものの区別に従った」Vis. 1. 1. 1. 3. 4. (2) [I, 21]）認識の原理である。認識におけるこのような固有の構造ゆえに、主観・客観の区別は、可能知性の認識対象のそれぞれに当てはまるだけでなく、この知性の自己認識に関しても妥当する。「そして、可能知性があるときには自己自身を知性認識すると言われるにしても、哲学者の『霊魂論』第三巻にあるように（De anima III 4, 430a2-3)、可能知性は自らを他なるものと同じように知性認識する。すなわち、自らの活動を通じて、自らとは異なるものとして〔自らを知性認識する〕ということである。すなわち可能知性は、それが知性認識するときに自らその下にある活動によってではなく、かつてあった活動によって自らを知性認識する。したがって、端的に言えば、自己の内、ないし固有の基体へと向き返るということはないが、それは自らの内にある何らかの形相に従って作用する何らかの実体が、その形相自体、あるいは自らの固有の実体へと働きかけることがないとのと同様である」（Vis. 3. 2. 9. 12. (3) [I, 103]）。可能知性の領域である対象認識の場面において、知性はただ、認識する活動と認識される活動のあいだの時間的なずれを通じてのみ自身を認識する。「〔可能知性は〕現に知性認識を行っているのとは異なる可知的形象によってかつて現実態に至った限りで、自己自身を知性認識するものであり、したがって、このように知性認識の一つの活動の下にあるものとして、可能知性は、知性認識の他の活動の下にあった仕方で自らを知性認識し、それゆえに自己を他のものとして知性認識するのである」(Vis. 1. 1. 1. 3. 4. (2) [I, 21]; cf. Vis. 1. 1. 1. 3. 1. (3) [I, 19])。たしかに直接的な自己認識は、いかなる知性的活動にとっても本質的であり、したがって可能知性にとっても本質的ではあるが、可能知性がその遂行において関係するのは、自らに固有の遂行そのものではない。「可能知性が知性認識するのは、端的に事物の志向的内容であるが、それはあれやこれやのものに即するのではない。志向的内容は形象と同一のものであるが、可能知性の現実態、およびその本質なのである」(Int. III 37. (4) [I, 209])。こうして可能知性に具わる自己認識は、その知性の対象的志向の自覚にほかならない。

ところで、可能知性が行ういかなる対象認識および自己認識も、自らの根源的原理に対する存在論的に――時間的にではなく――先行する洞察にもとづいている。「なぜなら〔可能知性が〕知性認識する第一のものは、その産出的原理、すなわち能動知性だからである」(Int. III 37. (3) [I, 209])。可能知性は、それが「能動知性そのものに依存する関係に服している」(Vis. 2. 1. (3) [I, 63]) 限り、能動知性に関わっている。可能知性は可能態的な能力であるため、能動知性は可能知性に対して、「能動的原理がその下にある質料に」(Vis. 2. 1. (2) [I, 63]) 関わるような仕方で関係している。可能知性は、能動知性によって形象像から際立たせられた本質像を受容することで現実態化されるものであるため、能動知性は可能知性に対して、「作用が、現実態における事実や事態に」(Vis. 2. 1. (3) [I, 63]) 関わるような仕方で関係する。しかし可能知性は――そこに現実態的な存在が具わる限りでは――認識形象にほかならないため、能動知性は、認識形象を現実態的認識の形相として委ねることによって、「直接的かつ固有の生命原理」(Int. III 36. (2) [I, 208]) である能動知性自身の内から、可能知性を発現させるのである。「そしてこのような産出または能動的な原因づけは、可能知性が現実態的になるのでなければ成り立たない」(Int. III 36. (2) [I, 208])。認識の可知的形象が現実態化され、それとともに可能知性そのものが現実態化される際には、「能動知性は自らの本質によって、それ〔偶有的な性向〕に働きかけるが、それは、能動知性自身の内には、その本質以外には何ら能動的原理が存在しないからである」（Int. II 2. (2) [I, 147]）。

こうして、認識の可知的形象の明証性は、能動知性がその内に現存して活動しているということにもとづいている。なぜなら能動知性は、「知性認識されたものの用具的または偶有的原因ではなく、本質原因だからである。それというのも、〔能動知性は〕他のものから用具的に働かされるのではなく、自ら自身によって、知性認識されるものの原因だからである」（Vis. 1. 1. 2. 1. (3) [I, 23]）。このような本質原因性は、「それ自身〔能動知性〕において、それ自身から、われわれによって知性認識される各々のものの固有にして特有の意味内容が、精神の内に反映する」（Vis. 4. 2. 1. (8) [I, 108]）。そのため、可能知性に対する能動知性の作用因的関係の内には、さらに形相因的関係が含まれる。「能動知性はあらゆる知性遂行において、形相として可能知性と結合する」（ibid.）。しかし可能知性はまずは「何らかの可知的事象の特定の意味内容の下に」（Int. III 37. (3) [I, 209]）あり、すなわち認識対象そのものを通じて、自らの完全性の源泉である能動知性へと差し向けられているものであるため、「能動知性は、形相に従って可能知性自体を究極的に完成させるという仕方で、可能知性そのものを完成にもたらすものであり」（Vis. 2. 1. (4) [I, 64]）、それゆえに可能知性を完成にもたらす目的である。

能動知性の、多次元的ではありながら、根本的には統一されているこの流出的原因性は、可能知性の側からするなら同様に、多面的でありながら、根底においては単一の活動の内に捉えられ、固有のものとして実現される。そこで可能知性は「能動知性に対して、そこから何らかの事象を〔可能知性が〕知性認識する意味内容である限りで、いわばそれに対象として関係するだけでなく、それと同時に、自らの能動的にして産出的な原理としての能動知性に関係する。このことは、他のものから発出する知性すべてに当てはまる」（Int. III 36. (1) [I, 208]）。このような対象的関係、および発出の関係は、可能知性によって自覚的に実現される。すなわち可能知性は、まさに知性であり、したがってその遂行において自ら自身に対して、それ固有の本質と根源に関して明らかとなっているからである。「それというのも〔可能知性〕は、それ〔能動知性〕を知性認識しながら、そこから発出し、また逆に、発出しながら知性認識を行い、それ〔能動知性〕自体へと向き返るのである。〔……〕こうして、このような発出が知性認識なのであり、その逆も成り立つ。これらは、事柄としては同じことであるが、概念的に異なったことである」(Int. III 36. (2) [I, 208])。

能動知性の光が特定の対象を認識することを媒介にして可能知性の内を照らし込むため、「そのようにして自らの発出の源泉である原理を把握することは、可能知性にとって固有のことである。それはすなわち、そのような〔対象の〕意味内容の下でなされるのであり、すべてのものを自らの仕方で自身の内に保持する原理そのものの本質の固有性に従ってなされるのではない」(Int. III 36. (3) [I, 208])。現世の生においては感覚による制約があるため、能動知性が可能知性によって認識されるのは、知性的に照明された感覚的認識にもとづいてのことである。「この生の状態にあっては、知性認識の普通の様態に従って、可能知性は、各々の可知的事象に固有の特性の表象像なしには、知性認識を行うということがない」(Int. III 36, (4) [I, 208])。したがって、この生において自然本性的な能力による限り、能動知性に対する直接的な直視は不可能なのである(cf. ibid.)。しかしながら、知性的に照明されたあらゆる外的な感覚的認識においても、可能知性は、その原理である能動知性の美と「知性的諸完全性の善性」(Vis. 2. 1. (5) [I, 64]) によって照らされている。このことはたしかに「ある人々の粗忽さ」に対しては隠されているが、「このことは、教養ある人々にあっては疑いを容れない」(Vis. 4. 3. 4. (2) [I, 122])。

ところで、能動知性は二次的原因であり、その知性的力と本質は、第一の卓越した原因である神に負っている。

それゆえに可能知性は、対象認識において、また対象認識を通じて、能動知性への還帰と転回を遂行し、その際に神自身へと、自らの第一の原理として知性的な仕方で向かう。「能動知性は本性上の順序からすると、純粋現実態である神と、可能態的存在である可能知性との中間にある」（Vis. 2. 1. (5) [I, 64]）ため、「第一原因の知性の光は、そのような知性そのものにおいて規定されるが、それは、高次の先行する原因の力が、本質上の順序に従って、第二の後なる原因において規定されるという仕方においてである」（ibid.）。このような二段階的な原因づけにおいて、第一原因たる神は、「第二の原因〔能動知性〕によって原因づけられたもの〔可能知性〕に向かって、第二の原因そのものよりも強く影響を与える」（Vis. 4. 2. 1. (9) [I, 108]）。そのために、可能知性が自らの根源的原理へと振り返る際には、第一原因たる神のほうが、媒介的な二次的原因たる能動知性よりも、より強く、より偉大なものとして観取される。そこで可能知性は、その知性的な認識活動において、以下のような仕方で神を観取する。すなわち「彼〔神〕は、知性認識されるものに関して、われわれがこの生においてもかの永遠の理拠を精神のまなざしによって把握する。これはアウグスティヌスが『真の宗教』第五三章（De vera religione XXXI, 57）において、人が真なることについて判断するとき、不変の真理は精神によってこの生において眺められるのであり、また、第五四章（ibid. 58）とそこに続く多くのほかの章において、その不変の真理こそが神であると言ったときに語っていることである」（Vis. 4. 2. 1. (10) [I, 108]; cf. ibid. (9) [I, 108]）。それゆえ可能知性はいかなる認識においても、能動知性を媒介として、神と対象的に関係する。なぜなら、「能動知性のみは、それ自身がわれわれにおいて知性認識されるものの理拠であるという理由で、形相としてわれわれに結びつくだけでなく、〔……〕実際神自身もそうである」（Vis. 4. 2. 1. (10) [I, 108]）からである。そこで、神からの可能知性の発出は能動知性を通じて媒介されているのであり、「そのために、その同じ発出過程において、第一原理へと向かうそのもの〔可能知性〕の振り返りは、能動知性の仲立ちによるものである。なぜなら、第一の段階順序に従って、永遠の規範と不変の真理はアウグスティヌスによれば〈精神の秘所〉において現前するのであるが、これ〔精神の秘所〕はまさしく能動知性なのであり、これを媒介として、可能知性の内にそれらは輝き、この能動知性によって可能知性そのものは、万物の第一原理たる神へと振り返るからである」（Vis. 2. 1. (6) [I, 64]）。しかしながら、その世の生においては、可能知性は、認識の可知的形象において与えられる外的対象へと振り返ることによってのみ、能動知性への還帰を遂行する。そのためにこの関係において、可能知性にとっては、神はただ外的な仕方で、外的な対象として与えられるだけなのである。「しかし人間は、外的な思考力に従い、すなわち現実態化された可能知性に従って、理解し愛することにおいて、神に関して活動するものは、その本質によって働き実行するのではなく、自らに対して外的で疎遠な活動によって、そして自らの本質に対して外的な形象によって働き実行するのである」（Vis. 1. 4. (3) [I, 61]）。能動知性に対してのみその本質上、神は直接かつ内的に自らの本質において現前する（ibid.）。したがって可能知性は、対象に関わる認識形象を介さずに、能動知性が自らの内的な形相になることを望み、そのようにして可能知性自身が、神に対する能動知性の直接的な至福直観に与ることを求める。そのために可能知性は、その二重の根源に即して、二段階的な目的との関わりをもつ。「一つには、それ自体として、つまり能動知性は、形相に関して可能知性自体を究極的に完成させるという仕方で、可能知性そのものを完成にもたらすものである限りにおいてである。〔……〕また他方の仕方でそれは、神への秩序づけにおいて、自然な秩序で可能知性と神との中間にある能動知性を媒介として、可能知性は、至福の究極的な完成において、神の内へと還元可能であるという限りにおいてである」（Vis. 2. 1. (4) [I, 64]）。

（６）可能知性による自然的事物の何性の構成

可能知性は、二重の根源的原理の認識と、そこから生じる自己認識ののちに、「知性の外部の」（Or. 5. (52) [III, 196]）感覚的諸事物の世界に関わるが、この場合可能知性は、基本的には受動的な性向をもつにもかかわらず、能動的な構成という仕方でその世界に関係する。[63] たしかに「受動に関わり、受動そのものである活動は、現実態化された可能知性の働きである。〔……〕しかし、〔可能知性が〕概念的存在者の類に属する何らかの存在者である限り、能動的原理の機能と力をもつ。それは、〔可能知性が〕概念的に事物に対してその諸原理を定め、そのような事物そのものを自らの原理にもとづいて構成する限りにおいてのことである」（Int. 1. 2. (3) [I, 137]）。なぜなら、質料的事物の諸原理は、「端的に現実態的に存在するものが、そこから構成される限り、〔その諸原理は〕存在者そのものの現実性を欠き、可能態的に存在するという様態をもつ」（Or. 5. (27) [III, 188]）からである。このような存在の欠如性、それにともなう現実態的可知性の欠如ゆえに、「原因性は、知性に関して、事物の側から事物に固有の原理を通じて見出されるというよりも、知性の内で事物に関して固有の原理から見出されなければならない」（ibid.）。このような超越論的・観念論的傾向をもつ原則に従って、可能知性はそれ自らの内から、そしてそれ自らを通じて、能動知性の内から自らの対象の可知性を汲み取るのである。「ところで第三に、自らの本質を知性認識することによって、〔可能知性は〕外的対象の範型なのである」（Int. III 37. (1) [I, 209]）。それゆえ可能知性は、これらの対象に対して、「原因と原因づけられたものとの関係に従って」（Or. 5. (20) [III, 185]）関わるのである。

外的対象の認識を根拠づけるディートリヒの議論は「超越論的論理」[64] と言えるものであるのか、またそうだとしたらそれはどの程度であるのかということを正確に見究めるには、まずは自然的存在と知的ないし概念的存在との区別に関して、ディートリヒの考えを見ておく必要がある。「ところで、存在者のうちには類において二つの原理以外にはない。すなわち自然と知性である。そのような存在者は自然の活動によって構成されることがない限り、それらは別の秩序に属し、原因の別の類に還元されなければならないが、それは知性の類である」(Or. 1. (19) [III, 142])。自然的事物は、人間の理性とは独立して、その外部に自存するものではあるが、認識されたそのものの内には、自然的事物そのものに由来するのではない——それゆえに理性に負っている——契機が含まれている。「なぜなら、哲学者によれば、知性の対象は何性、あるいはその何性の規定に応じた事物なのである。その何性を知性は、その事物固有の諸原理を識別し規定するのでなければ、把握することはない。哲学者はその諸原理を、定義によって表示される、形相の諸部分と呼んでいる」(Or. 5. (26) [III, 187])。したがって、事物がその何性において知性によって把握されるのは、ただ類と種差による諸規定(例えば「人間」に関しては「動物」〔類〕と「理性的」〔種差〕)、つまり存在者の本質に対して「本性的に先行する」(Or. 5. (51) [III, 195]) 諸原理を通じてなのである。そしてこれらの諸原理は、事物における実在的区別として見出されるのではなく、「区別」と「規定」を通じて可能知性によって産み出される。そして自然的諸事物は、このような諸原理にもとづいて成り立っているものとしてしか、知性によって認識されないため、知性によって構成されるこのような諸規定は、自然的事物そのものに属しているものとして認識される。そのためにそれらの諸規定は、存在者自体に関して語られるとともに、直接に対象に関わる知識の内容に属するものでもある。「そしてこのような仕方で、これらの諸原理は、第一次志向性の対象である自然的に実在する存在者に属しているために、そのようなもの自体も、それ固有の意味内容に従って類において順序づけられた第一の志向性が目指すものに属する。そのような規定すべての構成的原理が知性である」(Or. 1. (20) [III, 143])。

それゆえこのような諸原理は、「純粋に自然の事物である存在者、それも、存在する限りで、自然に従い、自然の活動によって存在する存在者、つまりそれ自身によって自然的運動の諸原理であるようなもの、例えば実体、質など」（Or. 5. (59) [III, 199]）からは区別される。しかしながらそれらの原理は、反省的な悟性的規定、ないし単なる思考の産物、つまり「実在的存在者のいかなる類にも、具体的に属することのない」（Or. 1. (19) [III, 142]）もの、すなわち「第二次志向性が目指すもの、および思考上のもの」（Or. 1. (19) [III, 143]）などでもない。なぜならそのような諸原理は、諸事物に関して述定されると同時に、「例えば時間に関して明らかなように、範疇のいずれかの種類の内に位置づけられる」（Int. I 2. (3) [I, 137]）からである。[65] ここでは「時間」の例が挙げられているが、それというのも、時間は対象の規定でありながら、ディートリヒによれば、そのものとしては単なる知性の内で形成されるものだからである。それゆえ、知性によって形成されながらも、現実の事物に帰属させられるこれらの諸原理は、純粋な自然物事物と単なる思考の産物との「いわば中間に存する」（Or. 5. (59) [III, 199]）。知性によって形成されたこのような諸規定が、いかにして現実の諸事物に当てはまりうるかという問いに関しては、感覚的表象の場合と類似の仕方で、三つの次元が区別される。認識遂行を内的に形相づける認識形象は、そのものとして、認識における主観の側での条件であり、したがって事物に属するものではない。しかし認識活動において思念された対象は、現実の事物そのものである。それゆえに、事物がそこにおいて認識されるところ、つまりその事物の何性は、認識の客観的側面に帰せられるのであり、したがって現実の事物のものとして認められる。なぜなら、そうでないとしたら、これらの事物は、その何性に関しては認識されないということになってしまうからである。「可知的である限りで可知的なもの〔……〕は、まず第一に、事物の意味内容、ないし知性における形相――つまり事物がそれを通じて知性認識されるもの――を指している。したがってそれは、知性の外部に見出されることはなく、対象という意味をもつこともない。第二に、可知的活動は知性の外部の事物に関わる限り、その外部の事物そのものが、そのような意味で可知的と言われる。第三に、そのものの内に、それによって知性認識がなされる規定が見出されるという限りで、可知的と言われる。これは、それが何性的存在を有する限りのことである。したがって、後者の二つの仕方は、知性の外部の事物の側から成り立ち、他方で、事物は、固有の原理から知性の規定を通じてでなければ、何性としての存在を受け取ることはないのだから、〔……〕知性は何らかの仕方で、事物に関して、原因となる原理の機能を有することは明らかである」（Or. 5. (42)-(45) [III, 193]）。それゆえ認識された何性は、それが類と種差による定義において考えられているように、「自然の一つの事物」（Or. 5. (31) [III, 189]）である限りでの諸対象に帰せられるのではないが、それでもやはり、その現実の何性を成していることは変わりはない。

「知性は、存在者および自然の存在者である限りで存在するものに、この存在を付与するわけではない。このような観点に従って、存在者は他の自然の原理から存在するのである〔……〕。そうではなく知性は、それらのものが何ものかであり、何性的存在を有する限り、これらの存在性において働くのである。これは、このような存在者をその全体において、しかも上記とは別の規定に従って構成するということである。そしてこれらの存在者は実体であり、また量、質などのような、何らかの自然的働きの諸原理であるものによって、自然に構成されているものである」（Or. 5. (47) [III, 194]）。知性の構成機能は、まず認識された対象である限りでの事物において現れる。「知性認識された事物はこのように、知性の働きによって、対象の機能を獲得する」（Or. 5. (58) [III, 199]）。しかし認識された対象は、現実の事物そのものにほかならないため、知性は現実の事物を、その何性に関して構成する。そのため知性は、現実の事物の何性に関して、「作用因の規定と様相」（Or. 5. (45) [III, 194]）をもつ。そのような現実に対する構成機能は、感覚的な想像力に帰せられるものでもなければ、主語に対して述語的な規定を加える理性の判断に帰せられるものでもない。そうした構成機能はただ、知性の根本的活動、すなわち、本質の端的な把握に根差すものなのである。「想像力の活動と知性の活動は、外的事物に関して、一致するところもあれば、異なるところもある。一致のほうは、知性は想像力のように合成の働きをなすというところに認められる。想像力による合成の働きは、ものに関して何もなすところはない。なぜならこれによって、たとえそのように想像したところで、角のある人間が生じるわけではないからである。そのように、知性による合成の働き〔判断〕だけによっては、外的事物に関して何かが付け加えられるということはないし、形相づける働き――単純な諸志向、つまり複合化されていない存在者の把握――に関する限り、想像力と知性のあいだには相違がある。なぜなら、すでに述べられたように、知性は事物においてそれ固有の諸原理から何性的存在をもたらしながら、事物をその何性に関して把握する。その諸原理とは、定義が表示する形相の諸部分である」（Or. 5. (58) [III, 198-199]）。

しかし、ディートリヒが認識論的実在論の意味で明確に固持していた現実の事物とは、知性による思考からは独立して存在するものである以上、その事物はいかにして知性によって構成されうるのかという問いが生じてくる。その際ディートリヒは、自然的な原因づけと思考による超越論的構成との関係を最終的に解明しようとはせずに、知性は、事物をその何性において把握することによって、事物自身がその事物であることを可能にしている諸原理へと関係するという点にまずは言及している。「自然においては事物はその形相的現実態によって、そのもの自身において、何ものかの原因となる作用の原理であり、この作用は、自然によって構成される存在者に関わり、しかもそれによってあるものが構成されるという仕方で存在者の内的諸原理へと関わる。そのように、知性において、現実態にある形相は、可知的作用の原理であり、これはそれ自身でかつ第一義的に、その何性という役割に従って存在者へと関わる。しかも、それによって何ものかが存在するという仕方で、そのような存在者の原理へと関わる」（Or. 5. (34) [III, 190]）。そこでディートリヒにとっては、同じ存在者が異なった観点から、しかしそのつど全体として複数の原因によって作用因的に根拠づけられているという主張は、何ら矛盾とは映らない。このことは、同一の自然的事象が、第一原因としての神によって根拠づけられると同時に、内世界的な中間原因によって根拠づけられるような場合に当てはまる。「実際、原因の多様な類に関してだけでなく、作用因のような同一の原因の類に関しても、一にして同じ存在者が複数の原因から生じ、それらのどれからでも存在者それ自身での全体として産出されるということを看て取ることができる。多様なものから産出されるものは事物として同一であっても、概念に関しては異なっている。それはそのものが、例えば生成した事物が、それらの異なった諸原因へと還元されるためである。〔……〕それゆえ生成したものは、その中へと第一原因の原因性が下降する限りで存在者であり、また二次的段階、すなわち自然的に生成されるものである原因の原因性がそれへと及ぶ限りでは、そのことに従ってそのものが、正確に言うと、自然の存在者と言われる。それは、このような事物において、生成させるものの運動によって、可能態から現実態への移行が認められる限りのことである」(Or. 5. (36) [III, 191-192])。

「ところでこのような事物は、知性の外で自然において見出されうるにしても」(Or. 5. (37) [III, 192])、このような二重の構成を超えて、自然的存在者は、その何性とその諸原理に関しては知性によって構成される。「このような存在者は、〔……〕それが知性においてあり、可知的である限りは、何性的存在を有し、知性の外部にはそれ自身においてこの存在を有することはないと思われる。なぜなら何性的存在は、そのような固有の諸原理が、事物に対して知性によって推定されるというのでなければ、事物はそのような様相を有することはないから、何性的存在は知性の内にのみ存するように見えるからである」(Or. 5. (39) [III, 192])。そこで、同一の事物が、それ全体としては三重の原因によって構成されるということになる。「それゆえ生成した事物は、それが存在者である限り、その全体に関して第一原理によって存在する。〔……〕同様にその同じ事物は、自然的存在に関しては、生成させる原理にもとづいてその全体において成り立ち原因づけられる。〔……〕似たかたちで同一の事物は、何性的存在に関しては、知性の作用によって存在する。このことによって、他の観点での諸原理が規定されるのであり、それはすなわち、形相――定義によって表示される事物の何性――の諸部分である」（Or. 5. (37)［III, 37］）。

知性にとって完全に内にとどまる思考上の存在者の内容とは異なり、知性によって考えられた本質諸原理は、現実の存在者の実在的規定となる。「こうしたものは、端的に言うと、いわば理性の形相として知性の中にあるのではなく、むしろ知性からのものであり、そして知性の外部に存在するからである」（Or. 5. (54)［III, 197］）。したがって可能知性は、例えば様相文法が存在構造と思考構造の対応という仕方で考えるように、その志向的内容という点で本質的原因であるだけでなく、事物そのものの現実の存在という点でも本質原因である。「なぜなら事物は、固有の原理からの知性による規定によってでなければ何性的存在を獲得しないのだから、〔……〕知性は何らかの仕方で、諸事物に関して原因となる原理という役割を有するのは明らかである」（Or. 5. (43)［III, 193］）。知性のこうした原因性は、存在者の本質的な何性とその諸原理を超えて、その存在者の状態や他の存在者との関係においてその存在者に具わる存在様態にまで及ぶことになる。「さらに、自然のこのような諸々の存在者に関して、知性はある種の存在者を、諸存在者のある種の様態として、つまり程度・関係・状況という仕方によってもたらす。〔……〕そしてそれらの存在者の完全な存在性とは、何であろうと、それが存在するところのものが、名称によって第一義的に表示されるものに関して、知性の作用によって完成される限りで存在するのである」（Or. 5. (48)［III, 195］）。このようにして、何性と名称によって構造化され、それゆえ言語的に把握された人間の世界は、現に認識を遂行する可能知性の能産的活動にもとづいている。しかしその際に可能知性は、能動知性によって照らされた感覚的現象を出発点としながら、その潜在的な可能性を現実化し、その能産的な活動に際しても、この現象を介して、その存在と自然的作用連関における既存の存在者に関係するのである。

（7） 神の至福直観における知性

これまで展開された理論は、存在とは区別される何性へと制限され、運動原理たる可能態と現実態からの自然的構成とも異なった、超越論的・実在的対象構成の理論である。そのような理論は、自己認識を根底に据え、神認識を目的とするディートリヒの包括的な知性認識の理論にとっては、いまだ二次的な位置を占めるにとどまっている。すでに示したように、まず対象認識が自己認識の一契機であるが、それは可能知性が能動知性の影響の下で、自らとは区別される存在者の諸形相によって現実態化される限りにおいてのことである。可能知性は、「自らを知性認識することによって、自らとは異なった諸々のものを、何らかの知性遂行において知性認識する」（Int. II 37. (3) [I, 175]）のである。ところで、自己認識において可能知性は、自らの認識形相、ゆえに自己自らが能動知性に根差しているということを本質的に振り返り、この根源にもとづいて認識を通じて自らを構成する。「しかし知性は自らの振り返りによって自らの本質を獲得する。なぜなら知性は、自らの本質原因が作用することによって成立するとともに、自らを振り返るからである。〔……〕そしてこうして知性はある意味で、自らの固有の対象、すなわち自らの本質を、形相的な仕方で、自らの形相的な諸原理から自らの本質原因であるより高次の〔能動〕知性が作用因的な働きの下で構成するのである」（Int. III 25. (13) [I, 199]）。このような還帰において、可能知性は自らの根源を認識する。「他なるものから発出する知性の、その原因としてのかのものとの関係は知性的である。すなわち知性は、自らの本質を構成することにおいて、まさに自らの本質を獲得するということによって、自らの原因を知性認識するのである」（Int. III 24. (3) [I, 196]）。認識を通じてなされる能動知性へのこのような分有によって、可能知性の認識領域は、存在者全体にまで拡張される。つまり可能知性は、「分有によってすべての存在者である。その分有とは、能動知性――すなわち可能知性の活動の原因となる原理――によって現実態になった際に、可能知性の内へと下降するものである」（Int. II 1. (5) [I, 147]）。このような認識全体は、能動知性の媒介を通じて、第一の真理としての神の光において遂行される。「知性認識されるすべてのものは、第一の真理たる光の下で看取される」（Int. III 18. [I, 191]）。

こうして、明確に自覚的で反省的な対象認識の場である可能知性は、この生においては、そこから能動知性によって現実態化された認識の可知的形相を汲み出すために、感覚的表象（phantasma）を必要とする。「可能知性は〔……〕それ自身によって、そして本質的に、表象に依拠する」（Vis. 1. 1. 7. (2) [I, 32]）。しかしながら、神の光が認識の根源として認識されているがゆえに、いかなる認識においても知性の本質的欲求は、第一の起源、また最高の、それゆえ最も完全な原理との合致を目指すのであり、すなわちそれは、神の至福直観を目的とする。これは知性そのもの、とりわけ能動知性の本質に具わることである。なぜなら能動知性は「それが神の似像《イマゴ》に即したものであるように、神が理性的被造物を特徴づけた、神と同形相的なかのものである。それは『創世記』一章〔二六節〕に、神は人間を自らの似像と類似に即して創られたと書かれている通りである。〈似像に即して〉とは、能動知性に関して言われているのであり、また〈類似に即して〉とは、アウグスティヌスが『三位一体論』第一五巻六三章〔XV 21, 40〕ではっきり区別しているように、可能知性に関わる限りにおいて言われているのである。さらにこれは、似像が自然本性に関わり、類似がその上に付加された恩寵の賜物に関わると一般に言われることと一致している」（Int. II 31. (7) [I, 170]）。「神的明晰さの、かの至福なる分有」に関しては、「神がわれわれの本性の内に植えつけた最高のものに従ってそれが起こるのは必然であり、われわれはわれわれの内にあるこの原理によって最高度に神との同形相性と、神へのある種の直接性へと向かうのであり〔……〕、これがわれわれにおける知性的なものである」（Vis., Prooemium (4) [I, 14]）。

至福直観において、いかにして「神的善性の豊穣さが自らを譲渡するか」（Vis. 4. 3. 3. (1) [I, 119]）というそのあり方を導出する際には、ディートリヒは何ら論証上の確実性を主張していない。「そして私は、これが理に適っているとは言うが、それが必然的であるとは言わない。なぜならそのようなもの、自然的摂理において認められるような秩序の必然性によって事が運ぶのではなく、意志による摂理の秩序――これは自然的摂理の秩序の完成にして仕上げである――に関わる神の恩寵と善き功徳によってのみ生起するからである」（Vis. 4. 3. 2. (4) [I, 114]）。

神との認識を通じての合致は、(66) こうして人間の最高の認識能力において生じるものと考えられる。「なぜなら、神がわれわれの自然本性の内に植えつけたかの最も高貴で最高のものが、かの至福において働いていないなどということは考えられないからである。むしろそれは、自然本性に従ってわれわれの内の最高のものであると同様に、それはまた、本質による神の直観の内に成立する至福をもたらす働きにおいても、その第一のものであろう」（Int. II 31. (8) [I, 170]）。アリストテレスに従って、「能動者は受動者よりも、そして原理は質料よりも常により高貴である」（Vis. 1. 1. 2. 1. (4) [I, 23]）ということが、本質原因たる能動知性の独自性に属している。そのため能動知性はその結果である可能知性よりも高次のものであり、したがってディートリヒがトマスに対抗して述べているように、神直観の能力とみなされるべきである。「現世の生においてそれなりの仕方で既述の諸知性と神への環帰が関係してあるのと同様に、かの生において、はるかにより広く言うならば、より本質的に、既述の秩序が成立しており、かの至福直観において神との直接的合致が、可能知性によってというよりもむしろ能動知性によって起こるということのほうが必然である」（Vis. 2. 2. (2) [I, 65]）。それゆえ神の直視は、神が人間にとっても対象として与えられるような認識ではなく、より根本的に、神との存在論的な結合と合致にもとづいている。「かの至福直観は、われわれにおいて、能動知性によるわれわれと神との直接的合致によってなし遂げられる」(Vis. 4. 1. (1) [I, 105])。その際、連続的に連関する諸本質の位階性というプロクロスの理論に従って、一段下位のものである能動知性は、その類似性に従って、一段上位のものである神と結びつく。(67)「したがって、われわれと神との最高で究極かつ無媒介的な結合は、能動知性によって生じる。というのも、それは自然の段階からして、われわれにとって最高のものであるし、またそれは、神の似像である類似ゆえに最高度に神に似ているからである。〔……〕さらに、そのものの知性的活動はそのものの本質であり、それに従ってそれが存在し活動するところのものの全体を、その本質によって存在するからである」(Vis. 4. 1. (3) [I, 105])。

能動知性と神とのこのような結合は、人間に明確に意識される認識活動であり、それゆえに至福の源泉であるため、それは可能知性の内的内容と遂行、すなわちその形相となるはずである。「能動知性そのものはかの至福の原理である。その原理によって、形相づけられ、すなわちそれがわれわれの形相になったとき、われわれは、本質によって神を見るという無媒介的な至福なる観想において神と合一することによって至福になるのである」(Int. II 31. (8) [I, 170])。可能知性が能動知性から発出するというこのような事態によって、能動知性は、「われわれの現実態化された可能知性にとっての形相として、われわれと無媒介的に一致しうる。そして、それはこれらの二つの知性のあいだに認められる直接性にもとづいている。こうしてわれわれは、それによって能動知性自体が知性認識を行っているような知性的活動によって、すなわち自らの本質によって、知性認識を遂行するようになる。そしてこれこそが、哲学者たちが〈獲得の知性〉と呼んでいるものにほかならない」(Vis. 4. 3. 2. (5) [I, 114])。その際、常に何性へと向かう可能知性の認識活動は、本質そのものによって遂行される能動知性からは形相的に区別されているが、質料が形相によって充実され現実態化されるように、可能知性は「何らかの形相的原理」(Vis. 4. 3. 2. (6) [I, 114]) である能動知性によって充実され現実態化されるのである。「たしかに、ものが何であるかを言表し、あるものをそのあり方において知性認識すること——それ自体として捉えられている限り、それは可能知性に属する——は、本質によって知性認識すること——それは離存知性に属する——とは異なっているのである。しかし、それによって神が本質によって看取される、このようなしばしば述べられてきた二つの知性の協働においては、可能知性に属する知性認識のあり方は質料的になり、いやより明確に述べるなら、能動知性に固有の他の知性認識の活動の質料なのである」(Vis. 4. 3. 3. (9) [I, 121])。

ディートリヒは、能動知性と可能知性の合致に関する、古代およびアラブ哲学の、さらにはアルベルトゥス・マグヌスによっても受容された理論をわがものにすることによって、神の至福直観を、神による充実化を通じて二重の知性が合致する最高の遂行として捉えることができた。このような合致において可能知性は、その内的な——自然的・恩寵的な——性向に従って、能動知性をさまざまな深さと明晰さにおいて受容することができる。そのために神の至福直観は、人間において完全性のさまざまな段階で実現されることになるのである。「そこから、明晰にあるいはより明晰に、自らに対する至福直観をもたらすために、〔神的存在は〕さまざまな意味内容を流入させるが、それらにおいて〔神的存在は〕可能知性において見出される、このようなより優って完全に明晰な意味内容に従って、可能知性は、形相としてそれに合一する離存知性によって形相づけられる。なぜなら、能動者の活動は、あれやこれやの仕方で比例的に整った受動者において現れるからである」(Vis. 4. 3. 3. (12) [I, 121])。

能動知性、ないしアウグスティヌスが言うような「精神の秘所」において常にそして本質的に与えられているような神の直視は、ディートリヒにとって、感覚的現象に対する可能知性の依存関係が「ただ神の恩寵のみと、善き功徳によって」（Vis. 4. 3. 2. (4) [I, 114]）乗り越えられる彼岸の生において、[68] 至福をもたらす活動ないし内容として、可能知性によって初めて遂行されるものである。しかしディートリヒにおいて、アリストテレス的・アヴェロエス的な特徴をもつ普遍的な能動知性は、アウグスティヌスの霊魂論と結びつくことによって、それぞれの人間に対して固有で、超越論的であると同時に、潜在的な自覚を孕む精神の根底として、すなわち認識として神と直接に向き合う精神の内奥という仕方で解釈し直されている。そのためにディートリヒの思想からすれば、すでにこの世の生において、根底的な離脱と内的貧しさを通じて、各々の内面での神の誕生を目指すという試みが構想可能になる。そしてこうした試みは、マイスター・エックハルトとその周辺の人々が、ディートリヒの超越論的な精神理論を実践的霊性へと取り入れたものにほかならない。こうして、アリストテレス的な知性論は、中世末期の神秘的霊性を惹き起こす原動力となると同時に、反省的・超越論的主観性という近世の思想を準備するものとなったのである。[69]

註

（1）R. Haass, Köln, 4) Kirchen u. Klöster, *Lexikon für Theologie und Kirche*, 2. Aufl., Bd. 6, Freiburg 1961, Sp. 392.

（2）Ph. Strauch (Hg.), *Paradisus anime intelligentis (Paradis der fornuftigen sele)*, Berlin 1919; E. Morvay, D. Grube, *Bibliographie der deutschen Predigt des Mittelalters. Veröffentlichte Predigten*, München 1974.

（3）J. W. Frank, Dominikanerorden, *Lexikon für Theologie und Kirche*, 3. Aufl., Bd. 3, Freiburg/Basel/Rom/Wien 1995, Sp. 311.

（4）G. Löhr, *Beiträge zur Geschichte des Kölner Dominikanerklosters im Mittelalter*, 2 Bde., 1920–1922; M. Grabmann, Forschungen zur Geschichte der ältesten deutschen Thomistenschule des Dominikanerordens, in: id., *Mittelalterliches Geistesleben*, I, München 1926, S. 392–431; id., Der Einfluß Alberts des Großen auf das mittelalterliche Geistesleben, in: id., *Mittelalterliches Geistesleben*, II, München 1936, S. 325–413; G. M. Löhr, *Die Kölner Dominikanerschule vom 14. bis zum 16. Jahrhundert, mit einer Übersicht über die Gesamtentwicklung*, Freiburg i. Ü. 1946; E. Filthaut, Johannes Tauler und die deutsche Dominikanerscholastik des XIII./XIV. Jahrhunderts, in: id. (Hg.), *Johannes Tauler. Ein deutscher Mystiker. Gedenkschrift zum 600. Todestag*, Essen 1961, S. 94-121; L. Sturlese, Albert der Große und die deutsche Philosophische Kultur des Mittelalters, *Freiburger Zeitschrift für Philosophie und Theologie* 28 (1981), S. 133-147; A. de Libera, *Introduction à la mystique rhénane, d'Albert le Grand à Maître Eckhart*, Paris 1984; R. Imbach, C. Flüeler (Hgg.), *Albert der Große und die deutsche Dominikanerschule. Philosophische Perspektiven*, Freiburg 1985 (= Sonderdruck aus: *Freiburger Zeitschrift für Philosophie und Theologie* 32 (1985)); A. Zimmermann (Hg.), *Die Kölner Universität im Mittelalter. Geistige Wurzeln und soziale Wirklichkeit* (Miscellanea Mediaevalia 20), Berlin/New York 1989; M. J. F. M. Hoenen, A. de Libera (Hgg.), *Albertus Magnus und der Albertismus. Deutsche philosophische Kultur des Mittelalters* (Studien und Texte zur Geistesgeschichte des Mittelalters 48), Leiden/New York/Köln 1995; R. Imbach, Die deutsche Dominikanerschule. Drei Modelle einer Theologia mystica, in: id., *Quodlibeta. Ausgewählte Aufsätze* (Dokimion 10), Fribourg (Suisse) 1996, S. 109-127.

(5) J. Daguillon (ed.), Ulrich de Strasbourg O. P., *La 'Summa de bono', Livre I* (Bibliothèque Thomiste 12), Paris 1930; Ulrich von Strassburg, *De summo bono*, l. I; III; IV, Tract. 1-2, 7; Tract. 1-4 (Corpus Philosophorum Teutonicorum Medii Aevi I, 1; I, 2 (1); I, 3 (1); I, 4 (1)), 4 Bde., Hamburg 1987-2004; A. Stohr, *Die Trinitätslehre Ulrichs von Straßburg, mit besonderer Berücksichtigung ihres Verhältnisses zu Albert dem Großen und Thomas von Aquin*, Münster 1928; W. Breuning, *Die Christologie, Soteriologie und Mariologie des Ulrich von Straßburg. Ein Beitrag zur Geistesgeschichte des 13. Jahrhunderts* (Trierer Theologische Studien 29, I-II), 2 Bde., Trier 1975; F. J. Lescoe, *God as First Principle in Ulrich of Strasbourg*, New York 1979;シュトラスブルクのウルリヒ「最高善について」、『中世思想原典集成 一三』「盛期スコラ学」所収、平凡社、一九九三年、五四一－六一一頁。

(6) K. Flasch, L. Sturlese (eds.), *Corpus Philosophorum Teutonicorum Medii Aevi*, Hamburg 1983ss. 以下の著者たちに関しては次の辞典の各項目を参照。*Lexikon des Mittelalters*, 10 Bde., Berlin/New York 1977-1999; *Die deutsche Literatur des Mittelalters. Verfasserlexikon*, 10 Bde., Berlin/New York 1978-1999.

(7) K. Schmitt, *Die Gotteslehre des Compendium theologicae veritatis des Hugo Ripelin von Straßburg*, Münster 1940; G. Steer, *Hugo Ripelin von Straßburg. Zur Rezeptions- und Wirkungsgeschichte des 'Compendium theologicae veritatis' im deutschen Spätmittelalter*, Tübingen 1981.

(8) Nikolaus von Strassburg, *Summa II, 8-14* (Corpus Philosophorum Teutonicorum Medii Aevi V, 2 (3)), Hamburg 1990; E. Hillenbrand, *Nikolaus von Straßburg. Religiöse Bewegung und dominikanische Theologie im 14. Jahrhundert* (Forschungen zur oberrheinischen Landesgeschichte 21), Freiburg i. Br. 1968; L. Sturlese, Eckhart, Teodorico e Picardi nella "Summa philosophiae" di Nicolas di Strasburgo, *Giornale critico della filosofia italiana* 61 (1982), pp. 183-206; C. Wagner, *Materie im Mittelalter. Editionen und Untersuchungen zur Summa (II, 1) des Nikolaus von Strassburg OP*, Freiburg (Schweiz) 1986.

(9) N. Appel, *Gerhard von Sterngassen und sein 'Pratum animarum'* (Diss.), Saarlouis 1934.

(10) W. Senner, *Johannes von Sterngassen OP und sein Sentenzenkommentar*, 2 Bde., Teil I: *Studie*, Teil II: *Texte*, Berlin 1995.

(11) A. Auer, *Johannes von Dambach und die Trostbücher vom 11. bis zum 16. Jahrhundert*, Münster 1928.

(12) K. P. Schumann, *Heinrich von Herford. Enzyklopädische Gelehrsamkeit und universalhistorische Konzeption im Dienste dominikanischer Studienbedürfnisse*, Münster 1996.

(13) Bertoldo di Moosburg, *Expositio super Elementationem Theologicam Procli 184-211* (Temi e Testi, 18), Roma 1974; Berthold von Moosburg, *Expositio super Elementationem Theologicam Procli 1-13; 14-34* (Corpus Philosophorum Teutonicorum Medii Aevi VI, 1-2), 2 Bde., Hamburg 1984-1986; M. R. Pagnoni-Sturlese, Filosofia della natura e filosofia dell'intelletto in Teodorico di Freiberg e Bertoldo di Moosburg, in: K. Flasch (Hg.), *Von Meister Dietrich zu Meister Eckhart* (Corpus Philosophorum Teutonicorum Medii Aevi, Beiheft 2), S. 115-127; L. Sturlese, Proclo ed Ermete in Germania da Alberto Magno a Bertoldo di Moosburg. Per una prospettiva di ricerca sulla cultura filosofica tedesca nel secolo delle sue origini (1250-1350), in: K. Flasch (Hg.), *Von Meister Dietrich zu Meister Eckhart*, S. 22-33; id., 'Homo divinus'. Der Prokloskommentar Bertholds von Moosburg und die Probleme der nacheckhartschen Zeit, in: K. Ruh (Hg.),

Abendländische Mystik im Mittelalter. Symposion Kloster Engelberg 1984, Stuttgart 1986, S. 145-161; B. Mojsisch, Aristoteles' Kritik an Platons Theorie der Ideen und die Dietrich von Freiberg berücksichtigende Kritik dieser Kritik seitens Bertholds von Moosburg, in: K.-H. Kandler, B. Mojsisch, F.-B. Stammkötter, *Dietrich von Freiberg. Neue Perspektiven seiner Philosophie, Theologie und Naturwissenschaft. Freiberger Symposion: 10.-13. März 1997* (Bochumer Studien zur Philosophie 28), Amsterdam/Philadelphia 1999, S. 267-281.

(14) K. Flasch, Einleitung, in: Dietrich von Freiberg, *Schriften zur Intellekttheorie*, Opera omnia I, S. IX-XXXIX; id., Einleitung, in: Dietrich von Freiberg, *Schriften zur Metaphysik und Theologie*, Opera omnia II, S. XIII-XXXI; id., Einleitung, in: Dietrich von Freiberg, *Schriften zur Naturphilosophie und Metaphysik*, Opera omnia III, S. XV-LXXX;. L. Sturlese, Il progetto filosofico di Dietrich di Freiberg, in: id., *Storia della filosofia tedesca nel Medio Evo. Il secolo XIII*, Firenze 1996, pp. 181-275.

(15) Dietrich von Freiberg, *Opera omnia* (Corpus Philosophorum Teutonicorum Medii Aevi II, 1-4), 4 Bde., Hamburg 1977, 1980, 1983, 1985.他の新しい版および現代訳としては以下のものがある。F. Stegmüller, Meister Dietrich von Freiberg über den Ursprung der Kategorien, *Archives d'Histoire doctrinale et littéraire du Moyen-âge* 24 (1957), pp. 115-201; H. Steffan, *Dietrich von Freibergs Traktat De cognitione entium separatorum. Studie und Text* (Diss.), Bochum 1977; M. R. Pagnoni-Sturlese, La 'Quaestio utrum in Deo sit aliqua vis cognitiva inferior intellectu' di Teodorico de Freiberg, in: *Xenia Medii Aevi historiam illustrantia oblata Thomae Kaeppeli*, I, Roma, 1978, pp. 101-174; B. Mojsisch (Hg.), Dietrich von Freiberg, *Abhandlung über den Intellekt und den Erkenntnisinhalt* (PhB 322), Hamburg 1980; Dietrich von Freiberg, Der tätige Intellekt und die beseligende Schau, in: *Geschichte der Philosophie in Text und Darstellung*, Bd. 2: K. Flasch (Hg.), *Mittelalter*, Stuttgart 1982, S. 412-431; M. L. Führer (tr.), Dietrich of Freiberg, *Treatise on the Intellect and the Intelligibile*, Milwaukee, Wisconsin 1992;フライベルクのディートリヒ「至福直観について」『盛期スコラ学』所収、七八五－八二三頁; B. Mojsisch (Übers.), K.-H. Kandler (Einl.), Dietrich von Freiberg, *Abhandlung über Akzidentien* (PhB 472), Hamburg 1994; A. de Libera, C. Michon (eds.), Thomas d'Aquin, Dietrich de Freiberg. *L'être et l'essence. Le vocabulaire médiéval de l'ontologie*, Paris 1996; B. Mojsisch (ed.), Theodoricus de Vriberch, Tractatus de origine rerum

praedicamentalium cap. V, *Bochumer Philosophisches Jahrbuch für Antike und Mittelalter* 2 (1997), S. 127-156; id. (Übers.), Dietrich von Freiberg, Abhandlung über den Ursprung der kategorial bestimmten Realität, Kapitel 5, *Bochumer Philosophisches Jahrbuch für Antike und Mittelalter* 2 (1997), S. 157-185; B. Mojsisch (Hg. und Übers.), Theodoricus de Vriberch (Dietrich von Freiberg), *Tractatus de visione beatifica/Abhandlung über die beseligende Schau*, Tiflis 2003.

(16) L. Sturlese, *Dokumente und Forschungen zu Leben und Werk Dietrichs von Freiberg* (Corpus Philosophorum Teutonicorum Medii Aevi, Beiheft 3), Hamburg 1984; L. Sturlese, Dietrich von Freiberg, in: *Die deutsche Literatur des Mittelalters. Verfasserlexikon*, II, Berlin/New York 1979, Sp. 127-137; B. Mojsisch, D. v. Freiberg, in: *Lexikon des Mittelalters*, III, München/Zürich 1986, Sp. 1033-1036.

(17) M. R. Pagnoni-Sturlese, Per una datazione del "De origine" di Teodorico di Freiberg, *Annali della Scuola Normale Superiore di Pisa, Classe di lettere e filosofia*, ser. 3, 11: 2 (1981), pp. 431-445; L. Sturlese (ed.), (Einleitung zu:) Tractatus de origine rerum praedicamentalium, in: Dietrich von Freiberg, *Schriften zur Naturphilosophie und Metaphysik*, S. 131-133.

(18) L. Sturlese, *Dokumente und Forschungen zu Leben und Werk Dietrichs von Freiberg*, S. 56.

(19) *Ibid*., S. 62f.

(20) *Ibid*., S. 137-141, Zitate S. 141.

(21) L. Sturlese, Einleitung, in: Dietrich von Freiberg, *Schriften zur Naturwissenschaft. Briefe*, Opera omnia IV, p. XLV.

(22) A. C. Crombie, *Robert Grosseteste and the Origins of Experimental Science 1100-1700*, Oxford 1953, pp. 233-277; W. A. Walace, *The Scientific Methodology of Theodoric of Freiberg. A case study of the relationship between science and philosophy* (Studia Friburgensia, New Series 26), Fribourg (Switzerland) 1959, pp. 245-248.

(23) L. Sturlese, Einleitung, *loc. cit*., pp. XIII-XLV.

(24) R. Imbach, "Gravis iactura verae doctrinae". Prolegomena zu einer Interpretation der Schrift *De ente et essentia* Dietrichs von Freiberg O. P., *Zeitschrift für Philosophie und Theologie* 26 (1979), S. 369-425 (= id., *Quodlibeta*, S. 153-207).

(25) R. Imbach, Metaphysik, Theologie und Politik. Zur Diskussion zwischen Nikolaus von Strassburg und Dietrich von

Freiberg über die Abtrennbarkeit der Akzidentien, *Theologie und Philosophie* 61 (1986), S. 359-395.

(26) L. Sturlese, Gottebenbildlichkeit und Beseelung des Himmels in den Quodlibeta Heinrichs von Lübeck O. P., *Freiburger Zeitschrift für Philosophie und Theologie* 24 (1977), S. 191-233; id., Il "De animatione caeli" di Teodorico di Freiberg, in: *Xenia Medii Aevi historiam illustrantia oblata Thomae Kaeppeli*, I, pp. 175-274; A. de Libera, Ex uno non fit nisi unum. La lettre sur le Principe de l'univers et les condamnations parisiennes de 1277, in: *Historia philosophiae medii aevi. Studien zur Geschichte der Philosophie des Mittelalters. Festschrift für K. Flasch*, 2 Bde., Amsterdam/Philadelphia 1991, pp. 543-560.

(27) R. Rehn, Quomodo tempus sit? Zur Frage nach dem Sein der Zeit bei Aristoteles und Dietrich von Freiberg, in: K. Flasch (Hg.), *Von Meister Dietrich zu Meister Eckhart*, S. 1-11; R. C. Dales, Time and Eternity in the Thirteenth Century, *Journal of the History of Ideas* 49 (1988), pp. 27-45; N. Largier, *Zeit, Zeitlichkeit, Ewigkeit. Ein Aufriss des Zeitproblems bei Dietrich von Freiberg und Meister Eckhart*, Berlin/Frankfurt am Main/New York/Paris, S. 1-71, 195-251; U. R. Jeck, *Aristoteles contra Augustinum. Zur Frage nach dem Verhältnis von Zeit und Seele bei den antiken Aristoteleskommentatoren, im arabischen Aristotelismus und im 13. Jahrhundert* (Bochumer Studien zur Philosophie 21), Amsterdam/Philadelphia 1994.

(28) K. Flasch, Die Seele im Feuer. Aristotelische Seelenlehre und augustinisch-gregorianische Eschatologie bei Albert von Köln, Thomas von Aquino, Siger von Brabant und Dietrich von Freiberg, in: M. J. F. M. Hoenen, A. de Libera (Hgg.), *op. cit*., S. 125f.; K.-H. Kandler, Theologische Implikationen der Philosophie Dietrichs von Freiberg, in: *Dietrich von Freiberg. Neue Perspektiven seiner Philosophie, Theologie und Naturwissenschaft*, S. 121-134; id., Theologie und Philosophie nach Dietrich von Freibergs Traktat "De subiecto theologiae", in: J. A. Aertsen, A. Speer (Hgg.), *Was ist Philosophie im Mittelalter?* (Miscellanea Mediaevalia 26), Berlin 1998, S. 642-647; id., Erkenntnis und Glaube. Zur theologischen Relevanz des Begriffs *intellectus agens* bei Dietrich von Freiberg, *Kerygma und Dogma* 46 (2000), S. 196-204; id., 《*Anima beata vel homo gloricfiatus possit progredi in aliquam naturalem cognitionem.*》 Bemerkungen zu eschatologischen Gedanken des Dietrich von Freiberg, vor allem zu seinem Traktat *De dotibus corporum gloriosorum*, in: J. A. Aertsen,

M. Pickavé (Hgg.), *Ende und Vollendung. Eschatologische Perspektiven im Mittelalter* (Miscellanea Mediaevalia 29), Berlin/New York 2002, S. 434-447.

(29) F.-B. Stammkötter, Dietrich von Freiberg und die praktische Philosophie, in: *Dietrich von Freiberg. Neue Perspektiven seiner Philosophie, Theologie und Naturwissenschaft*, S. 135-147.

(30) L. Sturlese, *Dokumente und Forschungen zu Leben und Werk Dietrichs von Freiberg*, S. 12-17, 140; L. Sturlese, Alle origine della mistica speculativa tedesca: Antichi testi su Teodorico di Freiberg, *Medioevo* 3 (1977), pp. 28-46.

(31) Indices in tomos I-IV Operum omnium, in: Dietrich von Freiberg, *Schriften zur Naturwissenschaft. Briefe*, S. 311-339.

(32) B. Mojsisch, Averroistische Elemente in der Intellekttheorie Dietrichs von Freiberg, in: F. Niewöhner, L. Sturlese (Hgg.), *Averroismus im Mittelalter und in der Renaissance*, Zürich 1994, S. 180-186.

(33) P. Mazzarella, *Metafisica e gnoseologia nel pensiero di Teodorico di Vriberg*, Napoli 1967, p. XV; M. R. Pagnoni-Sturlese, A Propos du néoplatonisme d'Albert le Grand. Aventures et mésaventures de quelques textes d'Albert dans le Commentaire sur Proclus de Berthold de Moosburg, *Archives de Philosophie* 43 (1980), pp. 635-654; B. Mojsisch, La psychologie philosophique d'Albert le Grand et la théorie de l'intellect de Dietrich de Freiberg: essai de comparaison, *Archives de Philosophie. Recherches et documentation* 43 (1980), pp. 657-693; A. de Libera, *Albert le Grand et la philosophie*, Paris 1990, pp. 268-277; L. Sturlese, *Die deutsche Philosophie im Mittelalter bis zu Albert dem Großen 748-1280*, München 1993, S. 322-388.

(34) R. Imbach, (Néo)Platonisme médiéval. Proclus latin et l'école dominicaine allemande, *Revue de Théologie et de Philosophie* 110 (1978), pp. 427-448; C. Riccati, La presenza di Proclo tra neoplatonismo arabizzante e tradizione dionisiana (Bertoldo di Moosburg e Niccolò Cusano), in: *Concordia discors. Studi su Niccolò Cusano e l'umanesimo europeo offerti a Giovanni Santinello*, Padova 1993, pp. 23-28.

(35) A. Maurer, The "De quiditatibus Entium" of Dietrich of Freiberg and its Criticism of Thomistic Metaphysics, *Mediaeval Studies* 18 (1956), pp. 173-203 (= id., *Being and Knowing. Studies in Thomas Aquinas and Later Medieval Philosophers*, Toronto 1990, pp. 177-199); K. Flasch, Einleitung, in: Dietrich von Freiberg, *Schriften zur Intellekttheorie*,

S. XVI-XIX: id., Einleitung, in: Dietrich von Freiberg, *Schriften zur Naturphilosophie und Metaphysik*, pp. XVII-XXXII; K.- H. Kandler, Einleitung, in: B. Mojsisch (Übers.), K.-H. Kandler (Einl.), *op. cit*., XXXV-XLIV; A. de Libera, C. Michon (eds.), *op. cit*., pp. 11f.; K. Ruh, *Geschichte der abendländischen Mystik*, III: *Die Mystik des deutschen Predigerordens und ihre Grundlegung durch die Hochscholastik*, München 1996, S. 191f.: R. Imbach, L'antithomisme de Thierry de Freiberg, *Revue Thomiste* 97 (1997), pp. 245-258; id., Pourquoi Thierry de Freiberg a-t-il critiqué Thomas d'Aquin? Remarques sur le *De accidentibus, Freiburger Zeitschrift für Philosophie und Theologie* 45/1-2 (1998), pp. 116-129.

(36) F.-X. Putallaz, *La Connaissance de soi au XIIIe siècle. De Matthieu d'Aquasparta à Thierry de Freiberg*, Paris 1991, p. 321 n. 82.

(37) K. Flasch (Hg.), *Von Meister Dietrich zu Meister Eckhart*, passim; K・リーゼンフーバー「知性論と神秘思想」、『中世哲学の源流』創文社、一九九五年、六五六－六六〇頁; K. Ruh, *op. cit*., S. 205-208; B. Mojsisch, "Dynamik der Vernunft" bei Dietrich von Freiberg und Meister Eckhart, in: K. Ruh (Hg.), *op. cit*., S. 135-144; *Dietrich von Freiberg. Neue Perspektiven seiner Philosophie, Theologie und Naturwissenschaft*, passim.

(38) W. Preger, *Der altdeutsche Tractat von der wirkenden und möglichen Vernunft*, München 1871, S. 159-189; K・リーゼンフーバー、前掲論文、六六〇－六六四頁; K. Ruh, *op. cit*., S. 199-204; N. Winkler, Dietrich von Freiberg und Meister Eckhart in der Kontroverse mit Thomas von Aquin. Intellektnatur und Gnade in der Schrift *Von der wirkenden und der vermögenden Vernunft*, die Eckhart von Gründig zugeschrieben wird, in: *Dietrich von Freiberg. Neue Perspektiven seiner Philosophie, Theologie und Naturwissenschaft*, S. 189-266, bes. S. 239-266: Eckhart von Gründig, Von der wirkenden und der vermögenden Vernunft (Die Lehre von der Seligkeit) [現代ドイツ語訳と註解]。

(39) K.-H. Kandler, Die intellektuale Anschauung bei Dietrich von Freiberg und Nikolaus von Kues, *Kerygma und Dogma* 43 (1997), S. 2-19.

(40) Nicolaus de Cusa, *Apologia doctae ignorantiae*, ed. R. Klibansky, Opera omnia II, Leipzig 1932, p. 30.

(41) M. J. F. M. Hoenen, Heymeric van de Velde († 1460) und die Geschichte des Albertismus. Auf der Suche nach den Quellen der albertistischen Intellektlehre des "Tractatus problematicus", in: M. J. F. M. Hoenen, A. de Libera (Hgg.),

op. cit., S. 301-331.

(42) M. L. Führer, *op. cit.*, S. 70f., 88.

(43) M. Mojsisch, *Die Theorie des Intellekts bei Dietrich von Freiberg* (Beihefte zu Dietrich von Freiberg, Opera omnia, Beiheft 1), Hamburg 1977; A. de Libera, *Introduction à la mystique rhénane, d'Albert le Grand à Maître Eckhart*, pp. 163-229, 373-384; F.-X. Putallaz, *op. cit.*, pp. 303-380.

(44) B. Nardi, *Sigieri di Brabante nel pensiero del Rinascimento Italiano*, Roma 1945, pp. 21-38; id., *Saggi sull'Aristotelismo Padovano dal secolo XIV al XVI*, Firenze 1958, pp. 138f.; Z. Kuksewicz, *De Siger de Brabant à Jacques de Plaisance. La théorie de l'intellect chez les averroistes latins des XIIIe et XIVe siècles*, Wrocław/Varsovie/Cracovie 1968, pp. 47-49.

(45) Boethius Dacus, *De summo bono*, Opera IV, Pars II: Opuscula, Haunia 1976, pp. 369-377; F. Bottin (ed.), Boezio di Dacia, Giacomo da Pistoia, *Ricerca della felicità e placeri dell'intelletto*, Firenze 1989, pp. 14-26; J. F. Wippel (ed.), Boethius of Dacia, *On the Supreme Good, On the Eternity of the World, On Dreams*, Toronto 1987, pp. 5-9.

(46) "Quod quaelibet intellectualis natura in se ipsa naturaliter est beata, quodque anima non indiget lumine gloriae, ipsam elevante ad Deum videndum et eo beate fruendum": Concilium Viennense, *Constitutio "Ad nostrum qui"*, 6. Maii 1312, n. (5), (*DS* 895).

(47) X. Le Bachelet, Benoit XII, constitution Benedictus Deus, *Dictionnaire de Théologie Catholique*, II, Paris 1910, coll. 657-696; G. Hoffmann, *Der Streit über die selige Schau Gottes (1331-38)*, Leipzig 1917; F. Lakner, Zur Eschatologie bei Johannes XXII., *Zeitschrift für katholische Theologie* 72 (1950), S. 326-332; D. Douie, John XXII and the Beatific Vision, *Dominican Studies* 3 (1950), pp. 154-174; M. Dykmans (ed.), Robert d'Anjou, *La vision béatifique. Traité envoyé au pape Jean XXII*, Rome 1970; id., *Les sermons de Jean XXII sur la vision béatifique*, Rome 1973; id., *Pour ou contre Jean XXII en 1333. Deux traités Avignonnais sur la vision béatifique*, Città del Vaticano 1975.

(48) Subi. 3. (5) [III, 281]; Augustinus, *De Genesi ad litteram* VIII 9, n. 17; T. Suarez-Nani, Substances séparées, intelligences et anges chez Thierry de Freiberg, in: *Dietrich von Freiberg. Neue Perspektiven seiner Philosophie, Theologie*

und Naturwissenschaft, p. 62.

(49) J. A. Aertsen, Die Transzendentalienlehre bei Dietrich von Freiberg, in: *Dietrich von Freiberg. Neue Perspektiven seiner Philosophie, Theologie und Naturwissenschaft*, S. 34-41.

(50) F.-X. Putallaz, *op. cit.*, pp. 323-327; B. Mojsisch, Sein als Bewusst-Sein. Die Bedeutung des ens conceptionale bei Dietrich von Freiberg, in: K. Flasch (Hg.), *Von Meister Dietrich zu Meister Eckhart*, S. 46-57.

(51) P. Magnard, Ipséité ou subjectivité, in: J. Biard, R. Rashed (eds.), *Descartes et le Moyen Age*, Paris 1977, pp. 312-314.

(52) F.-X. Putallaz, *op. cit.*, pp. 313-316.

(53) R. D. Tétreau, *The Agent Intellect in Meister Dietrich of Freiberg* (diss.), Toronto 1966; L. Hödl, Das "intelligibile" in der scholastischen Erkenntnislehre des 13. Jahrhunderts, *Freiburger Zeitschrift für Philosophie und Theologie* 30 (1983), S. 345-372.

(54) E. Krebs, *Studien über Meister Dietrich genannt von Freiburg*, Freiburg i. Br. 1903, S. 30; M. Mojsisch, Augustins Theorie der *mens* bei Thomas von Aquin und Dietrich von Freiberg – zu einer ordensinternen Kontroverse im Mittelalter, in: A. Zumkeller, A. Krummel (Hgg.), *Traditio Augustiniana. Studien über Augustinus und seine Rezeption. Festgabe für Willigis Eckermann OSA*, Würzburg 1994, S. 193-202.

(55) Th. W. Köhler, Philosophische Selbsterkenntnis des Menschen. Der Paradigmenwechsel im 13. Jahrhundert, in: J. A. Aertsen, A. Speer (Hgg.), *Geistesleben im 13. Jahrhundert* (Miscellanea Mediaevalia 27), Berlin/New York 2000, S. 65f.

(56) K. Flasch, Procedere ut imago. Das Hervorgehen des Intellekts aus seinem göttlichen Grund bei Meister Dietrich, Meister Eckhart und Berthold von Moosburg, in: K. Ruh (Hg.), *op. cit.*, S. 125-134; dazu: W. Beierwaltes, Einführung, in: K. Ruh (Hg.), *op. cit.*, S. 117f.; R. Imbach, F.-X. Putallaz, Notes sur l'usage du terme *Imago* chez Thomas d'Aquin, *Micrologus* 5: *La visione e lo sguardo nal Medio Evo*, Firenze 1997, pp. 87f.; K. Flasch, Converti ut imago – Rückkehr als Bild, *Freiburger Zeitschrift für Philosophie und Theologie* 45/1-2 (1998), S. 130-150.

(57) W. Goris, Dietrich von Freiberg und Meister Eckhart über das Gute, in: *Dietrich von Freiberg. Neue Perspektiven seiner Philosophie, Theologie und Naturwissenschaft*, S. 170-174.

(58) B. Mojsisch, “Causa essentialis” bei Dietrich von Freiberg und Meister Eckhart, in: K. Flasch (Hg.), *Von Meister Dietrich zu Meister Eckhart*, S. 106-110; F.-X. Putallaz, *op. cit.*, pp. 316-321.

(59) R. Schönberger, *Relation als Vergleich. Die Relationstheorie des Johannes Buridan im Kontext seines Denkens und der Scholastik*, Leiden/New York/Köln 1994, S. 105-116.

(60) F.-X. Putallaz, *op. cit.*, pp. 349-351; T. Suarez-Nani, Remarques sur l'identité de l'intellect et l'altérité de l'individu chez Thierry de Freiberg, *Freiburger Zeitschrift für Philosophie und Theologie* 45/1-2 (1998), pp. 96-115.

(61) E. Krebs, op. cit., S. 36-40.

(62) T. Suarez-Nani, Substances séparées, intelligences et anges chez Thierry de Freiberg, in: *Dietrich von Freiberg. Neue Perspektiven seiner Philosophie, Theologie und Naturwissenschaft*, pp. 54-67.

(63) K. Flasch, Bemerkungen zu Dietrich von Freiberg, De origine rerum praedicamentalium, in: K. Flasch (Hg.), *Von Meister Dietrich zu Meister Eckhart*, S. 34-45; R. Imbach, Prétendue primauté de l'être sur le connaître. Perspectives cavalières sur Thomas d'Aquin et l'école dominicaine allemande, in: J. Jolivet, Z. Kaluza, A. de Libera (eds.), *Lectionum varietates. Hommage à Paul Vignaux (1904-1987)*, Paris 1991, pp. 125-128; B. Mojsisch, Dietrich von Freiberg: Tractatus de origine rerum praedicamentalium, in: K. Flasch (Hg.), *Hauptwerke der Philosophie, Mittelalter* (Interpretationen), Stuttgart 1998, S. 313-332; B. Mojsisch, Konstruktive Intellektualität. Dietrich von Freiberg und seine neue Intellekttheorie, in: J. A. Aertsen, A. Speer (Hgg.), *Geistesleben im 13. Jahrhundert*, S. 71-75; B. Mojsisch, The Theory of Intellectual Construction in Theodoric of Freiberg, *Bochumer Philosophisches Jahrbuch für Antike und Mittelalter* 2 (1997), pp. 69-79.

(64) B. Mojsisch, *Die Theorie des Intellekts bei Dietrich von Freiberg*, S. 78; cf. K. Flasch, Kennt die mittelalterliche Philosophie die konstitutive Funktion des menschlichen Denkens? Eine Untersuchung zu Dietrich von Freiberg, *Kant-Studien* 63 (1972), S. 182-206; J. Halfwassen, Gibt es eine Philosophie der Subjektivität im Mittelalter? Zur Theorie des Intellekts bei Meister Eckhart und Dietrich von Freiberg, *Theologie und Philosophie* 72 (1997), S. 339-359.

(65) A. de Libera, La problématique des “intentiones primae et secundae” chez Dietrich de Freiberg, in: K. Flasch (Hg.),

Von Meister Dietrich zu Meister Eckhart, pp. 68-94.

(66) N. Largier, "intellectus in deum ascensus": Intellekttheoretische Auseinandersetzungen in Texten der deutschen Mystik, *Deutsche Vierteljahresschrift für Literatur und Geistesgeschichte* 69 (1995), S. 423-471, bes. S. 425-431.

(67) A. de Libera, Albert le Grand et la mystique allemande, in: M. J. F. M. Hoenen, J. H. J. Schneider, G. Wieland (eds.), *Philosophy and Learning: Universities in the Middle Ages*, Leiden/New York 1995, pp. 29-42.

(68) この引用文からわかるようにディートリヒは恩寵を無視するわけではない。ゆえに以下の論文のディートリヒに対する批判に対して全面的には賛成できない。N. Largier, Negativität, Möglichkeit, Freiheit. Zur Differenz zwischen der Philosophie Dietrichs von Freiberg und Eckharts von Hochheim, in: *Dietrich von Freiberg. Neue Perspektiven seiner Philosophie, Theologie und Naturwissenschaft*, S. 149-168.

(69) K. Flasch, Zum Ursprung der neuzeitlichen Philosophie im späten Mittelalter. Neue Texte und Perspektiven, *Philosophisches Jahrbuch* 85 (1978), S. 1-18; E. Wulf, *Das Aufkommen neuzeitlicher Subjektivität im Vernunftbegriff Meister Eckharts* (Diss.), Tübingen 1972.

4　マイスター・エックハルトの思想
——神の荒野《あらの》と一者神論——

田島照久

一　展望

古代イスラエルの民の生活圏はシナイ半島とさらに北部の「塩の海（死海）」、ヨルダン川流域などのパレスティナと呼ばれる東地中海沿岸地域に及ぶが、この中で著しく特徴的な風土と言えば、シナイ半島のほぼ全域を覆い尽くす荒野《あらの》とヨルダン川南部に広がる荒野である。しかしこの荒野はイスラエルの民にとって決定的な意味をもつに至る。モーセによって沃地エジプトから導き出されたイスラエルの民はこの荒野彷徨の時代に律法《トーラー》の成立を見ることになるからである。

時代も初期キリスト教教会の時代より一〇〇〇年以上も下り、北方の寒冷な沃地、中世ドイツの地で花開いたドイツ神秘思想《ミュスティーク》の言葉の中に、この荒野の思想が突如として甦る。

マイスター・エックハルト（Meister Eckhart　一二六〇頃―一三二七／二八年）は「魂における神の誕生」の場として「魂の荒野」を説き、さらに神性としての「神の荒野」を語る。特に「神の荒野論」は新プラトン主義的「一者《ト・ヘン》」の概念と結びつくことによってエックハルト独自な神理解を成立せしめている。われわれはエックハルトの説く「荒野」思想を彼の「魂の荒野」、「神の荒野」という観点から検討し、さらに「神の荒野」という理解と重なる仕方で展開されている「一者神論」の三つの形態のなかの一つ、「区別なきものとしての一者」としての神論を検討していくことにしたい。そこでは新プラトン主義的一者論（Henologie）から決別したキリスト教的神論（Theologie）、つまり三位一体論が浮び上がってくるはずである。

二　エックハルトの荒野

現代の高地ドイツ語訳聖書では「荒野」は“Wüste”が用いられている。たとえば「マタイによる福音書」（二四・二六）「だから、人が〈見よ、メシアは荒野にいる〉と言っても、行ってはならない」の個所は、“Wenn sie also zu euch sagen werden: Siehe, er ist in der Wüste!, so geht nicht hinaus!”となっている。Wüste は荒野、荒地、砂漠を意味する。たとえば die Wüste Gobi（ゴビ砂漠）、die unendliche Wüste des Meeres（果てしない大海原）、という用例などがある。形容詞 wüst は、(1) 荒れ果てた、無人の、不毛の、未開墾の、(2) 乱雑な、混沌たる、(3) 乱暴な、粗野な、(4) 醜い、不快な、などの意味がある。さらに「創世記」の冒頭「初めに、神は天地を創造された。地は混沌であって、闇が深淵の面にあり、神の霊が水の面を動いていた」（一・一―二）の個所中「地は混沌であって」は“Und die Erde war wüst und leer,”と記されている。さて、Wüste の中高ドイツ語形は、wüeste あるいは wüestunge であるが、この wüeste は英語の waste の古形 weste と語源を同じくする。エックハルトは wüeste と同様の意味内実を有するものとして einœde（einœte）という語も使用しているが、現代ドイツ語では Einöde であり、荒野、人跡稀な所を意味する。

（1）魂の荒野

エックハルトは『神の慰めの書』（Daz buoch der gœtlíchen trœstunge ［Das Buch der göttlichen Tröstung］）の内で、聖アントニオス（Antonios 二五一頃－三五六年）の荒野での誘惑の話について次のような解釈を下している。「聖アントニオスが荒野（wüeste）でかつて悪霊たちによって特にひどく苦しめられた話はよく読まれているが、彼がその苦しみを克服したとき、そこに私たちの主がひときわはっきりと喜ばしげに現れた。……銀や金の塊が混じり気がないものとしても、それによって王の用いる杯を作ろうとするならば、他のものよりはるかに強烈に火が加えられるのである」(1)。

荒野は悪霊の棲む場所という旧約以来の理解を踏まえたうえで、金の精錬の喩えを引き、荒野が魂の浄化の場として理解されていることがわかる。

さらに「ホセア書」（二・一六）の「それゆえ私は彼女を誘って荒野に導き、その心に語りかけよう」という聖句について次のように義解する。

「これは一切の被造物のいない人里離れたところへと導くという意味である」(2)。

「ホセア書」の文脈では、これは主がイスラエルの民に向かって語った言葉であるが、エックハルトは「わたしの花嫁」を「魂」と解釈し、神の言葉が魂に語りかけられる荒野を一切の被造物のいない境と理解する。すなわち旧約の荒野のもつ「創造以前の混沌の境」という意味の系譜を継承している。エックハルトは同じ「ホセア書」の個所について次のようにさらに明確に義解を展開している。

「あなたが自己を放棄すればするほど、そして一切の事物を知ることがなくなればなくなるほど、それだけあなたは無知に近づくことになる。この荒野については「エレミヤ書」にこう記されている。〈私は私の花嫁を荒野へ導き、彼女の心に語りかけよう〉。永遠の真なる言葉は、人が自分自身とすべての多様性とを滅ぼし遠ざけた孤独の内にのみ語られるのである」[3]。

荒野は人間の自己放棄の場として、それは同時に一切の事物に対する無知の場として語られている。さらにこの無知の場としての荒野とは、一切の多様性を滅ぼし遠ざけた孤独の場であるとされている。通常のスコラ学では、われわれの感覚認識が取り込んだものから、知性が質料的なものを捨象し、その形相的なものだけを像として抽象し、能動知性が受動知性に刻印し、知性認識が成立すると考えられる。この知性認識によって成立した像が概念として魂の内に保有されることになる。無知とはこの概念、像の保有の否定を語るものということになる。

「永遠の真なる言葉」は「すべての多様性」を滅ぼし遠ざけて初めて語られると言われているが、この「多様性」（manicvalticheit）とは何を意味しているのであろうか。

「父の永遠なる知恵を聞こうとする者は、自分自身の内にあって安らぎ、一《いっ》でなくてはならない。そうすれば、彼は父の永遠なる知恵を聞くことができる。この永遠なる言葉を私たちが聞こうとするのを三つのことが妨げる。第一は身体性であり、第二には多数性であり、第三には時間性である。人がもしこれらの三つのことを踏み超えていったならば、その人は永遠の内に住み、精神の内に住み、一性の内に、荒野（wüestunge）の内に住むこととなり、そこで永遠なる言葉を聞くことになるであろう」[4]。

ここで確認できることは、多数性の克服は一性の内に住むことであり、そのことが荒野の内に住むこととされている点である。身体性、多数性、時間性が沃地の此岸性を表す本質であるとすれば、それを一切否定する、精神、一性、永遠な荒野の彼岸性を表すものである。

ここで注目すべきことは、「荒野」が「一性」（einicheit）という概念と結びつけられていることである。果てしない一様な荒蕪風景、無差別で単調な風土である「荒野」がきわめて抽象度の高い「一性」という概念と結びついたところに、現実の風土としてはまったく異質なヨーロッパがなしたキリスト教風土のヨーロッパ的受容の跡が窺われるのである。

(2)　神の荒野

エックハルトは「父の永遠なる知恵」は魂の荒野において初めて聞くことができる、と語ったが、ここには明らかに新約の世界で待望された荒野におけるメシアの登場や旧約の「ホセア書」(二・一六)の「それゆえ、私は彼女を誘って荒野に導き、その心に語りかけよう」といった前述の聖句の伝統を認めることができる。エックハルトはこの伝統に立って、「魂の荒野における、ロゴスとしての神の子の誕生」、つまり「魂の内における神の誕生」を説くのである。「魂の内における神の誕生」はしかしながら次のようなさらに徹底した深化のプロセスを拓いていく。

「私たちが〔神の〕独り子となっているのを神が見るや、神は激しく私たちへと迫り来る」(5)。「神はこの精神を荒野(wüestunge)へと、神自身の一性へと導く。そこでは神はひとつの純粋な一(ein lûter ein)であり、自分自身の内へと湧き出ているのである」(6)。「この力は根底にまで突き進み、さらに究めゆき、神をその一性において、その荒野(einœde)において摑むのである。この力は神を神の荒野(wüeste)において、神固有の根底において摑むのである」(7)。

エックハルトはこうした神の一性、荒野について、さらに次のように語る。

「人が自分自身および被造的事物の一切から離れ去るならば、……あなたがそうすればするほど、それだけあなたは、時間にも空間にも触れることのない魂の火花の内で（in den vunken in der sêle）、ますます統一され、浄福なものとなっていくのである。この火花は、父にも子にも聖霊にも、すなわち、各々がその固有性にある限り、三位の位格《ペルソナ》にも、けっして満足することはない。……私はさらに進んでより驚くべきことを言いたい。私は善き真理にかけて、永遠で変わらぬ真理にかけて言う。この光は、単純にして静寂な神的有、与えることも受けとることもないこの有にも満足しないと。この光は、むしろこのような有がどこに由来するのかを知ろうとして、単純なる根底へと（in den einvaltigen grunt）、父であれ子であれ聖霊であれ、いかなる区別も窺い知ることのできない静寂なる荒野へと（in die stillen wüeste）赴こうとする。そしてここ、誰も住まいする者のいないこの最内奥において初めて、この光は満ち足りるのである。その内では、この光は、その自身の内にあるよりもさらにいっそう内的である。というのもこの根底は、自らの内で不動な、ひとつの単純なる静けさ（ein einvaltic stille）だからである。しかし、この不動性によってすべての事物は動かされ、その自身において知性的に生きるあらゆる命が受け取られるのである」(8)。

人間が自己自身と一切の事物から離脱すれば、魂の火花（vunke）が活動し、神の三位の位格《ペルソナ》をも突破し神の最内奥である神の荒野にまでこの火花は赴くとされている。ここで語られている「神の荒野」の内容をまとめれば次のようになる。

(1) 神の単純なる根底
(2) 父、子、聖霊、いかなる神的区別も窺い知ることのできない場
(3) 誰も住まいするもののいない最内奥
(4) 神自らの内の不動なる単純な静けさ

(5)　一切の物が動かされる不動性

(1)の「根底」(grunt)の語には大地という意味もあるので、「単純なる根底」とは一切の飾り、荘厳を取り払った、咲き乱れる花もなく、繁る草もない裸の大地、荒野の意味と重なる。(3)は旧約の「エレミヤ書」(二・六)の「彼らは尋ねもしなかった。〈主はどこにおられるのか、私たちをエジプトの地から上らせ、あの荒野、荒涼とした、穴だらけの地、乾き切った黒暗の地、誰ひとりそこを通らず、人の住まない地に導かれた方は〉と」という個所の描写と重なりながら、住む主のいない場、神の最内奥でありながら、神のいかなる位格もない場であり、(2)の三位の位格の否定が実質的に語られていることになる。

「魂の荒野」では「多数性の否定」は、「無知」というあり方で語られ、一切の知性的像保有の否定、すなわち知の否定が説かれたのに対し、「神の荒野」に関しては、「多数性の否定」は神の「三位の位格の区別の否定」にまで及んでいる。「魂の荒野」では静寂の中で神が語るとされたが、「神の荒野」では神の言葉(子)さえない。そしてこの「神の荒野」とは先に引用したように「神自身の一性」であり、「そこでは神はひとつの純粋な一である」とされるのである。

このように、ドイツ神秘思想という尖鋭化された信仰形態の提示する究極的な救済財が、制度化された救済の聖秩序の中心、すなわち三位の位格という聖域を突破する一種の破壊を通じて成立していることは、エックハルト自身の辿った歴史的運命とけっして無縁ではなかったはずである。周縁(liminality)としての荒野は制度化された聖秩序の中心からはそれゆえ「異端」という言語で語られていったとも言えるであろう。

三　一者神論

エックハルトの「神の荒野」という概念を見る限りでは、そこでは一なる神の一性へのきわめて顕著な傾斜が認められるが、キリスト教において「三位一体論」は信仰の要となるべき教義であり、エックハルトの中心的教説である「魂の内における神の誕生」の教えもまさにこの三一神論の内で説かれているものである。われわれはここで、三位一体論への通路を思弁的に具えたエックハルトの「一者神論」を概観していくことにしたい。

(1) 典　拠

エックハルトは「神は一なる者である」(Deus unus est) という一者神論のテーゼの典拠を次の二つの聖書個所に求めている。

「聞け、イスラエルよ、われらの神、主は唯一の主である」(「申命記」六・四)。

「仲介者というものは、一人で事を行う場合には要りません。約束の場合、神はひとりで事を運ばれたのです」(「ガラテヤ書」三・二〇)。「神は一なる者である」というテーゼに関し、神はその単一性において無限であり、その無限性において単一であると説き、したがって神は至るところにあり、至るところですべてであると語る。

「至るところにとは神の無限性によるもので、至るところですべてとは神の単一性によるものである。……神は一切の事物の最内奥に、つまりひとり最内奥においてのみあり、神だけが一なる者である」[9]。

神は一切の事物の最内奥に内在する存在根拠として捉えられているが、また同時に多数性を絶する一の超越性をけっして損なわないという神論の本来の観点は次のように説明される。

「それは一者である限りの一者の内に一切の事物はあるからであり、一切の多数性は一なるものであり、一者の内に、一者によってあるからである」[10]。

多数性の下にある一切の者は無分節、未発出のイデア的原像として一者である神の内に保たれているとされる。一者の自己内不可分性は一者概念における構造的な契機であり、むしろ内外の区別さえ絶する不可分性として捉えられていく。

「したがって一者は一切のものと区別がない。かくて一者の内にはその無区別性（indistinctio）あるいは一性（unitas）にもとづいてすべてのものが存在し、そしてエッセ（esse 存在）の充実がある」[11]。

一者の一性は区別なきものの無差別性という新たな概念に置き直され、この無差別性によって一者の内なるエッセそのもの（ipsum esse）は区別ある多を区別なき一として、すなわち未分の多として包蔵する充実（plenitudo）として捉えられている。

「一者はまたその本質に従ってエッセそのものとあるいは本質と、すなわちその一なる本質と結びつくのである」[12]。

ここでは神におけるエッセと本質との同一が語られているが、神のエッセは神の無差別性によって初めて一切の限定を脱した純粋無雑なエッセそのものとされるという論であり、「神は一なる者である」（Deus unus est）という命題はエックハルトにとって神論上、第一義的テーゼとみなしうるものなのである。

（2）　一者神論の三形態

エックハルトは一者神論の一（unum）という概念の有する三つの側面に応じて、次のような三通りの展開を試みている。

(1)　一者である限りの一者としての神

(2)　区別なき者（indistinctum）としての神

(3)　否定の否定（negatio negationis）としての神

(1)は一切の被造物から超絶し、内外一切の関係性を絶ち、単一、純一な端的な一それ自体としての神の側面、すなわち一の無関係性にもとづく絶対超越性の観点より神を語った論であって、ここで語り出される神論は否定神学の伝統に立つものである。(2)は「区別なき者」という語自体が示すように、(1)の端的な「一それ自体」の有する無関係性という観点から一転して、「区別あるもの」との矛盾否定関係を通じて一なる神を捉えようとするものであり、区別なきものと区別あるものとの関係が、無区別性（indistinctio）、区別性（distinctio）という関係概念を介して主題的に展開されていく。

(3)は、被造物が有する他者ではないという非他弁別的自己同一性が否定されるところに神を立てるという一者神論であるが、ここではわれわれ人間が他の被造物を介して成立させている自己同一的意識が否定されるところに神を介した真なる自己同一を見る、といったエックハルト独自の救済論が説かれてくる。

この三つの形態のうち、(2)「区別なき者としての神」という神論が、「神の荒野」の思弁を三位一体論の観点から補完する論となっている。

（3）　区別なき者（indistinctum）としての神

エックハルトは「知恵の書」（七・二七）における「知恵はひとりであってもすべてができ」の個所の註解において知恵の一性を問題として、そこから神の一性への義解を展開している。神はただ一人であるが、ここにはさらに深い知恵が明かされているとして次のように語る。

「つまり一者（unum）が区別なき者（indistinctum）と同じであるということが知られねばならないのである。というのも区別ある者（distincta）はすべて二つあるいはそれ以上のものであるが、区別なき者はすべて一なる者だからである」[13]。

この「区別なき者」という理解の内には一者概念の伝統的理解、「自己において不可分であり、他から区別されている」[14]（indivisum in se, divisum ab aliis）を明らかに踏まえた思弁内容が盛り込まれている。「他から区別されている」とはAから区別されたBという個物の自己同一性を語るものではなく、並び立ついかなる者もないという他者性そのものの全的否定を意味することは言をまたない。一者と区別なき者との同定が告げられたあと、次のように語られる。

「さらには、この無区別性は神の本質に属するものである。一つには神は無限であるからであり、二つには神はある一つの類やある一つの存在者といった制約や制限の下にないからである。……もし彼〔ソロモン王〕が神は一者であると語るならば、つまり彼はそのことで、神はすべてのものから区別されていないものであるということを言い表そうとしているのであり、そのことは至高のそして第一のエッセのもつ固有性であり、神の溢れ出る善性である」[15]。

ここではっきりと無区別性が神の本質に属するものであることが言明されたあと、神が一者であるということは神が一切の事物と区別なきものであることを語るものであるとされるのである。神は一者であり、その限りにおいて区別なき者であり、区別ある者からは絶対的に区別されている。しかし同時に区別なき者のこの無区別性にもとづいて、区別ある者からも区別されていないとエックハルトは説くのである。そして次のように語られる。「何ものも神ほどに数や数えられたものあるいは数えられるもの、つまり被造者から区別されているものはない。そして何ものもそれほどに区別されていないものもない」[16]。

ここでは区別なき者（神）と区別ある者（被造物）とは

(a)　最も区別があり

(b)　最も区別がない、という相矛盾する関係の下で捉えられている。

(a)「最も区別がある」理由としては次のような説明がなされている。

「なぜならば、区別なき者は区別ある者から、二つの任意の区別ある者同士におけるよりもより多く区別されているからである。たとえば、色のないものは色のあるものから、二つの色のあるもの同士におけるよりもはるかに隔たっている。しかし区別なきことは神の本質に属することであり、区別あることは被造物の本質と概念とに属することである。つまり神はすべての、そしてどの被造物からも最も区別されている」[17]。

この説明には二通りの意味で「区別性」が導入されていることがわかる。第一は区別なき者と区別ある者とのあいだのいわば絶対的区別性であり、第二には、区別ある者の内における個物の多様性としての相対的区別性である。

さらにエックハルトは(b)「最も区別がない」の観点に対して次のように説明する。

「神が一者であること、すなわち区別なき者であることは神の最高の完全さを示すものである。この完全さのために、神なしには、また神から区別されては何ものも存在しないし、存在しえない。もし神〔という語〕に代えてエッセ（esse）を置くならば、このことはまったく明らかになるであろう。なぜかといえば神はエッセであるからである。存在する一切のものからエッセは区別されず、エッセから区別され分け隔てられた何ものも存在しないし、また存在しえないことは確実である」[18]。

エッセである神と区別されては何ものも存在することはできない。一切の被造物は神のエッセに由来し、「神なしにはそれ自身は無である」[19]（in ipsis nihil sunt）。しかしながら、エッセである神なしに一切の事物は存在しえないということから、どうして両者は最も区別がないという最高の無区別性が結論されるのであろうか。一切の事物が神に由来するとは神の創造を物語るものであるが、エックハルトにとって創造とは過ぎ去った始原的一回性の出来事にとどまらず「永遠の第一の単一なる今」（primum nunc simplex aeternitatis）において繰り返し生起する創造、すなわち「継続的創造」（creatio continua）として捉えられている。一切の被造物は不断に無の淵より継続的に創造される。しかも神はそのエッセを被造物に固有財として与えるのではなく、被造物は借財としてそのつど神より借り受けるのであり、被造物を存在せしめるエッセは神に帰属するエッセとしてけっして被造物の所有に帰さないものと理解されているのである。とすれば、神と被造物とは(b)「最も区別がない」という理解は、個々の被造物を現に今そのように存在せしめている個々の被造物のエッセも、神に帰属する神所有のエッセということになり、エッセの帰属という観点からは、まさしく最も区別がないと理解できるであろう。もちろん神のエッセと被造物のエッセの様態は、先に説明されていたように(a)「最も区別がある」ことになる。

(4)　三位一体論への展開

神を「区別なき者」として展開された一者神論は次のような一見して不可解な言表に逢着することとなる。

「自己の無区別性により区別されている一切のものは、それが区別がなければないほど、それだけいっそう区別があることになる。すなわちそれはまさにその無区別性によって区別されているからである。逆に区別があればあるほど、それだけいっそう区別がない。というのは、それはその区別性によって区別なき者から区別されているからである。つまりそれは区別があればあるほど、それだけいっそう区別がない。そしてそれが区別がなければないほど、それだけいっそう、先に語ったように、区別がある。神はしかし自らの無区別性によって区別されている区別なき者であり、トマスが〔『神学大全』(Summa theologiae)〕第一部第七問第一項の最後で言っている通りである。というのも神は、ダマスコスのヨアンネス(Ioannes; Johannes Damascenus 六五〇頃－七五〇年頃)が語っているように、無限のそしてそれゆえに区別なき実体の海だからである」[20]。

はじめに一般的論理として、およそ区別なき者とはその無区別性によって、区別ある者から区別されているのであるから、その無区別性が深まれば深まるほど、区別ある者からの区別はそれだけ大きくなるのだとされている。先に見た個体的区別としての相対区別と区別なき者と区別ある者とのあいだの絶対区別という二つの相異なる区別性の観点が導入され、無区別性が深まれば、絶対区別も深まるとされるからである。

しかし、無区別性が深まり、絶対区別が大きくなればなるほどと語られること自体、自己撞着と言わざるをえない。大きくなる余地のある無区別性はただちに無区別性であるとは言いがたく、深まる関係性を絶しているからこそ絶対区別であったはずである。それではここで語られた関係をエックハルトの別の思惟の枠組みに移して理解する途はないであろうか。この理解の枠組みを三位一体論に当てはめ、三一神論として見ていくことにしたらどうであろうか。つまり神における無区別性と区別性の問題に置き換えて考えてみようとするのである。こうした解釈の正当性はドイツ語資料中の次の文の中に見出される。

「その区別性は一性より来るものである。三位一体の内での区別性である。一性は区別性であり、区別性は一性である。区別性が大きければ大きいほど、それだけ一性も大きい。というのもそれは区別なき区別性だからである」[21]。神における区別性とは、父、子、聖霊の三つの神的位格《ペルソナ》の区別性であり、一性は神が神であるその自己同一性を意味する。エックハルトにとって三位の位格の区別性は、父が子を魂の内で生むという「魂の内における神の誕生」に結びつけられて次のように理解されていく。

「それゆえ父の本質は、子を生むことであり、子の本質は、私が彼の内に彼にならって生まれることであると私は語る。聖霊の本質は、私が聖霊の内で焼き尽くされ、その内で完全に融かされて、余すところなく愛へと変貌することである」[22]。

さらに、「魂における神の誕生」は神の自己認識と結びつけられていく。

「神は自己自身から、自己自身の内へと自らを生み、そして再び自らの内へと自己を生む。その誕生が完全であればあるほど、それだけ多く生むことになる者である。神が認識するのはただ自分ひとりである。……神は自らを子の内で欠けたるところなく生むのである」[23]。

神の内の区別性である三位の位格を通じてなされる神の自己認識は子を生むこととされ、区別性が大きいということは神の自己認識である。父が子を生むことが盛んに生起するということになるであろう。一方、神の内の無区別性についてはどうであろうか。

「というのも神が神であるということ、そのことを神は神の不動の離脱から得ているのであり、その離脱から神は神の純粋さも単一さも不変性も得ているからである」[24]。

「神が神であること」という神の再帰的自己同一は、神の自己認識の働きを表し、エックハルトにとってはこの神の自己認識の働きは、「魂の内における神の誕生」と結びつけられていた。その三位の位格の区別性を介してなされる神の自己認識の働きを支える根拠となるものが「神の不動の離脱」とされるのである。神のこの不動の離脱に関しては次のように語られている。

「さてあなたは、神がこの不動の離脱の内に永遠にあったし、またなおもあることを知らなければならない。さらに神が天と地とを創造したとき、あたかも一つの被造物も創造されなかったかのように、それは神の不動の離脱にはいささかも関わりがなかったことを知らなければならない」(25)。

この神の不動の離脱は、神が天地を創造した時にあっても三位の位格神の業から超絶した不動性としてあり続けたと語られている。そしてさらに救済の出来事に関しても次のように述べられている。

「私は加えて次のようにさらに言う。子が神性の内で人となろうとし、なり、そして十字架の苦しみを受けたときも、神が人になるということなど一度もなかったかのように、そのことは神の不動の離脱にはいささかも関わりをもたなかった」(26)。

この三位の神の業と、神の不動の離脱との無関係性は、一種の比例関係に託されて同様に説かれていく。まず始めに神の内の不動の離脱の問題は、ゲツセマネで「私は悲しみのあまり死ぬほどである」(マタイ二六・三六、マルコ一四・三四)と悲痛に満ちて語ったイエスが例に引かれ、イエスは「外なる人」(homo exterior)にあっては悲しみ、「内なる人」(homo interior)にあっては不動であったと説かれる。このことに関し、次のような扉と軸釘との比喩が用いられ説明されていく。

「扉は蝶番によって開閉する。さて私は扉の戸板を外なる人に喩え、この蝶番を内なる人になぞらえてみる。扉が開閉するときには、なるほど戸板は前後に動くけれども、蝶番は不動にして自らの場にとどまっている。したがってけっして変わることはない。あなたが正しく理解するならば、離脱についてもこれと同じことなのである」(27)。

この喩えは、扉の開閉の自由さを保証する根拠こそが軸釘の不動性であり、この蝶番の軸釘が扉板の開閉運動と無関係に不動であればあるほど、扉はそれだけ自由に開けたてしうることになる、ということの例示である。これを神の無区別性と区別性とに対応させれば、神の不動の離脱は神の無区別性に相応する。なぜならば、エックハルトは、神の離脱と神性と静寂の荒野とを同一視し、神の一性に重ねて考えているからである。神における区別性とは、いうまでもなく三位の位格《ペルソナ》の区別であり、神が無区別性を深めれば深めるほど、神の荒野に深く入れば入るほど、三位の位格を介する神の自己認識はいっそう活性化し、父である位格神の本質行為、つまり子を生むことがよりいっそう遂行されていくことになる。しかし神がその無区別性を深めていくということ、および神の荒野により深く入るという事態はどのように理解したらよいのであろうか。ここには「魂」の例の離脱の境位の深さ、すなわち魂が魂の荒野に入るその深さのプロセスが取り込まれ反映されていると解釈するしかないであろう。離脱した境位こそが魂の荒野であり、そこでこそ神の誕生が成就されると説かれているからである。

以上のように先に語られた「自己の無区別性により区別されている一切のものは、それが区別がなければないほど、それだけいっそう区別があることになる」という一連の資料は、神の三位の区別性と一性の無区別性とのエックハルト独自の救済論的比例関係に置き直してみたとき、エックハルトの思惟全体のコンテクストを十分に反映しながら理解しうるのである。

そもそもエックハルトが一者（unum）である神を区別なき者（indistinctum）という関係概念の内で展開したとき、すでに三位のペルソナの異性（区別性）がほかならない神の無区別性によって根拠づけられるという思惟のモティーフの方位性がこの展開の内には盛り込まれていたと言うべきであろう。その意味で、一者神論が区別なき者としての神へと展開されたとき、新プラトン主義的一者《ト・ヘン》の概念は明らかにキリスト教的変容を被ったのであり、一者論（Henologie）から神論（Theologie）へのキリスト教的変容が遂行されたと言いうるであろう。

神論である限り、区別なきもの（indistinctum）としての神の無区別性は、神の内での否定契機である神の区別性との依存関係によって完結されていなければならないはずである。被造物の区別性との関係に依存して初めて神は区別なき者であるとされることは第一義的にはできないであろう。神論として神を区別なき者と定義するならば、その無区別性は自らの構造的否定契機を自らの内に必然的にもたねばならないだろう。その意味で一者（unum）を区別なき者（indistinctum）として神論上展開したとき、神の内なる多数性、異性、区別性、すなわち三位の位格《ペルソナ》の区別性は、神論に不可欠な構造的必然契機としてすでに前提されていたとも言える。

エックハルトの「一者神論」、とりわけ「区別なき者としての神」の神論をこのように解釈したとすると、こうした思弁と論理は明らかに近代的思惟、それもヘーゲル（Georg Wilhelm Friedrich Hegel 一七七〇―一八三一年）の弁証法に通底するような質を具えていると見ることもあながち不可能なことではないように思われるのである。エックハルトの「区別なき者としての神」という神論は、ニコラウス・クザーヌス（Nicolaus Cusanus 一四〇一―六四年）の「非他なるもの」（non aliud）としての神の論の直接的淵源を成していることは少なくとも明らかなことのように思われる。

註

本註では以下のテクストと略号を使用する。Meister Eckhart, *Die deutschen und lateinischen Werke*, hrsg. im Auftrage der Deutschen Forschungsgemeinschaft, Stuttgart 1936ff.: Deutsche Werke (= DW); Lateinische Werke (= LW); *Deutsche Mystiker des vierzehnten Jahrhunderts*, hrsg. von Fr. Pfeiffer, Bd. 2: Meister Eckhart, Aalen 1962; Neudruck der Ausgabe

Leipzig 1857 (= Pf).

(1) Meister Eckhart, *Das Buch der göttlichen Tröstung*, DW V, 48, 16-49, 3.
(2) Id., *Predigt* XLV, Pf 153, 17-19.
(3) Id., *Predigt* IV, Pf 26, 32-37.
(4) Id., *Predigt* 12: Qui audet me, DW I, 193, 1-5.
(5) *Ibid*.: DW I, 194, 2-3.
(6) Id., *Predigt* 20: Convescens praecepit eis, DW II, 77, 1-2.
(7) Id., *Predigt* 10: In diebus suis, DW I, 171, 13-15.
(8) Id., *Predigt* 48: Ein meister sprichet: alliu glîchiu dine minnet sich under einander, DW II, 419, 1-421, 3.
(9) Id., *Sermones* XXIX, n. 296, LW IV, 264, 2-3.
(10) Id., *Sermones* XXIX, n. 297, LW IV, 264, 10-11.
(11) Id., *Sermones* XXIX, n. 298, LW IV, 265, 7-8.
(12) Id., *Sermones* XXIX, n. 298, LW IV, 265, 8.
(13) Id., *Expositio libri Sapientiae* n. 144, LW II, 482, 4-5.
(14) *Ibid*., n. 39, LW II, 360, 11-12.
(15) *Ibid*., n. 144, LW II, 482, 5-483, 1.
(16) *Ibid*., n. 154, LW II, 489, 7-8.
(17) *Ibid*., n. 154, LW II, 489, 8.
(18) *Ibid*., n. 145, LW II, 483, 3-7.
(19) Cf. *ibid*., n. 145, LW II, 483, 13.
(20) *Ibid*., n. 154, LW II, 490, 4-10.
(21) Id., *Predigt* 10: In diebus suis, DW I, 173, 2-5.
(22) Id., *Predigt* LVII, Pf 191, 24-27.

(23) Id., *Predigt* LXXIX: Pf 254, 14-17.
(24) Id., *Von Abgeschiedenheit*, DW V, 412, 4-6.
(25) *Ibid.*, DW V, 413, 5-414, 1.
(26) *Ibid.*, DW V, 414, 6-9.
(27) *Ibid.*, DW V, 422, 7-12.

5　ハインリヒ・ゾイゼとドイツ神秘思潮
――マクデブルクのメヒティルトからテルステーゲンへ――

神谷　完

一　マクデブルクのメヒティルト

「ドイツ神秘主義」を頂点とする神秘思想の、キリスト教信仰としての特質は、現実世界の諸価値はもとより、信仰上の伝統的な制度や慣習に対しても――神のやどりの象徴としての秘跡、教会、また聖書の解釈でさえ、そこに執する限り――現世的価値の投影として否定的で、魂の最も深い聖所でのみ可能な、魂と神との出会い（神秘的合一　unio mystica）を説き、それだけを信仰の揺るぎない拠り所としようとすることにある。真に主体的な信仰を目指す、この「信仰の自由」は、個性的信仰の魅力ある輝きの母胎となるとともに、異端とみなされる危険に絶えずさらされてきた。またそれは、宗教、哲学、文学を始め、文化の全領域に大きな影響を及ぼし、歴史を貫いて流れる、精神的革新運動としてのドイツ神秘思潮の基底を成すものである。

ドイツ神秘主義を代表するエックハルト（Meister Eckhart　一二六〇頃－一三二七／二八年）、タウラー（Johannes Tauler　一三〇〇頃－六一年）、そしてゾイゼ（Heinrich Seuse　一二九五頃－一三六六年）へと至る道は、いわゆる女流神秘家たちによって開かれる。こうした婦人たちの関与なしには、ドイツ神秘主義の興隆と展開は考えられない。彼女たちのなかには、ドミニコ会を始めとする、正規の修道会に属する者や、より注目すべきは、かの「ベギン派」の婦人たち、すなわち、なんらかの理由により、従来の修道院に入らなかった者、したがって、修道会が定める諸々の規矩に束縛されることもなく、まったくの自由意志によって、「清貧」と「貞潔」を守る共同生活を営む婦人たちもいた。ちなみに、ベネディクト会やシトー会といった、以前からの修道女会は、当時、暫定的に入会禁止の措置を講じざるをえなかったほど、希望者は多く、そうした時代背景の下に、たとえ異端の疑いを向けられている施設においてでも、人生への霊的指針を得たいという願いは、特に未婚女性のあいだに多く見られた。その成立（一一七〇年頃とされる）以来、異端の疑いにさらされ続けていた、このベギン派（同じ趣旨で設立された、男子の「ベガルド派」を含め）が、特にドイツで数多く生じたという精神風土が、ドイツ神秘主義の成立に深く関わったことは否定できない。さまざまな霊的経験が模索される時代の状況の中で、真のキリスト教信仰への渇望が、多数の人々の心に芽生えたことを、それは意味するものである。ベギン派に代表される、こうした婦人たちは、彼女らにふさわしからぬものを知りたいと願っているという、司教や聴罪司祭の憂慮は、生きた信仰への切実な問いに対する、既成教団の戸惑いと、伝承的教義への無力感を表すものであり、この問いに真摯に答えようとして、ドイツ神秘主義は開花する。

　女流神秘家を代表し、その著作は、中世におけるドイツの婦人の教養と宗教的生が到達しえた一つの頂点を示しているといわれるマクデブルクのメヒティルト（Mechthild von Magdeburg; Mechtildis　一二〇八頃―八二年頃）が『神性の流れる光』（Das fließende Licht der Gottheit）を書き記したのも、こうした「ベギン派の家」であった。エックハルトが生まれるほぼ四〇年前、一二歳のメヒティルトに、最初の「内的啓示」が与えられる。「聖霊によって挨拶され（wart gegrüsset）、そのいとも甘美な挨拶（der vil liebe grůss[1]）は、絶えることなく毎日行われ」

(『神性の流れる光』第四書)、彼女の心を現世の喜びから引き離し、求道生活へと向けさせ、その魂に神へのひたすらな愛《ミンネ》(minne)の火を点じた。そして、おそらくその頃マクデブルクに創設された(正確な記録は残っていない)「ベギン派の家」に入ることになる(一二三〇年頃)。そこでの自らに課した厳しい禁欲生活と、それにともなう肉体的な損傷の苦しみの中で、彼女の魂は、ただ神との出会いのみを求め、しばしば歓喜に満たされる。「幾日ものあいだ、私は人間的生を損なう、重い病の床に臥せっていました。するとそこへ力強いミンネが現れ、その不思議な力で、黙しておれないほどの恍惚の状態に引き入れられたのです」(同)。歓喜に溢れる魂が味わうこの恍惚は、メヒティルトを始め女流神秘家に見られる特色であるが、魂の奥底で行われる神との合一の体験を、言葉によって伝えることの不可能に、またそのことからくる苦悩に、彼女の心は苛まれていた。「私の無知を思って、心はひどく悩みました。そこで語りかけました。ああ、慈しみ深い神よ、あなたは、この私に何をお明かしになったのですか、私が愚かで、肉も心も罪に汚れ、取るに足らぬ人間であるのをご存じですのに。こうした出来事は賢明な人たちにお示しになるべきですし、そうすればあなたは、それによって賛美を受けられるでしょう」(同)という問いかけは、魂で行われる神秘的体験を、その「魂(の言葉)で語る」ことができるのか、あるいは沈黙せざるをえないのかに苦しむ、後の神秘主義の師父たちにも共通する内的葛藤を表すものである。それに対して聴罪司祭(おそらく彼女の霊的指導者、ドミニコ会士ハレのハインリヒ〔Heinrich von Halle〕)は、ただ神の心と口を通して書き上げるように勧めている。こうして出来た『神性の流れる光』は、「あなた〔神〕がご自身で、この書を書くことをお命じになった」(同第二書)、「神からもたらされた」(同第四書)、すなわち、神性に満たされた魂で語られた書として、女流神秘主義の最も光輝ある業績とみなされることになる。

「導きの師ハインリヒ様、あなたは、私の本に書かれている雄々しい言葉を、いぶかしく思っておられます。しかし私は、（この罪深い女が、ともかくも書かざるをえないのですから）、永遠の知恵に比べればあまりにも卑小と思われる、あそこに書かれた言葉でしか、誰に向けても、真の認識と、聖なるすばらしい内観を記述し示すことができないのを、心の底から、惨めに感じております」。(2)『神性の流れる光』から伝わってくる、一人の女性の果敢な信仰の業に、驚異の思いを告げたハインリヒに宛てたこの手紙も、宗教的体験と表現（宗教と文学）との絶対の敵対関係と、その緊張のダイナミズムによって生じる宗教文芸の魅力の本質を窺わせるものである。彼女を執筆へと駆り立てたものは、宣教の（同じ歩みを続ける者の道しるべにという）思いと、彼女の神秘主義の根本動機である「神との愛」を、詩情溢れる鮮やかな幻想で描きあげた、生得の感性（文学性）である。孤独な観照生活を強いられる中で、女性特有の感性のふくらみが捉えた豊かな幻想と抒情性は、その後の女流神秘家たちによる数多くの記述からも、ほとんど例外なく読み取れる決定的な特徴である。ゾイゼの霊的娘として、彼のドイツ語著作『ゾイゼの生涯』(Seuses Leben) はもとより、その全生涯に深く関わったエルスベト・シュターゲル (Elsbeth Stagel 一三〇〇頃－六〇年頃) が書き残した『テスの修道女たちの生活』(Das Leben der Schwestern zu Töss) は、こうした超自然的体験――「幻視」(Vision) を共通項とした――に満たされた女性たちの姿を生き生きと伝えている。繊細な感受性のままに、その体験を書き留め、境界の完成を願う女性たちの指針にしようとした女流神秘家たちの文書は、またおのずから、体験を通じ合う伝達網として、広範囲に及ぶ秘教的連帯の絆となった。こうして、目に見えぬ、しかし親密で揺るぎない霊の交わりに生き、ひたすら信仰の増進を求める、主として女性たちを、ゾイゼの著作は「神の友」と呼んでいる。

「神の友」という呼称は、後にシュトラースブルクの裕福な商人ルールマン・メルスヴィン (Rulman Merswin 一三〇七－八二年) によって指導された人たちの連帯と、その運動を連想させる。この神秘主義的結社ともいうべき、狭義の「神の友」が、荒廃し危機に瀕した当時の社会（制度・典礼と化した教会と教義をも含め）に与えた衝撃はきわめて強く、しばしばメルスヴィンに帰せられてきた六文書と、メルスヴィンが自ら、その人の（人間社会への）仲介者であると称した、かの「高地の神の友」（Gottesfreund vom Oberland）による一六文書が、広義の「神の友」の生活に与えた影響も大きい。また、続いての「新しい敬虔《デヴォティオ・モデルナ》」（Devotio moderna）、三世紀を隔てた「敬虔主義」（Pietismus）の精神運動、さらにマルティン・ルター（Martin Luther 一四八三―一五四六）の（匿名の「神の友」による『ドイツ神学』（Theologia Deutsch）を媒介にした）宗教運動との関連は、とりわけ社会史、思想史の問題として、特筆されねばならない。しかし、これまでも指摘されてきたように、かの六文書も、「高地の神の友」から順次渡されたと伝えられる一六文書も[3]、さまざまな作品（エックハルト、タウラー、ルースブルーク［Jan van Ruusbroec 一二九三―一三八一年］その他）からの寄せ集めにすぎず、そこには思想と表象の感性的統一（文芸としての価値）は見られない。メルスヴィンが力を傾けたと思われる聖者伝風表現や回心を勧める文書は、当時、信仰上も、実生活の上でも、もはや人心の範とはなりえなかった聖職者階級に対し、神秘主義的信仰（「内的啓示」への絶対帰依）を論拠にした、平信徒の主権を明らかに示そうとするものであり、内容（思想の深さ）と構成の不備にもかかわらず、これらの文書が惹き起こした、平信徒神学の衝撃的効果は否定できない。そしてそこに、メルスヴィンとこの「神の友」グループによって展開された運動の意味があり、ゾイゼが親しみを込めて「神の友」と呼んだ女流神秘家たちの、魂の内的高揚の中で体験した、愛による魂と神との合一（unio）をテーマにした作品、またその作品が広げた波紋と比べれば、大きな質的違いがあると言えよう。

　花婿たる神（キリスト）と、その花嫁としての魂とのあいだの、恋愛と婚姻というかたちで称えられる、『神性の流れる光』における神への愛を、当時、特にクレルヴォーのベルナルドゥス（Bernardus Claraevallensis 一〇九〇―一一五三年）以来、魂と神との愛を描いたものとして、さかんに流用された「雅歌」に倣って、また、それが聖霊によって謳われたとされるように、メヒティルトもまた、聖霊に満たされた、その「魂の言葉」で賛美した。そして「この魂とは、神御自身が充足する深淵……神自らの奥底から、神が開かれ出る道」(4)にほかならず、こうした魂によって語られた作品は、やはり「神によってもたらされた」（『神性の流れる光』第四書）と言うべきであろう。「その時彼〔神〕は、さらに先へある秘められた場所へと、彼女〔魂〕を連れて行きました。そこでは彼女は、誰かに来てもらうよう、頼むことも、尋ねることもできないのです。それは彼が、肉体も知らない、鋤で耕す農夫たちも、槍試合の騎士たちも、彼の愛に溢れる母マリアさえも知らぬ、ある遊びを、彼女とだけ行おうと望んでいるからです。……それからさらに、彼らは心もそぞろにある歓喜に満ちた場所へ向かいます。この場所のことは多くは語れませんし、また語るつもりはありません」（同第一書）。こうした随所に見られる、時には、官能的なまでの愛の描写も、神との合一の喜びに高揚した魂の消息である。しかし、（ゾイゼの言葉を借りるなら）自己を否定し尽くして初めて、神性に満たされる魂に、なおも残る「固有の自己」――メヒティルトによれば、「生のきわめてわずかな部分が残り」、魂に「高貴な欲情」(edeliu begerunge)〔同〕を起こさせる――、そしてこの「固有の自己」の特殊性が、神との合一を説く神秘主義者の作品に、それぞれの独自性を生み出すことになる。メヒティルトを始め多くの女流神秘家、さらにゾイゼに共通するのは、上述の「宮廷恋愛抒情詩」(Minnesang)風調べからも窺われるように、人間的感性（文学性）であると言えよう。

　宗教的境界の完成への道は、この「固有の自己」を限りなく放棄していく歩みであり、その過程での、神との合一の喜びと、神から離れたという魂の悲しみとの交錯が、神秘主義の特色でもある。メヒティルトはそれを、愛による神との合一の後に、再び「貧しい、涸れた」魂の中へ帰らねばならないと言っている。そして、この神からの離反に耐えることこそ、最高の喜び（合一）――「神からの挨拶が、流れる神から、貧しい、涸れた魂たちの中へ（in die armen, dürren selen）、いつも新しい認識をともない（mit nûwer bekantnûsse）、新しい観照の下に、新しい〔神の〕現在を享受する格別な仕方で突入してくる」（同）――への課題であり、神を真に賛美することでもある。そこにまた、神秘主義の師父たちに通じる、高い思想性、認識の立場が顕わになってくる。多くの女流神秘家の文書に見られる、病的な心理状況を思わせる幻想――きわめて苛酷な禁欲生活と自らに課した苦行を前提とした――との共質性を示しながら、『神性の流れる光』は、宗教的認識と文学表現との高度な融合を示している。

キリスト教的禁欲生活は――『テスの修道女たちの生活』に見られるように――、「愛の幻想」と並ぶ、女流神秘家による「修道女伝」の主要な要素であり、正しい信仰生活のための、日常的規範とされていた。こうした有徳の生活には、いかに効果的かつ模範的に神の恩恵が表れているかを示そうとする「修道女伝」の多くは、修道女の個別生活を描写しながら、見習うべき信仰の実践、いわば「実践的神秘主義」の紹介の役割を果たしてきた。その際、神の恩寵を、秘教風、聖者伝風に伝えるため、彼女たちの感性は、おのずから中世文学の手法――この傾向は、メヒティルトやゾイゼにおいても見落としてはならない――を選び採り、それはまた、「神秘的修道女伝」という特殊なジャンルの発生を意味した。

禁欲生活の具体的実践では、「断食」、「徹宵」、「不断の祈り」、さらには、血が迸り出るまで殴打する「自己鞭打」などの、自らに課する苦行が特に重要視され、「魂の聖化」――魂が「神性」（無）へ帰ることによって自らに帰る「沈潜」（ingezogenheit）、万有へ自らを委ねながら、しかも無縁な「放下」（gelâzenheit）、あるいは「離脱」（abegescheidenheit）といった境界が成就し、同時に神への隷属をも完全に脱する魂の最高の「自由」（vrîheit）が完成する――への最も有効な手段だとみなされた。こうした修道生活への専心を、何よりも重要な課題としたのが、

「受苦の神秘主義」(Passionsmystik)であり、その実践的最終目標は、キリストの受難に、根源的喜びをもって倣うということである。しかし、こうした苦行(外的苦難をも含め)が「魂の聖化」に直結するものではない。メヒティルトによれば、「あらゆる責め苦と辱め、こうしたすべては、私〔キリスト〕の胸から迸り出る血が、この大地へ滴り落ちるまでの、天国の門を叩く、単なる合図にすぎず」(『神性の流れる光』第四書)、『ゾイゼの生涯』においても、そこには、魂の決定的転換(天来の啓示との出会い)が必要なことが教えられている。

二　ハインリヒ・ゾイゼ

一三三五年頃、四〇歳のゾイゼの上に、信仰生活における重大な転機が訪れる。それを契機に、彼の境界は飛躍的展開を遂げ、外的生活においても、修道院という閉ざされた領域から出て隣人の教化に専心する道に、心が注がれることになる。以後、一三四八年、コンスタンツからウルムに移らざるをえなくなるまで、彼の生活の中心は、遍歴司牧の旅となった。その途次、テスの修道院やベギン派を含め、南ドイツの「神の友」に広く教えを説き、大きな宗教的・人間的影響を残した。この転換期は、『ゾイゼの生涯』第一五、一六章に描かれている、凄まじい苦行が、その生命さえも脅かし、残されたものは「死か、こうした修錬を止めるかだけになったとき」、「彼の採った方法はすべて、信仰の第一歩にすぎず」(『ゾイゼの生涯』第一八章)、人間性の御しがたい部分を突き破っただけであるという、神の啓示によってもたらされ、それまでの、二二年間続けられた難行は中止させられる。同書第一九章では、瞑想に沈むゾイゼの前に現れた、(天からの)若者によって、これまでの酷しい行は「下級の課程」であって、そこで十二分に修錬を重ねたゾイゼには、やがて「最高の課程」が示されることを伝える。「最高の課程」

とそこで修得すべき術とは何かという問いに、それが「自己を余すところなく、完全に棄て去ること以外の何ものでもなく」、「いかなる時にも、自己を無にするほど」に正しく放下することである、と告げられ、ゾイゼは、自分の信仰が、これまでの「自らに課したあらゆる肉体的な修錬によっても、未知の苦難をわが身に引き受けるほどの放下の境界」には遠く、「人に褒められると顔を綻ばし、謗る者があれば悄然となり」、さながら「茂みに潜んでいて、木の葉が風に翻るたびに、それに怯える臆病な小兎のようなもの」であるのを自覚する。同書第二〇章は、真の放下の境界に至るためには、今までの、自分の意志でいつでも止められる苦行とはまったく異なる苦しみ、より大きな困難を耐え忍ばねばならないことを、幻影となって現れた神の使いを通して告げている。そして、待ち受ける、人間として最も耐えがたい苦しみとして、三つの典型が示される。まず、これまでの、自分で選んだ苦行は、それによってかえって彼の名声を高める結果になったが、今後は、その「名望が幾人もの眼識なき人々のために地に落ち」、彼は打ちのめされ、破滅にまで追いつめられるということ。第二は、ひたすら自己否定を目指す酷しい行にもかかわらず、なお残されていた「愛を求める本性」が、愛と誠実を願うときに、逆に「不実、悲しみ、不快に遭遇する」こと。第三は、これまでは、乳飲み子同様に「神の慈悲の中に身を浮かべていた」が、やがて「神と全世界から見捨てられ、友からも敵からも……迫害され」、「自分の喜びと慰めのために始める一切が水泡に帰し」、「不快で厭うべきものはすべてその身に降りかかる」ことである。

「このようにして彼は、幾人もの苦しむ人を助けました。しかしこの高潔な善き働きを、その際に彼を襲った、苦痛に満ちた苦しみという高い代価で支払わねばなりませんでした」で始まる同書第三八章は、その悲劇を暗示する描写に続いて、きわめてドラマチックな事件を生々しく伝え、彼の身に起こった苛酷な試練の顚末を語っている。彼に告解し、導かれた人々のなかに「穏やかな外見の下に、狼のような残忍な心を秘めた」性悪な女がいた。かつて背徳の行いによって不義の子を儲け、しかもその子の父親として、別の男を名指ししたことで、二重の罪を犯した前歴を持つ彼女は、上辺は従順に、しかし、ひそかに同じ所業を長期間重ねていたが、ついにそれに気づいたゾイゼは、その件には口を閉ざし、ただ彼女との関わり、その指導と庇護を絶った。援助を打ち切られるのを恨んだ女は、「子供の父親は彼〔ゾイゼ〕だ」と言い触らすと、脅迫し、その通りに、聖職者や世俗の人々のあいだを駆け回り、自分に向けられる破廉恥の誹りも顧みず、ただ彼を苦境に追い込むために偽りの噂を流布した。その言葉を信じたすべての人々のあいだに怒りが生じ、彼の卓越した信仰についての評判が、至るところで人の口に上っていただけに、彼への憤慨は激しさを増し、ゾイゼは、その苦しみをなんとか慰めてもらおうと、「誠実な同輩であり、変わることのない良き友のように振舞っていた二人の友（一人は、「神の友」の霊的助言者として、また『神性の流れる光』の高地ドイツ語訳者としても著名な、ネルトリンゲンのハインリヒ〔Heinrich von Nördlingen 一三七九年以降歿〕だとされている）の下に行く」のであるが、この二人を始め、その周囲の修道士から受けた誤解と辱めは、世人から向けられた誹謗より、さらに手厳しくゾイゼを打ちのめす。彼の心は「余すところなく傷つけられ」、神が「惨めにも私を見捨てられた」（hat mich ellendklich gelassen!）という実感に支配され、魂のこの苦悩は、十字架上で「わが神、わが神、なぜ私をお見捨てになったのですか」と発せられた、キリストの深い悲しみの声と重なる。こうした孤独で悲惨な状態に至って初めて、「これまでの自分自身にだけ注いでいた思い」が、本当に「神へ向けられ」、「もし他に取るべき方法がないのでしたら、あなたの御心が行われますように」という境界が開ける。現実生活における、徹底的な忍苦の果てに感得された「キリストの苦悩する人間性」が、ゾイゼの自我を突破し、「人はそれぞれ自分の十字架を負いなさい」と教えたキリストの言葉が――「愛するキリストは〈私の十字架を負いなさい〉とは言われなかったのです、彼は〈誰もみな、自分の十字架を背負いなさい〉と言われたのです」（同

第三五章）という——その最も深い意味を開示したのである。第三八章が、「この試練は、若い頃からこの時に至るまで受けてきた苦しみのすべてに勝って、彼にその固有の自我を放棄させ、彼を神の中へ移し入れたことを、十分に悟らせた」と結ばれているように、こうして初めて、「受苦の神秘主義」が目指すべき「魂の聖化」、真の「放下」に達しえたのである。それは、神からも見捨てられた状態の中で、その絶望を超えて現成する法悦、真の安らぎ（in Verlassenheit gelassen sein）の境界であり、魂がキリストの人間性と共に悩み、その「苦悩する人間性を通して行われる突破」（同第一三章）によってのみ至りうる、「露わなる神性」に満たされた最高の「自由」（vrîheit）の世界である。

　ゾイゼの文書は、残存する膨大な数が物語っているように、十四・十五世紀を通じて広範囲に流布し、好んで迎えられたが、その最大の理由は、彼の神秘主義思想を正しく伝えるために、主要な作品を収めたドイツ語著作集『範典』（Seuses Exemplar）を自ら編集し、公にしたこと（そこにまた、宣教への決定的意志が見られる）と、ゾイゼの著述が、格調高いドイツ語で書かれた、一級の文学作品たりうる点にある。『範典』の第一書『ゾイゼの生涯』も、そのことを明らかに示している。この書の成立について簡潔に述べた前書きによると、この世で困難と苦しみにさらされ続けた、信仰厚い、才気に富む修道女エルスベト・シュターゲルは、師ゾイゼに、苦しみに耐えている心が強い力を得ることができるよう、彼自身の体験にもとづいた忍苦の話を再三再四懇願し、テスの修道院にゾイゼが足を運ぶたびに、その信仰生活の始め、自ら試みた修錬の数々、その後に訪れた耐えがたい苦しみなどについて聞き出し、魂の慰めと導きにし、さらにこれらの教えを、彼女自身と他の人々の救いのために、書き留めておいた。後に、この密かになされた「宗教的窃盗」（disiu geischliche dûpstal）に気づいたゾイゼは、提出されたすべてを焼き捨て、残りの部分も提出させ焼却しようとしたとき、それが「神の使いによって阻止された」。こうして残された記事（大部分が彼女の手になる）に、彼女の死後、二、三の教えがゾイゼによって付け加えられてできたのが、この書である。「草原は美しく緑し、木の葉や芝草は芽吹き、数々の美しい花は綻び、森や沃野にはナイチンゲールや可愛い小鳥たちの甘美な歌声がこだまし……」（同第五〇章）といった描写からも窺われるように、この『ゾイゼの生涯』は、文学・文学史の専門家たちからも、詩情溢れる散文文学の画期的な遺産と称えられ、ドイツ国民文学の貴重な財産の一つに数えられている。文学的香気に満ち、しかも独自の信仰体験によってのみ到達しうる、魂の最も深い根底を主人公自身が語り、編纂した、ドイツ語による自伝の、最初の注目すべき典型として、この作品は格別の文学的興味を掻き立てるとともに、神学を含む広範な分野の関心を呼び、ゾイゼにおける神秘的体験の独自性と、時代文化を背景とした文学的個性への統合的理解を促しつつ、その特別な意味が問われ続けてきた。

『ゾイゼの生涯』第五〇章（前述）を始め、第二〇、三四章など随所に見られる、ミンネザングを彷彿とさせる表象と情調、またこの作品の中心的意図である宗教的境界の進展・完成を伝えるための、中世叙事文学の類型的手法に倣った描写は――中世の騎士たちが、数々の冒険（腕試し、武者修業）の旅から、自らも死を賭して、苦境に喘ぐ同朋救済の道へ向かうことによって、やがて理想の騎士道が完成し、その実践を貫き通した者にのみ最も大きな報酬（高き［貴婦人への］ミンネ）が叶えられるように、ゾイゼが定式化した「霊的騎士」（der geischliche riter）は、修道院内での自らに課した苦行を行うことに甘んじる「下級の課程」（diu nidre schůle）と、司牧に献身する中で、降りかかってくる現実的苦行を耐え続ける、「最高の課程」（diu ho̊hste schůle）との二段階の過程を辿って、霊的騎士道（真の信仰生活）は完成し、「霊的騎士」は、「世俗の騎士」が貴婦人によって栄誉の指輪を受けるように、「永遠の知恵」の手から栄光の指輪を授けられる（写本の挿絵も、その状況を図示している）という、騎士社会の宮廷文化、より詳しく言えば、宮廷文化を彩る「恋愛奉仕」（Minnedienst）、美意識、典雅な情調、様式化への感覚を（宗教的視点をもったプリズムによる屈折光に包まれながら）反照しており、十二世紀以来の神秘的啓示・幻想文学（特に女流神秘家による）との共質性を示すものである。[5] この文学的要素と、深い思想性との統一が、『ゾイゼの生涯』を宗教文芸の金字塔としたのであるが、そのことはまた、文学の力による広範な影響と、同時に神秘主義思想への誤解、その平板化の危機をも意味する。『ゾイゼの生涯』成立の事情（また『範典』の編集）は、そのことを踏まえた、宣教（必然的な神秘主義信仰の世俗化）への積極的意志を暗に示していると言えよう。

ゾイゼの教えの中心は、すでに明らかなように、神に見捨てられた状態においても、なお限りなく自己を放棄し、そこに現成する魂の安らぎ、「放下」の境への歩みを勧めるものであった。『ゾイゼの生涯』に見られる、文学的な構成と表象に比べ、異端として告訴された師エックハルトの弁護と、その神秘主義思想のより神学的展開を目指した『範典』の第三書、『真理の書』（Das Büchlein der Wahrheit）は、そのことを、いっそう明確に示している。

万象の根源にあるもの、それは、「永遠の無」（ein ewiges niht）、あるいは、「永遠の造られざる真理」（diu ewige ungeschaffen warheit）（『真理の書』第一章）と呼ばれている。静かなこの「純一なるもの」は、その本質が「命」であり、生き生きと存在する「理性そのもの」として、被造物に与えられている「自然理性」をもってしては、把握しがたい、自ら了解し、存在し、働く「超現在的神の理性」である。被造物たる人間の魂が、この「永遠の無」に帰入し、本来の姿に立ち返り、根源の命に満たされる状態が、魂と神との神秘的合一であり、ゾイゼによれば、それは、「自己を正しく放下してキリストに入って」（in Cristum *mit rehter gelazsenheit*）行くことによってのみ成就する。

「正しい放下とは何ですか」（waz ist rehtú gelazsenheit ?）という弟子の問いに対して、真理は（『真理の書』は、「弟子」と「真理」とのあいだで交わされる問答形式で展開される）、次のように答える。

「それにはまず、sich lazsen〔自らを放下する〕という二つの単語の意味を慎重に見極めることです。つまり、おまえがその意味を十分に考量し、徹底的に究め尽くし、分別をもって洞察するならば、すぐに真理を会得するでしょう。まず最初に、このsich〔自らを〕またはmich〔私を〕という単語を採り出し、これが何を意味するか考えてみなさい。そうすれば、それぞれの人間は五種類のsichをもっていることが分かります。第一のsichは石にも共通する、〈在る〉ということです。第二は、植物と同様に〈成長する〉ということで、第三は、動物もそうですが〈感覚する〉ということです。第四のものは、あらゆる人間に同じように具わっている〈共通の人間的本性〉ということです。第五は、このsichに特徴的な、人間の霊と肉とにもとづく、〈個としての人間〉（〈人間の個性〉）ということです。

　人を誤った方向へ導き、人間の浄福を奪うものはいったい何でしょうか。それは、ひとえにこの最後のsichなのです。このsichによって人間は、（本源の）神に再び帰入すべきであるにもかかわらず、神から離れ自己へと転じ、その生得の人間性にもとづいて〈固有の自己〉を築き上げるのです。すなわち、分別を失って、神に帰すべきものを自己のものとし、またそうすることを目指し、こうして、しだいに罪に嵌まり込むのです。

　しかし、このsichを正しい仕方で放棄しようと思う者は、自らの内なる自我へ向けた、三つの洞察を行わねばなりません。まず最初に、自らの内に深く沈潜し、自分自身のsichも万物のsichも、唯一の活力である神の本質から放ち出され、外された〔被造物としての〕無であることを省察して、自らの固有のsichの空無性に思いを注がねばなりません。次に、このきわめて高度な放下の状態に至ってもなお、神への沈潜から現世に戻ると、その固有の*sich*は、彼固有の現存在に常に留まりつづけることを、見逃してはいけません。最後は、人間が、その固有の被造物性のゆえに、神の真理に反するさまざまな隷属状態の中で、四六時中、自己の思いに負けてきたすべての事柄において、その自我を自発的に放棄し、かくして、他の何ものにも惑わされることなく、力の限り神の中へと自らを空じ、再び自我を取り戻さぬよう自己を棄て去り、キリストと一体となり、キリストの絶えざる話しかけの下に、常にキリストから働き出て、万物を受容し、このような単純相において万物を見つめるということです。こうして放下されたsichは、パウロが聖書の中で、[6]〈生きているのは、もはや私ではありません。キリストが私の内に生きておられるのです〉と言った〔意味での〕、〈キリストの形を採った私〉(ein kristfőrmig ich)となるのです。ところでそれを、私は〈充全量のsich〉(ein wolgewegen sich)と呼びます。

さて今度は、もう一つの言葉lazsenの意味を考えましょう。彼〔キリスト〕が、この言葉で説こうとされたのは、[7] ufgeben〔放棄する〕、verahten〔軽んずる〕という意味です。もちろんそれは、「〔自己が〕無くなる」という意味で、放棄するように、と言われたのではなく、ただ自分自身を軽んずるという意味です。またこれが正しい理解なのです」(同第四章)。

キリストにも具わる「人間性」(=「人間的本性」)、その「苦悩する人間性」を通してのみ可能な「自己放棄」(sich lazsen)によって、「露わなる神性」へと「突破」(durchbruch)された状態が、ゾイゼの説く「正しい放下」の境界である。しかしその際にも、人間は、「固有の自己」(*ein eigen sich*)の現成に、絶えず脅かされる。それは、(御子のペルソナをもった)キリストとは、本質的に異なる、いわば「人間としての位格」(përsône)に由来するものであり、現存在である限り、人間に負わされる宿命である。その「神から離れた(gotlos)」(『ゾイゼの生涯』第四七章他)状況を、先に述べたように、メヒティルトは、「魂が涸れた」と表現した。この「涸れた」(dürr)、「涸凋」（dürre）という言葉は、神秘主義の三師父の文書にも（なかでもゾイゼの記述に一番多く）見られるが、生物現象として使われた場合を除き――エックハルトは、こうした魂の絶望的様態をある説教[8]の中で比喩的に示している――ゾイゼは、『範典』の第二書『永遠の知恵の書』（Das Büchlein der Ewigen Weisheit）第二二章で、「永遠の知恵」の口を通して、質問者「僕《しもべ》」に、「もしおまえが、これからも涸れよう（*türr*［= dürr］werden）と思うなら、[9]この〔信頼すべき父の〕教えにじっと目を注ぎなさい」と語っている。ここでもやはり（メヒティルトと同様に）、「神から離れた」状況が、絶望とともに、魂のより高い境界への前提であることが暗示されていると言えよう。そして、この「神から離れた」悲しみから発する魂の祈りが、「固有の自己」に具わる独自の感性によって、神秘的宗教詩となる。

三　ゲルハルト・テルステーゲン

敬虔主義の系譜に連なる神学者、説教者、詩人たちのなかで、特にゾイゼの影響[10]が見られる、ゲルハルト・テルステーゲン（Gerhard Tersteegen　一六九七―一七六九年）は、残された宗教詩、書簡において、ゾイゼの神秘主義思想の核心を担う sich lassen、その結果としての gelassen、またその状態を表す Gelassenheit という表現を、最も多く用いたひとりである。たとえば、宗教詩集『敬虔なる魂の霊の花園』（Geistliches Blumengärtlein inniger Seelen）の中で、以下のように歌っている。

「子供よ、そなたが私を、本当に捉えようとするなら／私のために、そなた自身を棄てねばならない（So

muẞt du *dich* mir *lassen*）／自らと、また一切を棄てる者は（Wer *sich* und *alles* läßt）／私を永遠に、揺るぎなく持ち続けるのです」（『敬虔なる魂の霊の花園』一・一四番）。

「イエスは、自らを捧げ尽くして愛する（durch *gelass'nes* Lieben）ことによって／父の怒りと惨い地獄の責め苦を取り除かれた／今、イエスの霊がそなたを貫き流れるなら／そなたも愛によって／すべての人の辛酸を和らげるでしょう」（同一・九六番）。

また、自我を放棄し「何事においても、ただ神のみを私心なく念ずる者は／常に、魂の涸凋（Dürre）の時も、神をもつことができる」（同一・三七三番）とも歌い、さらに、自己の絶対否定を象徴する十字架の意味を、ドイツ神秘主義の主張に倣い、「十字架において、人は小さき者となり、高慢な外観と／すべての思い上りは十字架の中で沈み込まねばならない／その時人は、ただ神のみを崇拝し、称揚することを学び／神の無に（In *seinem Nichts*）生きることを修得する」（同三・四〇番）としながらも、「神よ、限りなく近くにおられ、〔しかも〕あなたは、なんと知られざるものでしょう」（同三・一〇〇番）と嘆きの声を発している。魂と神との隔たり、そしてその不安に、たびたびテルステーゲンの心は脅かされ、神は近くにおられる、「しかし私はこんなにも遠くに」（同三・八八番）という実感に苛まれる。この神との距離感は、テルステーゲンの、さらには敬虔主義の詩人たちの作品に共通の特色であり、その抒情性の誘因となり、熱い祈りを捧げる多くの心に、強い共感を呼び起こした。「神との疎隔」の思いによってテルステーゲンの魂は、自分を「駆り立てられる車輪」のように感じ、より強く神の中にある「静寂」に心引かれる。そして「神の中にあるのは、ただ静寂のみであり」（In dir［Gott］ist *Stille* nur）（同三・二一一番）、したがって「静寂」こそ「神の無」の実質、「露わなる神性」そのものである。しかし、この

「神の静寂」に最も ふさわしい魂の対応は、沈黙であり、「魂の暗い聖所で、神への熱い思いを抱き、沈黙を続け……語ることなく話されることが」(同三・五八番)最高の雄弁に優る祈りとなる。また、同じ関連の中で、テルステーゲンは、人が幼児のようになることを勧めている。「自分のためには何ものも求めない、私の幼子よ/おまえは、自分のことを考えず/ただ父のみを思う」(同三・六番)そういった幼児に倣って、彼もまた静かに、神の傍らに腰を降そうと願うのである(*Wie ein Kindlein* ich mich *still*/Bei dir niedersetzen will)(同三・八一番)、なぜなら、美しい文字が描かれるためには、「紙は白く静かでなければならない」(Muß es *weiß* und *stille* bleiben)(同)からである。したがって、キリスト降誕(=幼児キリスト)は、彼にとっては、信仰の最も深い境界を意味する「子供らしさ」(Kindheit)を象徴する福音である。

ゾイゼが説く「放下」の境界は、テルステーゲンにおいては、「静寂」に至り、「静寂」に満たされた、「幼児のように」自己を任せ尽くした魂の状態である。しかしこのことは、彼の作品に用いられたgelassen、Gelassenheitが含む、意味の変化を予感させる。テルステーゲンの用法では、この言葉は微妙な陰影を含んで、すでに、現在使われている、「冷静な、落ち着いた」、「平静、沈着」の意味に近くなっている。これは、十八世紀に入って、それまではまだ続いていたGelassenheitの古い宗教的意味(神秘主義者、特にゾイゼによって明確に示された)が、しだいに哲学的なニュアンスを帯びるようになり、ストア学派のいうapatheia(不動心)やエピクロス学派のataraxia(平静心)の概念に近づくとともに、ますます世俗化の方向を辿ったという事実(『トリューブナー・ドイツ語辞典』[Trübners Deutsches Wörterbuch, 8 Bde., 1939-1957]参照)と照応するものである。そしてこの言葉のもつ古く深い意味は、テルステーゲンにおいては、たとえば、「おおイエスよ、この地にあるあいだも、私を/このような汚れない幼子としてください/私はよく知っています、その私の内に、神と御国が現れるのです」(同三・

七番）といった素朴な表現と、静かな息吹のような語りかけの中で、unschuld'ges Kindlein（汚れなき幼児）の形姿と、それが呼び起こすイメージの純粋さの中に結晶したと言えよう（ちなみに、ゾイゼにおける gelazsenheit を直接に説明する際には、[11] 彼は Gottgelassenheit という単語を使っている）。

魂の「涸凋」の状態での、「神は前におわします、さあ、熱き思いで希い求め／崇敬の心で神のみ前に進みましょう」（同三・一一番）という願い、そしてそこに潜む、人間的な心の揺らぎは、テルステーゲンの宗教詩を彩る抒情性と、それが表そうとする神秘思想の特色を示すものであり、彼が文学的にも影響を受けたアンゲルス・シレージウス（Angelus Silesius; Johannes Scheffler　一六二四－七七年）とも共通するものである。その格言詩集『天使ケルビン風さすらい人』（Cherubinischer Wandersmann）も、永遠を目指しながらさすらう、人間の魂のたゆたいを基調とするものである。確かにそこには、ドイツ神秘主義の思想的・概念的なさまざまな遺産が盛り込まれてはいるが、それはエックハルトに代表される神秘主義の教説を、いかに表現するかという模索の跡を物語るものであり、『天使ケルビン風さすらい人』は、その（文学的）定式化の試みと言えよう（ゾイゼとの関連については、シレージウス自身は触れていないが、十分に考慮されるべきであろう）[12]。しかし、シレージウス（シェフラー）自らは、絶えず神との合一を求める（したがってまだ体験しない）者として、根源の神との隔たりを明確に意識しながら、巨大な精神空間をさすらう人である。「もしシェフラーが、神秘的合一を表象しうると感じていたなら、格言詩の形式を選ぶことはできなかったはずである。なぜなら、この押韻されたアレクサンダー詩格は、抑制された強い不安の、説得力のある表現にはふさわしい方式であるが、神との合一から生じる賛美の力強さを表象するにはけっして適切ではない。ここに見られる神秘主義の概括は、それが語られる言語形式によって、すでに究極の神秘的出来事を廃棄している」とするクラインの言葉[13]は、やはり傾聴を促すものである。「神との隔たり」の思い、換言すれば、神秘的合一への予感は、他のバロックの宗教詩人にも、さらには、人間的・文学的に見て、敬虔主義における最も重要な人物とされるテルステーゲン、したがってまた、敬虔主義の詩人たちすべてに通じる抒情的態度である。そしてそれが、一人ひとりの神秘的体験を通して、それぞれの作品に独自の輝きを与えていると言えよう。

敬虔主義が、十八世紀以降のドイツにおける信仰および文学を始め、社会全般に与えた影響については、すでに数多く指摘されてきた。言語面から見ても、敬虔主義者によって使われた言葉や用法は、ドイツ語史の上で最も重要な意味を担うとされているが、彼らの語彙は、ルター訳聖書とならんで、神秘主義の遺産に負うところがきわめて大きい。しかし、源泉のドイツ神秘主義者たちの語法に比べると、かなり多くの表現が、幾度かの媒介を経て意味内容の変化をきたしている。その過程は、特殊な内容を表す宗教用語の一般化、極論すれば、体験と思想の平板化を物語るものでもある。しかし、この神秘主義思想の一般化、世俗化は、言語と思想との直接的関連の下に、新たなる、あるいは潜在的神秘思潮の顕われとしての敬虔主義の本質に関わることであり、ドイツ観念論の哲学や、芸術や思索に見られる、内面的性格の形成と、その目覚ましい隆盛の要因となった。

近代ドイツ精神史を決定するものに、キリスト教信仰と現実世界を結びつける「信仰の世俗化」の二つの基本的方向があるとされている（Reallexikon der deutschen Literaturgeschichte, 2. Auflage 1958-1988, Bd. 3, S. 103）。一つは、啓蒙主義を頂点とする「悟性による世俗化」、いま一つは、敬虔主義運動の決定的な影響の下に、十八世紀の、非合理主義の時代思潮の中で、衝撃的な開花をもたらした「感性による世俗化」である。十七世紀後半に始まる、ドイツにおける敬虔主義の運動は、キリスト教史に即して言えば、プロテスタント教会の、しばしばその硬直化を露呈した教義的知性主義、さらに、信仰の客観的・理性的把握をあまりにも一面的に強調する、バロック的合理主義に対する反動として発生したものであるが、敬虔主義によって決定づけられた、この「信仰の世俗化」の方向は、どこまでも個々人の感情生活を基盤とし、それぞれの内的経験、魂の中での神の確証こそ、最も望ましい主体的信仰であるとする敬虔主義の基本態度によって、宗教の内面化を目指すものである。魂と神との出会い、「露わなる神性」の現成を、魂の根底で、その固有の感性を限りなく純化することで求めようとする、その信仰の姿勢は、ゾイゼの神秘主義思想に顕著な、そして女流神秘家に遡行する、ドイツ神秘思潮の連綿たる感性的要素にもとづくと言うべきであろう。また、そこに見られた、文学の領域との必然的関連は、「信仰の世俗化」（感性による、また感性の形成力としての）と、その宗教的意味への問いをあらためて投げかけるものである。

註

（1）"grůs"（= Gruß）という言葉は、愛を求める魂への、神性の慈しみに満ちた傾注として、作品全体の基調を成す神の啓示の定式化である。

（2）W. Oehl (Hg.), *Deutsche Mystikerbriefe*, München/Wien 1931, S. 226.

（3）たとえば A. M. Haas は、I. Glier 編集のドイツ文学史（H. de Boor/R. Newald, *Geschichte der deutschen Literatur*, Bd. III/2, München 1987, S. 300ff.）の中で、同一人物、すなわち、メルスヴィンによる虚構の可能性が強いとしている。

（4）メヒティルトと同時代で、同じ「ベギン派」の目立たぬ修道女であり、また完成度の高い文学性をもった作品で知られる、ブラバントの女流神秘家ハーデヴェイヒ（Hadewijch　十三世紀前半）の第一八書簡より。同個所に続いて「また神は、魂の自由へと、すなわち、魂が自らの根底において神に達する以外到達しえない、神の根底に赴く道である」と言っている（*Die Werke der Hadewijch*, II. Teil: *Die Briefe*, Hannover 1923, Brief 18, S. 69-78）。

（5）Heinrich Seuse, *Deutsche Schriften*, hg. von K. Bihlmeyer, Stuttgart 1907（中高ドイツ語版）, S. 136.

（6）「ガラテヤの信徒への手紙」二章二〇節参照。

（7）「マタイによる福音書」第一六章二四節「私について来たい者は、自分を捨て」が考えられる。

（8）*Meister Eckharts Predigten*, Bd. 1, hg. von J. Quint, Stuttgart 1986（中高ドイツ語版）, Predigt 22, S. 379, 13.

（9） “tűrr werden”の解釈は一定しないが、Denifle の現代ドイツ語訳（München 1876, S. 449）の見解に準じた。
（10） Heinrich Seuse, *Deutsche Schriften*, S. 156.
（11） テルステーゲンの手になる証言集 *Auserlesene Lebensbeschreibungen heiliger Seelen*, XIV. Stůck, *Das Leben Heinrich Sůusens, des Liebwerthen*, Essen 1786 の中で（S. 6）ゾイゼにおける真の「放下の境界」として用いられている。
（12） Bihlmeyer は、上記 Heinrich Seuse, *Deutsche Schriften*（註5）の中で（S. 156）、G. Ellinger が、彼によって出版された『天使ケルビン風さすらい人』（一八九五年）の序文で、シレージウスとゾイゼとの関連に触れていることを紹介している。
（13） J. Klein, *Kampf um Gott in der deutschen Dichtung*, Witten/Berlin 1974, S. 118.

文　献　表

A　**原典**（現代語訳も含む）（※印は今回特に参考にしたもの）

（a） ゾイゼ関係

Die Briefe Heinrich Suso's, nach einer Handschrift des 15. Jahrhunderts, hg. v. W. Preger, Leipzig 1867.

Die deutschen Schriften des seligen Heinrich Seuse aus dem Predigerorden, nach den ältesten Handschriften in jetziger Schriftsprache, hg. von P. Fr. Heinrich Seuse Denifle, München 1876.※.

Heinrich Seuses deutsche Schriften, 2 Bde., übertragen und eingeleitet von W. Lehmann, Jena 1911, [2]1922.

Heinrich Seuses *Deutsche Schriften*, hrsg. von K. Bihlmeyer, Stuttgart 1907, Nachdruck: Frankfurt a. M. 1961.（中高ドイツ語版）※

Der Mystiker Heinrich Seuse, Deutsche Schriften, Vollständige Ausgabe auf Grund der Handschriften, eingeleitet, übertragen und erläutert von N. Heller, Regensburg 1926.※

Heinrich Seuse, *Deutsche mystische Schriften*, aus dem Mittelhochdeutschen übertragen und herausgegeben von G. Hofmann, Düsseldorf 1966.

Das Leben des seligen Heinrich Seuse, übersetzt von G. Hofmann, und eingeleitet von W. Nigg, Düsseldorf 1966.

Heinrich Seuse, *Das Buch der Wahrheit: Daz buechli der warheit: Mittelhochdeutsch-deutsch*, kritisch hsg. von L. Sturlese und R. Blumrich, Hamburg 1993.※

（b） メヒティルト（v. M.）関係

Offenbarungen der Schwester Mechthild von Magdeburg oder Das fließende Licht der Gottheit, hg. von P. G. Morel, Regensburg 1869, Nachdruck: Darmstadt 1963.（中高ドイツ語版）※

Mechthild von Magdeburg, *Das fließende Licht der Gottheit*, in Auswahl übersetzt von W. Oehl, in: *Deutsche Mystiker*, Bd. II, Kempten/München 1911.

Mechthild von Magdeburg, *Das fließende Licht der Gottheit*, eingeführt und übersetzt von M. Schmidt, mit einer Studie von H. U. v. Balthasar, Einsiedeln/Zürich/Köln 1955.※

Deutsche Mystikerbriefe des Mittelalters 1100–1550, hg. von W. Oehl, Wien 1931; Darmstadt 1972.

（c） テルステーゲン関係

Geistliches Blumengärtlein inniger Seelen, mit der frommen Lotterie und einem kurzen Lebenslauf des Verfassers, Stuttgart ^{16}1969.※

Blumengärtlein inniger Seelen, Frankfurt/Leipzig 1729; ^{4}1745; Solingen ^{7}1768.

Weg der Wahrheit, die da ist nach der Gottseligkeit bestehend aus zwölf bei verschiedenen Gelegenheiten aufgesetzten Stücken und Traktätlein nebst zwei Zugaben von Gerhard Tersteegen, Stuttgart ^{4}1968.

Auserlesene Lebensbeschreibungen Heiliger Seelen, Essen 1784/1786.※

（d） その他

Die Werke der Hadewijch, I. Teil: *Die Briefe*; II. Teil: *Die Visionen*, aus dem Altflämischen übersetzt und mit ausführlichen Erläuterungen vers. v. J. O. Plassmann, Hannover 1923.※

B **主たる参考文献**（*印は、神秘思想全般にも関わる文献）

*K. Aland (Hg.), *Pietismus und Bibel*, Arbeiten zur Geschichte des Pietismus (= AGP) 9, Witten 1970.

*–, *Pietismus und moderne Welt*, AGP 12, Witten 1974.※

C. P. von Andel, *Gerhard Tersteegen, Leben und Werk —— sein Platz in der Kirchengeschichte*, Schriftenreihe des Vereins für Rheinische Kirchengeschichte 46, Düsseldorf 1973.

G. Baldus, *Die Gestalt des "dieners" im Werke Heinrich Seuses* (Diss.), Köln 1966.

*E. Benz, Christliche Mystik und christliche Kunst, *Deutsche Vierteljahresschrift für Literaturwissenschaft und Geistesgeschichte* (= DVjs) 12 (1934), S. 22-48.※

*–, Über den Adel in der deutschen Mystik, *DVjs* 14 (1936), S. 505-535.

*E. Beyreuther, *Geschichte des Pietismus*, Stuttgart 1978.※

J. A. Bizet, *Suso et le Minnesang*, Paris 1947.※

*–, Die geistesgeschichtliche Bedeutung der deutschen Mystik, *DVjs* 40 (1966), S. 305-315.

*J. Bühlmann, *Christuslehre und Christusmystik des Heinrich Seuse* (Diss.), Luzern 1942.

*H. De Boor/R. Newald, *Geschichte der deutschen Literatur*, Bd. III/2 (hsg. von I. Glier), München 1987.※

*–, *Geschichte der* deutschen Literatur, Bd. V (hsg. von R. Newald), München 1975 (Unveränderter Nachdruck der sechsten, verbesserten Auflage 1967).

R. Deichgräber, *Gott ist genug. Liedmeditationen nach Gerhard Tersteegen*, Göttingen/Regensburg 1975.

C. Denecke, Gerhard Tersteegen, Leben und Wirken in Mülheim an der Ruhr, in: H. J. Wolter (Hg.), *Macht der Liebe*, Mülheim a. d. Ruhr 1969, Anhang S. 3-15.※

W. Engels, Inhalt und Form der geistlichen Lieddichtung Tersteegens, in: H. J. Wolter (Hg), *op. cit.*, S. 15-20.※

E. Filthaut (Hg.), *Heinrich Seuse. Studien zum 600. Todestag 1366-1966*, Köln 1966.※

*H. Grundmann, Die geschichtlichen Grundlagen der deutschen Mystik, *DVjs* 12 (1934), S. 400-429.※

A. M. Haas, *Kunst rechter Gelassenheit, Themen und Schwerpunkte von Heinrich Seuses Mystik*, 2. durchgesehene und verbesserte Auflage, Bern/Berlin/Frankfurt a. M./New York/Paris/Wien 1996.

–, Mechthild von Magdeburg, in: id., *Sermo mysticus: Studien zu Theologie und Sprache der deutschen Mystik*, Freiburg

(Schw.) 1979, S. 67-135.※

*J. Klein, *Kampf um Gott in der deutschen Dichtung*, Witten/Berlin 1974.※

A. Langen, *Der Wortschatz des Pietismus*, Tübingen 1954.※

A. Löschhorn, *Ich bete an die Macht der Liebe. Gerhard Tersteegens christliche Mystik*, Basel 1969.

H. Ludwig, *Gebet und Gotteserfahrung bei Gerhard Tersteegen*, AGP 24, Göttingen 1986.※

G. Lüers, *Die Sprache der deutschen Mystik des Mittelalters im Werke der Mechthild von Magdeburg*, Darmstadt ²1966.

G. Misch, *Heinrich Seuse*, in: id., *Geschichte der Autobiographie*, Bd. IV, Erste Hälfte, Viertes Kapitel, Frankfurt a. M. 1967.

W. Mohr, Darbietungsform der Mystik bei Mechthild von Magdeburg, in: *Festschrift Friedrich von der Leyen*, München 1963.

H. Neumann, Mechthild von Magdeburg und die niederländische Frauenmystik, in: *Festschrift Frederick Norman*, London 1965.

R. Neuwinger, *Johann Schefflers "Cherubinischer Wandersmann" und die deutsche Mystik* (Diss.), Leipzig 1937.

W. Oehl, *Deutsche Mystiker*, Bd. I: *Seuse*, Kempten/München 1910.

U. Peter, *Imitatio et configuratio, Die philosophia spiritualis Heinrich Seuses als Theologie der Nachfolge des Christus passus*, Eichstätter Studien, Neue Folge Bd. 36, Regensburg 1995.

D. Planzer, *Heinrich Seuses Lehre über das geistliche Leben*, Freiburg im Breisgau 1960.

*W. Preger, *Geschichte der deutschen Mystik im Mittelalter*, Neudruck der Ausgabe von 1874-1893 in drei Teilen, Aalen 1962.※

*A. Ritschl, *Geschichte des Pietismus*, 3 Bde., Bonn 1880-1886; Berlin 1966.

*K. Ruh, *Altdeutsche* und *altniederländische Mystik*, Darmstadt 1964.

*—, *Geschichte der abendländischen Mystik*, Bd. 1: *Die Grundlegung durch die Kirchenväter und die Mönchstheologie des 12. Jahrhunderts*, München 1990.

*—, *Geschichte der abendländischen Mystik*, Bd. 2: *Frauenmystik und Franziskanische Mystik der Frühzeit*, München 1993.※

R. Schwarz, *Das Christusbild des deutschen Mystikers Heinrich Seuse* (Diss.), Greifswalder Forschungen zur deutschen Geistesgeschichte, Heft 5 (1934).

J. Schwietering, Zur Autorschaft von Seuses Vita, in: *Studien und Texte zur Geistesgeschichte des Mittelalters*, Bd. 3, Leiden/Köln 1952, S. 146–159.※
A. Stucki, *Heinrich Seuse, der Gottesfreund*, Basel 1951.
F. Vetter, *Ein Mystikerpaar des 14. Jahrhunderts, Schwester Elsbeth Stagel in Töss und Vater Amandus (Suso) in Konstanz*, Basel 1882.
*G. Wehr, *Die deutsche Mystik*, Bern/München/Wien 1988.※
F. Wintet, *Die Frömmigkeit Gerhard Tersteegens in ihrem Verhältnis zur französisch-quietistischen Mystik*, Neuwied 1927.
G. Wolter, *Gerhard Tersteegens Geistliche Lyrik* (Diss.), Marburg 1929.
W. Zeller, Der Blumengarten des Herrn. Bemerkungen zu einem Lied Gerhard Tersteegens, in: *Monatshefte für Evangelische Kirchengeschichte des Rheinlandes* 20/21 (1971/1972), S. 245–250.※
–, Gerhard Tersteegens “Kleine Perlenschnur”── Von der handschriftlichen Urform zur gedruckten Fassung, in: W. Zeller, *Theologie und Frömmigkeit, Gesammelte Aufsätze*, hg. von B. Jaspert, Marburg 1971, S. 195–218.
–, Gesangbuch und geistliches Lied bei Gerhard Tersteegen, in: W. Zeller, *op. cit.*, S. 186–194.※
*M・D・ノウルズ他『キリスト教史　三　中世キリスト教の成立』上智大学中世思想研究所編訳・監修（講談社、一九八一年。平凡社、一九九六年）
*同上『キリスト教史　四　中世キリスト教の発展』（講談社、一九八一年。平凡社、一九九六年）
*西谷啓治『神秘思想史』（『岩波講座哲学　六　問題史的哲学史』、岩波書店、一九三二年）、『西谷啓治著作集』（第三巻）所収（創文社、一九八六年）※
*同『神と絶対無』（弘文堂、一九四八年。創文社、一九七一年）、『西谷啓治著作集』（第七巻）所収（創文社、一九八七年）
*上田閑照編『ドイツ神秘主義研究』（増補版）（創文社、一九八六年）
*山内貞夫『近世初期ドイツ神秘主義研究』（自家版、一九八七年）

6　ザクセンのルドルフスの霊性とその近代への影響

須沢　かおり

序

深遠な神秘霊性を育んできたドイツの大地に、中世末期、彗星のように現れたザクセンのルドルフス（Ludolphus de Saxonia; Ludolf von Sachsen　一二九五／一三〇〇頃－七八年）は、近代の霊性に大きな影響をもたらしたにもかかわらず、彼の存在はその後輩出した偉大な霊性家の蔭に隠れ、現在では過小評価されている感がある。実際ルドルフスは、イグナティウス・デ・ロヨラ（Ignatius de Loyola　一四九一－一五五六年）やアビラのテレサ（Teresa de Ávila; Teresa de Ahumada　一五一五－八二年）を始めとする近代の霊性の基礎を築いた人々が敬愛した師であり、霊的な父であった。彼の代表作である『キリストの生涯』[1]（Vita Jesu Christi）は、その当時教養のあるキリスト者に愛読され、全ヨーロッパに広く知られた書物であった。現在ではラテン語で書かれた浩瀚な原本やその翻訳書は入手することが難しいこともあり、彼の霊性についての研究[2]は十分にはなされていない。本稿では、ザクセンのルドルフスの霊性について概観し、その特徴を把握し、さらに彼の霊性が近代の霊性に与えた影響について考察してみたい。

一　歴史的背景

ルドルフスの霊性を理解するためには、彼の霊性の母胎となった十四世紀の精神的状況と、その歴史的背景を把握することから始めなければならない。十四世紀の始まりは、激動と変革の時代を告げ、教会史における重要な区切りと変動をもたらした。一三〇三年に教皇ボニファティウス八世（Bonifatius VIII　在位一二九四―一三〇三年）の死後、教皇権に陰りが見え始め、一三〇九年に教皇クレメンス五世（Clemens V　一三〇五―一四年）がアヴィニョンに移ってからは、「教皇のバビロン捕囚」（一三〇九―七七年）と呼ばれる時代に入った。教皇権の失墜は、「教会大分裂《シスマ》」（一三七八―一四一七年）によって決定的になった。十四世紀の危機的状況は、大飢饉の脅威と黒死病《ペスト》の流行によって、さらにその苦難の色を濃くしていった。黒死病の流行（一三四七―五二年）によって、ヨーロッパの全人口の三分の一が死に至り、ルドルフスが生活していたシュトラスブルクのカルトゥジア会でも多くの犠牲者が出たと記録されている。[3] このように一三〇〇年頃から一五〇〇年間は、西欧のキリスト教世界の統一が崩壊した時代であった。[4] この歴史的亀裂と教会内の危機は、当時の人々の心性にも大きな変化と深い宗教性への憧れをもたらした。教会の拘束力はますます後退し、人々は救いを教会という非個人的な枠の中でなく、個人の魂の領域に求めるようになったのである。教会の指導力に危機感を抱いた人々は、個人の内面的な生活を探究し、聖書を通して個人的に直接にキリストと出会い、福音にもとづく生活を実践したいという宗教的衝動によって動かされるようになった。彼らは自らの苦しみの体験を通して、イエスの苦しみ、十字架に与り、そこに究極的な慰めと意義を見出し、人間としてのキリストの生涯に倣うことに精神生活の基本を据えるようになった。十四世紀の歴史的動向は、教会の権力の失墜とともに、一般信徒は思弁的なスコラ学よりも、個人的な心の修養に関心を向けるようになった。十四世紀前後にはいくつかの神秘主義運動が起こり、神中心的で神の本質との一致を志向する霊性や、新しい信心を求める「新しい敬虔《デヴォティオ・モデルナ》」の運動が見られた。ルドルフスが属していたカルトゥジア会も、十三―十四世紀にかけて生まれてきた新しい霊的潮流に同化するために、方法的で系統的な黙想とキリストの秘義に対する情的な信心の普及に努めていた。(5) ルドルフスの霊性はこのように、信仰の内面化と宗教体験の情緒化という特徴をもつ十三―十四世紀にかけての一連の新しい霊性の動きの中に位置している。彼の霊性のモティーフは、教会の伝統、すなわち教父と聖書への復帰を通して、厳格な修道生活と教会の既成の制度との緊密な結びつきを離れることなく、教会の刷新と純化を図ることにあった。彼の教会の伝統への忠実さと学識の深さは当時の霊性家のなかでも際立つものがあり、特に『キリストの生涯』に見られるキリスト中心的な霊性と、福音書にもとづく黙想の方法には、近代の霊性に繋がるモティーフが見られるのである。

二　生　涯

ルドルフスの生涯はその作品の背後にほとんど姿を隠し、大まかな年譜のみが伝えられているにすぎない。(6) ルドルフスは、一二九五年または一三〇〇年頃に北ドイツに生まれた。その後ザクセンのルドルフスと呼ばれるようになったが、当時のザクセンは現在のザクセン地方よりも広域なドイツ北部を指していた。彼は一三一〇年頃からドミニコ会修道院で修道生活を始め、そこで神学修士となり、すでにこの頃から『キリストの生涯』の執筆の準備をしていたと伝えられている。一三四〇年にシュトラスブルクのカルトゥジア会の修道院へ入ることによって、彼の第二の人生が始まる。カルトゥジア修道会は、隠遁と沈黙による祈りの生活を重んじ、著作活動やその他の公の活動においても、それに携わる修道士の名前は公表されないのが慣わしであった。このような厳格な規律にもとづくカルトゥジア会の修道生活は、当時多くの人々を引きつけ、十四世紀の教会の刷新と個人の祈りの生活を求めようとする動きと相まって、ドイツにおいても急速に発展した。カルトゥジア会には、他の修道会から移ってきた修道士も多く、したがってその霊性には他のさまざまな修道会の伝統と霊性が取り入れられていた(7)。ルドルフスは、一三四三年から四八年にかけて、コブレンツで修道院長を勤め、この間に説教集などをまとめた。その後マインツの修道院に移り、この間に『キリストの生涯』の大部分を記したと伝えられている。一三六〇年頃にはシュトラスブルクの修道院に退き、祈りと潜心の内に晩年を過ごし、一三七八年にその生涯を終えた。

三 著作

ルドルフスはカルトゥジア会での観想生活の中から、十四世紀とその後の霊性の潮流に大きな影響を及ぼす著作を産み出した。比較的初期の作品としては、一三四〇年から四三年にかけてシュトラスブルクで書かれたと見られる『詩編註解』(Enarratio in Psalmos) がある。この著作の中にもすでにルドルフスのキリスト中心的な考え方が現れていて、その序文には次のように記されている。「ルドルフスは預言者の声、キリストの声、教会とすべての信徒の声を聞かせる。教会の頭《かしら》であり、体であるキリストの声を聞かせる。キリストは詩編の内実である。すなわちキリストは、詩編を唱える人々の心と口に現存する」(8)。ルドルフスは、詩編の祈りを通して教会の伝統的な祈りへと立ち返ることを促している。またコブレンツでの修道院長時代に、典礼暦に沿って修道者に向けて話された

「説教集」（Sermones）も残されている。さらに『キリストの生涯』の前身となった書物『霊的な人はどのように生きるべきか』（Tractatus bonus, qualiter vivendum sit homini spirituali）の中では霊的な人として生きる生活の基本となる一二の規則が紹介されている。また『徳において進歩するための一四の理由』（Rationes XIV ad proficiendum in virtute）では主に霊的識別についての原則が取り扱われており[9]、これに関する彼の理解は、十六世紀にイエズス会を創立したイグナティウス・デ・ロヨラの霊的識別の理解と共通するところが多く、これにもルドルフスの影響を窺い知ることができるのである[10]。

ルドルフスの著作の中でもその最高峰に位置するのが、通常『キリストの生涯』として親しまれている『四福音書および正統信仰の著述家にもとづくイエス・キリストの生涯』（Vita Jesu Christi e quatuor Evangeliis et scriptoribus orthodoxis concinnata）である。この著作が書かれた年代は定かではないが、前述したようにマインツにいた時代の作品と推定されている。書名からも明らかなように、『キリストの生涯』の題材は、聖書と教父に代表されるキリスト教著作家の伝統である。十四世紀のキリスト教神秘家のなかには個人的な神秘体験に没入し、世界や教会から離れた孤高の神秘家も多くいたが、ルドルフスの霊性の根底には、聖書と教会の伝統へと回帰することによって霊的生活の刷新を図るというモティーフがあった。したがって、『キリストの生涯』はキリストの生涯の出来事を体系的に羅列し、引用したモザイクのような著作ではなく、徹底的にキリストの生涯の秘義を黙想することに主眼が置かれていた。キリストの人性に光を当てる傾向は、クレルヴォーのベルナルドゥス（Bernardus Claraevallensis　一〇九〇―一一五三年）、ボナヴェントゥラ（Bonaventura　一二一七／二一―七四年）によっても強調されてきたが、ルドルフスもこの流れを汲んでいると見ることができよう。キリストの生涯の秘義を考察し、黙想するために、ルドルフスはそれぞれの黙想のテーマに従って、四福音書を意味の連関において一つにまとめている。『キリストの生涯』は「福音書の集大成」（summa evangelica）とも言える作品であり[11]、「トマス（Thomas Aquinas 一二二四／二五―七四年）が『神学大全』（Summa theologiae）によって、神学の体系を築いたように、ルドルフスは福音書の集大成を著したのである」[12]。

福音書を一つにまとめ、統合させる方法は、すでに初期の教父に見られる傾向であり、実際ルドルフスは福音書に共通する題材を採ってきて、それを各テーマごとに一つのものにまとめるという、ザカリアス・クリュソポリタヌス（Zacharias Chrysopolitanus 一一五五年頃歿）の福音書の総合の仕方を導入している[13]。しかしながらルドルフスの独創性は、共観福音書（マタイ・マルコ・ルカ）に加えて「ヨハネによる福音書」を組み入れ、さらに聖書解釈に教父や多くのキリスト教著作家、禁欲主義的な霊性家の豊かな霊性を盛り込んでいることにある。聖書の内容をキリストの生涯の秘義の内に一つに集め、聖書と教会の伝統に親しむことを通して、キリスト者を深い黙想に導き入れることが『キリストの生涯』の狙いである。教父や著作家の作品の引用は『キリストの生涯』の中に多く見られるが、当時の執筆の慣習もあり、その正確な出典は明記されていない場合が多い。ルドルフスが『キリストの生涯』の中で直接、間接に引用している教父、著作家には、ヨアンネス・クリュソストモス（Ioannes Chrysostomos 三四〇／五〇―四〇七年）、アウグスティヌス（Augustinus 三五四―四三〇年）、ベーダ・ウェネラビリス（Beda Venerabilis 六七三／七四―七三五年）、ヒエロニュムス（Hieronymus 三四七―四一九／二〇年）、グレゴリウス一世（Gregorius I; Gregorius Magnus 五四〇頃―六〇四年）、ベルナルドゥス、アンブロシウス（Ambrosius 三三九頃―三九七年）、カンタベリーのアンセルムス（Anselmus Cantuariensis 一〇三三／三四―一一〇九年）、オリゲネス（Origenes 一八五頃―二五四年頃）らがいる[14]。

福音書のより深い霊的理解を目指した『キリストの生涯』は、体系的で思弁的なスコラ学とは異なった霊性に属し、神を知るよりも深く愛するという、情緒を重んじるキリスト中心的な霊性の潮流に沿っていると見ることができる。十二－十三世紀にかけて、キリストの生涯という題名をもつ書物が輩出したが、そのなかでもルドルフスが直接的な影響を受けた著作としては、偽ボナヴェントゥラ（Pseudo-Bonaventura）の『キリストの生涯の黙想』(15)（Meditationes vitae Christi）、イタリアのトスカナ地方で活躍したアウグスティヌス隠修士会のマッサのミカエル（Michael de Massa　一三三七年歿）の『キリストの生涯』(16)（Vita Christi）、クレルヴォーのベルナルドゥスの『雅歌についての説教』（Sermones super Cantica Canticorum）が挙げられる。十三世紀に記された偽ボナヴェントゥラの『キリストの生涯の黙想』はその主題と全体の構成(17)において、ルドルフスの『キリストの生涯』と類似する点が多いことが指摘されている(18)。明らかにルドルフスの霊性は、スコラ学的な理知的で思弁的霊性や、一切の表象を排除して神の本質と神性に近づこうとするディオニュシオス・アレオパギテス（Dionysios Areopagites　五〇〇年頃）的な霊性の流れとは異なる系譜に属している。したがってルドルフスは同じライン地方で活躍したエックハルト（Meister Eckhart　一二六〇頃－一三二七／二八年）、タウラー（Johannes Tauler　一三〇〇頃－六一年）、ゾイゼ（Heinrich Seuse　一二九五－一三六六年）とは一線を画しているのである。ルドルフスの霊性の源泉を辿ると、キリストの人性を中心に据え、福音に根ざした生き方を重視するフランシスコ会の霊性にその源流を見出すことができる。彼が直接的な影響を受けた偽ボナヴェントゥラの『キリストの生涯の黙想』には、優しく、情感豊かなフランシスコ会の霊性の特徴が見られ、分析的で抽象的なスコラ学の方法論とは対照的に、キリストの生涯の出来事と経験を強調し、イメージ、視覚、情感を導入した具体的で情愛的な黙想の方法が紹介されている。聖書から個人的かつ直接的にキリストの生涯を学ぶことを通して、認識と行為の統合を目指すフランシスコ会の霊性の伝統をルドルフスは受け継いでいるのである。

『キリストの生涯』は修道者と教養あるキリスト信者を対象にした霊的教導書の性格をもっていたため、霊的な渇望を抱いていた多くの人々の心を捉え、多くの人々に愛読される書物となった。事実『キリストの生涯』は一四七四年にシュトラスブルクのカルトゥジア修道院で最初に印刷されて以来、たちまちドイツ語、フランス語、スペイン語などのヨーロッパの言語に翻訳され、六〇以上の版を重ねた。このように『キリストの生涯』が『キリストに倣いて』に比肩されるほどの影響力をもつに至った背景には、読む文化だけではなく、説教や霊的指導を通して伝えられる、聴く文化の重要性を指摘することができるだろう。それまでの伝統的な修道会においては典礼と霊的読書が生活の中心を占めていたのに対して、十三世紀前半に全ヨーロッパに拡がった托鉢修道会は説教活動を重視し、神の言葉への奉仕を通して人々を回心とより深い信仰生活へと導こうとしていた[19]。ルドルフスの著作に親しんでいた聖職者は、説教を通して福音書に近づく道と祈りの方法をわかりやすく説き、キリストに倣うことが完徳の源であることを訴えることによって、『キリストの生涯』を実際に手に取ることのない一般民衆にも彼の霊性を浸透させることに成功したのである[20]。

四　『キリストの生涯』に見られるルドルフスの霊性の特徴

『キリストの生涯』は、イエスの公生活の秘義を扱った九二章からなる「第一部」と、イエスの受難と復活について扱った八九章にわたる「第二部」から成り立っている。各章は、読書（lectio）、黙想（meditatio）、祈り（oratio）という構成を取り、キリストの救済の秘義の黙想と観想が主題となっている。

「第一部」の始めには、「序文」（Prooemium）があり、『キリストの生涯』の導入となる部分が簡潔に記されている。ルドルフス自身はこの序文を後になって書き足したと言われているが、それだけに彼の霊性を知るための重要なエッセンスとも言うべきものが、ここに集約されている。

ルドルフスはまず始めに、「救済の土台としてのキリスト」[21]（salutis fundamentum Christus）という主題を前面に打ち出している。「イエス・キリストというすでに据えられた土台のほかに、誰もほかの土台を据えることはできない」（「コリントの信徒への手紙一」三・一一）が聖書から引用され、キリストという土台の中に「私たちが必要としている救済のための手だて」[22]が見出されると、説いている。この土台を踏まえてから、次は罪の赦しを求め、キリストに倣うことが求められる。「すでにキリストにおいて信じる者となった罪人は、自らを癒す医者にすがるように、キリストとの親しい交わりを得るように努めなければならない。それは、すべての敬虔さをもって、キリストの聖なる生涯を黙想することによって達成される。しかし単なる表面的な読書によって、キリストの生涯を辿るのではなく、日々キリストの生涯に自らを参与させるように、心がけなければならない」[23]。ルドルフスによれば、黙想や祈りによって非日常的で特別な神秘体験を獲得することが目的ではなく、日々積み重ねられ、実践されるキリストへの倣いを深めることこそがキリスト者の道なのである。「キリストの主要な秘義へと、すなわち、受肉、降誕、受難、復活……の秘義へと自分自身を立ち帰らせなさい。これらの出来事は特別に思い起こし、修練し、霊的な記憶と慰めを得るためのものなのです。できるだけキリストに倣うことができるように、彼の生涯について精読しなさい」[24]。ルドルフスは、祈りを深めるプロセスとして、三つの段階を進むことによって、福音書の場面に実存的、持続的に参与することができると考えている。聖書にもとづく祈り[25]（霊的読書　lectio divina）は、古くはラビ文学の慣習に由来するものであるが、読書、黙想、観想という三段階を経る祈りは、古代教父の聖書の祈りにおいて発展したもので[26]、ルドルフスも教父の祈りの方法を『キリストの生涯』に取り入れていることは明らかである。祈りにおける聖書精読は表面的なものにとどまってはならず、それを熟考し、味わい、「福音を常に舌と心に携えている」[27]ことが求められるのである。

祈りの三段階のなかでも、第二段階の黙想にはルドルフスの霊性の独自性が明確に現れている。端的に述べるならば、ルドルフスの霊性の特徴は、情緒的、実存的アプローチに見ることができよう。しかしながら、情動に重きを置く傾向は、「新しい敬虔《デウオティオ・モデルナ》」においても顕著に見られるが、ルドルフスにとって、情動（affectus）は、単なる感情や気分を指すことは少なく、キリストと一つになろうとする人間全体の根本的な方向性なのである。情動は、キリストの生涯を黙想する場合に、キリストの生涯の出来事に自らも参入し、それと一つになる動きとして理解され、特にキリストの受難の黙想においては強調されている[28]。キリストの生涯の出来事と一つになる黙想、さらには観想へと入るために、ルドルフスは次のような方法を紹介している。

まず黙想に入る前の準備として求められることは、罪の痛悔と告白である。さらに、この世界のあらゆる不安、恐れから解き放たれ、乱れた感覚を清めることによって、キリストの生涯の秘義に参入するための前提としての潜心を得られる。キリストの秘義を黙想するにあたって、記憶[29]（memoria）と想像力（imaginatio）を用いることをルドルフスは重視している。キリストの言葉と行いを思い起こし、記憶することによって、その内容は聖書に述べられている事柄を越える広がりと豊かさをもつようになり、人間の心の中にキリストが絶えず現存（praesentia）するようになる。

想像力による黙想は、無味乾燥で心に訴えることの少ない内的体験を避け、生き生きとしたイエスの言動を自ら体験し、それに参与していくための導入となる。しかしながらルドルフスは、想像力を自然理性、信仰の良心、聖書に忠実なイメージと切り離すことなく理解している点も見逃してはならないだろう[30]。ルドルフスにとって想像力とは、人間の諸能力、感覚を用いて行われるものであって、身体や感覚を超越した人間の非日常的な魂の状態における想像力ではない。「あなたの身体の目で、神、聖母、天使、聖人を実際に見ているかのように、謙遜と畏れをもって祈りなさい」。聖書の出来事を身体的に想像することによって、福音はより実存的、人格的に捉えられ、霊的生活は体験的で、実践的なものへと熟していく。さらに霊的な感覚がより高められ、キリストの現存を味わい、感じ取るという、観想へと導かれていく。「もしあなたがここ〔キリストの言葉と行い〕から実りを得ようとしているならば、その他のすべての心配や関心から離れて、精神のすべてを捧げ（toto mentis affectu）、慎重に、喜びをもって、重々しく（morose）現前する事柄のようにあなたの目の前に置きなさい。そうして主イエスの言われたこと、行われたことと、イエスの言動について語られている事柄を、あなたが実際にそこにいて、あなたの耳で聞き、あなたの目で見ているかのように、現前する出来事のように受け止めなさい。なぜならそれ〔イエスの言動など〕は、願望をもって熟考する人にとって、ましてそれらを味わう人（gustans）にとっては、この上もなく甘美なもの（suavissima）だからである。それと同様に、イエスの言動の多くは過去に起こった出来事のように語られているかもしれないが、あなたは、それが現在に起こっているかのように黙想しなさい。そうすることによって、あなたは間違いなく、より甘美なもの（major suavitas）を体験するでしょう。また〔過去に〕起こったことを〔現在〕起こっているかのように読みなさい。そうすれば、あなたは味わい深いもの（sapida）と喜び（jucunda）をより多く感じとる（senties）だろう」[31]。

ルドルフスが『キリストの生涯』の中で、祈りの最終段階に据えているのは、観想（contemplatio）である。しかしながらルドルフスにおいて、黙想と観想の間に明確な境界は見られず、黙想はおのずと観想へと導かれるものであり、すべての黙想の中に観想へと向かう動きが盛り込まれているのである。また、『キリストの生涯』全般にわたって、考察する（considerare）、黙想する（meditari）、注意を向ける（attendere）、観想する（contemplari）などの概念は厳密には規定されておらず、人間の行為のダイナミズムがもついくつかの側面とみなすことができよう。読書、黙想という人間の側からの積極的な祈りは、次第に恵みにともなわれ、キリストの生涯の出来事を見て、キリストの現存を味わい、それによって動かされ、驚嘆し、神の現存の内に静かにとどまるようになる。ルドルフスの理解によれば観想とは、見上げること（conspice）であり、観想すること（contempleris）であり、霊的な目で観ること（respice oculo mentali）であり、一瞥すること（vide）である。[32] 神を純粋に直接的に観想することは、黙想の全プロセスが辿り着く最も高い霊的段階であるが、ルドルフスにとって、多くの神秘家に共通する注賦的観想と呼ばれる状態に至ること自体が黙想の最終目的ではない。ルドルフスが『キリストの生涯』において示そうとしている霊性は、特別な恩寵を受けた神秘家にのみ限定されるものではなく、すべてのキリスト者に開かれている道である。黙想の目標は、キリスト者（黙想者）の中にキリストが現存することにある。キリストの現存は、実際に黙想しているあいだにのみもたらされるものではなく、キリスト者の生活全体を方向づけ、生活のあらゆる場にも及ぶものなのである。神の似姿に作られた人間がキリストに似た者となることは、多くの神秘家に共通する要素であるが、ルドルフスの場合、キリストとの内的一致の中に没入してしまうのではなく、むしろそうした観想を通して、よりキリストに似た生活へと導かれ、キリストと同じ立場に身を置き、苦しみを共にし、聖なる場に同伴し、キリストの仲間として生きることが求められるのである。ルドルフスにおいてキリストと似たものとなることは、何よりも神の意志を知り、実行することであり、キリストの言動に自らを内的に合わせるのみならず、愛と謙遜と従順の内に実際にキリストに倣い、従うという使徒的な行為をも意味していた。次の引用個所は観想の実りが使徒的生き方をもたらすという、ルドルフスの姿勢を表している。「黙想の実りとは、いつどこでも、敬虔にイエスのふるまいと行為を一瞥することである」[33]。「キリストの内にとどまると言う者は、自らもキリストが歩まれたように歩まねばならない」[34]。

五　キリストの受難を中心に据えた霊性

ルドルフスにとってキリストの生涯を黙想することは、神の言葉を聴き、読書し、その意味を理解し、考察するという冷静で中立的な精神の営みから始まるが、さらに進んで、聖書の言葉を動的に、実存的に捉え、イエスの言動に自らも参与し、それと一つになることへと向かっていく。聖書の出来事の現場を思い描き、イエスの言動を想像することによって[35]、黙想者はキリストの救済の秘義の出来事の中に入り、それと一つになって、キリストの立場に立って共に行い、経験することが可能となる。このようなルドルフスの実存的で、肉体化した黙想の方法が最も明確に現れているのは、十字架でのキリストの受難の黙想である。十字架上でのキリストの受難の黙想は、キリストの生涯の黙想の中核部分を成し、黙想全体の頂点に位置づけられている。ルドルフスの理解によれば、キリストの苦しみを黙想し、追体験することによってこそ、われわれの心の中に主への愛が燃え上がり、ますます主に似た者となることができるからである。主の受難の黙想の導入部分には、次のように記されている。「主の受難の味わいに沈み、十字架につけられた主の苦しみに与るために、次のことを心にとどめなければならない。まず、力の限りを尽くして燃える愛をもって、十字架に架けられた彼にあなたを一致させるように（te unire illi）努めなさい。より一層燃えて彼を愛すれば愛するほど（quanto ferventius eum diliges）、ますます主の受難に与ることができ、より多くの主の受難に与れば与るほど、ますます主に対するあなたの愛が燃え上がるからである」[36]。

キリストの受難に光を当て、イエスの受難を通してキリストの神性に近づこうとする方向性は、中世ドイツの神秘家、エックハルト、タウラー、ゾイゼにおいても顕著に見られる。しかしルドルフスに見られるキリストの受難の黙想は、徹底して受難のキリストの人性を中心に据えており、あらゆる表象を払拭した、魂の内奥における神の本質との純粋な一致を目指す思弁的な神秘主義とは一線を画している。ルドルフスにとって信仰とは、個人の魂と神性とのあいだのものではなく、あくまで個人とキリストとのあいだの直接的でかつ人格的な関わりにおいて探求されるものなのである。

ルドルフスは、主の受難を黙想するための修練の方法[37]（De modis ... exercitii Passionis Jesu Christi）を紹介している。その第一は、受難におけるキリストに倣うための（ad imitandum）修練である。キリストに倣うことは、受難のキリストの立場に自らを置くことから始められる。キリストの受難における苦しみに倣って、できる限り皆から見下され、蔑まれ、侮辱され、迫害されること、裸のキリストと共に裸になることをルドルフスは黙想者に求めている。第二は、キリストの苦しみを共にするための（ad compatiendum）修練である。ここでルドルフスは全身全霊を挙げて、キリストの苦しみを共にすることを強調している。キリストは受難において、精神的にも身体的にもどれほどの痛み、失望、拒絶を受け、苦しまれたかを考察する。そして主が十字架に架けられた理由はわれわれにあることに思いを馳せるよう、ルドルフスは黙想者に呼びかける。第三は、驚嘆するための（ad mirandum）修練である。ここでは、誰が、どのように、誰のために苦しまれたかについての考察である。すなわちわれわれは、神の子、全能の方、善なる方が、暑さ、寒さ、空腹などに苦しまれたことを考察する。彼は最も罪深い敵、神聖な方を侮辱した人のために苦しみを受けられた。偉大な方が最も価値のない者のために、それほど多くの苦しみを受けられ、それにもかかわらず彼は愛する人々に親切さを示された。このような黙想を通して、われわれは主の憐れみに驚嘆し、それを称讃することへと導かれるのである。第四は、喜ぶこと（ad exsultandum）である。この修練では、永遠に地獄へ行くべき運命から救済されたことを喜ぶことが中心になっている。主の受難における人間の救いと、そこに示された神の憐れみを喜び、讃美することが求められている。第五は、自分自身を十字架に架けられたキリストに決心を捧げること（ad resolvendum）である。ここに至って、黙想者は十字架上のキリストに、心のすべてを投入し、キリストと一致することが求められる。第六は、安らうこと（ad quiescendum）である。キリストに従う者は、敬虔な愛と信心によって自分自身をキリストに捧げることによって、最愛の方と結ばれ、十字架のキリストの内に安らうようになる。この最後の段階は信心の完成であり、花嫁が花婿の愛撫の中で安らうような境地であると、ルドルフスは述べている。ルドルフスはこの六つの段階の黙想の方法を、次のようにまとめている。主の受難についての黙想において、主に倣うことは自らを浄めることであり、自分自身の方向を定めることである。共に苦しむことは、一致と愛のためである。驚嘆することは、精神を高めるためであり、喜びは心を高く挙げ、広げるためである。捧げることとは、完全な同化のためであり、安らうことは、信心の完成である。[38]『キリストの生涯』のそれぞれの黙想の終わりには祈りがくるが、主の受難の黙想は次のような祈りで締め括られている。「主イエス・キリストよ、あなたはこの世の救いのために、悲惨さ、困難、非難、侮辱、中傷、不正、罰、苦痛、苦難、死に耐え抜かれました。あなたが死に至るまで引き受けられたこのすべての苦難を通して、すべての罪と堕落、この世の危険と地獄の苦しみ、そして不意に襲う永遠の死から私を解き放ってください。あなたが私のために引き受けられたすべてのことから離れそれを忘れることがないように、あなたの苦難をいつも私の目の前に置き、それを熱烈に抱くことができますように、懇願いたします。そのようにあなたの労苦と苦難に与ることを通して、あなたの平安と慰めに私が与ることをあなたがお望みなりますように、アーメン[39]」。

受難の黙想の最初の段階は、キリストの受難を過去の出来事として思い起こすこと(recordatio)であり、想像力を用いて、具体的に受難の場面を思い描くことが中心となる。そして受難の出来事に自分自身も立ち会っているかのように、苦しみを共にし、情動的に受難の出来事に同一化させていくことによって、次第にキリストの受難は現在において成就する出来事となる。キリストの受難の黙想においてルドルフスは、自分自身十字架の下に座り、キリストの受けた侮辱、苦しみを共に経験することを勧めている。[40][41] 類同化すること(conformatio)がキリストの受難の黙想において特に強調され、ここでわれわれはキリストの苦しみ、痛み、悲しみを自らの心と身体にも受け、キリストの受難と一つになることが求められるのである。ルドルフスによれば、キリストの受難は人間の喜びと希望の源であり、キリストの人間的な苦しみを通らずして神認識における非常な甘美さ(inusitatam dulcedinem)に達することはできない。[42]『キリストの生涯』に見られる主の受難の黙想には、人間がキリストの受難に合わせられて、キリストとのより親しい交わりと永遠の至福の中に入ることができるという、キリスト中心的で、キリストの死と復活に担われた人間の在り方が明示されている。

このようなルドルフスの黙想の方法からは、具体的なイメージと身体的な表象を用いてキリストとの個人的な関わりへと入っていこうとする、キリストの人性を中心に据えた情動的霊性の特徴が浮き彫りにされてくる。ルドルフスが観想の極みにおいてキリストの人性を超越し、イメージや言葉を介在させることのない純粋な神認識へと至る可能性を考慮に入れていたかどうかについては、『キリストの生涯』の黙想を見る限り明らかではない。しかし黙想の最終段階において、魂が神の懐に安らう状態、また神の認識における非常な甘美さについて語られていることから、ルドルフスが恩寵に担われた神秘的生の極致と言うべきものを射程に入れていたということは否定できないであろう。

六　キリスト論的展開

ルドルフスの霊性は本質的に実践的で修徳的なものであって、そこから思弁的で体系的な神学は導き出すことは困難であるが、その霊性の土台に彼独自のキリスト論があることは確かであろう。ルドルフスのキリスト論は、キリストとの個人的で人格的な関わりからキリストを捉えるという意味で経験的であり、キリストの秘義への信心にもとづくものである。

ルドルフスのキリスト論において中心的位置を占めているのは、キリストの人性の意義である。人間となった神の御子キリストを中心に据え、イエスの地上での生涯を黙想することが、『キリストの生涯』の主要なモティーフとなっている。ルドルフスの理解によれば、神が人間となられたことにすべての救いがあり、「キリストにおいてわれわれはすべてをもち、キリストはわれわれにとってすべてである」(43)。ルドルフスの問題意識は、位格統合をも含むキリスト論の教義学的な展開にあるのではなく、イエスはわれわれにとってどのような存在であり、キリストの救いはわれわれに何を意味するのかという実存的な問いかけにある。ルドルフスによれば、キリストを関係性において理解することが重要なのであり、キリストは神から人間への道であり、また人間から御父への道なのである(44)。

神の御子は人間となることによって、人間の原型（exemplar）となったという理解は、ルドルフスのキリスト論の中核を成している(45)。キリストは人間の側から見るならば、本来われわれのあるべき姿、理想であり、「すべての聖性の原型である」(46)。キリストの言葉と行為は啓示であり、神の完全さ、至高性の現れである(47)。

ルドルフスのキリスト論は概念的に充分に展開されているとは言いがたいが、キリストに向けて創造されている人間というキリスト中心的な人間理解からは、実践的・教育学的な方向性が示唆されている。「キリストのすべての行いは、われわれにとって教示である」というルドルフスの理解は、キリストが唯一の教師であることを認め、人間がどのように生きるかを教えるために、神は人となったという洞察を表している。すなわちわれわれは、静観的にキリストとの一致にとどまるのではなく、常にキリストの模範に倣うこと、キリストに仕えることが求められるのである。原型であるキリストにかたどって造られた人間は、キリストの似姿となり、キリストに向けて自らを形成されるのである。[48]「この主であり師である方に倣うことは、人間の完成なのである」[49]。

ルドルフスがキリストの人性を強調する根拠は、キリストは地上での生活における言葉と行いを通して、われわれに具体的な模範[50]（exemplum）を示したという考え方にある。前述したように、人間の原型としてのキリストという理解は、いわば存在論的な概念であるのに対して、模範としてのキリストという理解は、キリストに倣うための前提となる宗教的認識である。「キリストはすべてにおいて、最善で、最も完全な仕方で振舞われたのであるから[51]」、「心の中にキリストの倫理的な態度と行いを思い描くべきである」[52]。キリストの生涯についての黙想に見られる受肉的な構造は、キリスト者のすべての生活領域に及び、日常的な実践を重視する霊性を培うようになり、近代には使徒的活動を柱とする修道会を生み出す土壌となるのである。

七　近代の霊性への影響

『キリストの生涯』は、十四世紀の激動の時代に生きる教養ある信徒や修道者を鼓舞し、より深い霊的生活へと導く指針となり、後世の霊性家、神秘家に多大な影響をもたらした。ルドルフスの著作は、本来学究的な性格をもつというよりも、修徳的、倫理的な意図をもって記されたものが多いこともあり、彼自身の神秘体験や神との一致の意識についてはほとんど語られていない。ルドルフスは特別な人に与えられる神秘体験を語るよりも、一般のキリスト者が身につけることができる霊性を探求していると言えよう。したがって彼の霊性は、世俗世界を軽視する隠遁的なものではなく、常に生活に立脚した使徒的霊性へと向けられているのである。実際カルトゥジア会は、観想生活を基盤としながらも、中世末期には多くの著作や修道院改革運動を通して使徒的な活動に貢献していた。ルドルフスは常に教会に忠実でありながら、聖書と古代教父の伝統を、すべてのキリスト者の霊的生活の中に生かしうるものとしてわれわれに提示している。

ルドルフスの霊性が近代の霊性史に与えた影響の大きさを考えるとき、彼の霊性の根底にあるキリスト中心的な人間観と、観想と活動、理論と生活、神学と霊性の一致をめざす方向性を見逃してはならないだろう。『キリストの生涯』は十四世紀後半に始まる「新しい敬虔《デヴォティオ・モデルナ》」運動が盛んであった地域で愛読され、ベーマーによれば、「中世末期には『キリストの生涯』は、トマス・ア・ケンピス（Thomas a Kempis　一三七九／八〇―一四七一年）のものとされる『キリストに倣いて』（Imitatio Christi）よりも多くの読者を獲得していた」(54)。特にルドルフスの霊性に見られる情緒的黙想の方法の普及と、信仰の内面化、キリストの人性への信心を強調する特徴は、後期「新しい敬虔《デヴォティオ・モデルナ》」運動の浸透に少なからぬ影響をもたらした(55)。「新しい敬虔《デヴォティオ・モデルナ》」において、信心は主に儀式や典礼の領域に属する行為であるという理解から、個人の魂の内奥で営まれる人格的で敬虔な祈りこそが、「当世風の信心」と呼ばれるにふさわしいという考え方に変わり、ここにおいて信心概念の深い変化が見られるのである。ルドルフスの『キリストの生涯』は教会の生活を軽視する方向を採らないが、一般の人々にもたやすく読める修徳書であったため、神の前における個人の敬虔な祈りを探求してやまない人々の宗教的衝動に拍車をかけ、中世末期の霊性の進展に貢献することになったのである。個人の生き生きとした宗教意識の覚醒は、やがて近代の幕開けを促すことになる。

ルドルフスの歿後一世紀を経た頃には、『キリストの生涯』は各国語に翻訳され、ヨーロッパ各地で親しまれるようになった。その影響はドイツのみならず、フランス、イギリス、スペインにも及び、カルメル会（アビラのテレサ[56]、十字架のヨハネ〔Juan de la Cruz　一五四二－九一年〕など）、イエズス会（イグナティウス・デ・ロヨラ、ペトルス・カニシウス〔Petrus Canisius　一五二一－九七年〕）、サレジオ会、フランスの霊性学派（フランソワ・ド・サル〔François de Sales　一五六七－一六二二年[57]〕）にもルドルフスの影響を受けた人々は少なくない[58]。また宗教改革者、マルティン・ルター（Martin Luther　一四八三－一五四六年）への影響については[59]、不確定な要素もあるが、バイアーの指摘によれば、ルターの「マタイによる福音書」二一章の解釈はルドルフスのものときわめて類似している。

ルドルフスの近代の霊性への影響は、イエズス会の創立者、イグナティウス・デ・ロヨラにおいても顕著に見られる[60]。ここではルドルフスの『キリストの生涯』がイグナティウスの回心のきっかけとなった点と、彼の霊性への影響について簡単に触れてみたい。一四九一年スペインのロヨラに生まれたイグナティウスは、騎士となることを望んでいたが、一五二一年パンプローナでのフランス軍との戦いで負傷し、ロヨラで病床生活を送っていたあいだに、偶然のことから二冊の本を手にした。それは、ルドルフスの『キリストの生涯』のカスティリャ語訳[61]とヤコポ・ヴェラッセ Jacopo Verasse：ヤコブス・デ・ヴォラギネ〔Jacobus de Voragine〕一二二六頃－九八年の『諸聖人の華』（Flos Sanctorum）であった[62]。この二冊の本は、それまで世俗での成功と名誉を求めて邁進していたイグナティウスにとって、キリストに従い、主に仕えるという新しい道に踏み出すきっかけをもたらした。本の内容に感銘を受けたイグナティウスは、その本の重要な個所を三〇〇頁ものノートに書き取った。[63] その後、彼はこの二冊の書物を携えて、巡礼に出かけ、マンレサで苦行と瞑想の日々を過ごした。マンレサでは「理性の目が開け、すべてが新しく感じられる」という照らしを受け、「このころ、神はちょうど小学校の先生が子供を教えるように彼を教え導かれた[64]」とあるように、イグナティウスは神との親密な交わりの内に内的浄化と変容の道を辿っていったことがわかる。この時期のイグナティウスにルドルフスの霊性がどのような影響をもたらしたかについては、さらに詳しく検討されなければならないが、「しばしば長時間にわたりキリストの人性を内的目で見たことがあった[65]」という記述からもイグナティウスは回心の当初から、福音書に現れるキリストの生涯の秘義に引きつけられていたことが窺える。またイグナティウスは回心のあとで、ルドルフスの属したカルトゥジア会に入る可能性を真剣に考え、それは実現には至らなかったが、その後パリ時代にもカルトゥジア会との緊密な関係を保っていた。

『キリストの生涯』がイグナティウスに及ぼした決定的な影響は、イグナティウスの著した『霊操』(Exercitia spiritualia) の中に色濃く見られる。[66] 霊的生活のガイドラインと三〇日間の黙想のプログラムでもある『霊操』は、彼自身のマンレサ時代の霊的体験を元にして書かれたものであるが、福音書にもとづく黙想のプログラムは、その構成と内容において、また黙想の方法において『キリストの生涯』と多くの点で共通するものがある。両者ともに、内的浄化、罪からの解放を黙想の導入に据え、『キリストの生涯』の福音書にもとづく黙想に見られるように、『霊操』の第二週においてはキリストの生涯の出来事を受肉、イエスの公生活、第三週ではキリストの受難と十字架上での死、第四週では復活の黙想が展開されている。福音書の黙想を通して、黙想者はキリストの救済の秘義に参与していく。黙想の方法と特徴において、両者に共通している点は、キリストの人性を強調した、実存的で、体験的なアプローチである。イグナティウスは罪について、またキリストの生涯の黙想において、「ものを悟り、深く味わうために」[67]五官の活用によって、現場を想像によって組み立て、登場人物や場所を想像の目で見ることを勧めている。キリストと似たものとなり、キリストと一つに合わせられることによって、キリストの救済の秘義に参与することを志向する『霊操』には、ルドルフスの霊性のモティーフが脈打っている。さらには「キリストと共に苦しみ」、「貧しいキリストと共に富よりも貧しさを……選ぶ」生き方は、ルドルフスがキリストの生涯の黙想の頂点とする受難の黙想から出てくる主題である。また、イグナティウスが紹介する霊動識別の規定とほぼ内容を同じくする個所が、『キリストの生涯』に見られることも[68]、この方面の研究に新たな光を投げかけるものと思われる。その他、イエズス会が強調する「神のより大いなる栄光」を絶えず求めていく「マギス（より以上 magis）」の精神、従順などは『キリストの生涯』の中にそれと類似する言及が見られる。さらに『キリストの生涯』の中で、「イエスの者」（Jesuitae）という言葉が初めて用いられている。[69]この点については、イグナティウスにイエズス会の創立と名称を確信させた「ラ・ストルタ（La Storta）での示現」との関わりで、さらに詳細な研究が必要であろう。

ルドルフスの霊性は十四世紀の激動の時代に、人々の宗教的渇望に応えようとするキリスト教霊性の刷新の動きから生まれた一つの実りであった。ルドルフスの著作は当時多くの愛読者を獲得し、その後十五・十六世紀においても最も親しまれた信心書の古典としての地位を保ち続けた要因は、どこに見出されるのであろうか。それは、彼の霊性が常に福音から敬虔の源泉を汲み、キリストの生き方を中心に据え、人間の情感的・身体的なあらゆる能力を用いて心に訴える祈りの方法を、一般の敬虔な信者の誰もが実践しうるかたちで紹介したことによるだろう。このルドルフスの方向性は、信仰生活の内面化、個人化、実存化、情緒化を促し、自律的で近代的な信仰理解の萌芽となったと言うことができる。ルドルフスを始めとする中世末期の霊性の潮流の延長線上に、十六世紀スペインでの神秘思想の開花、イグナティウスの『霊操』に結実する方法的黙想の普及、カトリック教会の内的刷新と使徒的な活動修道会の活躍、さらにはルターによる宗教改革がある。個性豊かに開花した近代の霊性の一つの源流とも言うべきものを、われわれはザクセンのルドルフスの内に見出すことができるのである。

註

（1）『キリストの生涯』の比較的新しい版は次の通りである。Ludolphus de Saxonia, *Vita Jesu Christi e quatuor Evangeliis et scriptoribus orthodoxis concinnata*, ed. A.-C. Bolard, J. Carnandet, L.-M. Rigollot, in-folio, Paris/Roma 1865; ed. L.-M. Rigollot, 4 vols., Paris/Roma 1870; Paris/Roma 1870; Paris-Bruxelles 1878.

ザクセンのルドルフスの霊性についての W. Baier の研究書（註2参照）においては、『キリストの生涯』の引用は一八六五年の版に依拠しているが、この版は現在ではほとんど入手不可能である。また Ch. A. Conway の研究書（註2参照）は、一八七八年の版に依拠している。「序文」（prooemium）の邦訳に以下のものがある。ザクセンのルドルフス「キリストの生涯」佐藤直子訳、上智大学中世思想研究所編訳・監修『中世思想原典集成』一六「ドイツ神秘思想」平凡社、二〇〇一年。本論文の『キリストの生涯』からの引用文は、次の版にもとづく。Ludolphus de Saxonia, *Vita Jesu Christi e quatuor Evangeliis et scriptoribus orthodoxis concinnata*, ed. L.-M. Rigollot, 4 vols., Paris/Roma 1870.（以下 *VC* と略記。）引用の最初の数字は著作の一部（第一部と第二部に分れる）、次に章、節を示す。

（2）W. Baier, *Untersuchungen zu den Passionsbetrachtungen in der Vita Christi des Ludolf von Sachsen. Ein quellenkritischer Beitrag zu Leben und Werk Ludolfs und zur Geschichte der Passionstheologie*, Bd. 1-3, Salzburg 1977（以下 W. Baier, *Untersuchungen* と略記）は、ザクセンのルドルフスについての優れた研究成果であり、本論文の資料についてはこの著作に負うところが大きい。その他参考にした文献は次の通りである。Ch. A. Conway, *The Vita Christi of Ludolph of Saxony and Late Medieval Devotion Centred on the Incarnation: A Descriptive Analysis*, Salzburg 1976; W. Baier, Ludolphe de Saxe, in: *Dictionnaire de Spiritualité*（以下 *DS* と略記）, vol. 9, Paris 1976, coll. 1130-1138; W. Baier, K. Ruh, Ludolf von Sachsen, in: *Die deutsche Literatur des Mittelalters. Verfasserlexikon*, hrsg. von K. Ruh, Berlin/New York 1985, Bd. 5, S. 967-978.

(3) W. Baier, *Untersuchungen*, S. 14.
(4) *Ibid.*, S. 13.
(5) D. F. Vandenbroucke, D. J. Leclercq, L. Bouyer, *A History of Christian Spirituality*, vol. II, Kent 1986, pp. 456f.〔J・ルクレール、F・ヴァンダンブルーク／上智大学中世思想研究所編訳・監修『キリスト教神秘思想史』二「中世の霊性」平凡社、一九九七年〕
(6) ルドルフスの生涯について知られていることは、次の書に要約されている。S. Autre, Ludolphe, in: *Dictionnaire de Théologie Catholique*, t. 9, Paris 1926, coll. 1067-1070; N. Paulus, Der Strassburger Kartäuser Ludolf von Sachsen, *Archiv für Elsässische Kirchengeschichte*, Bd. 2, 1927, S. 207-222; W. Baier, *Untersuchungen*, S. 35-38.
(7) W. Baier, *Untersuchungen*, S. 21-26.
(8) *DS*, vol. 9, col. 1131.
(9) ルドルフスの霊的識別の原則については、次の論文を参照。P. Vallin, Les règles du discernement des Esprits et Ludolphe le Chartreux, in: *Revue d'ascêtique et de mystique* 38 (1962), pp. 212-219.
(10) ルドルフスとイグナティウスの霊的識別に関する理解の類似点については、次の論文を参照。E. Raitz v. Frenz, Unterscheidung der Geister bei Ludolf v. Sachsen und Ignatius v. Loyola, *Paulus* 21 (1949), S. 187-195.
(11) *DS*, vol. 9, col. 1134.
(12) W. Baier, *Untersuchungen*, S. 193.
(13) Zacharias Chrysopolitanus, *In unum ex quatuor sive de concordia evangelistarum libri quattuor*, PL 186, 10-620.
(14) 鈴木宣明「ルドルフ・フォン・ザクセンの『キリストの生涯』――そのキリスト中心的人間形成」、上智大学中世思想研究所編『中世の人間像』創文社、一九八六年、二一五頁。
(15) イタリアのクララ会修道院での説教をまとめたものとされるこの本は、イタリア語、ラテン語、その他のヨーロッパの言語で出版され、今日でも二〇〇以上の版がある。本論文で用いたのは次の版である。Fr. Jean de Caulibus (Pseudo-Bonaventure), *Méditations sur la Vie du Christ*, Paris 1958. この著作は長年ボナヴェントゥラの作品とみなされていたが、イタリアのトスカナ地方のサン・ジミニャーノ（San Gimignano）出身のフランシスコ会士、ジョヴァンニ・デ・カウリブス（Giovanni de Caulibus 一三三五年歿）によって、十三世紀の終わり頃か、または十四世紀の初めに記された。同書の著者、原典、執筆年代をめぐる論議については、次の論文を参照。Sister M. J. Stallings, *Meditaciones de Passione Christi olim Sancto Bonaventurae Attributae*, Washington, D.C. 1965, pp. 3-14.

（16）マッサのミカエルのルドルフスへの影響については、W. Baier, *Untersuchungen*, S. 339-361; *DS*, vol. 9, col. 1135 を参照。バイアーの指摘によれば、ルドルフスは『キリストの生涯』の福音書の黙想の順序、その構成、また序文に見られる内容の多くをミカエルの『キリストの生涯』に負っており、また各章の最初と最後の形式が類似しており、その影響は最も直接的で重要なものである。

（17）『キリストの生涯の黙想』はキリストの生涯の出来事を一週間で黙想するという構成で、各曜日ごとに福音書からの題材が取られている。本書はトスカナ地方で当時行われていた説教にもとづき、一般信徒を教化するための説教集の性格をもっていた。Cf. D. R. Lesnick, *Preaching in Medieval Florence. The Social World of Franciscan and Dominican Spirituality*, Athens 1989, pp. 143-146.

（18）Cf. W. Baier, *Untersuchungen*, S. 325-338.

（19）こうした修道会の動きについては、次の論文を参照。オイゲン・ルッカー「中世後期の宗教的民衆教育」、上智大学中世思想研究所編集『中世の教育思想（下）』、東洋館出版社、一九八五年、三七七－四一一頁。

（20）D. F. Vandenbroucke, D. J. Leclercq, L. Bouyer, *op. cit.*, vol. II, p. 458.

（21）Ludolphus de Saxonia, *Vita Jesu Christi*, prooemium（以下 Prooemium と略記）, no. 1.

（22）in eo omnimoda remedia suis necessitatibus inveniet: Prooemium, no. 1.

（23）*Ibid.*, no. 2.

（24）*Ibid.*

（25）カルロ・M・マルティーニ「聖書による祈り－Lectio Divina－の伝統的方法」、上智大学神学会『神学ダイジェスト』七四号、一九九三年、七七－八五頁参照。

（26）ラビの思想が教父に与えた影響については、次の古典的な著作を参照。L. Ginzberg, *Die Haggada bei den Kirchenvätern*, Bd. 1, Amsterdam 1898; Bd. 2, Berlin 1900.

（27） Prooemium, no. 15.

（28） Omnia quae mundus amat, crux mihi sunt ...; quae vero mundus reputat crucem, illis affixus sum, illis adhaereo, illa toto amplector affectu: *VC*, II, c. 58, 2.

（29） ルドルフスは記憶を祈りにおける実践との関わりで理解している。この考え方はすでにオリゲネスに見られ、クレルヴォーのベルナルドゥスのシトー会の霊性において重視されているもので、ルドルフスもこの流れに沿っている。Cf. W. Baier, *Untersuchungen*, S. 479, Anm. 1.

（30） *Ibid*., S. 485.

（31） Prooemium, no. 11.

（32） W. Baier, *Untersuchungen*, S. 498.

（33） Prooemium, no. 13.

（34） *Ibid*., no. 9.

（35） イエスが生活した場所、土地、国を思い描き、彼の容姿を想像することの重要性については、たとえば *ibid*., no. 12, 14 を参照。また祈りにおける現場の想設について Composition de lieu, in: *DS*, vol. 2, coll. 1321-1326 を参照。

（36） *VC*, II, c. 58, 10. この訳は鈴木宣明訳（註14参照）を使用したが、ラテン語原文が記されている個所は鈴木訳とは異なった訳である。

（37） *Ibid*., II, c. 58, 11.

（38） *Ibid*.

（39） *Ibid*., II, c. 67.（章の終わり）M. I. Bodenstedt, *Praying the Life of Christ. First English Translation of the Prayer Concluding the 181 Chapters of the Vita Christi of Ludolphus the Carthusian: the Quintessence of His Devout Meditations on the Life of Christ*, Salzburg 1973, p. 162. この祈りの英訳は、原語に忠実な訳ではなく、誤訳も多く見受けられる。

（40） *VC*, II, c. 58, 3.

（41） W. Baier, *Untersuchungen*, S. 487.

（42） *VC*, II, c. 57, 5.

(43) Omnia habemus in Christo et omnia nobis Christus: Prooemium, no. 9.
(44) 『キリストの生涯』の第一章は、ヨハネ福音書の冒頭を扱っているが、その中でルドルフスは、キリストは御子であるよりも、言葉であることによって、御父との関わりだけでなく、人間との関わりを表していると述べている。Quia igitur Dei Filius debet hic describi, non tantum in comparatione ad Patrem a quo procedit, sed etiam ad creaturas quas fecit, et ad carnem quam induit, ...: *VC*, I, c. 1, 2.
(45) バイアーの指摘によれば、原型としてのキリストという考え方は、教父神学のキリスト論と救済論に見られ、さらに溯源すると、教父はパウロの書簡、「ローマの信徒への手紙」八・二九と「コロサイの信徒への手紙」一・一二―二〇を解釈し、さらにはプラトン哲学の概念を汲んで展開させたと見られる。Cf. W. Baier, *Untersuchungen*, S. 453.
(46) Prooemium, no. 10.
(47) *Ibid*., no. 13.
(48) ut sicut ad imaginem eius naturaliter creati sumus, ita ad morum eius similitudinem, per imitationem virtutum pro nostra possibilitate reformemur, ...: *ibid*., no. 10.
(49) Huius magistri et domini imitatio est humana perfectio, ...: *VC*, I, c. 54, 2.
(50) Cf. Prooemium, no. 10, 13.
(51) ... quia in omnibus semper optimo et perfectissimo modo se gerebat, ...: *ibid*., no. 13.
(52) Describens tibi in corde tuo mores eius et actus, ...: *ibid*.
(53) ルドルフスは、『キリストの生涯』の中で、マルタとマリアの話（「ルカによる福音書」一〇章）を解説し、マルタとマリアの内に霊的生活の二つの面を見ている。Martha (demonstrat vitam) activam, qua proximo in caritate associamur; Maria contemplativam, qua in Dei amore suspiramus.: *VC*, I, c. 61, 5.
(54) H. Boehmer, *Loyola und die deutsche Mystik*: Berichte über die Verhandlungen der Sächsischen Akademie der Wissenschaften zu Leipzig (Philosophisch-historische Klasse), 73 (1921), 1. Heft, S. 43.
(55) M. I. Bodenstedt, *op. cit*., pp. II-III.
(56) アビラのテレサに影響を与えた人物と著書については、トマス・ア・ケンピスの『キリストに倣いて』、ルドルフスの

『キリストの生涯』、アウグスティヌスやグレゴリウスの古典などが挙げられる。L. Cognet, *Histoire de la Spiritualité chrétienne*, t. III-2, Paris 1966, p. 80〔L・コニェ／上智大学中世思想研究所編訳・監修『キリスト教神秘思想史』三「近代の霊性」平凡社、一九九八年〕を参照。彼女が『キリストの生涯』に親しんでいたことを窺わせる記述は、自叙伝の中にも見られる。『イエズスの聖テレジア自叙伝』東京女子カルメル会訳、中央出版社、第三八章、九、五〇五頁、「私は祈るために……カルトゥジア会の神父様の書かれた本の中で、この祝日（聖霊降臨）に関することを読みはじめました。……私は……ほかの機会にこの同じ所を読んだことを思い出しました。」バイアーの指摘によれば、特に『キリストの生涯』の第二部第六四章は、キリストの苦しみと聖なる傷、イエスの聖心《みこころ》についてのテレサの理解に影響を及ぼしている。W. Baier, *Untersuchungen*, S. 186-187.

（57） L. Cognet, *op. cit.*, p. 284.

（58） 『キリストの生涯』の影響史については次のものを参照。W. Baier, *Untersuchungen*, S. 165-191; *DS*, vol. 9, coll. 1135f.

（59） Cf. G. Ebeling, *Evangelische Evangelienauslegung*, Darmstadt 1962.

（60） ルドルフスの『キリストの生涯』とイグナティウスの『霊操』との霊性の比較については、別の論文で詳しく展開したいと考えている。

（61） この二巻（*Ludolfo Cartuxano de Sajonia, La vita de Cristo*）は一五〇二年、一五〇三年にアルカラ・デ・エナレス（Alcalá de Henares）で、アンブロシオ・デ・モンテシーノ（Fray Ambrosio de Montesino）の翻訳によって出版された。

（62） 『ロヨラの巡礼者――聖イグナティオの自叙伝』A・エバンヘリスタ・佐々木孝訳、中央出版社、一九八〇年、第一章五。

（63） 『自叙伝』第一章一一。このノートは紛失し、現在は残されていない。

（64） 聖イグナチオ・デ・ロヨラ『霊操』ホセ・ミゲル・バラ訳、二七、新世社、一九八六年。

（65） 『自叙伝』第一章二九。

（66） このテーマに関する論文としては、Henricus Watrigant, S. J., *La Genèse des Exercices de Saint Ignace de Loyola*, Amiens 1897: *Monumenta Ignatiana*, Series Secunda, Exercitia Spiritualia, pp. 25-99; R. Frentz, Ludolphe le chartreux et les Exercices de S. Ignace de Loyola, *Revue d'ascétique et de mystique* 25 (1949), pp. 375-388: M. Nicolau, Orígen de los Ejercicios de S. Ignacio, *Manresa* 42 (1970), pp. 279-294, 377-396; R. G. Mateo, La "gran mutacíon" de Iñigo a la luz del Vita Christi Cartujano, *Manresa* 61 (1989), pp. 31–44.

(67) 聖イグナチオ・デ・ロヨラ『霊操』二。

(68) Cf. R. Frenz, *op. cit.*, S. 187–195.

(69) Sicut enim hic per gratiam baptismalem a Christo dicuntur Christiani, sic in coelesti gloria ab ipso Jesu dicemur Jesuitae, id est, a Salvatore salvati.: *VC*, I, c. 10, 2.

7　リュースブルクにおける二面性

植田兼義

「私たちの不死ならぬ生は、私たちの内にある息を吐き出し、再び新しい空気を吸い込んで、自然の秩序に従って存在し続ける」。

（『霊的な愛の梯子の七つの階梯』）

一　執筆の発端

（1）『霊的な婚姻』について、偽神秘主義者批判

リュースブルク（Jan van Ruusbroec; Ruysbroek 一二九三―一三八一年）[1]は多くの作品を書き残しているが、その執筆の動機は何であったろうか。以下『霊的な婚姻』（Die geestelike brulocht 一三三五年頃）を中心に、引用が多くなるが作品に語らせるかたちで述べてみたい。この作品は構造的に首尾一貫して、他のどの作品よりも体系化の点で、彼の傑出した才を窺うことができる。伝統的な霊的生活の分類に従い、初歩の人、より進んだ人、完成した人に対応して、第一の生の書、第二の生の書、第三の生の書に分けられている。第一の生では救いを求める人の最小必要事項が展開される。第二の生では、真に内面への没入が始まる。第三の生では、神を見る生で、自己自身

を脱して高められ、神の内において神によってのみ生き、「共通の人」となる。その構造は、三つの書とも、「見よ、花婿がやって来る。彼を迎えに出てゆきなさい」(「マタイによる福音書」二五・六)の「見よ」、「花婿が来る」、「出てゆきなさい」、「彼を迎えに」の四つの要素から成り、作品の各部分の中で中心的な役割を担っている。

この作品の成立の時代は、真の神秘主義と偽神秘主義、キエティスム、汎神論などの諸問題で沸き立っていた。偽神秘主義に惑わされた一般の信徒、修道士(女)たちは真の霊性の書を求めていた。このような時代にあって、ベギン運動の擁護者であったリュースブルクは使徒的な熱意から民衆の言葉で記したと言われている。[2] 特に、偽神秘主義者や、虚偽の教えに対して厳しい批判を下したことは、彼の著作の随所に散見される。[3] 偽神秘主義者は、「自分の本質、像のない、静かになった空虚を見出すことで、永遠の至福に達する」と主張したのである(『十二人のベギンたち』[Vanden XII beghinen] W IV, S. 40 [S. 114f.])。[4] この空虚は純粋な無活動で、意志の活動は排除され、修道は嫌悪され、罪などないとまで主張されたのである。[5] 「彼らは所有する像のない単一性を神とみなしている。なぜなら、その中に、自然の安らぎがあると思いこんでいるからである」(『最高の真理の書』[Boecsken der verclaringhe] W III, S. 279 [S. 108f.])。偽神秘主義者の陥りやすい誤りについて、「そのように、この惨めな人間は騙されるのである。彼らは本質的で自然的な安らぎに沈み、自分自身の内にこの安らぎを見つけるとき、これを所有しそれで我慢しようとする。このような人の行動様式は、何の活動もしないで、身体は静かに座ったままでいるのである。そして、瞑想に耽り、自分の感覚は空になり、一切の像や思念から自由である、……彼らは自身の本質に安らいでいる。このように、彼らの本質は偶像である。なぜなら、彼らは神をもち、神と共に唯一の存在であるという印象をもっているからであるが、そのようなことは不可能である。それゆえ、しばしば述べているように、彼らは酷く騙されている」と言われている(『四つの試み』[Vanden vier becoringhen] W III, S. 52f. [S. 46f.])。

(2) 神秘体験

このような人間の神秘体験が純粋に幻想である限りでは誤りではなく、偽神秘主義者は、真の経験を体験しているが部分的な経験である。彼らの根底にまで突進するが、他者にまで到達しないのである。私たちの本質はさらに広く、開かれた現実であるかもしれない。その中で、超越的な神に触れないならば、「根底は」直ちに天の牢獄として現れる。鷹はどんなに高く飛んでも、自分自身を越えて飛ぶことはできない、本質への好みがどんなに豊かであれ、自己愛、自然的な愛に留まり、いつも自己自身に戻ってしまうのである。[6] 他者まで進まないこと、つまり、彼岸の誤認は、結果として、水平状の活動が欠落することである。どんなに逆説的に見えようと、人間の内の最も深い、繊細のものに満足を見出す偽神秘主義者は外的な徳を修業することを拒絶する。つまり、彼らは行為に無関心で、現実の具体的な人間にはもはや興味を抱かないし、流れ出る愛とは無縁なのである。「なぜなら、彼らは空虚な、無批判的な愚鈍に陥り――彼らの本質の愚鈍――、よい行いであるすべてに対して、内的にも、外的にももはや関心をもたないからである」(『四つの試み』W III, S. 52 [S. 46f.])。

(3) 禅の瞑想のような錯誤

『霊的な婚姻』にも禅の瞑想を思わせるような三つの錯誤が挙げられている。[7] 第一は、「その感覚が像に触れることなく、最高の諸力が活動もしないで空虚であるならば、その裸であるがゆえに安らぎに入るのである。すべての人がこのような安らぎを見つけ所有することができる。ところが、愛する人はこのようなところでは安らぎを求めることはできない。愛徳と神の恩恵による内面的な触れ合いは、じっと留まっていないからである。……これは、安らぎを見つけ、邪魔されないように、内的にも、外的にも錬磨しないで、無為に静かに座っているだけである」

（三四七頁）。この本性的な、自然的な安らぎはそれ自体では悪くないが、その中に留まる者は霊的な傲慢と自己満足に陥り、そこから抜け出せない。これは霊の邪道の始まりである。第二は、「無為に安らぎを求め、神を内面的に切望しない者は、一切の過ちを待ち受けているようなものである」（三四九頁）。第三は、「すべての修行や徳を超越し、自由と呼んで、それゆえ、純粋に受動的な状態で、上に対しても、下に対してもいかなる行為も行わず……主人が仕事をするのを待っている道具のような者である」（三五二頁）。

二　リュースブルクを解く鍵

（1）「媒介のあるなし、享受と活動」

リュースブルクの作品に頻出する安らぎ、至福の享受、活動は要の語句である。安らぎと活動については、すでに、霊的婚姻の拙訳の解説で触れた交差対句法の例がもっとも適切である。モンマースの卓説を援用して詳しく述べてみたい。(8)

第二の生の書の第四部で、「この来る、行くのわたしたちとキリストの出会いは、二つの仕方、つまり、媒介によるものと、媒介なしによる仕方で起こるのである」（三二一頁）と言われ、媒介によるものから始められると期待されるが、順序に従わないで媒介なしから展開する（三二二頁）。行ったり来たり往復した後、統合の個所を述べる。「キリストは媒介、つまり、恩恵といろいろな賜物を通して、私たちの内へ常にやって来る。他方、私たちの方も、媒介、すなわち、徳と多様な修行によりキリストの下へ行く。……神の恩恵の媒介と、自由意志による愛の回心がなければいかなる被造物も救われないからである。……神は崇高な誕生によって、常に新たに顕現して、その果て知れぬ愛を豊かに流しながら、絶えず、この一致を訪ねる」（三二六―三二七頁）。

「神は、絶えず、私たちの内へ、媒介のあるなしにかかわらずやって来て、私たちに〔至福の喜びを〕享受し、活動することを促す。つまり、一方が他方を妨げるのでなく、むしろ強めるようにである」（三四五頁）。この対句法の「やって来て、促す」は出会いの現象で、神の意外な行動が人間の反応を促すのである。神の来ることは神の促しで、『霊的な婚姻』のライトモチーフ「見よ、花婿がやって来る、彼を迎えに出なさい」と同じである。この促しは、「この神の流出は常に還流を要求する。なぜなら、神は満ちて退く海であり、……」（三〇三頁）に表現されている。

（2）　出会い

『霊的な婚姻』における「出会い」は、若干の例外を除けば、一致と同義語である。出会いでないような一致は考えられない。リュースブルクは三つの著作を通じて、いかに出会いが宗教経験の頂点であるかを示している。第一の生では、「この出会いに……一切の徳の始めと終わりがある」（二五五頁）と言い、第二の生では、「徳の実践によって外に出ていくことは、すべてただ、私たちの花婿、キリストとの出会いと一致だけが目的だからである」（三二一頁）と言い、最も注目すべき第三の生では、「出会い」は六回も現れ、「この出会いから、父と子のあいだに第三の位格《ペルソナ》、つまり、聖霊、両者の愛が生ずる」（三六六頁）と言う。「この喜びに満ちた出会いは私たちの内で、絶えまなく、神のようなあり方で活動的に新たにされる」（三六七頁）から来世のことではなく、根底まで行くことが問題なのである。「これが、父と子の活動的な出会いで、ここで私たちは聖霊により永遠の愛の抱擁を受けるのである。この活動的な出会いと愛の抱擁は、その根底では、無上の喜びであり無様式である」（三六七頁）。

（3） 頻出する「絶えず」の意味

対句法における「絶えず」「媒介のあるなし」「享受と活動」とは何であろうか。やって来るものは超越者で、「絶えず」はこの超越の積極的な面を示し、「媒介のあるなし」、「享受と活動」の組は消極的な面を示している。「絶えず」やって来る花婿は無尽蔵を表現している。他方、二つの仕方でやって来て、二つの反応を引き起こすことは、他者である人間にとり、神の存在を所有し安らぐことを意味する。神は媒介なしに御自身を与えるが、それ自体で被造物に神御自身を与えることはない。人間は理解力と沈潜の度合いにより神を所有する。「私たちは神を理解するにはあまりにも小さく、狭量だからである」（三四一頁）。神を真に所有する喜びは「神の霊とのこの一致により、このような人は喜びを味わう、そこで、神の存在を所有し、自己の存在に沈潜する度合いに応じて、底知れない無上の喜び、神の富で満たされるのである」（三四三頁）。「これは常に自己の再生である。なぜなら、神は常に新たな賜物を与えるからである」（三一〇頁）。最も繊細な贈り物は神の触れ合いで、これは神の働きであり、恩恵と賜物の根源であり、神と被造物の最後の媒介である。この触れ合いは最後に認識し、味わうものである。これはまた瞬間ごとに新たにされる。「神の輝き、働きかけにより、絶えず私たちは動かされ、……内面へと導かれ、新しい徳の働きで外へ流される」（三四一頁）。これらの賜物の豊かさと神の触れ合いの絶えざる更新は何であろうか。「絶えず」の真の意味は第二の生の最後の章にある。花婿の現在そのものの表現である。絶えずやって来るなら、触れる瞬間ごとに神自身が生み出される。瞬間ごとに賜物を与えながら、神が私たちの内へ新たに生まれる。神の存在自体の無限の活動力と豊かさである。「神はその崇高な誕生により常に新たに顕現して、その果てしれぬ愛を豊かに流しながら、絶えず、この一致を訪ねる」（三二七頁）。「キリストの到来を裸の本性において、媒介なしに、絶えず、受け入れることを知らなければならない」（三二二頁）。第三の生で頻繁に現れる「絶えず」は、花婿の積極的な超越性の究極的な理由をはっきり表している。人がすべての賜物、すべての媒介を超える瞬間に表現される。「父は永遠に、媒介なしに、絶えず、私たちの霊の隠れたところの内に、唯一底知れない言葉を語る」（三五九頁）。「花婿の永遠の到来とは何か、これは、絶えまなく起こる新しい誕生であり、新しい輝きである」（三六〇頁）。

「媒介のあるなし」、「享受と活動」は、リュースブルクの根本問題に関わる。媒介は賜物、恩恵、徳と言われる（三四一頁、三三一頁）。心理的には、媒介は像である。神は、理解されるためには、まず、像による賜物を作らなければならない。「このような人は両面に像を映す二重の鏡のようである。なぜなら、存在の最高部分で、神とそのすべての賜物を受容し、最低の部分で感覚により、具体的な像を受けるからである」（三四〇頁）。媒介とは、出会いの面で、人間の霊の働きである。それが有限な主体の活動である限り、常に、限られた衝動でしかない。それにより理解できるものを求めても、真に他者であるものに開かれず、自己に閉じ籠もってしまう。「このような活動的な出会いは、常に、媒介により行われる。なぜなら、神の賜物、私たちの徳、私たちの霊の活動がその媒介だからである。すべての人、すべての霊は媒介を必要とする。なぜなら、神の恩恵の媒介と自由意志による愛の回心がなければ、いかなる被造物も救われないからである」（三三七頁）。

（4）「愛の嵐」

リュースブルクの媒介の概念は哲学的ないし神学的な反省ではなく、神秘主義者が突然に直接一致の状態を経験して、その時、媒介のように感じたものが消えていくのを体験した事実にその存在を負っているという[9]。第一の生の終わりに示される、「キリストの本質そのものを認識したい気持ちに駆られる」（二五八頁）という願望は、第二の生で強められる。「神は与えることのできるすべてのものをお与えになるけれども、飢えきった霊の欲望は貪欲で満足しない」（三一八頁）。媒介を乗り越えることは、恩恵が出会いのこの相をもっているときにのみ起こるのである。(10) この出来事をリュースブルクは「愛の嵐」と呼んでいる。ここは作品中一番美しいと評されている個所である。「この愛の嵐の中で、二つの霊、神の霊と私たちの霊は争うのである。……この二つの動きから、愛の葛藤が生ずるのである。この最も深い出会い、この最も内奥の、燃えるような出会いにおいて、各々の霊は愛により傷つけられるのである。……神の触れ合いと神の御自身を与えること、私たちの愛の渇望、私たちが神にお返しすること、これによって、愛はしっかりと保たれる。……このようにして、神の触れ合いと私たちの愛への渇望は単一な愛になる。……霊は愛の炎で焼き尽くされ、神の触れ合いの内へ深く入るので、そのすべての切望は打ち負かされ、一切の行為は無と化すのである。そして、その活動を止めてしまい、いっさいの献身を超え、みずから愛になってしまう」（三一八―三一九頁）。人間の霊が活動を中止する瞬間に至福の喜びを知り、同時に媒介を超えてしまう。「すべての徳を超えて、創造されたものの内で最も内面的なものを所有すると、霊は喜びすべての徳を超えて、自分自身を捧げて内奥に還るのである」（三四〇頁）。こうして、その人は様式や像を奪われ、暗闇、裸体性に置かれるだけでなく、「無においては、彼の一切の活動は役に立たない、なぜなら、神の底なしの愛の働きに打ち負かされるからである」（三四二頁）。

（5）「媒介のあるなし」の表現は消える

「媒介のあるなし」は繰り返されるが、「他者の下へやって来て」と「他者の内に入る」ははっきり区別される。キリストは私たちの下へやって来て、私たちの内に入るからである。ある時は、人は「自分自身の内に」、またある時は「神の内に」あると言う。「なぜなら、喜びを享受しながら休むとき、神の内に完全にあり、活動的に愛するとき自分自身の内に完全にあるからである」（三四五頁）。第二の生の冒頭で神秘体験に入る人の状態は、「神と愛する霊が媒介なしに一致するところ、崇高な一致の内に安らぎを見つけなければならない」（二六五頁）と述べられている。多様な具体的な活動には、神自身の体験、神の内なる安らぎはないからである。「これらのすべて、一切の多様性を超えて、魂はその愛するものの内に安らぐべきである……これが真摯になってキリストに出会うべきあり方である」（二五八頁）と言い、「彼の愛とその意図の単純さのゆえに安らぎを見出すのである。ここに全活動的な生がある」（三三〇頁）。安らぎにはこの意図の単純さが必要で、この表現は頻繁に用いられている。これは道徳的な意味ではなく、根本的に二つの理由からである。第一は「分散した諸力は集められた霊の一致へ、つまり、霊は神の内へ移される。純真な意向はすべての徳の始め、終わり、飾りである」、第二は「この意向は汚れがないから、神と神との関わりのあるものしか求めない」（三二八頁）。したがって、この意向は愛、信仰に関わり、霊の活動的な瞬間にしか現れない。なぜなら、神を思うことは霊的に神を見ることだからである。第三の生において二つの対句のうち、「媒介のあるなし」の表現は消えてしまう。「神をすべての類似を超えて捉え、理解することは、……媒介になるような他のものを用いないで神の助けによって可能になる」（三五九頁）。「媒介なしに、神を神〔の助け〕によって見ることを欲するとき……霊は至福な愛によって、自己自身を失い、媒介なしに神の輝きを享受する」（三六〇頁）。神秘体験は媒介のない一致で頂点に達する。

(6)　再び「享受と活動」

「享受と活動」の対句は、第三の生で頻繁に現れる。「これを活動的に至福な喜びで、神と永遠の至福の内に所有することを神は望んでおられる」（三六四頁）。安らぎや喜びはけっして活動から離れた結果ではなく、根源なのである。「これにより、愛の飢えと渇きにたいへん苦しめられ、絶えず、〔神に〕身を委ね、自分の行為を諦め、自己を使い切ってしまい、愛において無になる。なぜなら、神を味わうことに飢えているからである。神から内面に照射されるたびに神に捉えられ、新たに愛に触れられる。生きながら死に、死んで再び生きるのである。……前もって、願望や活動によって愛しているのでなければ活動的行為を超えて安らぎに入ることは誰にもできない。この理由で、神の恩恵と私たちの活動的な愛は、前に進むことも後ろから従うことも必要なのである。前にも後ろにも実践する必要があるのである」（三四四―三四五頁）。

三　真の神秘主義者の二つの生き方

（1）　神はご自身と賜物を与え、霊は自己自身を捧げる

上述のように、リュースブルクが偽神秘主義者に浴びせている非難は、彼らが斬新な着想そのものにより常に新たにされるこの愛の探求を知らないことである。「こういう安らぎは神の内に所有する超自然的な安らぎとはまったく正反対なものである」（三四八頁）。次の上述の鍵の文を完成する従属節はそれ以上に巧みに述べられ、同じ瞬間に二つの態度が見られ、この真に二面的な状態は神秘体験の白眉である。「それゆえ、内面的な人は自分の生き方をこの二つの仕方で、つまり、安らぎと活動で送るのである。この両者の生き方では、完全に一つで分けられない。なぜなら、喜びを享受しながら休むとき、神の内に完全にあり、そして、また、活動的に愛するとき、自分自身の内に完全にあるからである。彼は神により、絶えず、訓戒され、この両者、安らぎと活動を一新するよう促さ

れる。霊の義は、神に求められていることに、絶えず応えようと努める。このために霊は、神から照射されるたびに、活動的であれ、至福の享受であれ、内面に向かうのである。このようにして、すべての彼の徳は一新され、さらに一層深く、至福の安らぎに没入する。なぜなら、神は、唯一の贈り物として、御自身とその賜物を与え、他方、霊は内面に向かうたびに、自己自身と一切を捧げるからである」(三四五―三四六頁)。

(2)　内面的生のイデー

リュースブルクは内面的な生のイデーを三つの特性で説明しようとしている。[11] まず、神の内と自己自身の内に完全にある状態であり、他方、同じ賜物の内にあること、つまり、神自身と同じその賜物を受ける。内省に耽るたびに与える自己自身と活動である。まず、活動し、ついで、喜ぶという時間的な続きではなく、二つのモメントは同時なのである。最後に、更新はただ活動だけでなく、一つの態度と他者、すべての徳と安らぎに関わる。「このような人は正しく、内面的な愛をもって、永遠の活動により神のもとに行き、永遠の安らぎを得て歓喜しながら神の内に入り、神の内に住むのである。それにもかかわらず、万人に共通な愛を抱いて、[12] 徳や義を行い、すべての被造物のところへ出ていかねばならない。これは、内面的な最高の生である」(三四六頁)。一つの実践で安らぎと活動が見つけられる、「なぜなら、同じ瞬間、同じ時間に、愛は愛されるものの内で、活動し、かつ、安らぐからである。こうして、一方の要素は他方によって強められるのである」(三三六頁)。「同じ瞬間に」活動と安らぎを経験できるとは、つまり、神の内にと彼自身の内に「完全に」あるというのは、心理的な統合がなされているということである。神のもとへ行くことと、神の内へ入ることが唯一霊的な態度であるとすれば、神の内に留まりながら、神から出ていくこともできるのである。したがって、「永遠の安らぎを得て、歓喜しながら神の内へ入り、神の内に住むのであるが、にもかかわらず、万人に共通な愛を抱いて、徳や義を行い、すべての被造物のところへ出てゆかねばならない」（三四六頁）は、出ていかないで、出ていくという二面的な動きである。「常に、神と共に一致の内に留まると同時に、神とすべての聖者たちと永遠にすべてのものに共通な愛を抱いて、流れ出なければならない」（三三九頁）。これが最も豊かな人生で、内面的な生の頂点である。「永遠に内在し、常に流れ出し、とぎれることなく元に還流する。これによって真に内面的な生を完全の域にまで高めるのである」（三五七頁）。

（3）神秘主義経験のパラドックス

繰り返して表現されている第二の生の「享受と活動の統合」（三〇二―三二三頁）は、第一の生では理想のように言及されるが、まだそこに達していない。命令形で次のように表現されている。「私たちは使者として神が送って下さった賜物よりも愛するもの、一に心を向け、そして、一の内に安らぐべきである」（二五七頁）。すでに、活動的な人が知っている「味」について再び第二の生で取り上げるときでも、二つの時は近づいているが、まだ生きていない。[13]「以前にもまして、神の内に深い安らぎを感じ、徳の行いもますます広く深くなる。神に等しくなればなるほど、この同等性と安らぎはますます味がよくなるのである」（三三〇頁）。第二の生で完全に内面的な人は、神の観想の生のみ意識の事実になることを予想している。まず、外部に向かって流れ出る人であり、最も純真な人であると述べて、「そのような人は神のようであるから、まったく、躓くことはない。神はその存在が単一で、その知性は透明であり、その働きはすべてに最も等しいものに共通に流れ出る愛だからである」（三三九頁）。「同じ瞬間に、同じ時間に、愛は愛される者の内で、活動し、かつ、安らぐからである」（三三五頁）。「人が神を味わいたいならば、愛さなければならない。……これが、共通な人がいかに堅固に強められるか、第一の点である」（三三六頁）。第三の生では、以上の記述と同じ「活動と享受の統合」が繰り返される。「私たちが自己自身から外に出て、神の光の内に入り、私たち自身の命であるこの像を超自然的に追い求め、これを活動的に至福な喜びで、神と共に永遠の至福の内に所有することを神は望んでおられる」（三六四頁）。人が神自体の生を真に知った瞬間に何が起こるのだろうか。「これが、父と子の活動的な出会いで、ここに私たちは聖霊により永遠の愛の抱擁を受けるのである。この活動的な出会いと愛の抱擁はその根底では無上の喜びであり無様式である」（三六七頁）。ここで、位格《ペルソナ》は神の内に生きるすべてのものと同じように、吸収されなければならない。なぜなら、ここでは、すべてが愛において流れ出るからである。「この根底自体の前からは、位格も神の内に生きる人と一切のものも退かなければならない。なぜなら、ここには、愛の流出の至福な喜びに抱擁された永遠の安らぎしか存在しないからである」（三六七頁）。

このようにして、「根底」に到達して神に出会い、自己の本質では安らぎに達しないで、無尽蔵に豊かな他者と一つになり、圧倒的な喜び、完全な神の内に内在する経験は、表現しえない至福の享受である。しかし、この至福の経験によりさらに人間的にされる。これは神秘主義経験の大いなるパラドックスである。人間は神の内に受け入れられたにもかかわらず、人間としては消えず、反対に、人間はますます被造物自身になり、人間らしくなる。神と一致した存在においていっそう人間になる。「私たちの内面に属する一切のものは、神の愛により炎の中の鉄のように貫かれている。そのように、私たちは神の国を私たちの内に見つけるのである。この国から私たちは義に、すべての徳に促される。なぜなら、愛は行為なくしてはありえないし、私たちの心の霊は心と心情、魂の諸能力を動かし、私たちを徳の完全な行使へと駆り立てるからである」（『霊的な幕屋について』［Vanden gheestelike tabernakel］W II, S. 365［S. 271f.］）。したがって、真の神秘主義者は、孤独に象牙の塔に籠もって、絶対者と差し

向かいで享受し、人間的なものには背を向けるものではない。(14)

（4） 共通な人

真の神秘主義者の人生の最高はリュースブルクが「共通な人、生」と呼ぶものである。真の神秘主義者は「共通な人である」。リュースブルクの言う「共通な人、生」とは何であろうか。神、天使、人間に「共通」であること、つまり、すべてのものに仕えることである。また、創造者のもの、しるし、道具はそこではすべてのもののためにある。「神はすべての被造物に共通である」（三〇一頁）というのは、神が抽象的なエネルギーを与えるもののような漠然とした、あるいは、普遍的なままで留まることを意味しない。一切のものは神によって存在しているからである。神はあらゆる具体的な存在に現存している。私たちが共通な人の生に特有なパラドックスを再発見する不思議な存在のあり方である。共通な人を特徴づけるものは、観念論者や禁欲苦行者の普遍的で冷淡な、いわゆる博愛でなく、人間に対する関心と配慮、つまり、すべてのもの、あらゆるものに対して自らを開放し、援助を惜しまない具体的な行為の可能状態である。(15) この「共通に」「常に、絶えず」流れ出る神と一つになることが許される真の神秘主義者自身は流れ出る愛である。このような人は、活動的であり、共通な人であり、その人の活動の源泉は枯渇せず、自己の力の限界を知らない。なぜなら、他者のあり余る富から汲み出すことができるからである。この他者は、行い、体験するすべてのものを推進し支える力だからである。「彼は神の富で強固にされた豊かな、柔和な根底をもっている。それゆえ、彼を必要とするすべてのものに止むことなく流れ出す必要性を感ずるのである。なぜなら、彼の富は完全に汲み尽くすことができない聖霊の生ける泉から成っているからである。彼は生ける存在であり、神の言うことを快く聞く道具であり、神は欲することを欲するままに、その道具で行うのである。それゆえ、このような人間はこれを自分のものにしない、つまり、彼は神にすべての栄光を捧げるのである」（『きらめく石』[Vanden blinckenden steen] W III, S. 41 [S. 108f.]）。

リュースブルクは共通な人を一般的な記述に限定しないで、さまざまな観点から、愛の共同体ともいうべきものを描いている。そして、この場合、この神と一つの存在はさまざまな、互いに補足し合う相から成っていることを指摘し、神との一致における「活動と享受」の弁証法、この二面性は、共通な生が発する根元の所与であることを明らかにしたのである。偽りの神秘主義者のようにただ「眺めるだけ」か、善意から出た「主の僕」のようにつまらぬ活動にしがみつくことか、あるいは、人生を祈りと活動の連続と眺めるだけか、これらの解決のどれもリュースブルクを満足させない。共通な生について、「このように、彼は共通な生をもっている。なぜなら、眺めることと活動することは同じように彼を感動させるのである。この二つで彼は完全になる」（『きらめく石』W III, S. 41 [S. 108f.]）と簡にして要を得た結論を下している。これについてさらに詳論されている。「動かないで、喜びを享受することとよい行いに出ていくこと、その際、常に神の霊と一つになっていることは、これは私が意図したことである。私たちの目を開け、それで眺め、再び閉じるように、そして、それはすばやくなされるので、それを感じないほどなのである。このようにして、神の内に死に、神により生きるのである、そして、神と常に一つになる。こうして、私たちは感覚の生に出ていき、愛で観想し、神により縋り、動くこともなく神の内に一つにされたままになる」（『霊的な愛の梯子の七つの階梯』[Van seven trappen] W III, S. 269 [S. 122f.]）。ここで「常に」「動かない」で神と一つに留まる観想と外へ出ることは矛盾しない。一切の煩いと「像」は取り除かれて、至福を享受しながら神の内に安らぐが、具体的に活動し、全生涯にわたって神を「見つめる」のである。「活動と享受」、「行為と観想」は、私たちの目の瞬きに似ている。にもかかわらず、目は絶えず見ることができる。リュースブルクは神秘主義の最高の生である二面性で何もしない偽りに対峙する、つまり、内面へ向かって安らぎと至福の享受、外面へ向かって活動と徳の修道という二つの仕方である[16]。「このように、私たちの至福をもつ神の内で完全に生きる。そして、神への愛において修練する私たち自身の内にあって、完全に生きるが、それはただ一つの生である。リュースブルクは共通な生の現象をさらに心理学的に取り扱っている」[17]。最初の神秘的な触れ合いで人間は一般的日常的な意識から連れ出される。人間は内省化され、自分の心の中に何かが生じたことを感じて、「自我性」から取り出され、その「根底」に引き入れられる。人間自身が主人である平均的な意識から、突然に他者が感ぜられるレベルに変わることは衝撃的な体験である。人は再び気が鎮まり、また、外面で生き始めるが、「根底を」見捨てるというわけではない。もちろん、今や任意に観想か、外へ出ていくかできるのである。「彼らは観想と外へ出ることのあいだに立ち、彼ら自身の主人で、それゆえ、この二つの要素のそれぞれを、もし望めば実行できるのである」(『永遠の至福の鏡』[Een spieghel der eeuwigher salicheit] W III, S. 183 [S. 138f.])。こうした簡潔な表現で、この個所ははるかに進んだ心理的な統合を提供する。霊の生活を規定する二つの大きな動きを自由に支配できることは、すでに、異常な人間的あり方である。にもかかわらず、リュースブルクは行為と観想の問題について決定的なことは言わない。心の二つの相を普通の人間よりはよく制御することが真の神秘主義者にはできるであろうが、それらを一緒に体験することはできない。観想と外へ出ることはおそらく、ただ、相続いて生じ、けっして同時には存立しえないのではないか。人間の二つの生の相はその体験において実際に分かれているのだろうか。

(5) 神と一つであること

『愛する者の国』(Dat rijcke der ghelieven) の末尾に共通な人の三つの記述がある。「本質と能力」、「楽しみ享受することと働くこと」のあいだの対立がさまざまな用語と複眼的な視点から、心の二つの生の相に同じ指摘がなされる。またも、この二つのいずれにも支配されないように「中間に立って」いて、二つのうちの一つをけっして除外しないで、自由に選ぶことができる。が、さらにその記述に注目すべき要素を加えている。その射程をよく捉えるために、このコンテクストにおける「本質的な」とは「神と一つであること」と同じ意味であるということを理解しておかなければならない。これは、一であることの最も直接的な、最も個人的神秘的な経験を示唆する表現である。「本質的により縋ること」は、人が神の内にいることを感じていることと等しい意味である。「このように、共通な人はその霊の最高の内に、本質と能力のあいだ、つまり、享受と行為のあいだに立たなければならない、そして、常に、本質的により縋らなければならない。このようにして、至福を享受し溢れ出て、その無に沈み、神性の暗闇の内へ沈潜する」（『愛する者の国』W I, S. 100［S. 254f.］）。つまり、ここで、神と一つであることは、継続経験として、「いかなる時も本質的により縋ること」である。この一であることは至福の享受と行為の対立を超えている。これにより、すべての霊的な人は不安の板挟みから解放される。他者に沈潜することは「祈り」と「活動」が提携する継続的な状態である。その最高の観想においてもその具体的な活動においても神と一つである。この神はその根底において――「本質的に」――常に人間を所有しているのである。

(6)　行為と観想は一つの神性の泉から発する

人間の生の二つの相はしたがって、「自我性」に留まっているものにのみ対立的で離れ分かれている。真の神秘主義者は、二つは同じ一つの根底に根ざしていることを経験し、その根底に存在し留まるのである。行為と観想は一つの同じ「暗い」神性の泉から発している。その中に、共通な人は沈められ存在し、留まるのである。以上から理解されるように、リュースブルクにより提起されている解決は共通な神に個人的に献身することであり、個々ばらばらな、真摯な人が共通な人になることである。多くの神秘主義者が「ルカによる福音書」(一〇・四二)にもとづき観想を最高の霊的な生とみなしたが、リュースブルクはこの見解には与しない。真に霊的な人はマリアとマルタのどちらを選ぶかは問題にならない。共通な生においては、マルタとマリアは活動し安らぎ、徳を行ない享受し、愛を行いかつ受け、能動的・受動的に二面的だからである。[18] 神と隣人と連帯した共通な生によって、リュースブルクは完全性を示唆したのである。[19] それは人間と共同体を実現した神の生であると言われる。[20]

ところで、リュースブルクの『霊的な婚姻』は常に冷めて体系的で、一致への途は罪から神へ転ずる生、神を切望する生、神を観る生と分けられているが、第三の生が終着段階というわけではない。一段一段と、低いレヴェルから高いレヴェルに進んでいくが、前の生を去るのではない。すべて三つの生は同時に、同じ瞬間に共通な生に入るのである。それは『霊的な婚姻』においてたえず繰り返されている記述からも窺うことができよう。

四　後世への影響　ズーダーマンとアルノルト

十四世紀のリュースブルクは後世にどのような影響を与えたであろうか。[21] すでに拙訳『霊的な婚姻』で影響については解説したが、若干補足したい。リュースブルクをプロテスタントへ紹介した重要な学者でありながら、等閑視されがちな二人の人物に触れて見よう。それは、ダニエル・ズーダーマン(Daniel Sudermann 一五五〇—一六三一年)と、彼を通じてリュースブルクを知った敬虔主義の詩人ゴットフリート・アルノルト(Gottfried Arnold 一六六六—一七一四年)である。周知なように、プロテスタントが勝利を得た地区では、修道院や教会が荒らされ、閉鎖され、多くの中世の写本が散逸し始めたが、ズーダーマンはこれらの写本の収集にあたったのである。写本の蒐集家としてのズーダーマンは、エックハルト（Meister Eckhart 一二六〇頃－一三二七／二八年）、タウラー（Johannes Tauler 一三〇〇頃－六一年）、ゾイゼ（Heinrich Seuse 一二九五頃－一三六六年）は言うに及ばず、リュースブルクのテクストの保存にも重要な役割を演じたのである。ケルンで発見したものから、一六二一年に二冊刊行している。それは『きらめく石』と『霊的な婚姻』の抄訳『神の恩恵について』（Von der Gnade Gottes 一六二一年）である。

時代は下って、アルノルトがいつリュースブルクの作品を手にしたか詳らかではないが、特に、『書簡選』（Auserlesene Sendschreiben 一七〇〇年）では、ゾイゼ、トマス・ア・ケンピス（Thomas a Kempis 一三七九－一四七一年）などとともにリュースブルクの書簡が選ばれ、序文に三頁が割かれ、論じられている。一七〇一年にはスリウス（Laurentius Surius 一五七八年没）のラテン語訳からドイツ語に訳され、アルノルトの序文が付される。訳者はG・J・Cというイニシャルで示されているが、ギヒテル、ヨハン・コンラート（Gichtel, Johann Conrad 一六三八－一七一〇年）ではないかと推定されている。ポメリウス（Pomerius 一四六九年歿）のリュースブルク伝、書簡の翻訳もこの人物によるものとされている。が、アルノルトがリュースブルクの最初の全独訳の責任者であったことは言うまでもない。アルノルトのリュースブルクへの傾倒ぶりは晩年になると、ますます高くなるが、当初は、司牧の関心からであった。特に、「キリストにあって愛と喜びで永遠に各々が他者に従順に生きなければならない。このゆえに、幕屋は永遠であり、すべての種類の真理を果たすのである」（『霊的幕屋について』W II, S. 3 [S. 7]）や『霊的な婚姻』の序文の「人の本性は神がご自身の像に似せて創造した花嫁である」（一二一頁）は、しばしば引用された個所である。リュースブルクの三つの生の記述とアルノルトの「浄化、照明、一致の途」は共通点が多い、特に、リュースブルクの場合のように、この三つの生は「同時に」起こりうる生であった。高い段階に達したとき、低次の活動性が放棄されるものではない点でも、リュースブルクと見解を同じくしている。が、アルノルトの霊的な生の記述はリュースブルクのような促す強い力はない。『霊的な婚姻』の第二の生の「神の人間の中へ流れ込む」そして、「人間の神の中へ流れ戻る」はアルノルトの作品にはない。アルノルトは正しいキリスト者の生を描くのに力点を置き、教訓的に正しい敬虔なあり方で生きることを要求したのである。したがって、リュースブルクの第一の生の序文における「時の一瞬」の句の使い方はない。恩恵と自由意志が完全な痛悔と良心の浄化に協力して、霊、つまり、徳を形成するような記述はない（二二七頁）。アルノルトの時の一瞬は、信者が選ばれ、義とされ、聖化され、栄光化される神の面前における一瞬である。それはすべての徳を含み、偽信者に対立する、真のキリスト者に現れる徳である。

註

（1）慣用のロイスブルクとしないで、中世オランダ語の原音に従いリュースブルクと表記した。Ruusbroec の uu は長音/ü/（ユー）と解した。この音は中世では、開音節で u と綴られ、閉音節で uu, ue, ui, uy と綴られている。したがって、Ruys-broec, Ruesbroec, Ruisbroec と綴られるのである。中世の/u/の発音は長、短いずれも現代オランダ語、フランス語と同じ発音である。oe については、中世では二重母音で/ue/（ウェ）で、唇音、軟口蓋子音の前では ou と綴られ短音であったとフランクは言う。ちなみに、現代語では [rüssbrük] である。Cf. Colette M. van Kerckvoorde, *An Introduction to Middle Dutch*, Berlin 1993; J. Franck, *Mittelniederländische Grammatik*, Arnhem 1971, S. 4; H. Vekeman, A. Ecke, *Geschichte der niederländischen Sprache*, Bern 1993, S. 68/249; *Langenscheidts Taschenwörterbuch, Niederländisch-Deutsch*, Berlin 1960, S. 486.

（2）Jan van Ruusbroec, *Die Zierde der geistlichen Hochzeit*, übersetzt v. M. Schaad-Visser, mit einem Nachwort versehen

v. A. M. Haas, Einsiedeln 1987, S. 169f.

（3）　P. Mommaers, *Was ist Mystik? (Wat is mystiek?)*, übersetzt v. Fr. Theunis, Frankfurt a. M. 1979, S. 82f. この書はリュースブルク論が根幹を成している。以下WMと略記し、註8の論文とともに負うところが多い。

（4）　リュースブルクの作品の引用については『霊的な婚姻』は拙訳（『タウラーとリュースブルク』「キリスト教神秘主義著作集　九」教文館、一九九五年）の頁のみを示す。その他の著作については、WはJan van Ruusbroec, *Werken*, Amsterdam 1932-1934; 1944-1948（[ ]はJan van Ruusbroec, door Dr. Lod. Moereels, S. J., Tielt 1976-1982の頁）を指示する。左頁はWerkenで、右頁は現代オランダ語訳で、引用個所は筆者の試訳である。『霊的な婚姻』のテクストは、Jan van Ruusbroec, *Opera Omnia 3, Die Geestelike Brulocht*, Turnhout 1988を利用した。

（5）　L. Moereels S. J., *Ruusbroec en het religieuze leven*, Den Haag 1962, p. 210.

（6）　WM, S. 83.

（7）　J. Sudbrack, *Mystik*, Mainz 1988, S. 101.

（8）　P. Mommaers, Une phrase clef des Noces Spirituelles, *Mediaevalia Lovaniensia*, Series I, Studia 12 (ML), Leuven/Louvain 1984, p. 100. この論文で引用される『霊的な婚姻』のテクストはWとビゼの仏訳（J. A. Bizet, Ruysbrœck, Paris 1946）が用いられているが、引用は拙訳のみを挙げ、テクストの頁は挙げなかった。PCと略記する。

（9）　PC, p. 111.

（10）　ミンネの嵐のモチーフは十三世紀のナザレトのベアトレイス（Beatrijs van Nazareth 一二〇〇頃―六八年）によると言われている。J. A. Wiseman, Minne in *Die gheestelike brulocht*, ML, p. 86.『霊的な婚姻』では、愛はminne, liefde, karitateと使い分けられ、liefdeは心の情緒的な面に限られるが、基本的にはミンネとシノニムのように用いられ、ミンネとカリタテについても基本的には差異がなく、至福な安らぎの極へ向かうとき、「ミンネのうち」とか「至福なミンネのうち」(ghebrukelijcke minne）と表現し、決して、「カリタテ」は使わない。ミンネはカリタテよりも広義で、カリタテはミンネの一面で、「外へ出てゆく」さまざまな徳の行為を通して創造的な秩序における神への愛、隣人への愛を表現している。Cf. J. A. Wiseman, *op. cit*, p. 89.

（11）　PC, p. 119.

(12) ghemeyn（共通な）は現代語の gemeen になると，「卑しい，下劣な」という意味が加わるので gemeen の代わりに algenoegzaam, schouwend-werkend（観想－活動的）という訳が好まれるという。Cf. Jan van Ruusbroec, *Vanden Blinckenden Steen*, door Dr. Lod. Moereels, S. J., Tielt 1981, p. 13.

(13) PC, pp. 102f. Mommaers は内容の繰り返しを relecture と言う。

(14) WM, S. 86.

(15) WM, S. 88.

(16) L. Moereels, *op. cit.*, p. 210.

(17) WM, S. 90.

(18) L. Moereels, *op. cit.*, p. 213; P. Verdeyen, *Ruusbroec en sijn mystiek*, Leuven 1981, p. 156.

(19) P. Dinzelbacher, *Christliche Mystik im Abendland*, Paderborn 1994, S. 336.

(20) Id., *Wörterbuch der Mystik*, Stuttgart 1989, S. 379.〔P・ディンツェルバッハー編『神秘主義事典』植田兼義訳，教文館，二〇〇一年〕

(21) この章は以下の文献によるところが多い。P. C. Erb, The use of Ruusbroec among German Protestants, ML, pp. 153-175.

第二部　スコラ学・自然学思想

8　ガンのヘンリクスとフォンテーヌのゴドフロワの思想

加藤雅人

序

西洋中世哲学史の文献学的研究の進展とともに、近年、これまで長いあいだ忘れられていた、あるいはほとんど知られていなかった、十三世紀末から十四世紀初頭の、特にパリ大学における思想家たちへの関心が広がりつつある。[1] この時期は、トマス・アクィナス（Thomas Aquinas　一二二四／二五―七四年）の時代と、ドゥンス・スコトゥス（Johannes Duns Scotus　一二六五／六六―一三〇八年）の時代とを繋ぐ歴史的に重要な時期である。この時期を代表する思想家のうち、同世代の人々に大きな影響を与え、また次世代の人々の思想形成に貢献したという点で重要な人物として、ガンのヘンリクス（Henricus Gandavensis; Henri de Gand　一二四〇以前―九三年）とフォンテーヌのゴドフロワ（Godefridus de Fontibus; Godefroid de Fontaines　一二五〇以前―一三〇六／〇九年）がいる。両者とも、その研究は欧米を中心として着実に進んでいるが、わが国ではまだ著しい情報不足の感がある。[2]
そこで本稿では、基本的文献を提示し、欧米を中心としたこれまでの先行研究の成果を概観することによって、十三世紀から十四世紀への時代の転換期における思想状況の一端を明らかにする。

一　ガンのヘンリクス

ヘンリクスは十三世紀の最後の四半世紀をパリ大学神学部の教授として学術的な活動を行った。この時期は、上で述べたように、トマス・アクィナスとドゥンス・スコトゥスの中間にある。かつては、トマス・アクィナスと同時期であるとみなされていたヘンリクスの活動が、実はこの中間の時期であったことを最初に明らかにしたのは、フランツ・エーアレ(3)であった。エーアレの研究およびそれにもとづくその後の諸研究(4)によって、ヘンリクスがこの時期における最も影響力の大きい思想家であったことは今や周知となっている。

ヘンリクスは一二四〇年より以前にフランドル地方の都市ヘント（Gent;［仏］ガン Gand;［英］ゲント Ghent）で生まれた(5)。彼はトゥルネ（Tournai）の司教座聖堂の付属学校で初等教育を受け、その後パリ大学の学芸学部で学び、一二六五年から学芸学部の教師を務めた。彼は引き続き神学部で学び、一二七五年から一二九二年まで神学部の教授を務め、一二九三年に亡くなった(6)。

神学部の若き教授ヘンリクスは、パリ司教エティエンヌ・タンピエ（Étienne Tempier　一二七九年歿）に任命された「諮問委員会」（assessores episcopi）の一員として、有名な一二七七年の禁令に加わっている。この禁令は当時パリ大学で教授されていた急進的アリストテレス主義、いわゆるラテン・アヴェロエス主義に反対する政治的キャンペーンであった(7)。一二七七年一月一八日、教皇ヨハネス二一世（Johannes XXI　在位一二七六―七七年。学芸学部の元教師ペトルス・ヒスパヌス［Petrus Hispanus］）は、タンピエ司教にパリ大学での異端的な教育内容について諮問した。これを承けてタンピエは、ヘンリクスを含む一六人の神学者で構成される諮問委員会を召集し、その委員会の勧告に従って一二七七年三月七日、二一九条の命題の教授を禁止した。それは学芸学部の教師たち、アエギディウス・ロマヌス（Aegidius Romanus　一二四三頃－一三一六年）、トマス・アクィナスの教説の一部に言及していた。(8)

ヘンリクス自身がこの委員会の一員であったことを表明しているが、(9)委員会で彼が果たした役割は定かではない。ブラウンによれば、ヘンリクスはその委員会の保守派（すなわち急進的アリストテレス主義に対抗してアウグスティヌス主義を擁護する立場）であった。(10)ヘンリクスは、この禁令の直後に開かれたアエギディウスへの非難宣告やトマス・アクィナスの実体形相の一性に対する「教授たちの宣言による非難決議」（damnatio per sententiam magistrorum）を決めた神学部の会議にも出席している。(11)

ヘンリクスはまた、一二八一年教皇マルティヌス四世（Martinus IV　在位一二八一－八五年）によって修道司祭に認められた「告白を聴く特権」の合法性について検討するために、一二八二年にパリ大学で召集された委員会にも参加した。当時、彼は修道士らの論敵であり、修道士らに対抗して在俗の聖職者の権利を擁護する立場にあった。修道会の司祭がパリ大学で教授するという特権を制限したいと考えていた在俗の教授たちは、修道司祭に告白された罪は、もう一度在俗の聖職者に告白されて初めて固有な意味で贖罪されると主張した。一二九〇年、教皇ニコラウス四世（Nicolaus IV　在位一二八八－九二年）は修道司祭に味方する裁定を下し、ヘンリクスはこれに抗議したため、直ちに教皇使節ベネデット・ガエターニ枢機卿（Benedetto Gaetani　一二三五頃－一三〇三年。後の教皇ボニファティウス八世［Bonifatius VIII　在位一二九四－歿年］）によってパリ大学教授を休職させられた。(12)とはいえ、ヘンリクスは一二九〇年にも九一年にもパリ大学で開かれた任意討論会に参加しているので、彼の休職はごく短期間であったとみられる。(13)

以上のように、エーアレの研究以後ヘンリクスの経歴についての研究は進展したが、それに比べて、彼の思想についての研究のほうは遅々として進まなかった。一つには、彼の著作の批判的校訂版全集が一九七九年まで刊行されなかったからである。ヘンリクスは在俗の教授であったために、彼の教説を積極的に支持し保存する会派をもたなかった。ところが、十六世紀になって、公認の博士をもたない聖母マリア下僕会（Ordo Servorum Mariae）が、「厳粛博士」（Doctor Solemnis）と呼ばれていたヘンリクスを公認の博士として採用し、彼の著作を編集・出版した。この偶然の出来事のおかげで、彼の著作はかろうじて消失を免れた(14)。とはいえ、それ以後二十世紀後半まで、テクストの批判的校訂版の編集作業はまったく進まなかった。紆余曲折を経てようやく一九七九年、レーヴェン大学出版局は全四六巻から成る『ガンのヘンリクス全集(15)』（Henrici de Gandavo Opera Omnia）の刊行を開始した。編集の責任を負うマッケンは、一九六八年以来、ヨーロッパの国々を廻って二三六の写本を収集し、それらをマイクロフィルムに収めていた。全集の第一巻–第四巻には、それら写本の目録およびヘンリクスの経歴についての解説が収められている。第五巻–第二〇巻には『任意討論集』（Quodlibeta）全一五巻、第二一巻–第三四巻には『定期討論の大全《スンマ》』（Summa; Quaestiones ordinariae）、第三五巻には『自然学註解』（Quaestiones super VIII libros Physicorum）、第三六巻には『聖書講解』（Lectura ordinaria super S. Scripturam）、第三七巻には『シュンカテゴレマタ』（Syncategoremata）などが収められる予定である。多くの巻は未刊行であるが、既刊のテクストによってヘンリクスの思想の精密な研究がようやく緒についたばかりである。

ヘンリクスの思想についての研究を困難としてきたもう一つの理由は、彼の思想の発展がわれわれに隠されていることである。ヘリンクスの主著『定期討論の大全《スンマ》』は、神学部で毎週定期的に行われた討論の記録として、教授であるヘンリクス自身がまとめ直したもので、七五の項（各項はさらに多くの問）から成る。もう一つの代表的著作『任意討論集』は、毎年二回（降誕祭と復活祭の前に）行われる任意の主題についての討論会の記録で、一二七六－九一年にかけて主催した任意討論の内容がヘンリクス自身によって書き直されたものである。ヘンリクスが、当時の他の学者たちと同様、徐々に自らの思想を発展させたことがいまでは明らかになっている。(16) しかし、彼の二つの代表的著作を見る限り、この発展のプロセスはわれわれには見えにくいかたちでしか残されていない。それはヘンリクス自身がそれらの著作に与えた構造によるものである。(17) 両著作においてしばしばヘンリクスは、読者に著作の前や後の部分を参照させ、著作の全体があたかも同時に考えられ、作成されたかのような印象を与えている。つまり、両著作の本当の作成時期が表面的な共時性によって隠されているのである。

かつては、ヘンリクスはまず『定期討論の大全《スンマ》』を、次に『任意討論集』を書いたと考えられていた。しかし、現在では、それら両著作は彼の著作活動の全期間にわたって並行して書かれたものであり、同時期に書かれた部分は互いに相補性があるとみなされている。(18) ヘンリクスの著作の年代決定に関して信頼性の高いカッファレーナの研究(19)によれば、『定期討論の大全《スンマ》』第一項－第二〇項（神学の本性についての考察）は、教授就任の一二七五年までに書かれ、『定期討論の大全《スンマ》』第二一項－第五二項（神の本質と諸属性についての考察）は、教授就任直後の一二七六－八二年復活祭までに書かれ、同時期には『任意討論集』第一巻－第六巻までが書かれている。そして『定期討論の大全《スンマ》』第五三項－第七五項（三位一体についての考察）は、教授在任中後期の一二八二－九二年に書かれ、同時期には『任意討論集』第七巻－第一五巻が書かれている。

以上の理由から、ヘンリクスの思想の発展的性格に配慮しつつ、その一般的傾向について「〜主義」として分類し説明することはこれまでのところ容易ではなかった。その結果、彼の思想は本質的にプラトン的であるとする説（Pl）から、アリストテレスの強い影響を強調する説（Ar）まで、多様な解釈がある。そして、プラトン的側面を強調する見解には、「アウグスティヌス的アヴィセンナ主義」（ジルソン）ないし「ネオ・アウグスティヌス主義」（ファン・シュテーンベルゲン）という意味で新プラトン主義とする説[20]（Pl-1）と、「純粋なプラトン主義」（パウルス）とする説[21]（Pl-2）がある。

また、アリストテレス的側面を強調する見解には、アリストテレスの影響が初期に強いという説（Ar-1）、後期の方が強いという説（Ar-2）、その中間的な説（Ar-3）がある。ニュスの説（Ar-1.1）によれば[22]、ヘンリクスの認識論は「アリストテレス・アヴェロエス的立場から、より強いアウグスティヌス的立場へ」発展した。その証拠は、初期の「刻印形象」（species impressa）という考えを後期に破棄したことである。他方、マッケン、プレツィオーソらの説（Ar-1.2）によれば[23]、ヘンリクスは「アリストテレス的アウグスティヌス主義からアヴィセンナ的アウグスティヌス主義へ」発展した。彼らが注目したのは、ニュスが指摘した「刻印形象」の破棄だけでなく、人間知性に対する神の働きを「離存的能動知性」（intellectus agens separatus）として説明する特徴が後期に強くなる、ということである。

これに対して、ドゥヴィアーやマレンボンの説（Ar-2）によれば[24]、ヘンリクスの認識論はプラトン・アウグスティヌス的でありながら、かなりのアリストテレス的要素をもっており、ヘンリクスの思想発展は、ニュス、マッケン、プレツィオーゾなどとは逆方向へ、つまり「純粋なアウグスティヌス的照明説から、アリストテレス思想の諸原理を考慮する方向へ」進んでいった。

さらに、中間的なマローネの説（Ar-3）によれば[25]、ヘンリクスの思想の発展の方向は、根深いアウグスティヌス主義を背景にしながら、中期から後期にかけて、初期にもっていた二つの要素、すなわち存在論におけるプラトン的要素と認識論におけるアリストテレス的要素を、どちらも深め、両要素の互いの整合性をより高めるような方向である。そして、最近の研究では、ヘンリクスの思想に「プラトン主義」や「アリストテレス主義」、「アウグスティヌス主義」や「アヴィセンナ主義」といったラベルを貼るのではなく、彼の思想の中に、独自の「新しい総合」、「伝統の刷新」、「スコラ哲学の変容」を見ようとする傾向が強まっている。[26]

以上のように、ヘンリクスの思想の一般的傾向については多様な解釈が存在し、これを確定する説得力ある研究は現時点では存在しない。だからといって、コプルストンのように[27]、ヘンリクスの思想を「折衷的」と評価するのは早計である。むしろ、ヘンリクスの思想には諸要素が絡み合った複雑な構造があり、トマス・アクィナスやドゥンス・スコトゥスと同様、これらのさまざまな要素が渾然一体となってヘンリクス独自の思想体系を形成しているとみなすべきである。しかし、修道会の後ろ楯による研究の長い蓄積があり、すでに第一級の思想家として認知されているトマス・アクィナスやドゥンス・スコトゥスと違って、ヘンリクスの思想をその全体性において明瞭に叙述することは現状では困難である。それは今後の課題である。[28]

二　フォンテーヌのゴドフロワ

フォンテーヌのゴドフロワは、十三世紀末から十四世紀初頭にかけてかなりの影響力をもっていた。[29] しかし、その後の歴史において彼の名前はほとんど忘れられた。二十世紀初頭まで彼の著作が編集されなかったことが、忘却の事実をよく物語っている。ホフマンによれば、ゴドフロワの忘却には理由があった。[30] ガンのヘンリクスと同様、ゴドフロワもパリ大学の在俗の（修道会に属さない）教授であった。したがって、ドミニコ会がトマス・アクィナスを支持し、フランシスコ会がドゥンス・スコトゥスを支持したように、ヘンリクスやゴドフロワを積極的に支持する会派がなかったからである。[31] それでも、ヘンリクスの著作は偶然の幸運によって十六世紀に編集されたが、ゴドフロワの場合はそのような幸運は一切なく、二十世紀までほとんど忘れられた存在であった。

二十世紀初頭、忘却の淵にあったゴドフロワを再発見したのはド・ウルフである。彼は最初の信頼に値する研究書を著した。[32] そして、彼を中心として「ベルギーの哲学者たち」(Les Philosophes Belges) というシリーズにおいて、一九〇四から一九三八年にかけて、ゴドフロワの『任意討論集』(Quodlibeta) 全一五巻が初めて編集・出版された。[33] これを基礎として、その後一九六〇年代までは、彼の認識論・倫理学・神学などの分野についての研究が積み上げられ、[34] 一九八一年、彼の形而上学についての研究がウィップルによってまとめられた。[35] これらの先行研究の蓄積によって、今日われわれは、ゴドフロワの経歴や思想の概要を知ることができるのである。

ゴドフロワはリエージュ領内の貴族の城フォンテーヌ・レゾゼマン (Fontaines-les-Hozémont) で生まれた。[36] 彼の誕生は一二五〇年の少し前と推定される。[37] 彼は、一二六九―七二年頃（トマス・アクィナスの第二次パリ大学神学部教授時代）、パリ大学の学芸学部で、ブラバンのシゲルス (Sigerus de Brabantia 一二四〇頃―八一／八四年) やダキアのボエティウス (Boethius Dacus 一二七七年頃活動) の教えを受け、[38] 一二七四年（トマス・アクィナスの歿年）までには学芸科目を修め、その後神学部に進み、ヘンリクスの教えを受けた。[39] つまり、彼は、タンピエ司教による二度の大規模な禁令（一二七〇年と一二七七年）のあいだの時期、パリ大学神学部を中心として展開された哲学的・神学的諸問題の論争をじかに体験したわけである。[40]

グロリューによれば、[41] ゴドフロワの『任意討論集』（全一五巻）は、第一巻―第一四巻が教授就任直後の一二八五年―九七年のあいだにほぼ毎年書かれ、六・七年の沈黙の後、一三〇三年一二月あるいは一三〇四年三月に第一五巻が書かれている。それが意味するのは、ゴドフロワは一時期パリ大学を離れ、数年後再びパリに戻ったということである。したがって、彼は一二八五年から（一時期の中断を挟んで）一三〇四年頃まで、パリ大学神学部の教授を務めたことになる。ゴドフロワは、在俗の教授として、ガンのヘンリクスとともに、修道司祭に認められた「告白を聴く特権」に反対する立場を採った。[42] 死亡は一三〇六年あるいは一三〇九年である。[43]

ゴドフロワの主著は上述の『任意討論集』である。そもそも、十三世紀のパリ大学における「任意討論」とは、神学の教授が主催して年二回、降誕祭と復活祭の前に行われる討論会で、大学の関係者誰でもが参加できる公開討論会であった。この討論会は「任意の者によって」（a quolibet）提出された「任意の問題について」（de quolibet）討論されるところから「任意討論」（Quodlibetum）と呼ばれた。[44] この討論会を主催する教授には、かなりの力量が要求された。討論会の当日に論じられた雑多な問題を系統的に整理し直して、後日、教授は再度同じ問題を今度は自分の学生だけを前にして講じるのが慣例であった。この二度目の講義で、教授は各問題に対して最終的な「確定」（determinatio）を行った。[45] その後、教授は「確定」を最終的に文書のかたちにまとめて公刊するのが慣例であった。したがって、一回の「任意討論」について三種類の記録がありうるわけである。すなわち、(1) 公開討論会の当日、教授の助手ないし学生によって記録された「報告」（reportatio）、(2) 公開討論会の後日、教授が自分の学生に対して行った「確定」を学生が記録した「報告」、(3) その後、教授自身がまとめた「確定」である。

ド・ウルフの指摘によると、[46]『任意討論集』第一巻―第四巻は、「問題」（quaestio）の数が少なく、各「問題」も短く、その他の巻に比べてやや異質である。また、それらの巻の中に「教授の著書における解答」という表現が見られるが、教授であるゴドフロワ自身がこの表現を用いたとは思われない。また、いくつかの「問題」には短編と長編の二つのバージョンがあるが、ゴドフロワ自身が二種類のまとめをしたとは思われない。以上の点からド・ウルフは、第一巻―第四巻は教授であるゴドフロワ自身がまとめた「確定」ではなく、それを学生が記録した「報告」であると結論した[47]。これに対して、ロタンは第三巻と第四巻の短編はゴドフロワ自身の手によるものとし[48]、さらにホフマンは第一巻と第二巻の短編もゴドフロワ自身の手によるとした[49]。

要するに、第一巻–第四巻の真の著者については、今なお議論が存在するわけである[50]。したがって、思想上のくい違いが出た場合、第一巻・第二巻の短編よりは第三巻・第四巻の短編に、そして第一巻–第四巻よりは第五巻–第一五巻に信頼を置くべきだということになる[51]。しかし、だからといってそれらの短編を無視すべきというわけではない。それらの短編も、少なくともゴドフロワの主催した「任意討論」の「報告」ないし「縮小版」であることに変わりはなく、思想内容において長篇との矛盾はほとんどなく、第三巻と第四巻のある「問題」においては、短編のほうが長篇よりもよくまとまり、信頼に足る場合もあるからである[52]。

さらに、研究者たちの間で物議をかもしているのは、『任意討論集』第一四巻の文体である。その巻の各「問題」は非常に長く議論が細かく表現が複雑で、従来の「任意討論」の型を破るものである。ペルツァーの指摘によれば[53]、ロタンは第一四巻を「任意討論」というよりはむしろ「定期討論」であるとみなした。しかし、それは伝統的な「定期討論」の型におさまりきらず、むしろグロリューは、それを新しいタイプの討論、たとえば「ソルボンヌ式」(Sorbonique) ではないかと見ている[54]。アーウェイによれば[55]、支持会派をもたなかったことに加えて、このような文体の複雑さもゴドフロワが読者を失ったことの一因であるかもしれない。

また、ゴドフロワの『定期討論集』もその大半が二つの写本、*Bruges, Stadsbibliot. 491* と *Vatican, Borghese 122, 164* の中に保存されているが[56]、テクストの編集はまだ進んでおらず、現在のところ三つの「問題」が「ベルギーの哲学者たち」第一四巻の中に、彼の『任意討論集』第一五巻とともに収録され、その他いくつかの「問題」が研究者たちによって個々に編集されているにすぎない[57]。その他、トマス・アクィナスの『対異教徒大全』

(Summa contra Gentiles) や『神学大全』(Summa theologiae) への註解もあるが、これらがゴドフロワ自身の著作であるかどうかには議論がある。(58)

一般に、ゴドフロワの思想は独自の路線を取りつつ、どちらかというと親トマス的であると言われる。ド・ウルフは初期の著作(59)において、トマスの死からスコトゥスの登場までの中世哲学史上の思想家たちを、「親トマス派」、「反トマス派」、「折衷派」という三つのグループに分け、ゴドフロワを第三のグループに入れた。というのも、ゴドフロワが、ある点では親トマス的、ある点では反トマス的、またある点では革新的だからである。しかし、後期の著作(60)においてド・ウルフはこの考えを若干修正し、この第三のグループの独自性を特に強調した。このグループは、やはり「折衷派」と命名されたが、全体としてのトマス主義には賛成でもなく反対でもなく、まったく独自の道を行くグループと位置づけられた。ガンのヘンリクスと並んで、ゴドフロワがこのグループの代表とされたが、ヘンリクスは、すでに見たように、どちらかというと親アウグスティヌス的であるのに対して、ゴドフロワはむしろ親トマス的であった。

ウィップルもまた、「ときには親トマス派、ときには折衷派として、彼〔ゴドフロワ〕は独自の批判的思想家であった」と言っている。(61) また、ウィップルの指摘によれば、ゴドフロワはトマスよりも急進的な（しばしばアヴェロエス的な）アリストテレス解釈をしたために、トマスから離れることもあったほどであるから、ヘンリクスとは違って、伝統的アウグスティヌス主義には非常に批判的であった。(62) 実際、急進的アリストテレス主義者シゲルスからの影響も指摘されている。(63)

ゴドフロワは同時代の思想家たち、特にヘンリクスや、アエギディウスや、ヴィテルボのヤコブス（Jacobus de Viterbio　一二五五頃－一三〇七／〇八年）らと激しい論争を展開した。ゴドフロワの著作において、これらの思想家たちの見解が整理されており、ゴドフロワの著作を通して、彼らの思想が図式的に整理されたかたちで今日知られる。その意味で、ゴドフロワの著作の歴史的価値は、同時代の人々の思想を知るための資料という点にもある。(64)

その一例として、十三世紀末の論争の主要テーマの一つ「存在と本質の区別」の問題が挙げられる。この思想の源泉は今なお明らかではないが(65)、トマス・アクィナスやシゲルスやヤコブスといった当時の思想家たちはみな、アヴィセンナ(Avicenna; Ibn Sīnā　九七三/八〇－一〇三七年)をその源泉とみなした。(66) 彼らによれば、アヴィセンナは、存在は付帯性として本質に付加されると考えた。(67) そして、この点でアヴィセンナを批判した人物としてしばしば引用されるのは、アヴェロエス(Averroes; Ibn Rushd　一一二六－九八年)であった。(68)

一般には、トマス・アクィナスは被造物における「本質と存在の実在的区別(複合)」を認めた人物とみなされているが(69)、トマスの見解はアヴィセンナのそれと同じではない。(70)「本質と存在の同一性」を主張したシゲルスによれば、アクィナスはアヴィセンナとシゲルス自身の中間的な立場であった。(71) ドゥンス・スコトゥスは被造物における本質と存在の実在的な区別や複合を一切否定した。(72)

トマス・アクィナスからドゥンス・スコトゥスへ至る中間の時代、すなわちゴドフロワがパリ大学で学生から神学部教授へと昇進していった頃(一二七六－一二八七年)、この問題をめぐってガンのヘンリクスとアエギディウスとのあいだで激しい論争が展開されていた。(73) ヘンリクスは一二七六年の『任意討論集』第一巻において、存在と本質の実在的区別を唱える説を激しく攻撃している。(74) ヘンリクスの標的は、おそらくアエギディウスであったと推定されている。(75) アエギディウスが神学部に復帰して(一二八五年)以後は、両者の論争は激化した。アエギディウスへの批判は、本質と存在の区別が「もの(res)ともの」の区別であるという極端な「超実在主義」(ultra-realism)に集中している。アエギディウスの真意は別として、少なくとも彼の用語法から判断すると、彼は本質や存在を「もの化」したという誹《そし》りを免れえないように思われる。[76] 要するに、トマスとアエギディウスは（各々の説明方式は異なるが）本質と存在は「実在的に」（realiter）区別されるとしたのに対して、ヘンリクスは「志向的に」（intentionaliter）区別されると主張したのである。

ゴドフロワは以上の議論を『任意討論集』第四巻第二問[77]において三つの立場に整理している。すなわち、(1) 存在は本質とは実在的に区別され、両者は分離はできないが実在的に複合するという（トマスやアエギディウスの）立場、(2) 本質と存在は実在的には同一であるが志向的に区別され、何らかの意味で複合するという（ヘンリクスの）立場、(3) 本質と存在は実在的に同一で、論理的秩序においては区別されうるが実在的には複合されないという（ゴドフロワ自身の）立場である。そして、ゴドフロワは『任意討論集』第三巻第一問[78]において、トマスやアエギディウスの「実在的区別」の説やヘンリクスの「志向的区別」の説を批判することを通じて、「存在と本質の実在的同一」という自説を提示している。

ところで、ゴドフロワは「本質と存在の区別（複合）」という説を、なぜ破棄したのであろうか。ジルソンによれば、[79] 一般的には親トマス派であるゴドフロワも、この点に関してはトマスに追随できなかった。というのも、ゴドフロワがトマスに従ったのは、あくまでアリストテレスと一致する限りにおいてでしかなかった。つまり、アリストテレスの存在論によって知的訓練を受けたゴドフロワは、アリストテレスの説く形相の現実性を踏み越えて、トマスの説く存在の現実性にまで突き進むことはできなかったのである。ちなみに一二七七年の禁令以後十四世紀の初期まで、パリ大学の在俗の教授たちはみな、ゴドフロワと同様、「存在と本質の区別」という説に反対した。

以上見たように、十四世紀の中頃から十九世紀まで、歴史上ほとんど忘れられていたゴドフロワを二十世紀初頭に再発見し、彼の『任意討論集』を編集し、重要な基礎的文献を提供したのは、ド・ウルフであった。二十世紀のゴドフロワ研究の蓄積は、ド・ウルフの業績なくしては語れない。彼の業績を土台として、グロリュー、ホフマン、ペルツァー、アーウェイ、ウィップルほか多数の人々の研究によって、今日われわれは、ゴドフロワの略歴・著作年代などについて、おおよそ知ることができるわけである。しかし、まだまだ解明されていないことは多い。今後の課題である。

また、彼の思想については、認識論・倫理学・神学・形而上学などの分野で、今日われわれはその概要を知ることができる。たとえば、意志論についてはロタンの、そして形而上学に関してはウィップルの、といった分析的な研究がすでに現れている。そして、ゴドフロワと同時代の思想家たちとの比較、特にガンのヘンリクス、アエギディウス・ロマヌス、ヴィテルボのヤコブス、ドゥンス・スコトゥスとの比較研究は、今後の重要なテーマである。というのも、彼らの時代（十三世紀末－十四世紀初頭）はまさに「論争の時代」と特徴づけられ、個々の思想家を単独で研究するのではなく、同じ問題について論争のあった人々の考え方を相互に比較することによってこそ、その問題について深い理解が得られるからである。

註

（1） J. F. Wippel, *The Metaphysical Thought of Godfrey of Fontaines*, Washington D.C. 1981, p. xi. Cf. S. Brown, The intellectual context of later medieval philosophy: university, Aristotle, arts, theology, in: J. Marenbon (ed.), *Medieval Philosophy*, Routledge History of Philosophy, III, London/New York 1998, pp. 188-203.

（2） わが国における両思想家の著作の翻訳や研究書はいまだ限られている。ガンのヘンリクスに関しては、八木雄二・矢玉俊彦訳『任意討論集』（I, qq. 14-17）、上智大学中世思想研究所編訳・監修『中世思想原典集成』第一三巻「盛期スコラ学」平凡社、一九九三年、六七九－七三六頁、加藤雅人『ガンのヘンリクスの哲学』創文社、一九九八年、がある。フォンテーヌのゴドフロワに関しては、加藤雅人訳『任意討論集』(III, q. 1; VI, q. 7)、上智大学中世思想研究所編訳・監修『中世思想原典集成』第一八巻「後期スコラ学」平凡社、一九九八年、一〇一―一六三頁、がある。

(3) Fr. Ehrle, Beiträge zu den Biographien berühmter Scholastiker I: Heinrich von Gent, *Archiv für Literatur- und Kirchengeschichte des Mittelalters* I, 1885, S. 365-401, 507f. Cf. 仏語訳 Recherches critiques sur la biographie de Henri de Gand dit le Docteur solennel, transl. J. Raskop, *Bulletins de la Société historique et littéraire de Tournai* 21, suppl. (1887), pp. 7-51.

(4) たとえば、J. Paulus, *Henri de Gand: Essai sur les tendances de sa métaphysique*, Paris 1938, pp. xi-xxiii; R. Macken, Introduction: La vie d'Henri de Gand, in: *Quodlibet I*, ed. R. Macken, *Henrici de Gandavo Opera Omnia* 5, Leuven 1979, pp. vii-xii; S. P. Marrone, *Truth and Scientific Knowledge in the Thought of Henry of Ghent*, Cambridge, Massachusetts 1985, pp. 1-3; P. Porro, An Historiographical Image of Henry of Ghent, in: *Henry of Ghent. Proceedings of the International Colloquium on the Occasion of the 700th Anniversary of his Death (1293)*, ed. W. Vanhamel, Ancient and Medieval Philosophy, Series 1, vol. XV, De Wulf-Mansion Centre, Leuven 1996, pp. 373-403.

(5) ヘンリクスは一二七六年にはパリ大学で最初の任意討論を主催しているので、その年までに神学部の教授となっていたはずである。当時の学則(クールソンのロベール〔Robert de Courçon　一一五五/六〇―一二一九年〕の学則)から判断すると教授就任はふつう三五歳以後であるから、逆算すると一二四〇年の少し前に生まれたという計算になる。

(6) J. Paulus, Henry of Ghent, *New Catholic Encyclopedia*, New York 1967, vol. 6, p. 1035.

(7) この事件に至る経緯については以下を参照。E. Gilson, *History of Christian Philosophy in the Middle Ages*, New York 1955, pp. 402-410; F. van Steenberghen, *Aristotle in the West*, trans. L. Johnston, Louvain 1955, pp. 230-238. なお、一九九七年ドイツのエアフルト(Erfurt)で開催された第一〇回国際中世哲学会二日目の全体会議では、「一二七七年の禁令の意味と哲学の地位」というテーマで、Alain de Libera, Luca Bianchi, John E. Murdoch の各氏による、最新の研究成果にもとづく報告がなされた。その詳細について、加藤信朗・加藤雅人「第一〇回国際中世哲学会報告」、『中世思想研究』第四〇号、一九九八年、二〇五―二一〇頁参照。

(8) 八木雄二・矢玉俊彦訳『一二七〇年の非難宣告/一二七七年の禁令』、上智大学中世思想研究所編訳・監修『中世思想原

典集成』第一三巻「盛期スコラ学」平凡社、一九九三年、六四三―六七八頁。

(9) R. Macken, La temporalité radicale de la créature selon Henri de Gand, *Recherches de théologie ancienne et médiévale* (= *RTAM*) 38 (1971), p. 220.

(10) J. V. Brown, Henry of Ghent on Internal Sensation, *Journal of the History of Philosophy* 10 (1972), pp. 15–28.

(11) S. Dumont, Henry of Ghent and Duns Scotus, in: J. Marenbon (ed.), *op. cit.*, p. 292.

(12) Y. M.-J. Congar, Aspects Ecclésiologique de la querelle entre mendiants et séculiers dans la seconde moitié du XIIIe siècle et le debut du XIVe, *Archives d'Histoire doctrinale et littéraire du Moyen-âge* 36 (1961), p. 50; J. Marrone, The Absolute and Ordained Powers of the Pope: an Unedited Text of Henry of Ghent, *Mediaeval Studies* 36 (1974), pp. 21f.

(13) J. V. Brown, John Duns Scotus on Henry of Ghent's Arguments for Divine Illumination: The Statement of the Case, *Vivarium* 14 (1976), pp. 94f., n. 3.

(14) E. Gilson, *op. cit.*, p. 409.

(15) *Henrici de Gandavo Opera Omnia*, ed. R. Macken, Ancient and Medieval Philosophy Series 2, De Wulf-Mansion Centre, Catholic University of Louvain, Leuven 1979ss.

(16) Th. V. Nys, *De werking van het menselijk verstand volgens Hendrik van Gent*, Leuven 1949（ラテン語要約: *De psychologia cognitionis humanae secundum Henricum Gandavensem*, Rome 1949); R. Macken, La théorie de l'illumination divine dans la philosophie d'Henri de Gand, *RTAM* 39 (1971), pp. 82–112.

(17) 写本の綿密な研究から、ヘンリクス自身による改訂の事実もマッケンによって明らかにされた。Cf. R. Macken, Les corrections d'Henri de Gand à ses Quodlibets, *RTAM* 40 (1973), pp. 5–51; Les corrections d'Henri de Gand à sa Somme, *RTAM* 44 (1977), pp. 55–100.

(18) R. Macken, La théorie de l'illumination divine dans la philosophie d'Henri de Gand, pp. 88s., n. 26.

(19) J. Gómez Caffarena, Cronología de la 'Suma' de Enrique de Gante por relación a sus 'Quodlibetos', *Gregorianum* 38 (1957), p. 133.

(20) E. Gilson, *op. cit.*, pp. 447f.; F. van Steenberghen, *La philosophie au XIIIe siècle*, Philosophes médiévaux, t. 9, Leuven

1966, p. 499.

(21) Cf. J. Paulus, Henry of Ghent, *op, cit.*, vol. 6, p. 1035.

(22) Th. V. Nys, *op. cit.*, pp. 117f., 120, 137; R. Macken, La théorie de l'illumination divine dans la philosophie d'Henri de Gand, p. 82.

(23) R. Macken, La théorie de l'illumination divine dans la philosophie d'Henri de Gand, pp. 87s., 92s.; F. A. Prezioso, *La critica di Duns Scoto all'ontologismo di Enrico di Gand*, Padua 1961, p. 62; J. Marenbon, *Later Medieval Philosophy (1150-1350). An Introduction*, London/New York 1987, pp. 144-153〔マレンボン『後期中世の哲学』加藤雅人訳、勁草書房、一九八九年、一七七—一八八頁〕.

(24) E. Dwyer, *Die Wissenschaftslehre Heinrichs von Gent*, Würzburg 1933, S. 35, 41-43.

(25) S. P. Marrone, *op. cit.*, pp. 144-148.

(26) G. Guldentops, C. Steel (eds.), *Henry of Ghent and the Transformation of Scholastic Thought; Studies in Memory of Jos Decorte*, Louvain 2003, p. viif.

(27) F. Copleston, *A History of Philosophy*, II, Mediaeval Philosophy, part II, ch. 44, b, New York 1962, p. 189.（コプルストン『中世哲学史』箕輪秀二・柏木英彦訳、創文社、一九七〇年）

(28) なお、最近の研究書として以下がある。M. Laarmann, *Deus, primum cognitum: Die Lehre von Gott als dem Ersterkannten des menschlichen Intellekts bei Heinrich von Gent (d. 1293)*, Beiträge zur Geschichte der Philosophie und Theologie des Mittelalters. Neue Folge, Band 43, Münster 1999.

(29) B. Neumann, *Der Mensch und die himmlische Seligkeit nach der Lehre Gottfrieds von Fontaines*, Limburg/Lahn 1958, S. 1f.

(30) J. Hoffmans, La table des divergences et innovations doctrinales de Godefroid de Fontaines, *Revue Néoscolastique de Philosophie* 36 (1934), p. 412.

(31) *Ibid.*; B. Neumann, *op. cit.*, S. 2.

(32) M. De Wulf, *Un théologien-philosophe du XIIIe siècle. Etude sur la vie, les œuvres et l'influence de Godefroid de*

Fontaines, Brussels 1904. その他、以下を参照。De Wulf, Un preux de la parole au XIIIe siècle, *Revue Néoscolastique de Philosophie* 11 (1904), pp. 416–432（非難宣告に対するゴドフロワの反応）; *Histoire de la Philosophie en Belgique*, Brussels 1910 (特に pp. 80–116); id., L'Intellectualisme de Godefroid de Fontaines d'après le Quodlibet VI, q. 15, *Beiträge zur Geschichte der Philosophie und Theologie des Mittelalters*, Supplementband I, 1913, pp. 287–296（ヘンリクスの照明説に対するゴドフロワの反論）; *Histoire de la Philosophie Médiévale*, Louvain 1936^{6}, II, pp. 293–297（上記の最初の著書の要約）.

(33) Les Philosophes Belges (PB と略記), t. 2, *Les quatre premiers Quodlibets de Godefroid de Fontaines (texte inédit)*, par M. De Wulf & A. Pelzer, Louvain 1904, pp. xvi+364; t. 3, *Les Quodlibets V, VI, VII de Godefroid de Fontaines (texte inédit)*, par M. De Wulf & J. Hoffmans, Louvain 1914, pp. 420; t. 4, *Les Quodlibets VIII, IX, X de Godefroid de Fontaines (texte inédit)*, par J. Hoffmans, Louvain 1924/1928/1931, pp. 422; t. 5, *Les Quodlibets XI, XII, XIII, XIV de Godefroid de Fontaines (texte inédit)*, par J. Hoffmans, Louvain 1932–1935, pp. 438; t. 14, *Le Quodlibet XV et trois questions ordinaires de Godefroid de Fontaines (texte inédit), Étude sur les manuscrits de Quodlibets*, par O. Lottin, A. Pelzer, J. Hoffmans, Louvain 1938, pp. iv+346.

(34) A. Stohr, Des Gottried von Fontaines Stellung in der Trinitätslehre, *Zeitschrift für katholische Theologie* 50 (1926), S. 177–195; id., Die Hauptrichtungen der spekulativen Trinitätslehre in der Theologie des 13. Jahrhunderts, *Tübinger theologische Quartalschrift* 106 (1925), S. 113–135; O. Lottin, Le libre arbitre chez Godefroid de Fontaines, *Revue Néoscolastique de Philosophie* 40 (1937), pp. 213–241; id., Le thomisme de Godefroid de Fontaines en matière de libre arbitre, *Revue Néoscolastique de Philosophie* 40 (1937), pp. 554–573; *Psychologie et morale au XIIe et XIIIe siècles*, Louvain 1942, t. I, pp. 304–339; t. II, Louvain 1948, pp. 267–269 (synderesis; conscience); t. IV, Louvain 1954, pp. 575–599 (virtus); pp. 682s. (dona Spiritus sancti); J. Leclercq, La théologie comme science d'après la littérature quodlibétique, *RTAM* 11 (1939), pp. 357–360; P. Bayerschmidt, *Die Seins- und Formmetaphysik des Heinrich von Gent in ihrer Anwendung auf die Christologie*, Münster 1941 特に S. 105–116, 248f., 266–279; J. de Blic, L'intellectualisme moral chez deux aristotéliciens de la fin du XIIIe siècle (Giles of Rome and Godfrey of Fontaines), in: *Miscellanea moralia in honorem ex. Dom. Arthur Janssen, Ephemeridum theologicarum Lovaniensium Bibliotheca*, ser. I, vol. 2, Louvain 1948, pp. 45–76; M. Grabmann, *Die*

theologische Erkenntnis-und Einleitungslehre des heiligen Thomas von Aquin, Freiburg in der Schweiz 1948, S. 313-329; R. J. Arway, *Potency and Act in the Human Intellect according to Godfrey of Fontaines* (unpublished doctoral dissertation), Louvain 1957; P. Stella, Teologi e teologia nelle ‘reprobationes’ di Bernardo d’Auvergne ai Quodlibeti di Goffredo di Fontaines, *Salesianum* 19 (1957), pp. 171-214; B. Neumann, *op. cit*.; P. Langevin, Nécessité ou liberté, chez Godefroid de Fontaines, *Sciences ecclésiastiques* 12 (1960), pp. 175-203; P. Tihon, *Foi et théologie selon Godefroid de Fontaines*, Paris/Bruges 1966; G. de Lagarde, La philosophie sociale d’Henri de Gand et de Godefroid de Fontaines, *Archives d’Histoire doctrinale et littéraire du Moyen-âge* 14 (1943-1945), pp. 73-142; id., *La naissance de l’esprit laïque au déclin du moyen-âge*, t. 2, Louvain 1958^2, pp. 161-213.

(35) J. F. Wippel, *op. cit*.

(36) De Wulf, *Un théologien-philosophe du XIII*^{e} *siècle*, pp. 4-8, 10s.; R. J. Arway, A Half Century of Research on Godfrey of Fontaines, *The New Scholasticism* 36 (1962), p. 193.

(37) ゴドフロワは、一二八五年にはパリ大学で最初の任意討論を主催しているので、ヘンリクスの場合と同様に逆算すると（前掲註5参照）、一二五〇年の少し前に生まれたという計算になる。Cf. De Wulf, *Un théologien-philosophe du XIII*^{e} *siècle*, p. 16.

(38) ゴドフロワのノートのなかにシゲルスやダキアのボエティウスの著作の写しがある。Cf. Wippel, *op. cit*., p. xviii.

(39) De Wulf, *Un théologien-philosophe du XIII*^{e} *siècle*, p. 17.

(40) J. F. Wippel, *op. cit*., pp. xvis.

(41) P. Glorieux, Notations brèves sur Godefroid de Fontaines, *RTAM* 11 (1939), pp. 168-173; R. J. Arway, A Half Century of Research on Godfrey of Fontaines, pp. 195f., n. 7.

(42) J. F. Wippel, *op. cit*., p. xix.

(43) 「ソルボンヌ死亡録」によると、死亡日は一〇月二九日とあるが、死亡年は明らかではない。Cf. P. Glorieux, *Aux origines de la Sorbonne, I: Robert de Sorbon*, Paris 1966, p. 176; *Répertoire des maîtres en théologie de Paris au XIII*^{e} *siècle*, t. 1, Paris 1933, p. 396.

(44) P. Glorieux, *La littérature quodlibétique de 1260 à 1320*, t. 1, Paris 1925, p. 21.

(45) *Ibid*., pp. 18-20, 39-51.

(46) De Wulf, *Un théologien-philosophe du XIII*ᵉ *siècle*, p. 65.

(47) *Ibid*., p. 66; PB 2, pp. v, xi, xv-xvi.

(48) D. O. Lottin, Une question quodlibétique inconnue de Godefroid de Fontaines, *Revue d'histoire ecclésiastique* 30 (1934), pp. 852-859.

(49) J. Hoffmans, PB 14, p. 305.

(50) ステラはロタンやホフマンの結論に疑問を抱いた。Cf. P. Stella, "Teologi e teologia nelle 'reprobationes' di Bernardo d'Auvergne ai Quodlibeti di Goffredo de Fontaines", *Salesianum* 19 (1957), pp. 185s. ウィップルはこの議論は「未解決」(open)であると言っている。Cf. J. F. Wippel, *op. cit*., p. xxix.

(51) J. F. Wippel, *op. cit*., p. xxix; R. J. Arway, A Half Century of Research on Godfrey of Fontaines, p. 200.

(52) J. F. Wippel, *op. cit*., p. xxix.

(53) A. Pelzer, PB 14, pp. 223s.

(54) P. Glorieux, Notations brèves sur Godefroid de Fontaines, pp. 170s.; *Aux origines de la Sorbonne*, I, pp. 131s.

(55) R. J. Arway, A Half Century of Research on Godfrey of Fontaines, p. 201.

(56) *Bruges* については以下を参照。A. Dondaine, in: A. De Poorter, *Catalogue des manuscrits de la Bibliothèque publique de la ville de Bruges*, Paris 1934, pp. 561-570; A. Pelzer, PB 14, pp. 293-300. *Borghese* については以下を参照。A. Maier, *Codices Burghesiani Bibliothecae Vaticanae*, Studi e Testi 170, Città del Vaticano 1952, pp. 159s., 213; A. Pelzer, PB 14, pp. 279-289.

(57) J. F. Wippel, *op. cit*., pp. xxxiiif.

(58) *Ibid*.

(59) De Wulf, *Un théologien-philosophe du XIII*ᵉ *siècle*, p. 80.

(60) Id., *Histoire de la Philosophie Médiévale*, p. 292.

(61) J. F. Wippel, Godfrey of Fontaines, *New Catholic Encyclopedia*, vol. 6, New York 1967, p. 578.

(62) *Ibid*.

(63) R. J. Arway, A Half Century of Research on Godfrey of Fontaines, p. 217.

(64) *Ibid*., pp. 202, 218; J. Hoffmans, La table des divergences et innovations doctrinales de Godefroid de Fontaines, pp. 412-436.

(65) この思想の源泉に関する議論について以下を参照。F. van Steenberghen, *Maître Siger de Brabant*, Louvain/Paris 1977, pp. 280-282.

(66) J. Paulus, *Henri de Gand. Essai sur les tendances de sa métaphysique*, Paris 1938, pp. 260-291; M.-D. Roland Gosselin, *Le 'De ente et essentia' de s. Thomas d'Aquin*, Paris 1948, pp. 137-205.

(67) Thomas Aquinas, *In IV Met*., lect. 2, nn. 556-558; Siger de Brabant, *Questions sur la Métaphysique*, q. 7 (ed. C. Graiff, Louvain 1948, pp. 12, 18); Jacobi de Viterbio, O.E.S.A., *Disputatio prima de quolibet*, q. 4 (ed. E. Ypma, Würzburg 1968, p. 46: 102-107).

(68) Averroes, *In IV Met*., Venezia 1562, vol. 8, fol. 67rab. シゲルスによるアヴェロエスの引用は以下を参照。Siger de Brabant, *Questions sur la Métaphysique*, q. 7, p. 18. ヤコブスによる引用は以下を参照。Jacobi de Viterbio, *Disputatio prima de quolibet*, q. 4, p. 53: 325-327.

(69) ウィップルによると、この説の支持者はN. del Prado, J. de Finance, C. Fabro, E. Gilson, M. Grabmann, L. Sweeney, J. Owens, J. Wippelなどであり、反対者はM. Chossat, F. Cunninghamなどである。Cf. Wippel, *The Metaphysical Thought of Godfrey of Fontaines*, p. 40, n. 4.

(70) Thomas Aquinas, *In IV Met*., lect. 2, n. 558.

(71) Siger de Brabant, *Questions sur la Métaphysique*, q. 7, p. 16. シゲルス自身の見解は *ibid*., pp. 289-291を参照。

(72) A. Wolter, The Formal Distinction, *Studies in Philosophy and the History of Philosophy*, vol. 3: *John Duns Scotus, 1265-1965*, Washington 1965, pp. 54-59; A. J. O'Brien, Duns Scotus' Teaching on the Distinction Between Essence and Existence, *The New Scholasticism* 38 (1964), pp. 61-77; W. Hoeres, Wesen und Dasein bei Heinrich von Gent und Duns

Scotus, *Franziskanische Studien* 47 (1965), S. 170f.

(73) E. Hocedez, Gilles de Rome et Henri de Gand sur la distinction rêelle (1276-1287), *Gregorianum* 8 (1927), pp. 358-384; Deux questions touchant la distinction rêelle entre l'essence et l'existence, *Gregorianum* 10 (1929), pp. 365-386; J. Paulus, *Henri de Gand. Essai sur les tendances de sa mêtaphysique*, pp. 280-282; id., Les disputes d'Henri de Gand et de Gilles de Rome sur la distinction de l'essence et de l'existence, *Archives d'Histoire doctrinale et littêraire du Moyen-âge* 13 (1940-1942), pp. 323-358.

(74) Henricus de Gandavo, *Quodlibet* I, q. 9 (ed. R. Macken, 1979, pp. 47-62); E. Hocedez, Le premier quodlibet d'Henri de Gand (1276), *Gregorianum* 9 (1928), pp. 92-117.

(75) E. Hocedez, Le premier quodlibet d'Henri de Gand, pp. 100s; J. Paulus, *Henri de Gand*, p. 281.

(76) *Aegidii Romani Theoremata de esse et essentia*, th. 16; 19 (Louvain 1930, pp. 101, 127, 134).

(77) Godefridus de Fontibus, PB 2, p. 235.

(78) *Ibid*., pp. 301-306. なお、この部分については前掲書、加藤雅人訳『任意討論集』(III, q. 1; VI, q. 7)、一九九八年、一〇一―一六三頁参照。

(79) E. Gilson, *History of Christian Philosophy in the Middle Ages*, pp. 424-427.

9　ドゥンス・スコトゥスにおける真理認識の基礎づけ

八木雄二

はじめに

アウグスティヌス（Augustinus　三五四－四三〇年）を通じて、中世盛期においても懐疑主義は存在した。むしろ伝統哲学の健全な継承と発展は、懐疑主義との対決を通じてこそありえたと言うべきだろう。その意味では、アウグスティヌスが対決し、中世に知られた後期アカデメイア派の懐疑主義は、中世に真の哲学的認識の問いを突きつけ、中世スコラ哲学の力を試すことになった。このことは、アリストテレスが中世ヨーロッパに知られることによって生じた哲学の発展とは別に記憶にとどめられるべきことだろう。

とはいえドゥンス・スコトゥス（Johannes Duns Scotus　一二六五／六六－一三〇八年）が出会った懐疑主義は、けっしてアウグスティヌスが『アカデミア派駁論』（Contra Academicos）で語った仕方で述べられたものではなく、アリストテレス的認識論の言葉で姿形を整えて説得力を増したものであった。それはむしろ純粋にアリストテレスによるものであるかの印象さえ与えるものであった。この懐疑の議論の主は、当時しばしば討論集会を催して著名であったガンのヘンリクス（Henricus Gandavensis; Henri de Gand　一二九三年歿）であった。(1)しかも彼は、アウグスティヌスが「神の助力によって」と述べていたことを、「神の特別の照明によって」と読み取ることによって、アウグスティヌスの権威をもって神による「特別の照明」を、真理認識に必然なものとして主張していたのである。

したがってスコトゥスが対決した懐疑主義は、アウグスティヌスの権威ばかりか、キリスト教的敬虔の衣もまとっていたのである。すなわち、人間能力の有限性を自覚して神に助けを求めることは、信仰をもつ哲学者として当然取るべき態度であるという、いかにも中世の人々にはもっともらしく聞こえる主張だったのである。しかしスコトゥスは、このような主張は人間知性の独自の力を見誤らせるものであり、ひいては信仰の真の意味をも見誤らせるものだと見抜いたのである。たしかに人間知性には限界があるとスコトゥスも認める。しかしここで言われる限界とは、自力で真理（確実な認識）を受け取ることができないというものではなく、単に感覚を通してしか自然本性的には認識をもつことができない、ということにすぎない、というのが彼の基本的立場なのである。

言うまでもなく、人間の全体的救いは神の助力を必要とする。このことはスコトゥスも異論のないところである。しかしながら、感覚を通した認識からだけでも、人間知性は独自にある種の真理に達することができる、というスコトゥスの主張は、おそらく信仰とは区別される学的伝統として近世へと受け継がれていくべきはずのものであっただろう。実際スコトゥスは、フランシスコ会の博士として、言い換えれば中世スコラ哲学の代表者としてその後全ヨーロッパに知られるようになったのであるから、その運命はむしろ保証されていたとも言える。

しかし残念なことに近代の宗教改革の運動は、近代の初めにスコトゥスを厭うべき過去として（つまり煩瑣なだけの哲学として）まるごと哲学の歴史から消去してしまったのである。その結果、スコトゥスと同じスコットランド出身のデイヴィッド・ヒューム（David Hume　一七一一―一七六年）すらその豊かな稔りを受け取る機会をもたなかった。すなわちヒュームが科学認識の基礎づけに際して「観念連合」や「習慣」という主観的心理分析がもつ曖昧さによってしか語りえなかった事柄がある。スコトゥスは中世的作品の簡潔さの中で、なおかつ十二分な形而上学的背景をもちながら、懐疑主義が提出する難問に対して解決の道を示していたのである。

たしかにヒュームがスコトゥスを知りえなかったということは一つの歴史にすぎない。しかし、近世が中世をまるごと否定しなかったのなら受け継がれていたに違いないものとは何か、ここでその一つを見ることにしたい。(2)

一　ガンのヘンリクスが提出する懐疑説

ドゥンス・スコトゥスが神学者となるために学んでいた時代（一二八〇年代前後）、著名な神学者はガンのヘンリクスであった。そのヘンリクスは、幾分かはアリストテレスを引き継いで人間知性の真理認識の可能性を語っているのであるが、十分な確実性の段階になると、打って変わって人間知性の認識の信頼性のなさを強調して「神の特別な照明」を必要とすると主張したのである。(3)

ヘンリクスが認識の不確実性の根拠として挙げる第一のものは、認識の対象が絶え間なく変化している、という事実である。(4)

ある特定のものを「Aである」と陳述しても、そのように言った先から時間が経過し、その特定のものも変化し、すでに「Aでないものである」ということになる。感覚されるものは絶え間なく変化しているという事実を直視するならこの結果は認めざるをえない。ヘンリクスによれば、知性は抽象作用によって対象を感覚とは異なって認識するが、抽象がそれについてあるところのものが変化しているのであるから、つまり土台が変化しているのであるから、対象についての認識は知性による抽象によっても不可変ではありえないのである。

私の見るところ、この認識の不確実性は時間の経過によるだけでなく、ある同じものを別の人間が認識するとき、各々の人のあいだで感覚が受け取るものが少しずつ異なる、という事実によっても補強される。なぜなら、真理は不可変であるだけでなく、なおかつ普遍的でなければならないからである。事物の絶え間ない変化は認識の確実性を不可能にし、異なる感覚を通した認識は、認識の普遍性・共通性を不可能にすると見られる。

ヘンリクスの挙げる第二の根拠は、認識対象ばかりか、認識主体の霊魂自身が絶えず変化している、という事実である。(5) しかしここでヘンリクスが言う変化は物理的変化ではなく、認識主体内の変化である。ヘンリクスは霊魂が誤ることがありえるという事実を指摘する。ヘンリクスによれば、これはまさに認識作用が変化の内にあることを示している。ところで、誤りが正されるためには（つまり確実な認識を得るためには）、正しい尺度が与えられなければならない。しかし霊魂よりも変化を被らず、霊魂に正しい尺度を与えられるものは、実在の内に見出すことはできないと、ヘンリクスは言う。(6) なぜなら認識対象となるものはことごとく変化の内にあるからである。

ヘンリクスが挙げる第三の根拠は、真なるものを真らしきものから区別することができない、という主張である。(7) つまり、人が、あるものを「Aである」と認識したとき、それが正しく客観的に存在するものの概念なのか、それとも単なるそれについての自分の主観的イメージにすぎないのか、区別する根拠がない、ということである。たしかにわれわれは、まずは何についてであれ、認識をただ自分の意識の内にもつほかない。問題はその自分の意識内の事柄から、どのようにして客観的レベルの認識に達することができるか、ということである。結局のところ人は「自分の世界」から人間に与えられた力では「出る」ことができないのではないか、というのがヘンリクスの主張である。この問題はある意味では現代の現象学における「客観への突破」の問題である。それゆえ中世においてもすでに優れて現代的問題が論じられていたと言える。

しかしながら、このように真理認識の危うさをヘンリクスは主張していても、すでに述べたようにヘンリクスは、人間が真理認識をもつことを否定しているのではない。つまり懐疑主義者のように、「それゆえ何事にも同意しない」という結論に彼は進むのではなく、「それゆえ神の助力を得て（神の特別な照明によって）人間は知らず知らず確実な認識を得ているのだ」という主張へと議論を進めるのである。(8)

しかしスコトゥスはこのような解決は解決にならず、むしろ懐疑主義を認めることにしかならないと主張する。(9)なぜならヘンリクスは人間が正しい認識をもっていることをあらかじめ認めているからである。ヘンリクスがしていることは、人間が正しい認識をもつことができる根拠が自然的能力の内にないことを論じることによって、それが神の助力によるものであることを証明するだけである。それはたとえて言えば次のようなことである。すなわち、正しい計算の仕方を知らない人に、正しい計算の仕方を教えるのではなく、ただ別の人が出した答えを教えてその答えを言わせ、「その答えで正しい」と言って済まそうとしているようなものである。たとえ正しい答えを彼が知っていても、正しい計算の仕方を知らないままなら、誤りが正されたことにはならない。なぜなら相変わらず正しい答えは、その彼によって正しく受け取られることはないだろうからである。すなわち彼は、その答えの根拠を求めるとき、誤った根拠を見出すか、根拠を見出せずに不信に陥るか、いずれかにすぎないことになるだろうからである。(10)

二　スコトゥスによる解決――その一

スコトゥスは問題の真の解決のために三種類の認識を取り上げる。第一に原理と結論についての認識、第二に経験による認識、第三に自分自身の行為についての認識、である。[11] スコトゥスは、この三種類の認識は互いに緊密に関わり合いながらわれわれの認識の確実性を保証することを、この順序で論じている。しかしこれらのうちの一つだけで独立に確実な認識が保証されるというのではなく、実際には三つが揃って初めて具体的に意味のある確実な認識が保証される。それゆえ一つだけを見ると綻びが目につく。しかし一つずつ見ていくしか方法がないので、スコトゥスの取っている順序に従って見ていくことにしよう。

まずスコトゥスは、論証の前提命題となる「原理」(principia) の認知についての確実性を論じている。スコトゥスにとって真なる認識を意味する「学知」(scientia) は、すなわち「論証知」だからである。[12] これは言うまでもなくアリストテレスから学んだものである。ところで論証は必然的でなければならないので、原理命題も必然的に真でなければならない。言い換えれば、その必然的真理性がわれわれにとって自明な命題のみが、論証の「原理」として採用される。問題はその自明性、必然性は「どこから」われわれの下にあるのか、つまりどこにそれだけの信頼性をわれわれに納得させるものがあるか、ということである。[13]

スコトゥスはヘンリクスとは異なり、命題の「外に」、すなわち「神に」命題の確実性の根拠を求めない。[14] 彼は命題を構成している名辞 (terminus, extremum) からその自明性を論じるのである。

「それゆえ、原理の確実性について私は次のように言う。自明な原理の名辞は、一方が他方を明証的・必然的に含む仕方の同一性をもっており、それゆえ、それらの名辞を組み合わせている知性は、それらの名辞を把握していることから、知性自らにおいて、命題がそれについてあるところの名辞自身に対して、その組み合わせ（命題）が一致していることとの必然的原因をもっている。そしてさらにかの知性はそのように組み合わせることとの明証的原因をもつ。そしてそれゆえ、知性が名辞の内にその明証的原因を把握しているところのかの一致は、知性自身に必然的に明らかである。したがって、ちょうど白と白が類似性なしにあることがありえないように、知性の内で名辞の把握と名辞の組み合わせ（命題）の把握は、その組み合わせ（命題）の名辞に対する一致なしにはありえない。ところで、この名辞に対する組み合わせ（命題）の一致は、命題の真理である。それゆえ、このような名辞の組み合わせ（命題）は真であることなしにはありえない。そして同じように、その組み合わせ（命題）の把握と名辞の把握は、名辞に対する組み合わせ（命題）の一致の把握、すなわち真理の把握なしにはありえない。なぜなら、第一に把握されたものは、明証的にその真理の把握を含んでいるからである」[15]。

この論述は論駁的なものなので、何か堂々巡りをしているかのような印象を与えるが、おそらく次のように理解できる。すなわちまずこの論述を理解するためには、あらかじめ個々の名辞（対象）の認識が前提されていることを理解しなければならない。その認識自体が真であるか否かは、問題にされていない。言い換えれば、命題を構成する個々の名辞の認識に関しては真であるか偽であるかは問題にする必要がない、とスコトゥスは言うのである[16]。実は名辞認識の真理性は、別の根拠（次に挙げられる経験による認識の根拠）を通して根拠づけられることになるのであるが、今はそれを問題にしないのである。ではその根拠をなぜ先に挙げないかと言えば、その根拠がまたここに挙げられている根拠（原理認識の確実性）によって真理性が確実にされる、という位置にあるからである。

したがって理解の混乱を避ける注意を怠らずに見てゆく必要がある。さて、懐疑主義は一般に名辞の認識から懐疑を押し広げてゆく。つまり元になっている名辞の認識が怪しいのだから、その組み合わせも怪しい、というふうに論を進めてゆく。しかしスコトゥスはこのような論の立て方自体を否定するかのように、この論法を無視している。おそらくスコトゥスの考え方は次のようである。つまり人が「学知」を、言い換えれば「真なる認識」を形成しようとするときには、すでに複数の名辞の認識をもっている。経験的に何も知らない状態で「確実な認識」を求めることはない。それゆえ、「学知」はすでに知られている多くの事柄を、必然的に真なる認識の形に「構成する」ことから生ずるのであって、一つ一つについて真なる認識をまず求め、学知はそれを寄せ集めたもの、ということではない、という見方がスコトゥスにはあると見られる。実際考えてみれば、そもそも日常的認識にしても、ある物体を「机である」と認識するためには、その物体を見知るだけではなく、それを人がどのように使うかを合わせて知る必要がある。つまり他の名辞との関係の内で、初めて人は他の人にも通じる（その意味で普遍的で客観的な）認識をもつことができると言える。それゆえ個々の名辞の認識から学知が構成されることが事実であるとしても、個々の名辞の認識の段階からすでに学知が芽生えていると見ることは間違いである、と考えなければならない。

したがってスコトゥスによれば、原理となる命題の必然的真理性の根拠は「名辞の構成」、言い換えれば「名辞がどのように組み合わされるか」にあるのである。それゆえ極端に言えば、この点ではたとえ個々の名辞の認識について過っていても何の問題もない[17]。誤っていても名辞はその一致する対象を想定しており、たとえその対象が現実に存在していないとしても、その名辞を構成要素として「真なる命題」が構成されうる。なぜなら命題の真理性の根拠は「すでに知性自身の手元にある名辞が正しく組み合わされている」ということにあって、それ以外にはないからである。言うまでもなく、同じ名が別の意味をもつことが判明した場合には、その意味の変化にともなって命題の構成も変更を迫られる。なぜなら名辞はその意味をもって組み合わせの根拠となるからである。しかしその変更は命題の真理性の在り処、つまり「どこから真理性が生ずるか」ということまで変更しない。したがって、元の意味で名辞が用いられるなら、元の組み合わせが真であることは相変わらず同じである。

それゆえ、科学の進歩によって新しい事実が発見され、新しい命題が真理として主張されることになった場合でも、過去の命題の正しさは、過去の状況の内で必然的に真であり続ける。それゆえまた、現在の科学の段階における命題が将来書き換えられる可能性を十分認めながらも、現在の状況の内でその必然的真理性は正当に主張できる、ということである。

しかしスコトゥスがこのような命題としてどのような命題を挙げているか、となると、それは次に挙げる経験による認識の問題に入らなければならない。というのも、経験なしには名辞の認識もないからである。たしかにスコトゥスは、この第一の根拠に関しては「白は白と類似しているように」とか、あるいは「白は黒ではないように」といった少数の名辞のみを用いて、その一致、不一致の関係が明白なものだけを例としているので、スコトゥスがここで言っている命題は分析命題のことであると考えられがちなのであるが、かならずしもそうとは言い切れない。なぜならどの名辞も知性は経験を通して受け取っているのであるから、一度受け取られた概念のみを前提にすればその組み合わせはその内では分析的と言えるとしても、経験を通して知性は次々に別の概念を受け取ることもできるのであるから、それによって知性は可能性としては無限に自明な命題を作っていくことができるのである。それゆえ、スコトゥスの言うところを正しく理解するためには次の根拠を見なければならない。

三　スコトゥスによる解決——その二

スコトゥスが第二に挙げる根拠は、われわれ自身が経験することは一つ一つ偶然的事態であり、自分一個が出会った事態であって、その意味ではけっして「必然」を経験したとも、「普遍」を経験したとも言えないのであるが、それでも、われわれはそこから必然的で普遍的な知識を得ることができる、という主張である。スコトゥスはよく問題の所在を理解している。彼は次のように言うのである。すなわち「たとえ経験は〈すべての個体〉について得られるものではなく、ただ〈多くの個体〉についてのみ得られるものであるとしても、また、〈常に〉ではなく、ただ〈多くの場合〉のみを得るものであるとしても(18)」。

まず次のことに注意しなければならない。「普遍」を捉えると言う場合、「抽象」がもち出されるが、ここでは抽象は役に立たない。なぜならここで問題になっているのは個別的なものについての概念認識ではなく、「命題」で表現されるもののうち「すべて」という規定をもつ「全称命題」の認識だからである。個々のものについての概念は、概念であるゆえに「普遍性」をもつことになるが、個々の事態・出来事は本質的に偶然的であることが多いゆえに、「命題」として普遍的に表現されるからと言って「全称性」の意味で普遍的であると言えるわけではない。たとえば「ソクラテスは白い」は一般的に言われるとしても、それはけっして「すべてのソクラテス」について「常に」真なのではない。

それゆえ、われわれが経験できるのはある特定の種に属するもののなかで「ある数のもの」のみであり、その種に属するすべてを経験することはできないし、また次に経験するときも「そうであるかどうか」、つまりこれまで経験したことはこれからの経験でも「常に」同じと言えるかどうか、何らかの意味で確実な根拠が別になければ確定的なことは何も言えない、というのがスコトゥスの指摘している問題なのである。

さてスコトゥスは、必然的に真なる全称命題を得る根拠を示すに際して、われわれの経験する事態のなかから、自由意思の介在によって繰り返し同じ事態が生じる場合を排除する。つまり手品師が特定の意図の下に同じ結果を繰り返し出現させるのを見てそれを科学の対象として扱おうとするのは、まったく馬鹿げている。これに対して明らかに自由意思の介在がないと思えるところで同様の事態が繰り返し経験されるとき、たとえば太陽がいつも東から昇るとか、海では潮の干満があるとか、等々があるとき、われわれにはそこに何らかの必然性や普遍性を（つまり自然的原因を）想定することが許されている。スコトゥスはその根拠を示そうとするのである。

すなわち、次の命題が自明な命題だからとスコトゥスは言う。

「何であれ、何らかの自由でない原因によって多くの場合に起きていることは、その原因の自然本性的結果である」[19]（quidquid evenit ut in pluribus ab aliqua causa non libera, est effectus naturalis illius causae）。

スコトゥスはこの全称命題の自明性を次のことを指摘して十分と見る。すなわち、自然本性的原因はそれ自身と対立したり、それ自身が関わることのないような結果を幾度も生じるようなことはありえない。他方、それが偶発的原因にすぎないなら、それは結果を生じたり生じなかったりするし、自身の結果と対立する結果を生じたりする。それゆえ、たとえわれわれの経験は偶発的原因をともなうとしても、そのなかで本性的原因による本性的結果は、同様の結果を幾度も生じることで明らかだ、と言うのである。[20]

スコトゥスは要するに以上の理由だけで、われわれが幾度も同じような状況の内で同じような事態を経験するとき、そこに自由意思が介在しているのでなければ、すなわち誰かが「故意に」しているのでなければ、そこに自然本性的な因果関係（普遍的で必然的なもの）を想定することは誤りのない認識だ、と言っているのである。

このようにスコトゥスは右の全称命題によって、「個人の経験」を足場として「普遍」へと飛躍する足掛かりを与える。つまりヒュームが「観念連合」や「習慣」の根拠を「繰り返し実験して確かめていることだから正しい」と言って人の素朴な信頼感に訴えることしかできなかったのに対して、[21]スコトゥスは自明な全称命題を示すことによって、科学の根拠に論証的堅固さを与えているのである。

さらにスコトゥスは科学の具体的形成に進んでいる。すなわちスコトゥスは、われわれが経験することは論証の形式にまとめあげられるとき結論の位置に置かれるべき命題に属することが、ときおりあることを指摘する。たとえば、月はしばしば蝕を起こす。われわれはこの経験から、月の蝕は何らかの自然本性的原因から生ずる結果であることを、先に挙げた命題にもとづいて不可謬的に主張することができる。ところでそれは何らかの結果と見られるのであるから、論証の形式の内では結論の位置に置かれる。[22]そこで前提命題を探さなければならない。

スコトゥスはその命題の一つ、つまり大前提となるのは「見られるものと光るものとのあいだに置かれた不透明体は、その見られるものに対する光の放射を妨げる」であると言う。[23]この命題は名辞自身から明らかであると見られる。すなわち現実に不透明体は光の放射を妨げることは経験から明らかであり、[24]さらにその全称性も「何であれ、自由でない原因によって……」の命題にもとづいて確保される。

さて、月の蝕を引き起こす具体的原因は、アリストテレスが「分割の道《ディアイレシス》」と呼ぶものによって見出されるとスコトゥスは言う。[25]すなわちこの場合、「見られるもの」が「月」であり、「光るもの」が「太陽」であることは明らかなのだから、「あいだに置かれる不透明体」は何か、が問題である。スコトゥスが言う「分割の道」とは、「可能性の選択」であると考えられるだろう。月と太陽のあいだに入って不透明なものとは、「大地」が考えられ、他には考えられないゆえに、「大地」こそその「不透明体」であると結論され、こうして次のような論証の全体が成立する。(26)

〔大前提〕見られるものと光るものとのあいだに置かれた不透明体は、その見られるものに対する光の放射を妨げる。
〔小前提〕しばしば大地は太陽と月とのあいだに置かれた不透明体となる。
〔結　論〕月はしばしば蝕を起こす。

スコトゥスにおいてこのような論証の全体の成立は真の科学の成立を意味する。すなわちこれまでは「月の蝕は自然的原因によるものだ」ということが経験的に明らか（つまり繰り返し経験されることと「何であれ自由でない原因によって……」という命題にもとづいて明らか）であっただけであるが、原因が見出されることによって、「自明な原理から導かれた結論としてある限り第一級の認識として」認識されたことになる。(27)

さらにスコトゥスは、原因がときおり特定できない場合を取り上げる。たとえば或る種の草が体に入ると体温を上げるとき、その草に体温を上げる原因となるものがあることは、「何であれ、自由でない原因によって……」の命題によって明らかにすることができるが、その原因となるものがその草にとって属性的性質で、その草から分離して存在しうるものかどうか分からないままである場合、スコトゥスは、「認識は科学的認識のうちで最下級であ

る」と言う。(28)

しかしスコトゥスがこのように言っているのを知ると、彼が「名辞から明らかな原理に達する」ということを、実際にはガリレオ（Galileo Galilei　一五六四－一六四二年）が言った「近接原因を見出す」ことと同じに考えていたかも知れないと言うことは許されるのではないかと思われる。周知のように、離れた遠い原因としての第一原因による説明（神学的説明）は近代科学がそこから脱皮しなければならなかった説明形態であった。そして原因を特定の要素として取り出すまで科学の完成とはみなさなかった点で、西洋は中国の経験科学と質を異にしている。これらの点で、特定の種の草が引き起こす事態が普遍的事柄として認識されても、原因が見出されたとは考えていないスコトゥスは、十分近代的な「原因」の認識をもっていたと言えるのではないだろうか。

しかしスコトゥスの不十分さも見ておく必要があるだろう。そこで試しに「大気の温暖化」の問題を取り上げてみよう。現在知られている事柄をスコトゥス流に論証の形式にまとめると次のようになる。

〔大前提〕熱を保持する物質が大気中にあって増加すれば、大気は温暖化する。
〔小前提〕二酸化炭素は大気中にあって熱を保持する性質をもつ。二酸化炭素は大気中で増加している。
〔結　論〕大気は温暖化している。

スコトゥスにおいて科学の明証性はこの論証の明証性にある。そしてその論証の明証性はその原理のもつ自明性とそれが形式的に伝えられることによる結論の自明性にある。したがって明証性に関して言えば不十分さを指摘することはできないかも知れない。しかしスコトゥスのこの考え方では「見落としの可能性」を見つけることができない。なぜなら二酸化炭素が大気中にあって熱を保持する性質をもつものであることが明らかになっていても、二酸化炭素だけがそうであるのかどうか、将来、別の物質が大気の温暖化に寄与することになるかどうか、あるいはすでになっているかどうか、確認する道が見えない、ということである。言うまでもなく、それを確認するためには「数量的視点」が不可欠になる。なぜなら大気の温暖化がどの程度のものか、そして大気中の二酸化炭素の増加がどの程度のものか、そして二酸化炭素が熱をどの程度に保持するのか、これらが測られ、大気の流れとともにシミュレーションされなければ、別の要素が原因として「あるかも知れない」ということを十分に排除することはできないからである。実際、オゾン層の破壊物質として注目されたフロンガスも、またその危険を回避するために作られた代替フロンも、強力な温暖化物質として知られており、またオゾン層の破壊によって地上に降り注ぐ紫外線の増加がどのような影響を大気の温暖化にもたらすか、ということも、数量的視点が欠如していては分からないだろうからである。

言うまでもなく、現実の科学の進展は測定技術、計算技術等によっているのであって、いつの時代でも常に未熟であることは、スコトゥスの時代と現代とで違いはない。特に自然環境や人間の体のような生命体については、原因を特定する現代技術も決して言うほどのことではないのは、たとえば土の中の微生物のほとんどが人工増殖不可能でその働きが分離できないために何をしているのか分からないままであることや、最近になってフロンガスによるオゾン層の破壊が注目されても、計算技術の未発達のためにその影響を十分には予測しかねることなどで周知のことである。それゆえスコトゥスの科学理論の不十分さは、たしかに一面では致命的であるが、測定技術の困難さを考慮すれば、その見落としも無理からぬことだろう。

四　スコトゥスによる解決——その三

最後に、スコトゥスはその真理が自明的な認識の第三のものとして、「自分の行為について」(de actibus nostris)を挙げている。[29]

これは直接的には、感覚認識が夢の中の出来事と類似的で信用できないという、よく知られた懐疑主義の根拠に対して言われている。つまり「今自分が目覚めていて何事かを認識している」ということは、スコトゥスによれば、「自分の行為について」なのであるから自明だ、と言うのである。あるいは同様に、「自分は何かを聞いている」というのも「何かを見ている」というのも、十分に自明的に認識されると言うのである。言うまでもなくこれらはすべて偶然的な出来事であり、自分だけの、一回限りの出来事である限り、普遍性も必然性も認められない。したがってこの自明性は、先に述べてきた「命題」に関わる自明性とはまったく異なる根拠によるものである。スコトゥスは、自分の行為はその直接性(immediate)ゆえに、論証の原理のごとく自明だと言う。[30]したがって、たとえ錯覚していても、それを「感覚している」ことまで疑う理由にはならないとスコトゥスは見るのである。[31]

そして自分が感覚していることは確かであると言い切れるのなら、次の段階、すなわちその認識内容についても、その確実性はさまざまな仕方で保証されるとスコトゥスは言う。まず第一に、たとえばあるものについて、「それは白い」とさまざまな感覚が何度も告げるなら、「何であれ、自由でない原因によって……」という命題にもとづいて、それは事実白いということを自然本性的結果として(つまり普遍的認識として)受け取ることができるとスコトゥスは見る。[32]つまりそれはもはや個人的で主観的な認識などではなく、誰にでもそのように現れるものとして、

「それは客観的に見て白い」と確実に認識されると、スコトゥスは見るのである。

このことは、すでに述べたヘンリクスの懐疑、すなわち人間の認識が疑わしい三つの根拠に直接関わる。すなわち、同一のものについての認識がある意味でさまざまであるとしても、そこに一定のものが認識され、その認識内容は「何であれ、自由でない原因によって……」の命題によって普遍性を獲得する、ということであれば、感覚対象の変化、なおまた主体の変化ないし相違を乗り越えて、感覚的なものについても「普遍的認識」が十分に基礎づけられる。言い換えれば、主観から客観への突破も、かの自明な命題にもとづいて難なく達成されると見られるのである。

次にスコトゥスは人間の感覚に固有の錯覚の場合について見ている。[33] すなわちこの場合には、誰にでも繰り返し真実とは異なった現象が感覚に現れる。たとえば一部は水の中、一部は大気中にある棒は、目には曲がって見える。[34] しかしこの場合でも、「より固いものが、進む道を譲るようなより柔らかいものに当たって折れるということはない」という自明な命題にもとづいて、[35] 知性は実際には折れていないことを認識するし、さまざまな方法でそれを確かめることができる。たとえば触って水面で折れていないことを確かめるなど、である。遠くにあるものが小さく見えることについても、さまざまな確認がありうるのであるから、人間知性は完全に騙されることはなく、真実の認識に何らかの仕方で到達することができるとスコトゥスは考えるのである。[36] 要するにスコトゥスは、手元にある概念から自明的に組み合わされる命題と、繰り返し現れる感覚認識にもとづいて、真実を見出すことができると言うのである。[37]

しかしながらまたスコトゥスは、この「自分の行為について」の直接的認識の重要性を最終的に強調する。[38] なぜなら自分の感覚やその他の認識作用が正常であるかどうかの認識は、その認識内容がどれほど繰り返しあるとしても、先立って必要だからである。すなわち「酔っている」なら、何度も同じものが見えても、そのように物事があるかどうか疑わしい。また目が悪くてよく見えない状態であるなら、その見えたものはその通りにあるかどうか疑わしい。それゆえ、自分が正常な状態にあり、それが分かる、ということは、また自分にそれだけの能力があり、それが分かる、ということは、学的認識をもち、それを利用する上で先立って必要なことであることは明らかである。実際つまらない認識を優れた認識と取り違えてしまう誤りは、自己の精神の「自覚」の必要性を明らかにする。すなわち第一級の真理を認識するだけの力を身に着けているかどうかの自覚までが形而上学者には要求される。実際スコトゥスによれば、普通の人は偶性的存在の認識にとどまっているからである。[39] それゆえ永遠の根拠に触れることのできる少数の人のみが、[40] 形而上学的真理（自明な形而上学的命題）を認識し、利用することができるのである。

結語

スコトゥスは神学者であり、何よりも神について考察した人であったが、ここに見られることから明らかなように、その考察のために足元を固めることにも細心の注意を払った学者であった。その考察の堅実さは近世の哲学者と比べても遜色のないものであることは明らかだろう。この哲学的態度には学ぶべき多くのものがあると言える。

註

（1）「ガンのヘンリクス」上智大学中世思想研究所編訳・監修『中世思想原典集成』第一三巻「盛期スコラ学」平凡社、一九九三年、解説参照。ヘンリクスのパリでの活躍年は一二七六―九二年と見られている。スコトゥスの初めてのパリ行きは一二九二年ないし九三年と見られている。

(2) この論文が主題としているテクスト個所とまったく同じ個所を主題とする論文に次の論文がある。J. V. Brown, Duns Scotus on the Possibility of Knowing Genuine Truth. The Reply to Henry of Ghent in the 'Lectura Prima' and 'Ordinatio', *Recherches de théologie ancienne et mediévale* 41 (1984), pp. 136-182. 拙論「ドゥンス・スコトゥスによる照明説批判」『ボナヴェントゥラ紀要』第六号（一九八九年）、東京ボナヴェントゥラ研究所、七一―八六頁。

(3) ヘンリクスの見解はスコトゥスによってまとめられている。以下のヘンリクスの主張はスコトゥスの著作の当該個所にもとづく。Duns Scotus, *Ordinatio* I, distinctio 3, pars 1, quaestio 4, *Opera Omnia*, Studio et cura commissionis Scotisticae ad fidem codicum edita (= ed. Vaticana), III, Vatican City 1954, pp. 126ss. 日本語訳、「命題集註解（オルディナチオ）第一巻」上智大学中世思想研究所編訳・監修『中世思想原典集成』第一八巻「後期スコラ学」平凡社、一九九八年、一七四頁以下。なお以下テクストは略記する。またヘンリクス自身の著作（Summa quaestionum ordinarium）からの私自身による彼の見解のまとめは前掲拙論「ドゥンス・スコトゥスの照明説批判」参照。

(4) Duns Scotus, *Ordinatio* I, dist. 3, p. 1, q. 4, n. 211 ed. Vaticana III, pp. 128s.（日本語訳一七八頁）

(5) *Ibid*., n. 212, ed. Vaticana III, p. 129.（日本語訳一七八頁）

(6) *Ibid*.

(7) *Ibid*., n. 213, ed. Vaticana III, pp. 129s.（日本語訳一七八―一七九頁）

(8) *Ibid*., nn. 214-217, ed. Vaticana III, pp. 130-132.（日本語訳一七九―一八〇頁）

(9) *Ibid*., nn. 219-222, ed. Vaticana III, pp. 131-135.（日本語訳一八一―一八二頁）

(10) スコトゥス自身の説明により忠実になるなら、次のように言うべきだろう。ヘンリクスは対象が動き続けているのが客観的事実とみなしているが、それこそが真実なら、それを「動かない仕方で」認識することに真理性はないことになろう。なぜならそのときには対象を対象の在り方と異なる仕方で捉えているからである。そうであるなら真理を教える神の助力も助けにならない。

(11) Duns Scotus, *Ordinatio* I, dist. 3, p. 1, q. 4, n. 229, ed. Vaticana III, p. 138.（日本語訳一八四頁）

(12) *Opus Oxoniense* III, dist. 24, quaestio unica, n. 13, *Opera Omnia*, ed. L. Vives, Paris 1891-1895, vol. 15, p. 44.

(13) スコトゥスにおける認識の確実性に関する著作としては次のものがある。P. C. Vier, *Evidence and its Function according to John Duns Scotus*, St. Bonaventure, N. Y. 1951. Vier は、スコトゥスは「真理」を「明証性」に還元していると主張してスコトゥスの近代性を強調している。

(14) Cf. Duns Scotus, *Ordinatio* I, dist. 2, p. 1, q. 1-2, nn. 15 et 21, ed. Vaticana II, p. 131 et p. 135.

(15) *Ibid*., I, dist. 3, p. 1, q. 4, n. 230, ed. Vaticana III, pp. 138s.（日本語訳一八四－一八五頁）

(16) スコトゥスは、感覚認識は命題の構成の前では「原因として」あるのではなく、すなわち、それが命題を構成するのではなく、ただ「機会として」(pro occasione) あるにすぎないと言う。*Ibid*., n. 234, ed. Vaticana III, p. 141.（日本語訳一八六頁）

(17) *Ibid*.

(18) *Ibid*., n. 235, ed. Vaticana III, p. 141.（日本語訳一八七頁）

(19) *Ibid*., ed. Vaticana III, p. 142.

(20) *Ibid*. ed. Vaticana III, pp. 142s.

(21) ヒューム『人性論』第一篇第三部第八節、土岐邦夫訳、「世界の名著 二七」中央公論社、一九六八年、四四一－四四五頁。

(22) Duns Scotus, *Ordinatio* I, dist. 3, p. 1, q. 4, n. 236, ed. Vaticana III, p. 143.（日本語訳一八七－一八八頁）

(23) *Ibid*.

(24) 「名辞から明らか」と「経験から明らか」の一致については、原理の確実性について述べたところで述べた通りである。

(25) Duns Scotus, *Ordinatio* I, dist. 3, p. 1, q. 4, n. 236, ed. Vaticana III, p. 143.

(26) *Ibid*.

(27) *Ibid*.

(28) *Ibid*., n. 237, ed. Vaticana III, pp. 143s.（日本語訳一八八頁）

(29) *Ibid*., n. 238, ed. Vaticana III, pp. 144s.（日本語訳一八八－一八九頁）

(30) *Ibid.* この「直接性」にもとづくスコトゥスの「自明性」の主張は、あるいは「近接原因」を諸原因のなかでも特に重視する傾向を生んだ可能性があると私は考える。なぜなら「近接原因」とは結果に対して最も直接的な原因が言われるからである。
(31) *Ibid.*, n. 239, ed. Vaticana, III pp. 145s.（日本語訳一八九―一九〇頁）
(32) *Ibid.*, n. 241, ed. Vaticana, III p. 146.（日本語訳一九〇―一九一頁）
(33) *Ibid.*, n. 242, ed. Vaticana, III p. 147.（日本語訳一九一頁）
(34) *Ibid.*
(35) *Ibid.*, n. 243, ed. Vaticana III, pp. 147s.（日本語訳一九一頁）
(36) *Ibid.*, nn. 242-244, ed. Vaticana III, pp. 147s.（日本語訳一九一―一九二頁）
(37) *Ibid.*, n. 245, ed. Vaticana III, p. 148.（日本語訳一九二頁）
(38) *Ibid.*, nn. 256-247, ed. Vaticana III, pp. 155s.（日本語訳一九六―一九七頁）
(39) *Ibid.*, n. 275, ed. Vaticana III, p. 167.（日本語訳二〇五頁）
(40) *Ibid.*, n. 276, ed. Vaticana III, p. 168.（日本語訳二〇五―二〇六頁）

10　十四世紀のスコトゥス学派の思想

――偽カムプザルのリカルドゥスの代示（スポジチオ）論と個体化の理論――

渋谷克美

序

オッカム（William Ockham　一二八五頃－一三四七年）が『大論理学』（Summa Logicae）を書いたと推定される一三二四－二七年から数年後（一三三四年頃）に、『オッカムを反駁する論理学書』（Logica Campsale Anglici valde utilis et realis contra Ockham）が、スコトゥス学派の一人である偽カムプザルのリカルドゥス[1]（Ps. Richardus de Campsall）によって書かれている。この書の中で偽カムプザルのリカルドゥスは、オッカムの『大論理学』のテキストをそのまま引用したうえで、スコトゥス主義の立場から一つ一つオッカムの議論に反論を加えている。本稿の目的は、十四世紀の哲学を特徴づける主要なテーマである、代示（suppositio）の理論と個体化の理論に関する偽カムプザルのリカルドゥスとオッカムの論争の内に、中世から近世への発想のいわゆる「コペルニクス的転回[2]」を探ることである。

一　オッカムと、偽カムプザルのリカルドゥスの代示の理論

我々はまず、代示の理論における、オッカムと偽カムプザルのリカルドゥスの論争から見てみよう。両者の論争の争点となっているのは、①「人間は被造物のうちで最も優れたものである」、あるいは②「色は視覚の第一の対象である」という命題の主語「人間」、「色」の代示に関する問題である。[3] たとえば、①の命題に関しては、次のような問題が生ずる。この命題の主語「人間」は、いかなる代示をもつのか。(一)「人間は走る」という命題の場合のように、個物(この人間、あの人間)を代示する個体代示を行っているのではない。なぜならこの命題が意味しているのは、単称命題「この人間(ソクラテス)が被造物のうちで最も優れている」、あるいは「あの人間(プラトン)が被造物のうちで最も優れている」ということではないからである。(二)さらにまた、この命題の主語「人間」は、心の観念を代示していると考えることもできない。心の観念が被造物のうちで最も優れているとは言えないからである。

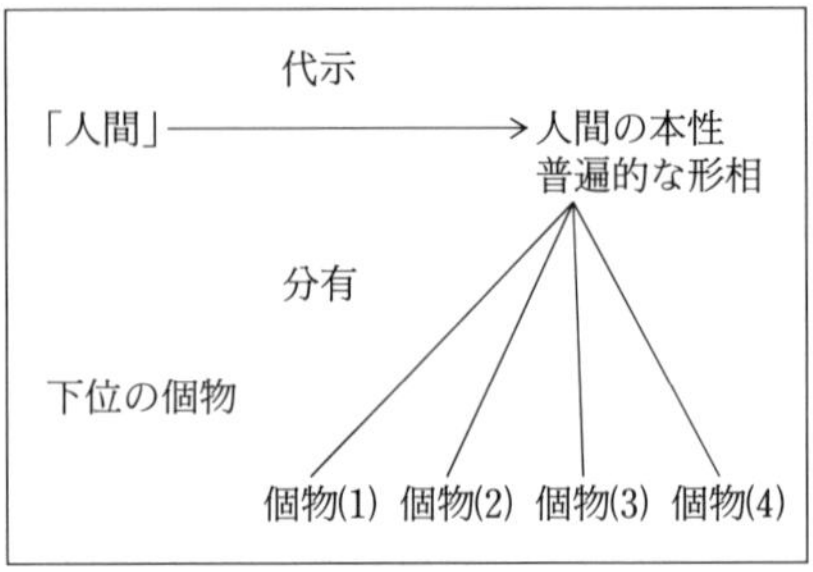

図1

では、この命題の「人間」という語は、一体何を代示しているのか。個物とも、観念とも別の何か、すなわち個々の人々が共通に分有している普遍的形相・人間の本性を代示しているとすべきであるのか(図1を参照)。

②の命題に関しても同様の問題が生ずる。この命題の主語「色」が、この色やあの色といった個々の色を個体代示していると考えることはできない。なぜなら、

「この色（たとえばこの緑）が視覚の第一の対象である」、「あの色（あの緑）が視覚の第一の対象である」という命題はいずれも、偽だからである。さらにまた、「色」が心の観念を代示すると考えることもできない。観念は、目に見えるものではないからである。だとすると、この命題の主語「色」は、それらとは別の何か、すなわち個々の色に共通な普遍的なものを代示していると解すべきなのか。

（1）これらの命題に対するオッカムの議論[4]

オッカムは、この命題①の主語「人間」の代示の問題を、〈個物は普遍的な本性よりも完全である〉という個体優位の思想にもとづいて議論している。

「彼らの議論は有効ではなく、かえって彼ら自身の考えに矛盾する。すなわち彼らは、〈もし「人間」という語が個体代示をもつとしたら、この命題は偽となる、なぜならどの単称命題も偽だからである〉と論証している。しかしながら、この議論は、彼らの考えに矛盾するものである。というのも、もし「人間」という語がこの命題において単純代示を行い、或る特定の個物を代示していないとすれば、この語は別の何かを代示していることになり、したがって、この別のもの（普遍的な共通形相）が被造物のうちで最も優れた被造物であることになるであろう。だが、これは誤りである。もしそうだとしたら、この別のもの（普遍的な共通形相）が、どの個々の人間よりも優れていることになってしまうからである。このことは、明らかに、彼ら自身の考えに矛盾する。彼らの言い方に従えば、より下位の共通でないものは常に、より上位の共通なものを含み、さらにまた、それ以上のものを含むのであるから、共通なもの・種が個々のものよりも優れていることは決してないのである。それゆえ、共通な形相は、個々の人間の部分であるのだから、この個々の人間よりも優れていることはない。したがってもし、「人間は被造物のうちで最も優れたものである」という命題の主語が、個々の人間以外のものを代示するとすれば、この命題は無条件に偽である(5)」。

Ｉ．「色は視覚の第一の対象である」（述語づけの遂行態）
　命題は文字通りに解するならば偽である
II．命題を述語づけの表示態に変形
　「‘色’に、‘視覚の対象である’という述語が第一に述語づけられる」
　この述語づけの表示態の「色」という語は、心の中の〈色〉という観念を代示している。

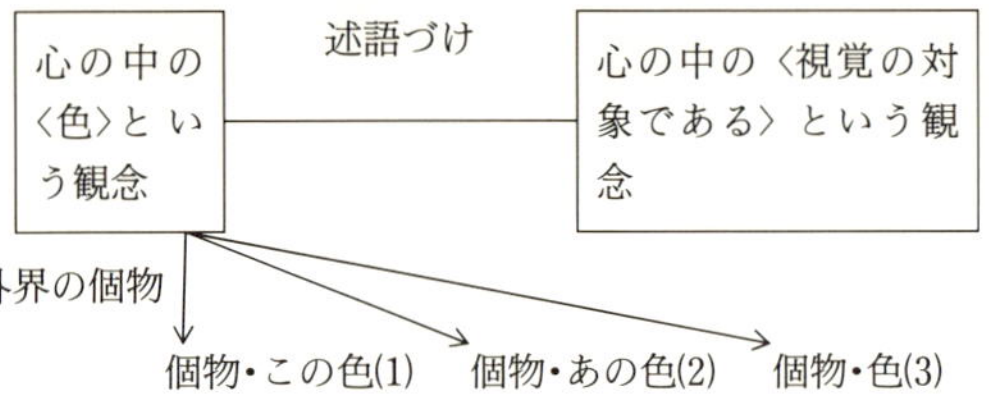

図２

オッカムの議論は、次のように要約される。もし先の主張のように、「人間は被造物のうちで最も優れたものである」の「人間」が、心の外に存在する普遍的な形相・共通本性を代示するとしたら、この普遍的な人間の形相・本性が被造物のうちで最も優れたものであることになる。しかし、これは偽である。個物（たとえばソクラテス）は、人間の形相という完全性を有するだけでなく、さらにまた、個体としての完全性をも有しているのだから、ソクラテスやプラトンといった個物のほうが、普遍的な人間の形相・本性よりも優れている。むしろ、この命題の「人間」という語は個体代示をもつのであり、文字通りに解されるならば命題は偽である。

　さらに、命題②「色は視覚の第一の対象である」の主語「色」の代示に関しては、オッカムは、述語づけの遂行態（actus exercitus）を表示態（actus signatus）に変形することによって、この命題の意味を解釈しようとする試みを提出している。(6) すなわち、この命題は文字通りに解されるならば偽である。なぜなら、もし「色」が或る個物を代示しているとしたら、この命題は偽である。先に述べられていたごとく、個々の色を主語とする、どの単称命題も偽だからである。さらに「色」が普遍的なものを代示するとしても、この命題は依然として偽である。普遍的なものは感覚によって把握されないからである。

むしろ、この命題は、次の述語づけの表示態「〈色〉に、〈視覚の対象である〉という述語が第一に述語づけられる」を意味するものとして理解されるべきである。この述語づけの表示態の「色」という語は、心の中の〈色〉という観念を代示しており、さらにその心の中の観念は、心の外の多くの個々の色を表示する。すなわち、色という普遍観念に、視覚の対象という普遍観念が第一に述語づけられることが、この命題によって意味されているのであり、このように解されるならば命題は真である。このように命題を、〈述語づけの遂行態〉から〈述語づけの表示態〉へと変形することによって命題は真となり、「色」という語は多くの外界の個々の色を表示する普遍という性格をもつことになる（図2参照）。命題①「人間は被造物のうちで最も優れている」も同様の仕方で解されるならば、真である。

オッカムと同時代のバーレー(7)（Walter Burleigh　一二七五頃―一三四四／四五年）が指摘しているごとく、このようなオッカムの解釈が、〈心の外に、いかなる普遍的なものの存在も認めようとしない〉オッカムの基本的な立場を反映したものであることは明らかである。

(2)　偽カムプザルのリカルドゥスの反論

このオッカムの解釈に対して、スコトゥス学派の偽リカルドゥスは、〈普遍的な共通本性が心の外に存在する〉

という立場から、次のように反論している。

「この命題の主語は形相的代示（suppositio formalis）を行っているのであり、第一に表示するところのもの、すなわち先に類と呼ばれた〈或る共通なもの〉を代示する、と私は主張する。……これらから、次のことが結論される。第一に、このような命題の主語が単純代示を行い、心の観念を代示していると述べる人々は、誤ったことを言っている。第二に、このような哲学者たちや博士たちによって真として認められている命題を否定し、述語づけの遂行態と表示態の区別によって無理矢理結びつけた説明を与えて、これらの命題は文字通りに解されるならば偽であると述べているのは間違っている」[8]。

すなわち、偽リカルドゥスによれば、個々の色が分有している共通本性が、視覚の第一の対象なのであり、「色は視覚の第一の対象である」という命題②の主語は、個々の色のもつ共通本性を代示している。

「普遍的なものは感覚によって把握されない」という先のオッカムの主張に対しては、偽リカルドゥスは次のように答えている。共通本性はそれ自体においては（de se）個ではないが、しかし外界の実在の世界において、或る特定の個物の内に存在する限りにおいて、共通本性は派生的に[9]（denominative）個である。したがって、共通本性が視覚の第一の対象であることは何ら不都合ではない。

以上から、偽リカルドゥスとオッカムの代示の理論の相違が明確になる。スコトゥス主義者である偽リカルドゥスは、命題①「人間は被造物のうちで最も優れたものである」、命題②「色は視覚の第一の対象である」の主語の代示の問題を、〈普遍的な共通本性が心の外に存在する〉という伝統的な立場に[10]もとづいて解釈している。すなわち、偽リカルドゥスによれば、これらの命題の主語「人間」、「色」は、形相的代示を行っており、個々の人間が共通に有している、あるいは個々の色が共通に有している普遍的な共通本性を代示している。

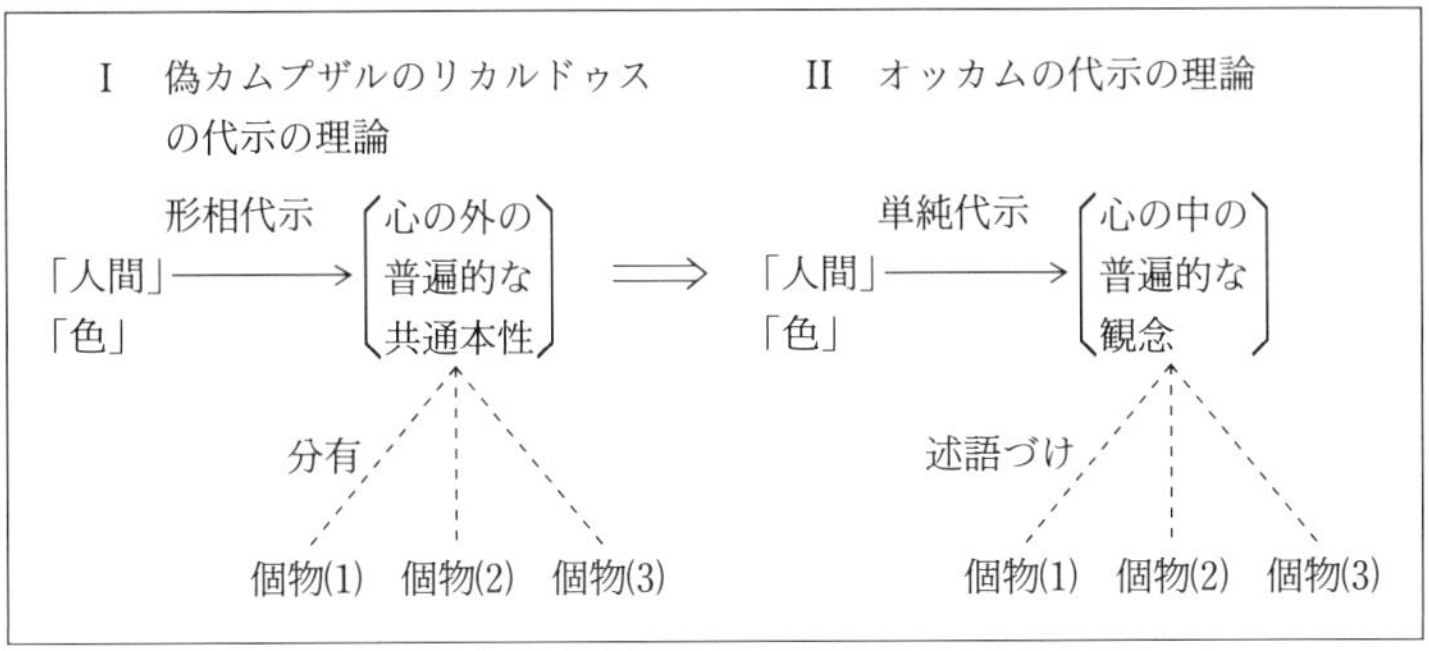

図3

他方、オッカムにとっては、先人たち〔トマス・アクィナス〔Thomas Aquinas 一二二四／二五―七四年〕やスコトゥス〔Johannes Duns Scotus 一二六五／六六―一三〇八年〕〕によって引き継がれてきたこのような伝統的な考えこそがまさに、否定されるべきものだったのである。オッカムは

「語は、述語づけによって多くの事物に共通な、心の観念を代示している。……外界の事物の側には、端的に個であるもの以外には何も存在しないからである。〈外界の事物のうちに、個物以外に或るものが存在する。たとえば、個々の人から区別された人間の本性が、諸々の個物の内に、それらの本質の属するものとして存在する〉と考えた人々の誤謬が、彼らをこれらやその他の多くの論理学上の誤りへと陥らせたのである[11]」

と述べている。

それゆえオッカムは、〈外界における事物はすべて個であり、心の外には、いかなる普遍的なものも存在しない。普遍であるのは人為的に制定された言葉、より本来的には心のもつ観念のみである〉という新たな発想にもとづいて、命題①②の主語の代示の問題を議論している。すなわち、オッカムによれば、これらの命題は述語づけの遂行態から表示態に変形されて解釈されるべきであり、述語づけの表示態において「人間」「色」は、単純代示を行い、心の観念を代示している。以上において我々は、代示の理論に関する偽カムプザルのリカルドゥスとオッカムの論争を見てきたのであるが、その要点を繰り返し述べるならば、次のようになる（図3参照）。（一）命題①②の主語の代示についてのオッカムの議論の意図が、図3のⅠの偽リカルドゥスの代示の理論のごとき、従来の代示の理論が前提していた存在の構図の否定にあったことは明らかである。オッカムの解釈は、「外界の事物の内には、個であるもの以外には何も存在しない。心の外に、普遍的な共通本性が存在することはない」という彼の個体主義と密接に結びついている。スコトゥス学派偽リカルドゥスの、オッカムに対する反駁は、新しい考えに対する、従来の伝統的存在論の側からの言わば反動である。それゆえオッカムは、（二）命題①②の主語の代示の対象を、多くの外界の個物によって分有され、それらの内に内在する普遍から、多くの個物に述語づけられる普遍へと移行させ、（三）心の外に存在する普遍的な共通本性を否定し、その代わりに、心の中に普遍的な観念を措定し、図3のⅠからⅡへと代示の理論を転換させている。

二　スコトゥスの共通本性と個体化の理論に関する、オッカムと偽カムプザルのリカルドゥスの論争

一節において我々は、代示の理論に関するオッカムと偽リカルドゥスの論争を見てきた。そこにおいて議論の争点になっていたのは、スコトゥス学派の人々のように〈心の外に普遍的原理——共通本性——がまず存在し、それにもとづいて個物が存在する〉と考えるのか、あるいはオッカムのように〈心の外には個物以外には何も存在しない〉と考えるのかということであった。それゆえ我々は次に、スコトゥスの個体化の理論に関するオッカムと偽リカルドゥスの論争を見てみよう。オッカムは『大論理学』第一部第一六章において、次のようにスコトゥスの個体

化の理論を反駁している。[12]

「或る人々〔スコトゥス学派〕においては、〈普遍は心の外の個物の内に何らかの仕方で存在し、しかし諸々の個物と実在的（realiter）に異なるのではなく、単に形相的（formaliter）に異なる〉と考えられている。彼らは次のように主張する。①人間の本性（共通な普遍的本性）がソクラテスの内に存在する。②この共通な普遍的本性は個体的差異（differentia individualis）によってソクラテスへと特定化（contrahere）される。③この個体的差異は共通本性と実在的にではなく、形相的に異なる。……

しかしこの見解は、私〔オッカム〕にはまったく認めがたいもののように思われる。このことは第一に、次のように反駁される（第一反駁）。被造物においては、もの（res）ともの（res）との実在的相違以外には、外界にいかなる区別もありえない。それゆえ、もし本性と差異の間に何らかの区別があるとすれば、当然それらは実在的に異なるものである。私はこの論証の小前提を、三段論法の形式によって証明する。この本性が、この本性それ自身と形相的に異なることはない。しかるに、この個体的差異はこの本性と形相的に異なる。したがって、この個体的差異はこの本性ではない」[13]。

すなわち、スコトゥスの個体化の理論は次のように要約される。ソクラテスとプラトンは、ともに人間性という共通本性をもつ点では一致するが、しかしそれぞれ別な個物（この人間とあの人間）であるという点では異なっている。では、ソクラテスを、プラトンではなく、まさにソクラテスたらしめているものは一体何であろうか。スコトゥスによれば、事物はそれ自体の本性によって個物たるのではなく、その共通本性をこのもの、この個体へと特定化する個体的差異（このもの性）が共通本性に付加されなくてはならぬ。これがスコトゥスの言う個体化の原理である。スコトゥスは、これら共通本性と個体的差異（このもの性）の関係について、「両者は同一の事物の、形相的に異なる二つの存在性（realitates eiusdem rei, formaliter distinctae）である」と述べている。[14] スコトゥスの説の特徴は、実在的に同一の事物の内に、さらにより根源的な区別を措定し、共通本性とそれを特定化する個体的差異（このもの性）とのあいだに「形相的区別」（distinctio formalis）を立てたことである。

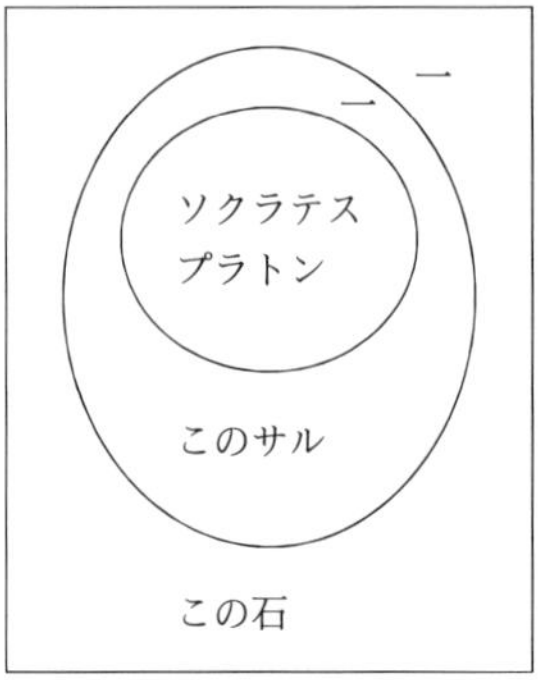

図4

さらにまた、共通本性は次のような性質をもつ。図4のごとく、たとえばソクラテスとプラトンは、人間性という共通本性をもち、一つのグループにまとめられる。あるいは、ソクラテスとプラトンとこのサルは、動物性という共通本性をもち、一つのグループにまとめられる。こうした共通本性の有する一（unitas）は、このものやあのものといった「数的な一」（unitas numeralis）とは別である。ソクラテスとプラトンとこのサルとこの石は、このものとあのものといった数的な一において、等しく異なっている。しかし、ソクラテスとプラトンは、数的な一とは別な或る一を有する。あるいは、ソクラテスとプラトンとこのサルは、数的な一とは別な或る一を有する。スコトゥスは、このような共通本性のもつ一を、数的な一よりも「より小さい（弱い）実在的な一」（unitas realis minor）と呼んでいる。[15]

オッカムは『大論理学』第一部第十六章の中で、このスコトゥスの個体化の理論を批判している。オッカムの批判の意図は、スコトゥスの言う〈多くの個物の内に内在している普遍的原理——共通本性——が心の外に存在すること〉を否定し、したがってそれによって、この一なる普遍的な本性が多へと特定化される個体化の原理を不要であるとし、「心の外のいかなるものも、それ自身によって個であり、数的に一である」というオッカムの個体主義を主張することにあった。たとえば、先に引用した個所では、オッカムは第一反駁として、スコトゥスが共通本性とそれを特定化する個体的差異（このもの性）とのあいだに形相的区別を措定したことを批判して、「実在的区別のみが措定されるべきであり、形相的区別は否定される」と述べている。(16)

これに対して偽リカルドゥスは、オッカムのテキストをそのまま引用したうえで、オッカムの批判に対してスコトゥスを弁護する立場から、「このような見解を述べることは馬鹿げており、認めがたいとオッカムは言っているが、しかしそう述べることは馬鹿げてはいない。むしろ、それと反対のことを述べることのほうが、ずっと馬鹿げており、不合理である」と反論している。(17)

さらに先に引用されたオッカムの第一反駁の論証〈この本性が、この本性それ自身と形相的に異なることはない。しかるに、この個体的差異はこの本性と形相的に異なる。したがって、この個体的差異はこの本性ではない〉に対しても、偽リカルドゥスは、次のように反論している。(18) この論証は推論における誤謬を犯している。この誤謬は、たとえば、〈Aは動物ではない。ゆえに、Aは人間ではない〉という推論が真であることから、人々がその逆〈Aは人間ではない。ゆえに、Aは動物ではない〉も真であると思い込むことから生ずる誤謬である。同様にオッカムの証明においても、「……異なる」は、「……形相的に異なる」や「……実在的に異なる」に対して上位概念－下位概念の関係にあるのだから、〈この個体的差異はこの本性と異なる。ゆえに、この個体的差異はこの本性と形相的に異なる〉という推論は真であるが、その逆の推論〈この個体的差異はこの本性と形相的に異なる。ゆえに、この個体的差異はこの本性と異なる〉は真ではない。

このような偽リカルドゥスとオッカムの論争は結局のところ、両者の存在論の根本的な相違にもとづく。形相的区別を認める偽リカルドゥスにとっては、「……異なる」は「……形相的に異なる」に対して上位概念―下位概念の関係にあるが、形相的区別を認めないオッカムにとっては、そうではないからである。それゆえ、スコトゥス学派とオッカムの存在論の相違が明確にされなくてはならぬ。

三　スコトゥス学派の存在論とオッカムの存在論

（1）スコトゥス学派とオッカムの論争（一）

スコトゥス学派は次のように主張する。[19] たとえばソクラテスとプラトンは、ともに人間であるという点では一致しているが、しかしそれぞれ別な個物（この人間とあの人間）であるという点では異なっている。しかるに、同じ存在によって、事物Aが事物Bと実在的に一致し、同時にまた実在的に異なるということは不可能である。もし事物Aが事物Bと実在的に一致し、同時にまた異なるとしたら、事物Aは事物Bと或る存在によって一致し、別な存在によって異なるのである。したがって、同一の事物（res）の内に、形相的に異なる二つの存在性（realitas）――共通本性と個体的差異（このもの性）――が措定されるべきである。すなわち、ソクラテスとプラトンはともに人間の本性という普遍的な共通本性を有しており、その存在性によって両者は種において一致する。しかし共通本性以外に、ソクラテスは自己に固有な別の存在性（個体的差異・ソクラテス性）を有しており、プラトンもまた自己に固有な別な存在性（個体的差異・プラトン性）を有しており、それらの存在性によって両者は数において異なる。

これに対して、オッカムは次のように反論する。[20] たしかにソクラテスとプラトンは人間であるという点では一致し、他方それぞれが別な個物（この物とあの物）であるという点では異なっている。しかしこの理由から、スコトゥスのように、形相的に異なる二つの存在を同一の事物の内に措定する必要はない。むしろ、スコトゥスの議論の前提となっている〈同じ存在によって、事物Aが事物Bと実在的に一致し、同時にまた実在的に異なるということは不可能である〉という考えそのものが間違っているのであって、〈事物は、各々が有する自らの同じ一つの存在によって、他の事物と種において一致し、数において異なる〉と考えて何ら差し支えない。

（2）　スコトゥス学派とオッカムの論争（二）

スコトゥスはこう考えている。[21] ソクラテスとプラトンは、人間性という共通な本性の存在を有していることにおいて一致・類似している。それゆえ、この類似・一致を成立させる根拠として、ソクラテスとプラトンの存在のほかに、これら数的に一なる存在・個別的な存在とは別に、これらに共通な〈より小さな（弱い）実在的な一〉である人間の共通本性が、心の外に存在しなくてはならない（図5参照）。

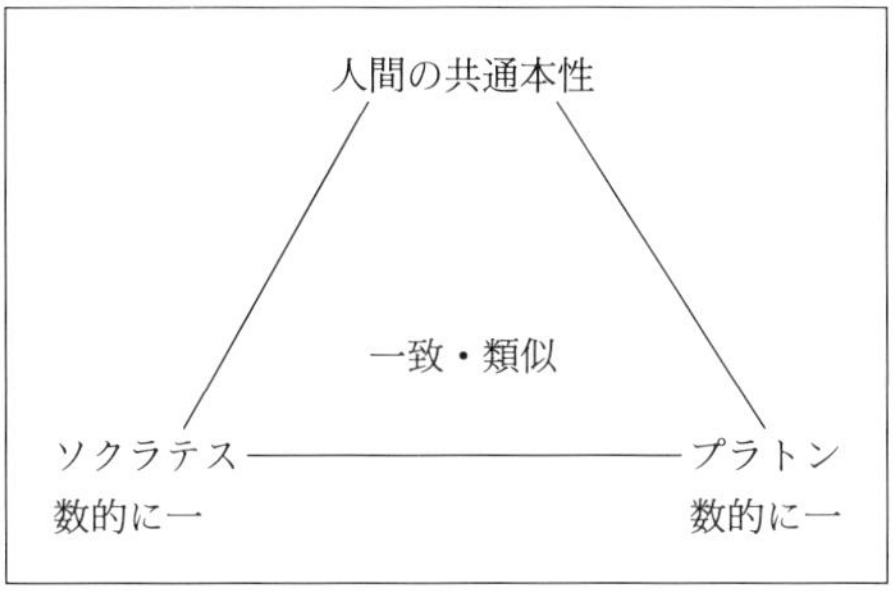

図5

このスコトゥスの共通本性の理論に対して、オッカムは、「ソクラテスとプラトンは彼ら自身の存在とは別な、或る第三の存在において類似しているのではなく、彼ら自身の存在によって類似している」と主張する。[22] たしかに我々は、「ソクラテスとプラトンは、人間で在ること〈人間という本性〉において類似している」とか、「この鉛筆とあの鉛筆は、赤色で在ること〈赤色という性質〉において類似している」とか言う。しかし、オッカムによれば、X（たとえばソクラテス）とY（プラトン）の類似を、XとYとこれらとは別な第三の存在である共通性Z（たとえば人間という存在・人間の共通本性）との間の三項関係として解すべきではない。ソクラテスとプラトンが、彼らの存在とは別な第三の存在（共通本性）において類似していると考えるのはおかしい。なぜなら、ソクラテスとプラトンの存在が措定されれば、自ずと彼らの間に実在的な類似関係が成立するからである。彼らの存在のみで十分であり、それ以外のいかなる存在も必要ない。ソクラテスとプラトンは、彼ら自身の存在によって類似しているのである。それはちょうど我々が、「この鉛筆とあの鉛筆は赤色で在ることにおいて類似している」と言うとしても、しかしそこにおいて存在しているのは二つの鉛筆の存在のみであり、それぞれの個物（この鉛筆とあの鉛筆）の有する、自らに固有な数的に一なる存在のみによって、この鉛筆とあの鉛筆の間に類似の関係が成立しているのと同様である。[23]

　したがって、数的に一である個物の存在のほかに、それらとは別のより小さい（弱い）一の存在――共通本性――を措定する必要はない。もちろんオッカムは、ソクラテスとプラトンが類似しており、一つのグループにまとめられることを認める。オッカムが否定しているのは、〈このようにXとYとの間に類似関係が成立するのは、個物XとYに内在する普遍的な、共通本性という第三の存在Zにおいてである〉というスコトゥスの説である。オッカムによれば、それぞれの個物XとYの有する、それらに固有な数的な一なる存在のみによって、XとYの間に類似の関係が成立するのであり、それ以外のいかなる存在も措定されるべきではない。かくして、心の外の普遍的原理の存在が否定されることによって、「心の外のものはすべて、個である」というオッカムの個体主義の最も基本的なテーゼが成立する。

四　中世から近世へのコペルニクス的転回

以上において、十四世紀の哲学を特徴づける主要なテーマである代示の理論と個体化の理論に関する偽カムプザルのリカルドゥスとオッカムの論争を見てきたわけであるが、我々は、この論争の内に、中世から近世への発想のいわゆる「コペルニクス的転回」の分岐点を見出すことができる。古代から中世までの哲学においては、大雑把に言って、一つの共通な存在の図式が一貫して考えられてきた。我々の目に見える現実の世界を根拠づけるものとして、普遍的原理・共通本性が外界にまず存在し、その一なる普遍的原理・共通本性が個体化の原理により個別化されることによって、個物が存在する（図6参照）。それゆえ個物は、普遍的原理・共通本性によって根拠づけられており、普遍的原理にもとづいて存在する。このような考え方をしている点では、トマスもスコトゥスも同じである。これまで見てきたごとく、スコトゥス学派の一人である偽リカルドゥスの、オッカムに対する反駁もまた、このような中世の伝統的存在論の立場にもとづくものである。

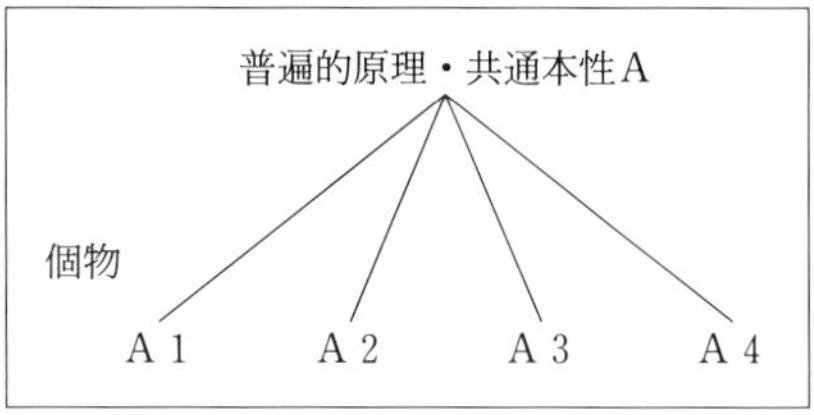

図6

これに対してオッカムは、多くの個物の内に共通に内在している普遍的原理・共通本性が心の外に存在することそれ自体を否定し、中世の伝統的存在の図式を一転させる。すなわち、個物を成立させる根拠として普遍的原理を想定したうえで、普遍的原理の側から個物を理解するのではなく、個物をまさに個として、それ自身の存在によって個として存在するものとして理解することから、考えてみようというのである。オッカムの新しさは、こうしたものの見方の転換にある。それは、ちょうど天動説から地動説へのコペルニクスの転回に喩られる。(24) 我々の周りには、多くの事物が個として存在している。それらのものを認識する過程の中で、我々は普遍的な観念によって、それらを一まとまりに捉え、それらに名前を付ける。かくして普遍的原理が、心の外から、心の中の認識主体の側へと移行する。

このように、スコトゥス学派偽リカルドゥスとオッカムとの論争に見られる、オッカムによる発想の転換の内に、認識する自我の確立や主観性といった近世哲学のもつ問題がすでに含まれていると、私は考える。

註

(1) 現在、この書の作者は、オッカムと同時期にロンドンのフランシスコ会修道院に居住していたチャットンのグアルテルス (Gualterus de Chatton 一二八五頃 – 一三四三/四四年) であるという説が有力である。

(2) ベーナーは、オッカムの哲学に見出される新しい発想の転換を、天動説から地動説へのコペルニクスの転回に喩えている (Ph. Boehner, *Philosophical Writings by William Ockham*, London 1957, p. xxvii)。この転回の意義についてはすでに、大鹿一正教授が「自然と個——スコトゥスとオッカム」(上智大学中世思想研究所編『中世の自然観』創文社、一九九一年) の中で論じておられる。小論の目的は、このコペルニクス的転回を、大鹿教授とは少し異なったコンテクスト、代示の理論と個体化の理論に関する十四世紀のスコトゥス学派の偽カムプザルのリカルドゥスとオッカムの論争の内に再確認することである。

(3) Ps. Richardus de Campsall, *Logica contra Ockham*, cap. 52, ed. by E. A. Synan, in: J. R. O'Donnell (ed.), *Nine Mediaeval Thinkers*, Toronto 1955, p. 204.

William Ockham, *Summa Logicae*, I, cap. 66, *Opera Philosophica* (= OPh) I, pp. 199-200. 代示に関する、両者の論争に関しては、拙論「代示 suppositio の問題に関する、偽リカルドゥスとオッカムの議論」『中世思想研究』四〇（一九九八年）の中でより詳細に論じられた。

（4）これらの命題の主語の代示に関する、このようなオッカムの説は、十二世紀以来の代示の理論の発展の過程の中できわめて特異な位置を占めている。この点については、渋谷克美『オッカム「大論理学」の研究』第三章、創文社、一九九七年を参照。

（5）William Ockham, *Summa Logicae*, I, cap. 66, OPh, I, p. 200, l. 30–p. 201, l. 41.

（6）*Ibid*. OPh I, pp. 201-204. 述語づけの遂行態を表示態に変形、あるいはその逆に変形することによって、「色は視覚の第一の対象である」、「人間は何にもまして第一に、笑うことができるものである」といった命題の意味を解釈しようとするオッカムの試みは、この個所以外にも、『ポリフュリウス、イサゴゲー註解』第六章（OPh II, p. 94, l. 71-p. 95, l. 86）、『アリストテレス範疇論註解』第九章一（OPh, II, p. 184, l. 46-73）、『センテンチア註解』第一巻第二区分第四問題（Opera Theologica [=OTh], II, p. 140, l. 21-p. 142, l. 12）、『自由討論集』第七巻第九問題（OTh, IX, p. 734, l. 75-88）に見出される。

（7）バーレーは、述語づけの遂行態を表示態に変形して理解するオッカムの解釈が、〈心の外には個物以外に何も存在しない〉というオッカムの主張にもとづくことを指摘している（Walter Burleigh, *De Puritate Artis Logicae Tractatus Longior* I, c. 3, ed. Ph. Boehner, St. Bonaventure, New York 1955, p. 16）。

心の外には個物以外に何も存在しないと主張する人々は、次のように言わなくてはならぬ。「色は視覚の第一の対象である」という命題は無条件に偽であり、同様に「人間は第一に笑いうるものである」という命題も文字通りに解するならば偽であり、同様に「或るものは第一に可滅的なものである」という命題も偽であると言わなくてはならぬ。しかしながら、これらの命題が作られた意味においては真である。哲学者やその他の一般に議論する者たちが、これらの命題を真と認める限りにおいては、これら前述の命題の述語づけの遂行態は、述語づけの表示態の意味に解される。……「色は視覚の第一の対象である」という述語づけの遂行態によって、「〈色〉に、〈見られうる〉あるいは〈視覚によって把捉されうる〉が、第一に述語づけられる」という一つの述語づけの表示態が理解される。

（8）Ps. Richardus de Campsall, *op. cit.*, pp. 205f.

（9）スコトゥス『命題集註解』第二巻第三区分第一部第六問題（Duns Scotus, *Ordinatio* II, d. 3, p. 1, q. 6, n. 173; ed. Vaticana VII, p. 477, l. 6-10）の次の一節を参照。

現実態においてあるもの actuale（個体的差異・このもの性）によって特定化される可能態においてあるもの potentiale

（共通本性）は、この現実態におけるものによって形相づけられ、それゆえ、この現実態にともなっている一（数的な一）によって形相づけられている。かくして本性は、この現実態におけるもの（個体的差異・このもの性）に固有な一（数的な一）によって派生的 denominative に一である。

（10）すなわち伝統的には、神の精神の中の普遍的イデアである「事物の前の普遍」、心の観念である「事物の後の普遍」のほかに、「事物の中の普遍」が考えられていた。この点では、トマス・アクィナスもスコトゥスも同様である。オッカムは、「事物の中の普遍」を否定し、さらに「事物の前の普遍」をも除去する。

（11）William Ockham, *Summa Logicae* I, cap. 66, OPh I, p. 204, l. 124-131.

（12）スコトゥスの個体化の理論に対するオッカムの批判は、『センテンチア註解』第一巻第二区分第六問題（OTh II, pp. 173-224）にも見出される。このオッカムの批判の正当性に関しては、渋谷克美「スコトゥスの個体化の理論に対するオッカムの批判」中世哲学会編『中世思想研究』三五（一九九三年）、七三―九一頁、『オッカム「大論理学」の研究』創文社、一九九七年、第二章を参照。

（13）William Ockham, *Summa Logicae* I, cap. 16, OPh I, p. 54, l. 4-18.

（14）Duns Scotus, *Ordinatio* II, d. 3, p. 1, q. 6, n. 188, ed. Vaticana VII, p. 484, l. 8-9.

（15）*Ibid*., q. 1, n. 8, ed. Vaticana VII, p. 395; n. 30, ed. Vaticana VII, p. 402.

（16）形相的区別に対するオッカムの批判に関しては、渋谷克美「スコトゥスの個体化の理論に対するオッカムの批判」中世哲学会編『中世思想研究』第三五号（一九九三年）、七六―七九頁、『オッカム「大論理学」の研究』創文社、一九九七年、第二章に詳しく論じられている。

（17）Ps. Richardus de Campsall, *op. cit*., cap. 15, p. 194, l. 6-8.

（18）*Ibid*., p. 194, l. 33-46.

（19）Duns Scotus, *Ordinatio* I, d. 2, p. 2, q. 4, n. 398, ed. Vaticana II, pp. 354f. Cf. William Ockham, *Sent*. I, d. 2, q. 6, OTh II, p. 173, l. 6-9; *Summa Logicae* I, cap. 17, OPh I, p. 57, l. 8-13.

（20）William Ockham, *Sent*. I, d. 2, q. 6, OTh II, p. 220, l. 17-p. 221, l. 12; *Summa Logicae* I, cap. 17, OPh I, p. 58, l. 36-47.

(21) Cf. *Summa Logicae* I, cap. 17, OPh I, p. 57, l. 14-17; *Sent*. I, d. 2, q. 6, OTh II, p. 211, l. 21-25; *ibid*., p. 221, l. 13- 17.

(22) *Summa Logicae* I, cap. 17, OPh I, p. 59, l. 48-55; *Sent*. I, d. 2, q. 6, OTh II, p. 211, l. 25-p. 212, l. 14; *ibid*., p. 221, l. 22-p. 222, l. 7.

(23) Cf. M. M. Adams, *William Ockham*, Notre Dame, Ind. 1987, pp. 111f.

(24) 注2を参照。

11　オッカムにおける形象不要論

渡部菊郎

はじめに

中世後期十四世紀における近世哲学の基礎づけを考えていくうえで、十二世紀ルネサンス以来のアリストテレスの受容と変容を経て、たとえば十三世紀盛期スコラ学の代表であるトマス・アクィナス（Thomas Aquinas　一二二四／二五―七四年）に結実していく、『霊魂論』（De anima）を範として目的論的自然理解にもとづいた認識理論[1]が、機械論的な自然・因果必然性をモデルとしたデカルト（René Descartes　一五九六―一六五〇年）やイギリス経験論における近代思想に特徴的な「科学的」認識理論へと変更されていく過程を辿ることは有意義であろう。そこに起こった認識理論の枠組みの変更は、人間にとって「認識」のもつ意味の変化と、そして学（scientia）や真理（veritas）の意味・本質の変転を引き起こしたと思われる。その道筋を歴史的に跡づけていくことは興味深く、また新たな「知」の枠組みを求めている現代の思想状況においても重要な課題であると思われる。

そこで、本稿ではオッカム（William Ockham　一二八五頃―一三四七年）における認識理論の「革新」の一端を見ていくことにする。それも、いわゆる「オッカムの剃刀」によって切り取られることになる「可知的形象」が扱われる問題の位置づけをテクストに即して考察し、その意味を主にトマスの認識論との対比において検討していくことにしよう。

一　オッカムにおける形象の問題

（1）『命題集註解』第二巻第一二・一三問における立論

オッカムが可知的形象についての不必要性を説いているテクストとして『命題集註解』（In libros Sententiarum）の第二巻第一二・一三問がしばしば引用されるが、その第一二問では「天使は自己と異なるものをその本質によって知性認識するのか、それとも形象によってであるか」[2]、第一三問では「より上位の天使はより下位の天使より、少ない形象によって知性認識するか」[3]が問われる。構成としては両問題ともに（人間を含めた）被造的知性の知性認識が問題とされているからか、第一二問ではいくつかに異論が措定されているだけであり[4]、一三問のところで両方の問いが一緒に検討されている。

われわれの当面の課題である「形象」（species）に関してオッカムは、第一三問において、トマスの「知性認識するためには知性に刻印された形象を措定することが必要である」という見解を挙げ[5]、次にドゥンス・スコトゥス（Johannes Duns Scotus　一二六五／六六―一三〇八年）の議論に言及していく過程で、「数多性は必要でなければ措定されるべきではない。ところで、形象を措定することによって説明されるものは何であれ、それがなくても等しく十分に説明される。したがって、そのような形象は措定されるべきではない」と言い、可知的形象の不必要性を説いていく[6]。オッカムの剃刀についてはいろいろ歴史的問題も含めて議論があるが[7]、オッカムは「直観的認識」

をもつことができるためには、知性と認識されるもの以外に別の何かを措定する必要はないと結論し、主題となる天使の知性認識についての二つの問いに対する結論を述べていく。

ところで、オッカムは続いて「結論に関しての疑念」を挙げ、自分の結論に対する疑念のうちの第一として、「知性は質料的境位、今ここにあるということから抽象するから、知性は個物に関して直観的認識をもつことはできない」というアリストテレス的な抽象論にもとづく反論を挙げて、特にトマスとスコトゥスの議論を検討する。(8)ここでは、いわゆる能動知性の抽象や表象像への立ち返りなど、トマスにおいても重要なアリストテレス的な契機が問題とされ、オッカムは自分の立場からこれらを否定していく。

ここでわれわれはすでに立論・議論構成の構造から、たしかにオッカムはトマス説との対決において可知的形象批判を展開し始めているが、すでに一三一〇年代以降一般的になった直観・抽象的認識に関する議論の枠組みの中で可知的形象は不必要と主張していることに気づく。むしろ後半部の自分の「結論に対する疑念」として可知的形象が措定されているトマスの認識論を「批判」しているのである。

そこでわれわれはこのテクストの検討を通してオッカムの形象「余剰・無用」論がオッカム自身においてどのような意味をもつのかをまず検討し、次にそれがトマス的な認識論に対してどのような認識の枠組みの変更になったのかを検討していくことにしよう。

(2)　媒体における形象

ところでアリストテレス以来形象は媒体、感覚、知性において問題とされているので、まずわれわれは可知的形象の問題に先立ち、オッカムの形象に関する問題点をさまざまな段階でその要点を見ていくことにしよう。

「媒体において形象が措定されるべきである」という、理拠・経験・権威によって証明されている「一般的見解」をオッカムは詳細に検討し反論している。[9]

媒体の内に形象を措定する最も主要な根拠は、認識の「自然学的」成立の説明において対象がわれわれの感覚器官に影響を与えるための「因果的媒介」としてである。オッカムの答えは遠隔からの原因によるものであるから媒介としての形象は不必要というものであるが、それを不可能とする議論に対して彼は経験にもとづき非常に詳細に答えている。[10]

オッカムは、対象そのものと異なった本質性格（ratio）をもつ形象を媒体の内に措定する必然性はまったくないことを詳細に論じているが、ここでのオッカムの立論の仕方は、光学に即したきわめて自然科学的な観察・経験にもとづいたものであり（上掲註10参照）、力点としては「原因」と「結果」の「作用因」的な関係に注目し、互いに離れているものであっても能動者・受動者として両者のあいだに作用が成立することを示すことにあると言える。

（3）　魂の内部における形象

次に、感覚における形象についてオッカムはいかに考えていたのか見ていくことにしよう。これについてオッカムは、「感覚能力ないし器官に、感覚する作用に自然本性的に先立って感覚作用とは別に何らかの形象が原因づけられるか」という設問において問うているので、[11] このテクストを検討していくことにしよう。

オッカムは形象の措定に賛成する論拠をいろいろ挙げているが、基本的にはアリストテレスの『霊魂論』に由来する「感覚は質料なしに諸形象を受け入れうるものである」という（受動的）能力としての感覚、そして感覚の現実化の（「原因」としての）形象の必要性である。そして彼は、「一般的に外的感覚においても内的感覚においても、感覚の現実態に自然本性的に先立って何らかの形象を措定することが必然的であると言われている」とし、さまざまな論拠を吟味している。その際、オッカムは外的感覚・内的感覚の場合を二つの項（問い）に分けて考察している。(12)

ここにおいてもオッカムは、対象と感覚能力だけで感覚作用が生じるには十分であり、感覚における形象は不必要であると主張する。そして、記憶や想像において残存する「形象」を措定する立場に対しては、感覚自体の内に何らかの「質」が残るのであるとしている。アリストテレスの「形象の場所」としての魂の説明に対して、形象はハビトゥス（習態）としての新たに獲得された「質」であると言うのである。(13)

さて、トマスにおいては、認識する力をもつものは、他のものの形相を自らの内にもちうるものであり、感覚とは「外部の可感的なものによって変化を与えられることを本性とする受動的能力」(14)である。そして、人間の知性的魂は唯一の実体的形相であり、その力の完全性の内に階層的に知性認識という働きへと秩序づけられた感覚的魂を含みもっている。そして感覚認識は身体的器官との共働によって働く能力であり、「対象」としても「器官」としても質料的物体を必要とする。しかしトマスの場合、感覚認識という働きは魂の外の可感的・質料的なものを「能動因」として単なる質料的・物体的印象づけ（impressio）のみによって原因づけられるのではない。すなわち、感覚が「受動」であると言われるのは、他のものから「形相を受容する」限りにおいてのことであり、感覚は知性的魂の能力として、その霊的存在に即して形相を受容し、その形相を働きの「形相因」として働く内的働きである。しかし感覚能力の根原である魂自体は、可感的「形相」という形相の特性に即して自らの霊的・志向的存在において形相（形象）を受容するのである。感覚の「変化・受動」はかならず霊的変化をともなう受動であり、魂の外の物体の感覚的部分という場所において魂のもつ霊的・志向的存在に即して受容され、可感的形相の志向的印象が生じるような「受動」なのである。[15]

以上のように、トマスにおいては感覚認識においても可感的形象が指定されるのであるが、オッカムはトマスの言う感覚における「自然的」変化には注目し、それを認めているが、霊的変化、すなわち感覚能力の側からのいわば「能動的な参与」をまったく認めていない。「受動」的能力としての感覚の「受動」の意味が、単に可感的なものの能動因性、感覚によるその「受動」という（自然変化における）作用因果性に限定されているのである。そして内感に残る「残像」は魂の外のものの類似としての形象ではなく、刻印された質、ハビトゥスであると言う。[16]

二　形象と抽象

さて、以上のようにオッカムは、媒体においても、外感・内感においても、形象の存在を否定、ないし余剰なものとして斥けている。

それでは知性認識の場合はどうであろうか。次に可知的形象不要論を検討していこう。そこで、前章で立論の仕方を検討した第一三問のテクストに即して、トマスにおいて認識論の中心的な位置を占める「能動知性による可知的形象の抽象」の問題においてオッカムはどのような立場を採ったのか、次に見ていくことにしよう。

（1）　知性における形象

先に挙げたテクストでは、オッカムは「知性認識するためには刻印された形象を知性に措定することが必要である」とするトマスの見解を吟味する際[17]、直観的認識と抽象的認識に関する検討をしたうえで、結論の第一として「直観的認識をもつためには、認識されるものと知性以外の何ものをも必要としない」[18]を挙げている。そしてその理由の第一には「より少ないことで生じることは、より多くのことによっては無駄に生じる。形象なしに知性と見られたものによって直観的認識は生じうるから」という思惟経済の法則が挙げられている。

ここでもオッカムは、知性認識を能動者（agens）と受動者（patiens）とのあいだの一種の作用と見たうえで、知性認識の働き（actus intelligendi）が成立するためには、知性と対象の現前のみで十分であり、形象はなんら必要とされないとしている。直観的認識の「作出因」として形象が必要だとすれば、そして対象が不在のときでもその「形象」が知性の内に留まるとするなら、対象が存在しなくても自然本性的に直観的認識を原因づけてしまうであろうが、それは経験に反するという。そして第一三問の主題である上位・下位の議論を持ち出して、知性は感覚よりも上位のものであるから、感覚にできることは知性にもできると言う。

しかし、形象措定論者は感覚に残像が残ったり、直観だけでなく、対象が不在でも想像にもとづいて知性認識が生じることを理由とする。それに対してオッカムは、抽象的認識をもつことができるためには、物と知性の他に直観的認識ののちたしかに知性の内に残る何かがあることを第二の結論として措定する。能力は現実態に至ったのち、対象と能力が以前と同じように留まっても、以前もっていなかったものをもつことがある。しかし、それは形象ではなく、ハビトゥスであることを第三の結論としている。というのも、この残存するものは諸現実態に付随するものであるが、形象は認識に付随するものではなく、むしろ（「作出因」としてということであろう）先行するものだからである。そして形象によって説明のつくことはハビトゥスによっても説明がつくので、形象は不要であるとする。[19]

ここでのオッカムの主要な論点は「剃刀の」論理、すなわち可知的形象が余分であること、そしてしばしば形象に帰せられていた役割を直観的認識から抽象的認識に移行するときのハビトゥスによって解釈していこうとすることである。

したがって、たしかにトマスの説として「刻印された形象」措定の必要論を否定しているが、形象措定不要論の提出のコンテクストは直観認識（感覚・知性）の成立において対象と認識主体の能動・受動という二元的構造と対象の現前によって十分説明がつくということである。次にオッカムの直観・抽象認識の「新しさ」を理解するためにも、後半部における「結論に対する疑念」の議論において、オッカムがアリストテレス以来の能動知性の「抽象」についてどのように考えているのか見ていくことにしよう。

（2） トマスにおける可知的形象

まず、批判されるトマスの理論を簡単に見ておくことにしよう。トマスにおいては知性的魂の統一性と諸能力の階層性が強調される。そして、感覚にせよ知性にせよ認識するものの形相の特徴として、他者の形象を含みうるものであることが挙げられる。それゆえ、形象が措定され、その形象は「事物」（res）の側に由来する。そして、知性の表象像への、感覚の物への接続によって、知性的魂において知性は感覚に依存しており、[20] 身体と結合した人間知性に対応した人間知性の固有対象は「質料的事物の内に実在する何性、ないし本性」であり、感覚が個を認識し、知性は直接的には普遍を認識し、表象像への立ち返りが個の間接的認識を生むとされる。

ここで知性は感覚の対象となるものを直接に認識することはできないので、アリストテレスに従い、「表象像は可能知性に対しては視覚に対する色のごとくあり、能動知性に対しては光に対する色のごとくある」[21] と言い、能動知性を措定し、[22] 能動知性が内感における表象像を照明し、人間知性は表象像から可知的形象を抽象しながら質料的なものを知性認識すると言う。[23] ここで「光」としての能動知性は、すべて作用するものは、現実態にある限りにおいて作用し自分に似たものを生じさせるのであるから、[24] 可感的な表象像を知性と同質（homogeneus）である可知的なものとし、「形象の場所」としての知性の内に「可知的形象」を成立させるのである。[25] 可感的形象は、一つの個物の類似としてただ一つの個物が認識されるだけであるが、能動知性の力によって、表象像の表現しているものの、可知的なそして無限の個物によって分有されうる種の本性に関する限りの類似が、可能知性の内に、表象像のもつ個的境位から切り離され、抽象されて可知的形象が生じるのである。[26]

その際「能力」としての知性の働きは、⑴ 感覚によって受容された魂の外のものの表象像と、⑵ 知性の側からの能動知性という二つの「能動因」を必要とする。それは、知性が二重の意味で可能態にあるからである。[27] まず、能力をその行使・遂行に関して可能態から現実態に移す根原は魂の内にあり、「可知的なものそのものの現実態」である能動知性がそれである。すなわち、可知性のレベルでは、能動知性は現実態として「可能的に可知的な」可能知性および表象像に関わる能動因である。次に、能力はその対象によって種の限定を受けるが、その限定の根原は対象の内にあり、能力はそれに対して対象の規定に関して可能態においてある。すなわち、魂の外のものを限定している形相は、可能知性においては「可能態」においてのみあるのである。そして能動知性の「照明」、「抽象」によって、可能知性は可知的形象を受容し現実に「何か」を対象として知性認識という働きをなす。

したがって、可知的形象による知性認識のためには能動知性が主要第一次的な能動因であり、表象像は「第二次的器官的」な能動因の役割を果たすのである。しかしながら、可知的なものを抽象することは能動知性の、可知的なものを受容するのが可能知性の働きであるとはいっても、人間において二通りの知性認識という働きがあるわけではない。[28] 認識はすべて類同化によるが、認識は認識されたものの類似（形象）が認識するものの内にある限りでの内的働きであり、働きの現実化のためには対象が働くものの内にあり、働くものと「一つ」になることを必要とする。[29] 知性は、可知的形象によって形相化され現実態に至るとき働くが、その働きにおいては同時に対象としての「知性認識されるもの」も可能態から現実態に至り、現実態における「可知的もの」となる。すなわち、ともに可能態においてある知性、知性認識されるものが可知的形象によって統合され一つとなるとき、知性認識という「一つの働き」が生ずるのである。

さて、トマスにおいて可知的形象は可能知性に対して、認識されるものとしてではなく、知性がそれによって認識をする形象であり、[30] 受容された可知的形象は知性の内でその霊的・志向的存在を得て、形相化された知性はその形象を働きの「形相因」としてそれに続く知性自身の知性に固有な働きにおいて自らの内に「定義」や「複合・分割」を形成する。[31] つまり、知性の働きは「内なる言葉」をその終極・目的としてもっている。これは知性が可知的形象によって形相づけられ現実態に至るとともに、知性が可知的形象の表現しているものについて自ら懐念するものを表出し、形成した「知性認識されたものの志念」[32] なのである。

まとめて語るなら、魂と身体とから成る全体としての人間が、知性的魂という「認識の成立する場」で、魂の外の個的な物について、可知的形象によって、表象像において、事物に関する普遍的な知性認識内容（内なる言葉によって表される）を知性認識するのである。

（3） オッカムの批判

「疑念の解決」としてオッカムは以下のような論を提示する。知性は第一に個物を直観的に知性認識する。というのも、知性は物の内にあるものを直観的に知性認識するが、それは個物以外にはない。そしてこのようなことはより下位の感覚にも適合するが、まして上位の知性にも適合する。[33] そして、知性は直観的に個物をいま・ここのものとして、感覚が認識するすべての境位に即して認識すると言う。[34] そして、認識の現実態は認識された対象の「類似」であり、現実態に先立つ形象のようなものは必要ないと言う。

まず、オッカムにおいては人間は物体的形相と、感覚的魂と、知性的魂の三つの形相から成る実体的複合体であることに注意しなければならない。[35] つまり知性の感覚への依存性は否定されている。そして、オッカムは「形象を通じた類似」を斥けてはいるが、認識の現実態が物の類似であることは認めている。しかしそれは単に結果（知性認識の働き）の原因に対する類似（assimilatio effectus ad causam）なのである。

そしてトマスの抽象理論に関しては、能動知性が現実態における普遍を作るというのは、ある fictum esse を作り、認識的存在におけるある懐念（conceptus in esse obiectivo）を産出することであると言う。そしてそれが知性の現実態を目指すのであるが、その現実態はただ認識的存在しかもたず、実在的存在（habet … esse subiective）はもたないと言う。

そして、オッカムは「能動知性は可能的に可知的なものを現実的に可知的にする」[36] という命題はアリストテレスにもアヴェロエス（Averroes; Ibn Rushd　一一二六－九八年）にも見出されないのであり、実際は、「能動知性は可能的に認識されていたものを現実的に認識されたものにする」ということのみを意味すると言う。つまり能動知性は認識作用（intellectio）を作り出すのであり、それによって先には可能的に認識されることのできるものが現実に認識されたものとなるからである。このように、能動知性の働きは知性が現実に認識をするようにさせることであり、能動知性と可能知性は認識作用に関して能動者と受動者の関係にあるとされる。[37]

ここでの議論の文脈を整理すると、オッカムは知的認識がそれ自体としては感覚から独立に成立すること、感覚への知性の依存を否定し、可感的なものの「照明」あるいは「非・質料化」という意味での能動知性による「抽象」を否定している。そこから、トマスの知性的魂の唯一の実体形相と諸能力の階層性（統一性）の説も、表象像への立ち返りも否定する。[38] 知的な直観的認識のためにも、抽象的認識のためにも、対象と知性（および認識作用に後続するものとしてのハビトゥス）で十分であるとされ、感覚的認識の成果としての感覚的表象は不必要とされる。[39]

ところで、オッカムの形象批判において、対象よりも形象が先に認識されるであろうと言われるが、トマスにおいては可知的形象は「それによって認識するもの」であり、働きの形相因であり。人間知性は質料的な魂の外の物において実在する何性ないし本性を固有対象とし、可知的形象によって魂の内の「内なる言葉」を働きの終極・目的として生みだす。知性によって認識されるものは、個物ではなく、個物から抽象された（オッカムなら abstractum と呼ぶ）普遍である。しかし、オッカムによると普遍と可知的形象とはともに精神内概念のはずである。なぜなら、もし普遍が実在のものであるなら、それは普遍的ではありえないだろうからである。そして、可知的形象と同様に、普遍は認識の対象であるから認識の働きに先行しなければならない（作出因としてであろう）ことになるのである。

したがって、オッカムの形象不要説の議論の要諦は、トマスに見られる事物、感覚、表象像、可知的形象、能動知性による可能知性における知性認識、内なる言葉という一つの認識のプロセスを四原因に沿って解明する目的論的な認識論の枠組みの解体、つまり、あえて言えば現実態・可能態、形相・質料というアリストテレス的な形而上学的認識理論に代わるものとして「作用因」的に成立する直観・抽象的認識の概念を中心とした「新しい」認識理論を提示していることである。トマスにとっては可感的質料的な個と可知的・非質料的な普遍のあいだには存在論的な断絶があり、そこで能動知性の抽象が措定された。トマスの場合もたしかに魂の外に実在し、認識の対象となるのは個である。しかし、能動知性による個的な表象像へ「知性的に能動的な」働きを通じて普遍的な可知的形象を生むことによって、「魂の外の事物（個物）について普遍的な知性認識」が成立するのである。しかしオッカムは、形象にまつわるそのような基本的な形而上的枠組みを「剃刀」によって切り落としているのである。

三　直観と抽象

では、オッカムの言う「抽象」・「普遍」とはどのようなものか、彼の認識論を見ていくことにしよう。

（1）　直観的認識

トマスの場合、人間知性は感覚的魂によって生みだされた表象像から可知的形象を媒介として普遍概念を抽象する。しかし形象無用論を説くオッカムの主要関心は形象ではなく、最初に認識されるものにある。

オッカムの認識論の特徴は、人間的認識のすべてが直観から始まり、直観に基礎をもつという点にある。そして、直観的認識（notitia intuitiva）の特徴は、事物とそれを認識する働きのあいだにはいかなるものも介在しない直接性と、このように直接・無媒介的に認識される対象は個体であることの二点に存する。(40)

オッカムの言う直観的認識とは、「もし事物が存在するならば、知性はただちにそれが存在すると判断し、そしてそれが存在すると明証的に（evidenter）認識するように、そのように物が存在するかしないかを知ることを可能ならしめるような認識(41)」と定式化されているが、最初に感覚によって捉えた対象それ自体が次に知性による直観的認識を生じさせる。しかし、認識の生成の秩序においては感覚は知性に先立つが、知性の直観はそれ自体で独立に成立するのである。対象は同じであり、認識の仕方が感覚と知性とでは異なるだけなのである。そして、知性は何らかの単純なもの・名辞を直観的に、完全な仕方で把握すると、ただちに複雑なもの・命題を形成し、承認を与えることができる。たとえば物体と白さを直観的に見て取ることによって、知性はただちに「物体はある」(corpus est)「物体は白い」(corpus est albus) という命題を形成し、ただちに承認を与える。(42)

オッカムは、直観的認識は「作出原因」(causa efficiens) である個体の「原因性のゆえにのみ」生じるのである」(43)と言う。すなわち、自然的な仕方で遂行される人間認識の全体が直観的認識にもとづくものであり、その直観的認識は現実に実在する個体の作用因性によって成立する。トマスにおいては、魂の外のものから得られる可感的表象像は知性認識の根原としての「可知的形象」の成立に関して、やはり能動因として作用するが、能動知性に対しては原因の質料的側面(44)として知性認識に対象の限定の役割を果たす能動因である。そして、可知的形象による知性認識のためには能動知性が主要第一次的な能動因であり、表象像は「第二次的器官的」な能動因の役割を果たすのである。トマスにおける対象の「内容」の原因性は見られるが、物と知性とのあいだには、物の側からの一方的な接触のみが見出され、可知的形象とともに能動知性による可知性の原因性という知性の側からの能動的な参与は切り捨てられているのである。

それゆえ、可知的形象不要論によると直観的認識のためには知性と認識されたもの以外の何ものも措定してはならないということによって、直観的認識は対象 (intellectus agens cum obiecto) を (それだけで) 十分な能動因 (agentia sufficientia)、そして可能知性を十分な受動者 (patiens sufficiens) として成立する、と能動・受動の作用因性のみによって認識が説明されている。

（2）抽象的認識

では、オッカムの言う抽象的認識（notitia abstractiva）とはどのような「抽象」的認識なのであろうか。直観的認識によって個が認識され、それがすべての認識の基礎であるというのであれば、オッカムにおいて問題はむしろ、どのようにして「普遍」が認識されるのか、ということになる。

まず、直観的認識と抽象的認識は対象の違いによって区別されるのではなく、認識の仕方による違いでしかなく[45]、ものや原因の違いによるのではない。そして、抽象的認識は直観的認識を前提とするものであり、その反対ではない[46]。トマスにとって認識は知性と事物の双方の内に原因をもった力動的プロセスであり、知性は感覚が捉えた表象像を媒介として、抽象は事物の共通な本質を認識することであった。

オッカムは、抽象的認識とは「それによってわれわれが、事物があるときにある、あらぬ時にあらぬ、と判断するのではない認識である[47]」と言い、物の現実的存在と非存在（existentia et non existentia）を捨象している限りで「抽象的」と呼ぶ[48]。オッカムにおいてはこの抽象的認識は常に直観的認識と「同時に」成立している。そしてこの抽象的認識の反復によって一種のハビトゥスが形成され、それによって事物が存在するとしないとにかかわらず妥当するような、ハビトゥス的な抽象的認識、すなわち普遍的な学知が成立する。すなわち、ある事物について直観的認識をもつとき、同時に・ただちに（simul et semel）同じ事物についての抽象的認識をもつのであり、そしてこの抽象的認識は、別の抽象的認識へと傾かしめるハビトゥスを生む。これは、たとえばそれによって「事物がかつてあった」（res aliquando fuisse）と判断する不完全な抽象的認識であり[49]、それはハビトゥスによって成立する認識であるとされる[50]。直観的認識は常に対象と知性によって成立する認識であるが、抽象的認識は直観的認識に常にともなうものか、あるいは抽象的認識（の反復）によって成立したのかのいずれかである。

このように、オッカムにおける抽象的認識に関しては対象と知性の他に何らかの準備要因（praevium）を措定する必要があるが、この要因は認識の働きに先行するものではなく、後続するものであるから、形象ではありえず、むしろ認識の働きによって生じるハビトゥスであるとしなければならない[51]。ところで、このハビトゥスは経験されるものであり、そして形象によって説明できるすべてのことはハビトゥスによって説明される。抽象的認識を成立させるために必要とされるのはハビトゥスであって、形象ではない、というのがオッカムの立場である[52]。

(3)「普遍」の認識

では、なぜこれが「普遍」の認識なのであろうか。

オッカムにとっても認識はやはり「類同化」ではある。しかし、そこでは形象におけるような再現としての類同化や、合形相性にもとづいた類同化ではなく、結果としての知解（intellectio）の原因（対象）への類同化であり、何か普遍的な「共通本質」のようなものは実在しないので、そのようなものが知解されたり、そこにおいて類同化するわけではない。

オッカム自身における fictum（虚構）説、qualitas（本質）説、intellectio（知解）論の関係はいろいろ複雑であり[53]、特に後期においては、普遍や第二志念は、「自然本性」的に名辞の非複合的知によって、知性や意志のすべての活動なしに原因づけられるとされる[54]。それも、火があるものを熱したり、火が熱いという性質をもつという自然因果性のレベルで問題にされている。

とにかく、直観的な把捉において知性認識の現実態とはいかなる媒介も含まない単なる「受動」である。この知性における直観的認識が概念（conceptus）であり、それは「像」のようなものではなく、それは物への関係をもっている限りにおいて知性の内で物を代示しているのである。オッカムにとって普遍は対象でも働きの根原でもない、知性認識の作用（intellectio）そのものなのである。ただ抽象的認識においては直観的認識を前提とし、その実在・非実在、また個的な状況などが捨象されている。抽象的認識は直観的認識と同じ対象をもっているにもかかわらず種的に区別されるが、それは認識の仕方の違いなのである。外界における物はすべて個物であって、普遍であるのは言葉、本来的には精神のもつ概念のみである。概念は外界の多くの物を表示し、代示する記号であり、それゆえ普遍という性格をもつ。概念は外界の物を表示し、代示する記号であり、心の中に形成させる命題の主語や述語となる。しかしそれは、トマスにおけるように知性認識の結果知性の生み出す魂の外の物の「像」ではなく、魂の外の物を作用因的原因とし、知性が受動的に蒙る知性認識作用自体なのである。

結　語

このような認識論的前提に立てば、「学」的認識の真理は直観的認識に基礎づけられていることになり、認識主体にとっての明証的な知がその「真理」の根拠となる。オッカムの意図を離れることになろうが、認識主体における「知性の自己確実性」としての真理へと道を拓くことになろう。

さて、トマスにとっては物と知性との合形相性としての真理が認識の根拠であり、学知の真理性はその合形相性と、(55) 知性に自然本性的に植えつけられている学知の諸根原のハビトゥスとしての第一原理（根原）に負っているのである。(56) 事物と知性との合致・対等という真理は可知的形象を媒介とした合形相性によって認識を可能にする根拠であり、また、知性認識の向かう目的（知性の善）でもあった。認識を可能とする根拠としての真理が形象の措定を当然としたのであり、それがまた認識の真理性を保証するのであった。オッカムは事物と知性とのあいだに介在する形象は、彼の認識の直接性・確実性を損なう無用の存在として全面的に斥けたのであるが、真理の基準も別のところに移されたのである。では、どのような真理観をオッカムは準備したのであろうか。「主語と述語とが同じものを代示していれば、命題は真であるのに十分である」[57]、というように言語と論理の場に移されていくのである。

しかし、それらについての詳細な検討は、存在と真理の理解の変転をめぐってオッカムの「革新」の意味とトマスとの対比を試みている筆者の次の課題となる。

註

（1）魂論自体の崩壊という視点から見ていく試みもある。稲垣良典『抽象と直観』創文社、一九九〇年、参照。筆者の研究はまだそのような大きな枠組みを構築する段階にはなく、主に知と真理と存在の理解に着目しつつ、個々の問題を検討している段階である。

（2）テクストは批判的校訂版（Guillelmi de Ockham, *Opera Philosophica et Theologica*, St. Bonaventure, N. Y. 1967–1985. *Opera Philosophica* を *OP*, *Opera Theologica* を *OT* と略記）による。*OT*, V, 1.2, q.12: Utrum angelus intelligat alia a se per essentiam suam vel per species.

（3）*OT*, V, 1.2, q.13: Utrum angelus superior intelligat per pauciores species quam inferior.

（4）*Ibid.*, pp. 251–252 だけである。

（5）*Ibid.*, p. 254: necesse est ponere speciem impressam intellectui ad hoc quod intelligat.

（6）*Ibid.*, p. 256: quia non est ponenda pluralitas sine necessitate. Sed omnia possunt salvari sine specie quae salvantur cum specie; igitur non est necessitas ponendi eam.

（7）前掲稲垣良典『抽象と直観』、第三章「オッカムの剃刀」参照。M. Kaufmann, *Begriffe, Sätze, Dinge: Referenz & Wahrheit bei Wilhelm von Ockham*, Leiden 1994, S. 92.

（8）*OT*, V, pp. 281-310.

（9）*OT*, VI, p. 44: Hic dicitur communiter quod species sunt ponendae in medio. Et hoc probatur per rationem, per experientiam et per auctoritatem. 哲学史的に見てロジャー・ベイコン（Roger Bacon 一二一四頃－九二年頃）の形象多数化論以来の認識の直接性と確実性に関わる議論、感覚と知性との関係論の展開の検討が必要であろう。Cf. K. H. Tachau, *Vision and Certitude in the Age of Ockham: Optics, epistemology, and the foundations of semantics, 1250–1345*, Leiden/New York 1988; M. Kaufmann, *loc. cit.*

（10）たとえば彼は、太陽は途中に同じことをすることなく地球の近くの空気を暖めることや、場所的に少し離れた二つの蠟燭は、同じ穴に対して置かれた場合、穴の向こうに異なった方向に光線を発すること、そして磁石は離れた鉄に影響を与え引きつけるが、それは直接的にであり、何か媒体や鉄におけるあるものの力によるものでもない、などを挙げている。

（11）OT, VI, l.3, q.3: Utrum in potentia sensitiva vel in organo causetur aliqua species praeter actum sentiendi praevia naturaliter ipsi actui sentiendi.

（12）(1)外的感覚において形象があるとする説の動機として彼は、可感的なものの過剰は器官そして見る能力を破壊する、見る現実態の後に何かが残る、最初に媒体の内に何かが生じる、などを挙げている。オッカムは感覚を器官と能力からの複合体として捉えたうえで、外感においてたしかに感覚する現実態とは別に「刻印された抽象的な何か」が残ると言う。そしてそのことは、アリストテレスのテクストばかりではなく、経験によっても証明されると言う。そしてこの残存するものは視覚の内にあるが、形象ではなく、たとえば色によって作用因的に見る現実感と同時に刻印される、あるときは強くあるときは弱く視覚器官の内に「刻印された質」であるとする。

(2)内的感覚（表象力）に形象を措定する動機としては可感的なものが不在のときにおいてもその現実態をもつことができたり、現実態から、それによってその現実態を自らがもっていたことを認識するあるものが残るというものである。人は自ら夢を見たことを覚えており、そのことを明瞭に知性によっても知ることができることである。これに対してオッカムは、たしかに感覚の現実態ののち内感においても何かが残る、と言う。しかし、そのものは現実態を惹起するものは措定されるのであり、現実態（働き）の終極としてではない。つまり、その残存するものは終局させるものというよりは想像の現実態（働き）へと部分的に傾けたり惹起したりする性格をもつものなのである。

(13) *OT*, V, p. 292.

(14) Thomas Aquinas, *Summa theologiae* I, q.78, a.3 c.

(15) *Ibid.*

(16) アリストテレス的な能動・受動の作用因果性への局限はまた、のちに見るように能動知性の解釈とも関係するが、さらに根本的にはトマスにとってのエッセと本質とより成るもの（ens, res）という基本的な形而上学的枠組みの消失を意味する。これはスコトゥスにおける「存在の一義性」同様大きな変更である。したがって、のちに見るように「知性の自己還帰」などプロクロス流の新プラトン主義的な知性論も消えていく。

(17) *OT*, V, p. 254.

(18) *Ibid.*, 1.2, q.12-13.

(19) *Ibid.*, pp. 272-276. また形象を措定しない人はいるが、ハビトゥスは多くの人によって措定されている。そして、形象措定の理由としてオッカムは類同化、知性認識の原因づけ、対象の再現、能力の限定、動因と動かされるものの一致などが挙げられるが、それらのどれのためにも措定すべきではないと結論している。

(20) Thomas Aquinas, *De veritate*, q.10, a.6.

(21) Aristoteles, *De anima* III, 5, 430^a10-17; 7, 431^a14-18.

(22) Thomas Aquinas, *Summa theologiae* I, q.79, a.3.

(23) *Ibid.*, I, q.85, a.1.

(24) Id., *Summa contra Gentiles* I, c. 29.

(25) しかし、あたかも一つの物体が可感的場所から可知的な場所へと移されるように、表象像においてあったのと数的に同一な形象が知性の場所に置き移されるとか、表象像が可知的なものへと自然的変化を蒙るとかいうことを意味しているのではない。また、魂の外のものと魂が別々の「類似し再現する」形相をもつというものでもない。

(26) *Id., Summa theologiae* I, q.85, a.1 ad 3 et ad 4.

(27) Id., *De veritate*, q.8, a.6; id., *Summa theologiae* II-I, q.9, a.1; *Summa contra Gentiles* II c. 77.

(28) Id., *Quaestiones de anima*, q.4 ad 8.

(29) Id., *Summa theologiae* II-I, q.14, a.2.

(30) *Ibid*., I, q.85, a.2; *De unitate intellectus*, c. 5.

(31) *Ibid*., I, q.85, a.2 ad 3.

(32) Id., *Summa contra Gentiles* IV, c.11; *Summa theologiae* I, q.27, a.1.

(33) *OT*, V, p. 284: intellectus primo intelligit singulare intuitive. Tum quia intellectus intelligit illud quod est in re intuitive; sed nihil est tale nisi singulare. Tum quia hoc convenit potentiae inferiori, puta sensui, et est perfectionis; igitur etc.

(34) *Ibid*.: intellectus cognoscit intuitive singulare ut hic et nunc et secundum omnes condiciones secundum quas cognoscit sensus et etiam secundum plures.

(35) *OT*, V, pp. 137, 442; *OT*, IX, pp. 84, 158.

(36) *OT*, V, pp. 13, 305.

(37) *Ibid*.: operatio intellectus agentis est facere intellectum intelligere in actu, et quod intellectus agens et possibilis se habent respectu intellectionis sicut agens et patiens.

(38) *OT*, V, p. 294.

(39) 身体と魂とから成る全体としてこの人間の、魂という「場」における能力としての知性による（魂の外にある）具体的個物の「学的・普遍的」知性認識というトマスの人間の知性認識から、知性による対象の認識という場面へと変転している。

(40) *OT*, V, pp. 261, 268. それはまた経験的な認識と言われる。

(41) *OT*, I, *Ordinatio*, Prologus 1.

(42) しかし、複合的な認識と最初の単純なものに関わる直観的認識そのものは異なるのであり、命題の形成および命題への承認の働きは直観的認識ではない。Cf. *OT*, V, p. 257.

(43) *OT*, IX, 76. Quodl. 1, q.13: sed solum propter causalitatem.

(44) Thomas Aquinas, *Summa theologiae* I, q.84, a.6 c: sed magis quodammodo est materia causae.
(45) *OT*, I, p. 38.
(46) *OT*, IX, p. 73.
(47) *OT*, V, p. 261.
(48) *OT*, I, *Ordinatio*, Prologus 1.
(49) *OT*, V, pp. 262, 263, 266.
(50) *Ibid.* オッカムによると直観的認識がハビトゥスによって容易なものになるということもない。Cf. p. 264.
(51) *Ibid.*, p. 271.
(52) *Ibid.*, p. 272.
(53) 前期・後期にわたるオッカムの立場の変更に関してはさらに詳細な検討が必要であろう。ここでは一般的なオッカムの立場、およびトマスとの相違の観点が主に主題とされる。Cf. Ph. Boehner, The Realistic Conceptualism of William Ockham, *Traditio* 4 (1944)(*Collected Articles on Ockham*, Franciscan Institute, 1959. pp. 156-174); 渋谷克美「フィクトゥム説に対する、オッカムの反駁」、『中世哲学研究』一〇号（一九九一年）参照。
(54) *OT*, VIII, p. 175.
(55) Thomas Aquinas, *Summa theologiae* I, q.16, a.1 et a.2; *De veritate*, q.1, a.1.
(56) Id., *De veritate*, q.11, a.1.
(57) *OT*, I, p. 250: sufficit et requiritur quod subiectum et praedicatum supponant pro eodem.

12　アダム・デ・ヴォデハムの思想

稲垣良典

一　オッカムとヴォデハム

アダム・デ・ヴォデハム（Adam de Wodeham　一二九八頃―一三五八年）はこれまでほとんど常にウィリアム・オッカム（William Ockham　一二八五頃―一三四七年）との結びつきで語られてきた。かつてはオッカムとの思想的な「親近性」のゆえにしばしば「オッカムの模倣者」とあだ名されたくらいである。しかし最近ヴォデハムについての厳密な歴史的研究が進むにつれて、オッカムとヴォデハムの思想ないし学説の関係はこのようなあだ名が示唆するような単純なものではなかったことが明らかになりつつある。(1)(2)(3)

ヴォデハムが一定の期間オッカムの下で学んだとの意味で彼の弟子であったことは確実であると言える。オッカムはオックスフォードで神学教授になるために必要とされる条件を満たしたのち（一三二〇―二一年頃）、ただちにロンドンのフランシスコ会修道院附属の神学大学で哲学を教えているが、それはちょうどヴォデハムが同じ場所で哲学を学んでいた時期と重なっている。オッカムの『論理学大全』(Summa Logicae) 巻頭のヴォデハムによる序言が真正なものであるとすれば、ヴォデハムは論理学および他の多くの学問を学ぶに際して「彼〔オッカム〕の(4)

鞭の下にあったことを誇りをもって公言する」[5]と述べており、これは彼が直接にオッカムに教えを受けたことの有力な証拠であると言える。ただし、かつて信じられていたところに反して、この著作はオッカムが弟子ヴォデハムに献呈したものではないようである。[6]

ヴォデハムはオッカムから多くを学んだという点でもオッカムの弟子であった。このことは既刊の批判版[7]『命題集第一巻第二講義』Lectura Secunda）を一読しただけでも明らかであって、彼はそこに含まれているすべての論題においてオッカムを引用しており、しかもオッカムの見解に異を唱えるときでさえも、その見解には学ぶべきところがあり、論理的に整合的であることを指摘している。[8]神的ペルソナの区別について論じている一つの箇所では「ここで彼〔オッカム〕は間違ったことを述べ、論理的誤りを犯している。というより、私が思うに、これは論理学というハビトゥスの欠陥によるというよりは、むしろ彼が自ら述べたことにたまたま注意を払わなかったことによるものであろう」[9]とオッカムを弁護しているほどである。

ヴォデハムが学生としてその講義に出席したという意味では、ウォルター・チャットン（Walter Chatton; チャットンのグアルテルス Gualterus de Chatton　一二八五頃－一三四三／四四年）もヴォデハムの教師であったが、ヴォデハムはオッカムの（フランシスコ会士および神学者として）同僚にして論敵であったチャトンを最初から論争相手とみなしており、[10]その態度は最後まで変わっていない。他方、オッカムとの関係は、彼が一三二四年にアヴィニョンに召喚されるまで、おそらくその秘書、さらに著作の編集者として接触を保ったとされており、[11]かつての教師、そして友人として親しい感情をもちつづけたと考えられる。ヴォデハムはオックスフォードで神学教授としての任期を終えたのち、一三三九年の夏、バーゼルを訪れているが、そのさいアヴィニョンから逃れて国王ルートヴィッヒ（Ludwig IV, der Bayer　在位一三一四－四七年）の庇護の下、ミュンヘンにいたオッカムを訪問したかどうかは記録に残っていない[12]。

しかしながら、ヴォデハムがオッカムに対して尊敬と親しみの感情を抱きつづけていたことが事実であるとしても、そのことは彼が師オッカムの教説を全面的に受け入れ、解明し、発展させ、それを広く伝えることを自らの学問的使命としたことを意味するものではなかった。その意味では彼はオッカムの「弟子」ではなかったのであり、自らが「オッカム派」に属するとは考えていなかったのである[13]。この点に関してオッカムの時代の認識理論についての注目すべき研究を公けにしたK・H・タカウの見解は傾聴に値するであろう。

「ヴォデハムは彼ら（スコトゥス〔Johannes Duns Scotus　一二六五／六六－一三〇八年〕、アウレオリ〔Petrus Aureoli　一二八〇頃－一三二二年〕、チャトン、オッカム）の見解によって刺激されたとしても、彼らの論説に完全に従うことはけっしてなかった。とりわけ、認識についての彼の議論はいかなる意味でも「盲従的な」オッカム派――時として、オッカムの直弟子であり同じ修道会の同僚として、彼がそうであったと想定されているような意味で――の徴しを帯びてはいない。実際、ヴォデハムは認識理論や心理学（霊魂論）の領域においてはほんの少しのことしかオッカムから受け入れてはいない[14]」。

「ヴォデハムが自らは認識理論の領域においてオッカム主義者ではないと考えたのはまったく正確であった。十四世紀においてヴォデハムについて証言している人々について言えば、彼らはヴォデハムをオッカム主義者とみなすどころか、リミニ（グレゴリウス〔Gregorius de Rimini　一三〇〇頃－五七／五八年〕）以降、ヴォデハムの議論はオッカムの認識理論の反駁として用いられた議論のうちの最も鋭いものだったのである[15]」。

ヴォデハムが認識理論の基本的な問題に関してオッカムに異を唱えたことについては、後にオッカムの直観的認識および抽象的認識の理論に対してヴォデハムが執拗なまでに要求したいくつかの重要な修正、および学（知scientia）の対象についてのヴォデハム独自の見解などについて述べる際にあらためて触れることにして、ここではヴォデハム思想に対するオッカムの「影響」については慎重に語る必要があることを指摘するにとどめる。

二　生涯と著作

アダム・デ・ヴォデハム（時としてゴッダム（Goddam）、ゴドハメのアダム（Adam de Godhame）と呼ばれることもあり、アダムス・ゴッダムス（Adamus Goddamus）、アダムス・ヴォーデハメンシス（Adamus Wodehamensis）という名前で記録されている例もある）の生涯に関する最も古い資料は、オイタのヘンリクス・トッティング（Henricus Totting de Oyta　一三三〇―九七年頃）が編集したヴォデハムの『命題集講解』[16]（Super quattuor libros Sententiarum オックスフォード講義）の縮小版をジョン・メイジャー（John Major　一四六七―一五五〇）が一五一二年にパリで出版した際に、このヴォデハム著作の最古の刊本に付けられたジョン・メイジャー自身の筆による短い伝記である。[18]『ドゥンス・スコトゥス全集』（Opera Omnia　一六三九年）の編集・出版者として有名なルーク・ウォディング（Luke Wadding　一五八八―一六五七年）も、一六二五年から五四年のあいだに出版した、アシジの聖フランチェスコ（Francesco; Franciscus Assisiensis 一一八一／八二―一二二六年）の誕生から一五四〇年までのフランシスコ会の歴史『フランシスコ会年代記』（Annales Ordinis Minorum）の中でヴォデハムの性格、才能、業績を高く評価している。[19]しかし、これらの古い伝記がヴォデハムの生涯、特に彼の学問的活動について記録している事実はごくわずかであり、以下の記述は主に、現在のところヴォデハムについての最もまとまった研究であるW・J・コートニーの『アダム・ヴォデハム――その生涯と著作への入門』[20]にもとづいて進められる。

ヴォデハムはイングランド南部ウィンチェスター司教区のサウザンプトン地域で生まれた。[21]生年の記録はないが、オックスフォード大学の神学課程に在籍した期間[22]から逆算すると、一二九八年あるいはその少し前と推定できる。[23]フランシスコ会（正式には Ordo Fratrum Minorum）に入会した年も明らかではないが、一三二一年頃にはオッカムやチャトンと密接な交渉をもっていたことから、その数年前にすでに入会していたと考えられる。[24]最初に入ったフランシスコ会修道院がウィンチェスターかサウザンプトンのいずれであったにしても、一三一七年から二一年までの四年間はロンドンにあった修道院附属の神学大学で――オックスフォードにおいて、オッカムの下ではなく――哲学を学んだと推定される。[25]オッカムは先に触れたように、一三二〇－二一年頃、オックスフォードからロンドンに移っており、したがってヴォデハムは彼の哲学課程の終わり頃にオッカムと接触し、ただちに（先に述べた意味で）その弟子となったのである。

一三二一年以降、ヴォデハムはロンドンの同じ場所で神学課程の履修を始めることになるが、彼の指導に当たったのはオッカムではなく、その論敵ウォルター・チャトン[26]であった。オッカムからアリストテレス哲学について手ほどきを受け、オッカムを自らの哲学の先輩として尊敬していたヴォデハムにとって、あからさまに反オッカム的立場[27]を打ち出すチャトンの講義がいかに我慢のならないものであったかは容易に想像できる。ヴァティカン図書館にあるヴォデハム写本の一つが示すところでは、ヴォデハムはオッカムにチャトンの講義ノートを見せ、それに対してオッカムは批判的なコメントを加えている。[28]しかし、それよりもさらに興味深く、ヴォデハムがいかなる人物であったかを教えてくれるのは、彼が講義中に――「討論」（disputatio）の時間にではなく――チャトンに異論を唱え、対立的議論を提起して、それらに対するチャトンの応答を引き出しているという事実である。[29] このときチャトンはまだ現職の神学教授（magister regens）の地位に就いてはいなかったとはいえ、ヴォデハムの振舞いは、神学を学び始めたばかりの学生の分際をはるかに超えるものであった。[30]

ヴォデハムとチャトンの論争は、後者が一三二九年にオックスフォードの神学教授となり、ヴォデハムが講師《バッカラリウス》として『命題集』についての講義を行うようになってからも引き続き行われることになるが、[31] ここではヴォデハムが一三二八年に神学課程を修了する前にオックスフォードで、いずれもこの時代を代表する神学者であるリチャード・フィッツラルフ[32]（Richard Fitzralph 一二九九頃―一三六〇年）とロディントン[33]のジョン（John of Rodington 一三四八年歿）の下で学んだことを指摘するにとどめておく。

ヴォデハムはロンドンおよびオックスフォードで学生として履修すべき神学課程を終えた後、規定に従って命題集講師としてペトルス・ロンバルドゥス（Petrus Lombardus 一〇九五／一一〇〇―六〇年）『命題集』（Sententiae）についての講義を行っている。この講義はオックスフォード大学神学部の教授（magister）資格を取得するために要求されるものであるが、当時のフランシスコ会士のあいだではパリ、オックスフォード、ケンブリッジなどの中心的な大学（studium generale）で『命題集』講義を行う前に、いずれかの修道院附属の神学大学で同様の講義を行うことが慣習になっていた。[34] ヴォデハムもこの慣習に従って、一三二八年から一三三三年までのあいだに、オックスフォードの他、ロンドン、およびノリッジ（Norwich）で『命題集』講義を行っている。[35]

しかしながら、これら講義の写本、およびわれわれが現在参考にすることのできる記録からは、時期および講義内容に関して、これら三つの場所で行われた講義を正確に復元することはできない。特にケンブリッジ大学に保存されている「第二講義」（lectura secunda）として知られる写本[36]については――そしてこれが現在のところ批判版のかたちで利用できる唯一の講義記録である――それがロンドンにおける「第一講義」（lectura prima）に続いてノリッジで行われた「第二講義」の記録であるのか、あるいは「第三講義」（lectura tertia）であるオックスフォード講義の一部であるのか（コートニーはそのように主張している）[37]、研究者のあいだで意見の対立が見られる[38]。しかし、ここでこの問題に立ち入る必要はなく、むしろこれらの講義においてヴォデハムは多くの同時代人の見解を紹介、批判しつつ自らの立場を精密に構築しており、その意味で彼の著作は十四世紀スコラ学に関する重要な源泉資料であることを指摘しておくべきであろう。そして、このように積極的かつ大胆に論争に関わることによって――特にオックスフォード大学における彼の上長、先輩の見解をあからさまに批判することによって――彼が講師にふさわしいとされた節度をはなはだしく逸脱していたことは言うまでもない[39]。

遅くとも一三三三年までにオックスフォードで『命題集』の講義を終えたヴォデハムは、規定に従って続く二年間をやはり（聖書）講師として聖書の註釈講義に当てたと考えられるが、この時期の著作は残っていない[40]。また神学部教授になるためのすべての要件を満たした彼が、いつ、また何年間、オックスフォードで現職教授（magister actu regens）の地位にあったのかについても、記録によって確かめることはできない。ヴォデハムのものとされている「雅歌」および「集会書」の註解は、彼が教授として行った聖書講義の記録であるかもしれないし、あるいは講師時代に行った講義であるかもしれない[41]。いずれにしても、先に触れたように、一三三九年に奇跡に関する調査を委嘱されてバーゼルに旅したときには、彼は教授としての任期を終了していたのである。バーゼルからイングランドに戻って後の二〇年間については記録がない。一三五八年ヴォデハムが死を迎えたのは有名なベリー・セント・エドマンズ修道院（東イングランド、サフォーク州、ノリッジ司教区）から程近いバブウェル（Bobwell）のフランシスコ会修道院においてであった[42]。

ヴォデハムの著作のうちで、今日われわれが批判版として手にすることができるのは、前述の『命題集第二講義』と『不可分なるものについての論考』(43) (Tractatus de indivisibilibus) である。ヴォデハムは量のカテゴリー、とりわけ連続体の可分割性について長期にわたってチャトンと論戦を交えており、この著作もその問題に関わるものである。このほか『命題集』講義と関わりのある著作『アルファベット的論考』(Tractatus alphabeticus) が最近発見された。これはオックスフォード講義にもとづいて、諸々の結論をアルファベット順に配列したものである。(44)「雅歌」および「集会書」についてのヴォデハムの著作とされる写本が残されていることについてはすでに言及した。なお、コートニーは一九七八年の時点で入手可能なヴォデハムの写本をすべて参照し、それらについて詳細に記録しており、(45) ヴォデハムおよび十四世紀思想を研究しようとする者にとっての貴重な資料を提供している。

三　ヴォデハムの思想の特徴

コートニーによると、中世の神学・哲学の歴史においてヴォデハムが占める位置は、キリスト教信仰の初期の源泉をあらためて読み、省察することにもとづいて意識的に自らの思想を形成した著作家たちから、論理学の諸問題にもっぱら熱中して、聖書や伝統を無視した人々への推移のなかで、そのほぼ中間、おそらくは、論理学的議論および同時代に哲学的関心を呼んだ諸問題への関わりを優先させる方向にやや傾いていた。(46) つまり、彼はスコラ学の課題である「信仰の知解」(intellectus fidei) という神学的営み(47)――そのことは当然、信仰と理性の問題についてのなんらかの態度決定を要求する――に無関心であったわけではないが、思想家としての彼の主な関心は当時彼のまわりで討論されていた特殊な哲学的問題との取り組みに向けられていたのであり、そこでは信仰と理性を分離する傾向が強まっている、と言えるであろう。[48]

このようなヴォデハム思想の特徴は、彼がスコラ学の初期および盛期に属する著作家をほとんど引用していないという事実においても読み取ることができるであろう。彼はカンタベリーのアンセルムス（Anselmus Cantuariensis　一〇三三／三四－一一〇九年）をしばしば引用し、その議論を支持しているが、[49]ペトルス・ロンバルドゥスからヨハネス・ドゥンス・スコトゥスのあいだの神学者たちは稀にしか言及されないのである。[50]これはけっしてヴォデハムがヘールズのアレクサンデル（Alexander Halensis　一一八五頃－一二四五年）、ボナヴェントゥラ（Bonaventura　一二一七／二一－七四年）、トマス・アクィナス（Thomas Aquinas　一二二四／二五－七四年）などの著作を読まなかったからではなく、むしろヴォデハムの思索ないし学問的営みにおいては、これらの思想家が対話の相手として登場することがなかったという事情によるものである。[51]コートニーは、これらの思想家はヴォデハムにとって「権威」とみなすにはあまりに近すぎ、論議を交わす相手としてはあまりに遠すぎたという言い方をしているが、[52]より根本的な理由として、ヴォデハムはもはやこれらの思想家にとって緊急な課題であった「神学的総合」に学問的関心を寄せることができなかったということを指摘できるのではなかろうか。

しかし、この点に関しては批判版の編者R・ウッドが指摘しているように、ヴォデハムは「検閲の雰囲気[53]」の中で著作せざるをえない、という不幸な状況の下にあったことを考慮に入れるべきであろう。たとえば『第二講義』「序言」の最初の問題「われわれにおける学知の働きは、すべての感覚から実在的に区別されたなんらかの単純な知解が必然的に前提されているか[54]」いなかを論ずるに際して、ヴォデハムは知的認識と感覚的認識とを別個のものとして立てる必要はない、との見解を取っている。その根底にはスコトゥスやオッカムも含めて、当時のフランシスコ会神学者たちの共通的見解であった（人間における）感覚的霊魂と知的霊魂とのあいだの実在的ないし形相的区別――いわゆる形相多数性(55)――を否定する立場が見出されるわけであるが、こうした区別の否定はキルウォードビー大司教（Robert Kilwardby 一二一五頃－七九年）によって異端として断罪されていた。(56)このため、ヴォデハムは自らの見解を「ここでは意見として保持する」（opinative hic teneo）としたうえで、〔大司教の見解と〕対立的な意見を抱くことはおそらく許されたであろうが、言明することは許されなかったであろうと述べ、「信仰と善い慣習とに触れることがない場合には、従順と平和のゆえに多くの真理〔について真意〕を隠蔽し（dissimulare）なければならない」と付け加えている。(57)また、神的ペルソナの三一性は真の数であるかいなかについて論じている長い論題の結末においても、「真理がより自由に論究されうるまでは、こうした事柄においては〔真意を〕隠蔽するのが当を得ているような多くのことがありえよう(58)」と述べているのである。

論じられている事柄の内容は大いに異なっているが、論述ないし議論の進め方に関しては、ヴォデハムと現代のいわゆる分析哲学者とのあいだには著しい類似もしくは近親性が認められる。両者とも論述の射程を〔時間的にも空間的にも〕自らに近接した思想家たちが問題にしている事柄だけに限り、相手の議論をさまざまな角度から分析、吟味してその誤りや欠陥を指摘するとともに、自らの議論をあらゆる批判、攻撃に対して安全と思われるところまで練り上げようとするのである。(59)そこには偉大な権威や蓄積された伝統に対して特別の尊敬を払うという態度はなく、むしろ各人がすべてのことを自らの理性と経験にもとづいて判断し、主張する傾向が見られる。このようなヴォデハム思想の特徴がどの程度まで「検閲の雰囲気」という時代状況の影響によるものであり、またどの程度まで彼自身の資質あるいは気質にもとづくものであるか、についてはここで簡単に断定することはできない。しかし、彼の論述形式と現代の分析哲学者のそれとのあいだに著しい類似が認められるという事実は、単に偶然的な符合ではなく、なんらか両者の思想の内実とも関わりがあるように思われることを付記しておきたい。

四　『第二講義』におけるヴォデハムの思想

現在公刊されている『第二講義』の批判版は『命題集』第一巻第二六区別までであるが、ここではその序論にあたる部分（序文［prologus］および第一区分第一―三問題）においてヴォデハムが学（知 scientia）としての神学という、当時の神学者たちにとっての重要な問題をめぐって展開している認識論的ないし学問論的議論を簡単に紹介することにしたい(60)。

ヴォデハムの認識理論で第一にわれわれの興味を呼ぶのは、彼が序文の最初の問題(61)で展開している感覚（sensatio）と知的認識との本質的な区別を否定する議論である。より厳密に言えば、彼はなんらかの可感的なものが捉えられるときの感覚ないし感覚的認識と、可感的ではない、可知的ないし霊的なものが捉えられるときの知的認識との区別を否定しているのではない。彼が否定しているのは、人間が知るという働きをなすためには、感覚的認識、およびそれとは実在的に区別された知的認識――感覚および知性という異なった能力（facultas）によって行われるところの――との二つが必要とされる、ということである。たとえば、なんらかの可感的なる物が存在する、ということの認識のためにはただ一つの感覚的認識の働きでもって足りるのであり、そこに知性的認識が介入する余地はまったくない(62)。他方、霊魂がそれ自らの働きを認識するのは知的な直観的認識のみによるのであって、感覚的認識にはそのような対象を認識する力はないのである(63)。

スコトゥス、オッカムにおいては明確に区別されていた感覚的認識と知的認識の区別をヴォデハムがある意味で否定したということは、一見、認識理論の歴史における大きな変革を意味するようにも思われるが、実際にはオッカムが遂行した、形相・質料論にもとづく形而上学的認識理論から、主体と対象とのあいだの因果作用として認識を説明しようとする理論への転回をさらに一歩進めたものである。[64]この新しい認識理論の根底に見出されるのは、認識という働きを行う非質料的実体としての霊魂ないし精神についての不可知論であって、[65]この不可知論を前提する限り、感覚と知的認識とのあいだの「本質的」区別は意味をもちえないのである。

ヴォデハムは自らの認識理論の基本的立場として、スコトゥス、オッカムによって展開された直観的認識および抽象的認識の区別にもとづく認識の説明を受け入れている。ヴォデハムが提示する直観的認識の定義――「直観的認識とは、現存するものについての偶然的〔命題の〕真理への明証的承認を本性的に生ぜしめるところの非複合的な働きであり、それは自然的な条件においては〔対象の〕現実存在および現存を必要とする」[66]――は、一見したところ、直観的認識とはそれによって、あるものが存在するときにはそれが存在すると知り、存在しないときにはそのものが存在しないと知るところの認識である、というオッカムの規定[67]とほとんど同じものであるように見えるかもしれない。しかし、ヴォデハムは、直観的認識はあるものが存在しないときにはそれが存在しないと知る、というオッカムの主張には異議を唱えている。[68]なぜなら、仮に私がこの世界の内のすべてのものを見ることができたとしても、私に見えないあるものが存在しないと結論はできない――というのも「神はそのものを世界の外に置くこともできるだろうからだ」[69]とヴォデハムは言う。

直観的認識に関して当時論争された問題の一つに、対象が現実に存在ないし現存することなしに直観的認識が生ぜしめられ、もしくは保存されることが可能か、という問題があり、ヴォデハムは序文の第三および第四問題でこの問題を詳細に考察している。[70]言うまでもなく、神の超自然的な介入によって対象の現実存在ないし現存なしにそのものの直観的認識が生ぜしめられうることは、スコトゥスに従ってヴォデハムも肯定している。[71]問題は自然的条件の下でそのような直観的認識が生ぜしめられうるかいなか、であり、この問題の論争を興味深いものにしたのはペトルス・アウレオリが紹介した残像やその他の錯覚、幻覚の経験的実例であった。ヴォデハムはアウレオリの議論を詳細に検討して、(72) こうした知覚現象は、対象が知覚する者の内になんらかの志向的存在を生ぜしめることによる、というアウレオリの説明を反駁し、こうした議論は「誤れる想像力(73)」(falsa imaginatio) から出てきたものである、と言う。すなわち、ヴォデハムによると、アウレオリが提示しているいずれの経験的実例においても、われわれはなんらかの現実に存在しないものを知覚しているわけではないのである。

このようなヴォデハムの議論の基礎にあるのは学知 (scientia) の基礎としての経験を重視する態度であると言えよう。(74) すなわち、ある可視的な事物が現実に存在せず、現存しないのにそれの直視 (visio) が自然的条件の下で生ぜしめられうるとしたら、いかなる直観的認識でもそれの対象の現実存在もしくは現存なしに、自然的条件の下で生ぜしめられうることになり、可感的事物の現実存在もしくは偶然的条件についてはなんらの確実性も得られないことになろう。そうすれば、経験という道 (via experientiae) を通じて勝ちとられたすべての学知が滅びてしまうことになろう、(75) とヴォデハムは言う。ここで彼が、理性と経験という規準に照らして確実な認識にからみついた諸々のまがいものを切り落す「オッカムの剃刀(76)」をふるっていることは明らかであり、このような経験重視の立場に関してヴォデハムは確かにオッカムの弟子であった。

しかし、学 (知) の対象をどのように厳密に規定するかという問題に関しては、ヴォデハムはオッカムの見解を斥けている。ヴォデハムは『命題集』第一巻第一章冒頭のアウグスティヌス (Augustinus 三五四－四三〇年) 的命題「すべての教説は事物かあるいは記号についてである」(omnis doctrina de rebus [est] vel de signis) を「学知の働きが直接的対象とするのはものかあるいは記号か」と読み換え、「学知の働きが直接的対象とするのは記号、すなわち精神の内なる命題か、それとも、もの、すなわち命題によって表示されたものか」、と問う。(77) オッカムは学知の直接的対象は論証的三段論法の結論、つまり精神の内なる命題であるとしたが、ヴォデハムは、もしそうであるとしたら学知の働き（scire 知ること）は事物の原因を認識することではなくなるであろうし、またしばしば（「……である」という）承認は命題へと向かうのではなく、「ものの側においてそうである」ことに関わっている、ということは経験の示すところである、などの理由でこの見解は支持しがたいと論じている。(78)

他方、チャトンによると学知の働きの直接的対象は結論の主語と述語によって表示されているもの、つまり精神の外なる事物であるが、ヴォデハムはもしそうであるとしたら、命題によって表示されるものはしばしば単なる虚無（pure nihil）であるから、われわれは虚無を信じたり、承認したりする、という不条理が帰結するとか、あるいは、命題ではなく、命題によって表示されたものだけを信じ、承認するという前提に立てば、（人は「神は三にして一である」ことに劣らず、「悪魔は悪魔である」ことを承認し、信じるのであるから）、人は神と同じくらい堅くいなより堅く悪魔を承認し、信じることになってしまう、などの議論によってチャトンに反対する。(79)

これらに対立してヴォデハムが提示する彼自身の見解は、学知の働きの直接的対象は精神の外なる事物、精神の内なる命題のいずれでもなく、むしろ論証的三段論法の結論によって表示されるものの全体（totale significatum）である、というものである。(80) ヴォデハムは自らの見解を予想されるさまざまな疑問に答えることで明らかにしようと試みているが、結局のところそれは「学知の働き（scire）とは、論証の結論によってある、もしくはあらぬと本性上表示されるごとく、そのごとくある、もしくはあらぬと明証的に承認することである」(81) という定義において要約されていると言えよう。つまり、彼にとって学知の本質的条件は確実性であり、そして確実性は知性に対して外から承認を迫る明証性にほかならない。しかるに、知性に対して「外から」承認を迫る明証性とは経験の本質的特徴にほかならないから、学知の対象に関してヴォデハムはオッカムに異を唱えつつ、後者の経験重視の立場を彼なりの仕方で一歩進めたと言えるであろう。

結　語

十四世紀後半から十六世紀初頭に至るまで、ヴォデハムはトマス・アクィナス、ドゥンス・スコトゥス、ウィリアム・オッカムと並び称されるほどの名声を勝ちえていた。(82) しかし、彼にそれほどの名声をもたらしたのは、これら三人の思想家と匹敵するような変革を思想史に導入したことによるのではなく、むしろ彼の時代の主要な哲学的論争への積極的な参加と精緻な議論の構築を通じて、いわばこれらの哲学的変革という高峯の裾野を拡げ、それらの変革（スコトゥスおよびオッカムによる変革）が多くの人々によって受け入れられるのを可能にしたことによる、と言えよう。そして近世哲学において主流となった形而上学思想や認識理論がスコトゥスやオッカムに遡るものである限りにおいて、ヴォデハムも近世哲学の形成に向けてなんらかの役割を果したと言うことができるであろう。

註

（1） E. Gilson, *History of Christian Philosophy in the Middle Ages*, New York 1955, p. 500.

（2） I. C. Brady, Adam Wodham, *New Catholic Encyclopedia*, I, Washington D. C. 1967, p. 119.

（3） W. J. Courtenay, *Adam Wodeham. An Introduction to His Life and Writings*, Leiden 1978; K. H. Tachau, *Vision and Certitude in the Age of Ockham*, Madison 1981.

（4） M. M. Adams, *William Ockham*, Notre Dame 1987, I, p. xv; W. J. Cortenay, *op. cit.*, pp. 161f.

(5) Guillelmus de Ockham, *Opera Philosophica,* I, St. Bonaventure 1974, p. 5.
(6) W. J. Courtenay, *op. cit.,* p. 161.
(7) Adam de Wodeham, *Lectura Secunda In Librum Primum Sententiarum,* ed. R. Wood, G. Gál, I-III, St. Bonaventure 1990.（以下 *LS* と略記）
(8) *LS*, I, p. 169.
(9) *LS*, III, p. 447.
(10) W. J. Courtenay, *op. cit.,* pp. 66-74, 164. *LS* I, Introduction, pp. 12*-17*.
(11) W. J. Courtenay, *op. cit.,* p. 162.
(12) *Ibid.,* p. 181.
(13) *Ibid.,* pp. 63f.
(14) K. H. Tachau, *op. cit.,* p. 293.
(15) *Ibid.,* p. 339, note 143.
(16) Henricus Totting Oyta (ed.), *Adam Goddam Super Quattuor Libros Sententiarum.*
(17) そして一九八八年までこれがヴォデハム著作の唯一の刊本であった。
(18) *De Vita Adae.*
(19) *Annales Minorum,* Quaracchi 1931, VI, 388ss.; cf. *LS*, I, Introduction, p. 7*.
(20) W. J. Courtenay, *op. cit.*
(21) *Ibid.,* p. 160.
(22) 当時のフランシスコ会士の教育課程について次を参照。*Ibid.,* pp. 45-53.
(23) *Ibid.,* p. 160.
(24) *Ibid.*
(25) *Ibid.*
(26) *Ibid.,* p. 162. チャットンについては *ibid.,* pp. 66-74 を参照。

(27)　オッカムとチャットンの論争に関して次を参照。G. Gál, Gualteri de Chatton et Guillelmi de Ockham Controversia de Natura universalis, *Franciscan Studies* 27 (1967), pp. 191-212.

(28)　W. J. Courtenay, *op. cit.*, p. 164. Cf. W. Ockham, *Opera Theologica,* I, St. Bonaventure 1967, pp. 29*f.

(29)　W. J. Courtenay, *op. cit.*, p. 164.

(30)　*Ibid.*

(31)　*Ibid.*, p. 71.

(32)　*Ibid.*, pp. 75-81.

(33)　*Ibid.*, pp. 82-83.

(34)　*Ibid.*, p. 165, note 14.

(35)　*Ibid.*, pp. 164-172.

(36)　Cambridge, Gonville-Caius 281/674. この写本について *LS* I, p. 39*-49*を参照。

(37)　W. J. Courtenay, *op. cit.*, pp. 164-171.

(38)　*LS* I, pp. 30*-38*参照。

(39)　W. J. Courtenay, *op. cit.*, p. 177.

(40)　*Ibid.*, p. 180.

(41)　*Ibid.*

(42)　*Ibid.*, p. 181.

(43)　*Tractatus de Indivisibilibus,* ed. R. Wood, Dordrecht 1988.

(44)　*Tractatus Alphabeticus*; cf. *LS* I, p. 8*.

(45)　W. J. Courtenay, *op. cit.*, pp. 183-228.

(46)　*Ibid.*, p. 42.

(47)　「スコラ学」の概念をめぐる議論については次の拙稿を参照。「制度知としてのスコラ学」、比較法制史学会編『制度知の可能性』未来社、一九九五年、六一―六七頁。

(48) この意味でヴォデハムは特殊な問題に関してはオッカムから離れつつも、思想の全体的特徴について言えばオッカム的革新を受け継ぎ、推進させていると言える。
(49) *LS* I, Introduction, p. 11*, II, pp. 121, 280ff.
(50) W. J. Courtenay, *op. cit.*, p. 42.
(51) *Ibid.*, pp. 42f.
(52) *Ibid.*, p. 43.
(53) *LS* I, Introduction, pp. 18f*.
(54) *LS* I, pp. 8ff.
(55) F・コプルストン『中世哲学史』箕輪秀二・柏木英彦訳、創文社、一九七〇年、第四三章「フランシスコ会の思想家」参照。
(56) *LS* I, Introduction, p. 19*.
(57) *LS* I, p. 17.
(58) *LS* III, p. 411.
(59) ジルソンはヴォデハムにおける"protervus"と名づけられる、新しいタイプの思想家の誕生に触れている。E. Gilson, *op. cit.*, p. 500.
(60) 以下の論述は *LS* I, Introduction, pp. 20*-30*に負うところが大きい。
(61) 前述、註54を参照。
(62) *LS* I, pp. 13ff.
(63) *LS* I, pp. 50ff.
(64) このような解釈に関して次の拙著を参照。『抽象と直観――中世後期認識理論の研究』創文社、一九九〇年。
(65) 同右、第一章を参照。
(66) *LS* I, p. 37.
(67) W. Ockham, *Opera Theologica* V, p. 256.

(68) *LS* I, pp. 38-41.
(69) *LS* I, p. 41.
(70) それぞれ「感覚的あるいは知的認識は事物の現実存在なしに自然的条件の下でも生ぜしめられ、あるいは保存せしめられうるか」「直視によってなんらかの現われ的な存在もしくは視られた存在が生ぜしめられるか」と題されている。
(71) *LS* I, pp. 46ff.
(72) 序文、第四問題でアウレオリの議論の詳細な検討が行われる。なお、K. H. Tachau, *op. cit.*, pp. 277ff. 参照。
(73) *LS* I, p. 90.
(74) Cf. *LS* I, Introduction, p. 30*.
(75) *LS* I, p. 66.
(76) 稲垣良典『抽象と直観』第三章「オッカムの剃刀――中世後期の精神的風土」参照。
(77) *LS* I, p. 180.
(78) *LS* I, pp. 185f.
(79) *LS* I, pp. 183-185.
(80) *LS* I, p. 192.
(81) *LS* I, p. 219.
(82) W. J. Courtenay, *op. cit.*, p. 1; *LS* I, Introduction, pp. 5*f.

13　ジョン・ウィクリフの思想

城戸　毅

一　大学における初期のウィクリフ

ウィクリフ(1)（John Wycliffe; Wyclif; Wiclif 一三二〇／三〇―八四年）は彼がオックスフォード大学の記録に初めて姿を現した年（一三五六年）、および学位取得の年などから逆推して一三三〇年頃に生まれたと考えられている。生地はヨークシャ北部と考えられているが、生年とともに確実なことはわからない。彼のその後の生涯に関わる最初の大きな出来事は一三六五年から一三六八年にかけて生じている。それまでにすでに彼は学芸修士の学位を得ており、さらに神学の学位を得る課程に進んでいた。これは最高の知的エリートとして教会および国家において立身する最上のコースの一つだった。神学の研究を続けるには大学に起居せねばならず、また書籍も購入しなければならなかったので、収入が必要であり、彼は一三六一年と翌年に聖堂区司祭の職と共住聖職者団聖堂の参事会員職各々一つを得て、これらからおそらく年間二〇ポンドを越える収入を得ていたと推定されている。しかしそれでも収入は足りず、彼は他の収入源を求めていた。

その頃カンタベリー大司教サイモン・イズリプ（Simon Islip 一三〇〇頃－六六年、在位一三四九－歿年）はオックスフォード大学に小さな学寮を創立する計画をもっていたが、この学寮は彼の考えでは教区付聖職者八名と修道士四名から成る混成の学寮となるはずであった。ところが当時の大学は構成員の大多数を占める教区付聖職者と修道士のあいだの不和によって引き裂かれていたのである。(2) 前者の論客は修道会の存在は教会の一体性の生ける否定であるとしてこれを批判し、修道士たちはこれに強く反撥していた。したがってサイモン・イズリプが考えたような学寮――しかもこの学寮では修道士が優位を占めることが予定されていた――がうまく機能するはずがなかったのである。果たせるかなカンタベリー・カレッジは発足後間もなく運営に行き詰り、一三六五年までにはイズリプは当初の考えを変えて、ウィクリフを含む四人の教区付聖職者をもって学長を始めとする四人の修道士に代え、学寮を通常の形態、すなわちすべて教区付聖職者だけから成るそれに変えようとしていた。これには学則の変更が必要であり、その手続に手間取るうちにイズリプは死去してしまった。しかしこれは次のような不運な事情がなければ、ウィクリフの運命に大きな影響を与えはしなかったであろう。その不運というのはイズリプの後任に十二世紀以来初めて修道士であるサイモン・ランガム（Simon Langham 一三三九以前－七六年、在位一三三六－六八年）なる人物が選ばれたことである。修道士がカンタベリー大司教に選ばれたことはその後も十六世紀まで絶無だったことから見ても、これがいかに不運な出来事であったかが察せられる。ランガムは予期されたように前任者の決定を覆し、ウィクリフらにカンタベリー・カレッジを去るように命じたうえ、強制退去の措置を取り、さらに彼らの収入を差押えてしまった。ウィクリフらはイングランド教会の最高首長を向こうに回していたのだから到底勝ち目がなかったにもかかわらず、大司教を飛び越えて教皇庁に提訴し、その結果はまた予期されたように彼らの敗訴であった。一三七一年にはウィクリフはすでにカンタベリー・カレッジにおける地位を失っており、そのうえ訴訟に莫大な費用がかかったため、それを賄う必要から彼が有していた最上の収入源だったフィリンガムの司祭職を手放して、収入のより少ないバッキンガムシャのラジャシャルのそれと交換し、その差額で訴訟費用を支弁していた。この結果はウィクリフにとって不運な外部的事情が重なって生じたものだったのではあるが、彼はこのため必然的に、主観的にも客観的にも大学における教区付聖職者の代表戦士、修道士たちの不倶戴天の敵となったのである。

二　外交使節としてのウィクリフ

ウィクリフが初めて大学から出て世間に名を馳せたのは一三七四年ブリュージュで行われたイギリス国王使節団と教皇使節団とのあいだの外交交渉に加わったことによってであった。それゆえここでその前後の彼をめぐる政治的環境を明らかにしておく必要がある。この頃教皇庁とイギリス国王とのあいだの懸案となっていた大きな問題は教皇による聖職者への課税とイギリス教会の聖職への教皇の候補者指名権の主張であった。教皇によるイギリスの聖職者への課税は一一九九年第四回十字軍のための特別税から始まったが、その後イギリス国王からのさまざまな圧力によってその大部分は王の取得するところとなっており、十四世紀には百年戦争第一期の一三三七年から一三六〇年まで教皇の課税は中断していた。ブレティニ＝カレの和約によって一三六〇年から継続していた英仏間の平和は一三六九年に破れ、戦争が再開すると、イギリス王はまたもや戦費を賄う課税を必要とするようになり、教会もその対象から洩れはしなかった。この教会課税をめぐっては一三六九年から一三七一年にかけてこれに抵抗する教会側と議会の世俗勢力とのあいだで駆け引きが繰り返されていたが、一三七一年の議会では驚くべきことに世俗勢力側の代弁者として二人のアウグスチノ会托鉢修道士が議場に導き入れられ、教会財産の収公の合法性を説いたのである。これらの托鉢修道士のうち一人はジョン・バンキン（John Bankyn 一三四七以前―八七年）という神学博士で、オックスフォード大学に籍を置き、ウィクリフが常々出講していた同大学のアウグスチノ会の学寮に属していた。したがって彼はウィクリフときわめて近い関係にあったと推定され、ウィクリフが彼の見解に影響を与えたこと、あるいは彼らの見解がウィクリフに影響を与えたことが想像される。少なくともこの議会でバンキンが明らかにした見解は後にウィクリフによっても表明されているのである。

さて一三七一年四月これに先立つ議会における世俗勢力の要求にもとづきカンタベリー首都大司教区聖職者会議が開かれ、教会の戦費負担の割合が決められたが、この課税の徴収がなお進行中の一三七一年四月のこと、教皇グレゴリウス十一世（Gregorius XI　在位一三七〇―七八年）はイタリアにおける教皇の権益をミラノ公国の侵略から防衛するために、二万ポンドに上る戦費を負担するようイギリス教会にその内意を伝えてきた。しかしこの教皇の課税は現実には実施されなかった。政府が介入して教会にこの税の納入を禁じたうえ、教皇庁の派遣した徴税官の一人を逮捕したからである。

イングランド・ローマ間のもう一つの懸案事項は教皇のイギリスにおける聖職保有者指名権をめぐる問題であった。聖職保有者の決定は原則的には指名か選挙による。指名権は一般にはその聖職禄を教会に贈った世俗領主または彼の有する聖職禄保有者推挙権の譲渡を受けた者が有していた。この権利は世俗領主が有している場合も多く、教皇はこうした世俗領主の手中にある教会に対しては紛争を避けるために指名権を主張しなかった。(3) しかしこれら以外にも司教や修道院長の手になる推挙権も多かったのである。特に司教は司教座の基本財産に組み入れられた多数の聖堂区聖堂の司祭推挙権を有していたほか、一般に司教座聖堂の聖職禄およびいくつかの共住聖職者団聖堂の聖職禄につきその保有者を推挙する権利を有していた。次に選挙であるが、司教を始めいくつかの教会組織上の地位は原則として一定の有権者による選挙によって定まるものであった。

さてこれら聖職禄保有者の選任に当たっての外部からの介入は国王および教皇のそれがある。まず司教について言えば、司教の選挙結果は国王の承認を得なければならず、後者はしばしば司教選挙に当たって自らの推す候補者を選挙人に伝え、その望む人物を司教座に就けていた。また司教座が空位で司教座の基本財産が封建法によって国王の手にあるあいだは、それに含まれる聖職禄への保有者推挙権も王のものであった。しかし一旦司教が就任してしまえば、王はこれら本来司教が指名権を有する聖職禄の保有者を指名することはできなかった。王は司教に向かって自己の望む人物をこれらの地位に就けてくれるよう要請することはできたが、この要請を容れるか否かは司教の裁量に属することであり、司教がこのような国王の要請を拒むこともあったのである。しかしながら教皇のこうした地方教会の人事への介入はまったく事情の異なる事柄であった。王は単に教会に圧力をかけ、いわば横車を押すことができたにすぎなかったのだが、教皇の意志は教会組織にあっては合法的命令の効力をもっていたからである。したがって教皇が教会組織の地方人事に介入してきたときには、当該地の聖職者は司教であれ誰であれ、それに抗うことはできなかった。

実際に教皇が聖職保有者指名権を発動したのは彼があらかじめ留保した聖職についてだけであった。教皇は特定の聖職を保有者指名権の行使対象として留保することができ、また実際にしばしばそうしていた。こうして留保された聖職は中世末期には増加する傾向にあった(4)。たとえば十四世紀初頭には留保さるべき聖職に次のような新たな範疇が追加された。すなわち、第一にローマまたはローマから二日以内の旅程の範囲で誰かがなんらかの理由でそれまで保有していた地位を去ったことによって空席となった聖職、第二に枢機卿以下教皇庁の職員がなんらかの理由によって明け渡した聖職、第三はどこにあるものであれ、教皇の命令によって空席とされた聖職である。

教皇庁のこうした政策の動機はもっぱら財政的なものであったが、指名権の具体的な行使の状況はかならずしもそれだけから説明されうるものではなく、また指名権の行使はかならずしも常に弊害ばかりをともなうものでもなかった。しかしいずれにせよそれは確かに地方教会に対するローマからの遠隔操作の要素を含んでおり、また地方教会の人事への介入の要素を含んでいただけに地方人士の恨みを買い、非難を受けやすいものだったのであり、イギリスでも一三七一年までにはこの仕組に対する批判の声はかなり強まっていた。(5) 議会では一三〇七年以来繰り返しこの仕組を非難する請願が提出され、一三五一年には教皇指名者排除法の制定により、王は必要とあれば教皇が指名した聖職者を排除することができることが議会によって確認されていた。イギリス王はこれを後盾として教皇と交渉して有利な条件を獲得し、双方の基本的利益を害さない範囲で妥協に達する術を心得ていたが、イギリスの領主階級および聖職者階級はそれでは容易に満足しなかった。

一三六五年の議会で王はこうした世論を背景に自ら進んで教皇指名者排除法を含む反教皇的立法の再立法を呼び掛け、それを実現した。ところがこれに対し教皇庁は一二一三年にジョン王（John Lackland 在位一一九九－一二一六年）がインノケンティウス三世（Innocentius III 在位一一九八－一二一六年）にイングランドを献上した結果、歴代王が負担することになっていた年額一千マルクの上納金が三三年に亙り滞納されていることを指摘して、すみやかな完済を要求した。イギリス側では翌年議会が高位聖職者を含む全会一致をもってこれを斥ける決議を行い、ジョンには臣民の同意なくこのような約束を行い、臣民の負担を増加する権限はないと述べたのである。

こうして一三七三年に至り政権を掌握していた反教権派の世俗諸侯は以上の二懸案について教皇庁と交渉を開くとの方針に決したのである。同年九月アヴィニョンにおいて第一回の交渉が行われ、暫定協定が結ばれたうえ、両者は一層細部にわたって再度交渉を行うことを約した。教皇は翌年五月二回目の交渉地としてブリュージュを指定し、代表団を任命した。イギリス側の代表団が発令されたのは七月で、ウィクリフは神学博士として代表団の次席に任命された(6)。

三　政論家としてのウィクリフ

ウィクリフがこうして政治の舞台に引き出されることになったのは誰の指示によるのか、またどのような理由にもとづいていたのか、などについては明確なことはわからず、憶測の範囲で次のようなことが言えるにすぎない。まず彼の政治的後援者としては彼の出身地であるヨークシャ北部における有力者で後に彼の保護者となったランカスター公ジョン・オヴ・ゴーント（John of Gaunt 一三四〇―九九年）が一応考えられる。少なくとも通説では彼を世に出したのはランカスター公だとされている。他方ランカスター公の兄である黒太子エドワード（Edward the Black Prince 一三三〇―七六年）は一三七〇年代に世俗諸侯のあいだで一つの風潮であった反教権主義・反聖職者主義に同情的だったと見られ、この点で後のウィクリフの教説とも通ずるところがあるので、黒太子が彼を政治の舞台に引き出したことも考えられる。もっともウィクリフの政治的また異端的含みをもった著作が世に出始めるのは、一三七〇年代後半からであって、この一三七四年という彼が初めて世に出た年に、すでに反教権主義・反聖職者主義の有力な武器をもった論客として彼が世間に知られていたという確証はない(7)。

当時彼が関心をもち、また世俗の権力者によって彼に求められていたことは教会側の次のような議論に反駁することであった。すなわち教会の権威は国家の権威に優るものであるから、教会の財産はあらゆる世俗の用から保護されてあるべきだ、というのである。彼の向かうべき本来の目的はこの議論に反駁し、高位聖職者に圧力を加えて、彼らに軍事費の負担を強いるための理論的武器を作り出すことだったのである。のちに彼はこの任務を効果的に遂行したために教会から公式の非難を受けることになったのであるが、その段階で政治の世界はもはや彼を必要としなくなったにもかかわらず、彼は孤立無援で教会当局との論争を継続し、相手を困惑させ、打撃を与える目的で遂にカトリック信仰の根幹を揺るがすような教説を生み出した、というのが実情だったのであり、彼が最初から事態の推移を見通して行動したとは考えられないのである。

こうして一三七〇年代はウィクリフにとって政治の季節となり、この期間の彼の著作で論争的・政治的色彩を帯びていないものはないと言われるが、それらを代表しているのは彼がブリュージュから帰ったのち書き上げられたと思われる『俗権論』(De civili dominio) である。この著書は彼に対する世俗の権力者たちの期待を呼び覚ましたものであり、また一三七〇年代における彼の立場の基礎を成してもいるので、次に簡単にこの書物の取り上げている問題点の一部に触れておきたい。

人間に対する支配は神に由来するという点で中世の思想家たちの意見はほぼ一致していた。ただそれがいかにして神から支配者に伝達されるのかという点については意見が分かれていた。教皇絶対主義と呼ぶべき立場によれば、ローマ教会はこの世のあらゆる人と物に対する支配を神から委ねられているのであるから、ローマ教会から分かち与えられた支配権のみが地上における正統の支配権であった。これに対し他の一群の思想家たちは次のように主張した。すなわちローマ教会を仲立ちとして神から支配権の分与を受けたということはその支配者の正しさを完璧なものとはするが、それはかならずしも必要なものではなく、正しい支配権を支配者に保証するのは彼が神の恩寵の内にあるということなのである、と。

当初この理論は世俗の支配者についてのみ適用されていたのだが、間もなくそれは教会の権威にも適用されるようになる。もし世俗の支配者に恩寵が不可欠であるなら、聖職をもつ者がそれを必要としないということはありえない、と。こうした主張をなし、大罪を犯しそれゆえ教会における支配の権を失ったと考えられる高位聖職者に対する攻撃の理論的武器として用いた最初の教会人は、ほとんど確実にリチャード・フィッツラルフ（Richard FitzRalph 一二九九頃―一三六〇年、アーマー大司教、在位一三四七―歿年）であろうと言われる。ウィクリフがフィッツラルフの著作から影響を受けていることは両者の著作原文の対比から十分に立証されている。

フィッツラルフがこのような主張をなした直接の目的は教皇クレメンス六世（Clemens VI 在位一三四二―五二年）に対して托鉢修道会の堕落を告発し、彼らからその特権を奪うことにあったのだが、ウィクリフの目的は違っていた。すなわちそれは教会において世俗的富を享受している高位聖職者（possessionarii）一般を攻撃することにあり、その際彼は教会改革の遂行者を教皇にではなく、世俗の権力者、とりわけイングランドの政府に求めたのである。彼がこのように世俗の富を享受している高位聖職者を攻撃するに至った背景はこれまでにある程度述べてきたが、ここでそれらを振り返れば、主に二点に要約される。一つはイギリスの政治状況が富を擁する高位聖職者に対する攻撃を求めていたという事情であり、もう一つはウィクリフ自身の個人的状況であり、彼の教会組織内部における立身の望みが満たされないところからくる高位聖職者一般に対する嫉妬と敵意、および教会における立身に代えて世俗の権力者に用いられようとする期待である。(8)

ウィクリフの特異性はこうした高位聖職者に対する攻撃自体よりも、彼らを懲らし矯正する役割を世俗権力に求めた点にある。(9) もっとも教権と俗権の分離あるいは教権に対する俗権の優位を説いたのは彼が初めてではなく、たとえばパドヴァのマルシリウス（Marsilius 一二七五／八〇―一三四二／四三年）などは国家権力の源泉は人民の中にあるとし、聖職者および教会は純粋に宗教的事柄を除き、世俗国家の規律に服すべきことを説いていた。[10] しかるにウィクリフはマルシリウスのようにアリストテレスの影響を受けて、国家および社会の理論を打ち建てたのではなく、主としてアウグスティヌス（Augustinus 三五四―四三〇年）およびフィッツラルフの影響下に聖書の解釈にもとづいて、聖職者が世俗の富や強制力をもつことは彼らの職務にふさわしくないとしてこれを否定する理論を構築した点に特徴をもつ。彼によれば教会はその本務たる純粋に宗教的・霊的な事業に専念すべきであり、教皇であれ、司教であれ、聖職者が世俗の富・権威・権力を帯びることはこの霊的な任務から遠ざかることを意味するのであって、国家、すなわち世俗の君主は聖職者がその本務に戻ることができるようにその富や権力を取り去るべきなのである。[11] なぜなら聖職者の誤りを正すことは俗権の職務であり、教会および聖職者を監督し、正すことは国家の任務だからである。これらの彼独特の理論をウィクリフは一三七〇年代に次々と発表して行くが、その骨子は七〇年代の始めにほぼでき上がっていたと推定されている。

四　異端の晩年

ウィクリフはこの後もさらに三度にわたって政府に起用されている。その前後の政治状況や彼の役割と主張には興味深いものがあるが、ここではすべて省略せざるをえない。また彼の教説が次第に教会当局の注意を引くに至る過程や査問の状況、彼と大学当局・教皇権・イギリス教会・ベネディクト会・ランカスター公らとの関係の推移などもきわめて興味深いのだが、これらも省略する。先を急がねばならない。

一三七八年教皇グレゴリウス十一世が死去し、教会はいわゆる大離教または大分裂《シスマ》の時代に突入する。分裂後の教皇権は弱体化し、このあいだにあってウィクリフはもはやその晩年には教会当局の追及を受けることなく、欲するままに自己の理論を展開していくことができた。これ以降彼はそれまでの権力者への奉仕の代償として保護されてはいたが、この年の秋を最後にもはや権力者のための政治パンフレット作者として用いられることはなく、その教説の趣旨は是認され、引用され、もてはやされることもなく、ただ一人報いられる当てのない論争を果しなく続けていき、もっぱら著作によって自己の見解を一層極端にまで推し進め、正真正銘の異端になっていくのである。

ウィクリフは当初他のすべてのイギリス人同様、グレゴリウスの死後フランスの影響を絶ったイタリア人教皇ウルバヌス六世（Urbanus VI　在位一三七八－八九年）が立ったことを歓迎し、これに服従と従順を申し出たほどであった。つまり一三七八年の時点では彼はなおローマとの決裂を望んではいなかったのであるが、時が経つにつれ、大離教の弊害が顕著になるのを見て、制度としての教皇権に絶望し、対立するいずれの教皇をも反キリストの分身とみなすようになったのである。晩年の四年余りの年月はウィクリフの生涯でも最も多産な時期だが、この時期の彼の生活、大学からの退去の時期、晩年の著作の順序などはまだ十分に明らかになってはいない。

さて、ウィクリフの教説の柱の一つは聖書主義であり、これは彼と十六世紀の改革者たちとの共通点の一つである。彼は聖書のみを唯一の権威として承認し、カトリック教会における長い聖書研究の伝統とその上に立った正統的解釈をまったく無視して、彼独特の解釈を行った。これに対して正統派からさまざまな批判が加えられたが、彼はそれに対して『聖書の真理について』（De veritate Sacre Scripture）を著して反撃した。それによれば真の異端は、聖書の言い回しや表現には矛盾やわかりにくい個所があり、公式の統一的解釈が必要だとするものどもなのである。彼は聖書の理解にはいかなる説明や解釈も不必要と考えていたようであり、聖書は最も無知な者の手に委ねられても安全だとしている。こうした説に従うなら、聖書は当時流布していたラテン語版よりももっと広く容易に入手し、読解しやすいものでなければならないことになる。それゆえ間もなくウィクリフの周囲では聖書を英訳することが真剣に考えられるようになってくる。こうして彼が唱導し、またおそらく自ら監督して作成された英訳版聖書の逐語訳的文体は彼のこの主張を反映していると考えられている。

聖書主義と並んで彼の教説のもう一つの柱はその独特の教会観および予定説である。予定説は十六世紀の改革者の一人ジャン・カルヴァン（Jean Calvin 一五〇九–六四年）の教義の柱の一つでもある。一三八七年に書かれた『教会論』（De ecclesia）と題する小論集においてウィクリフは己れの教会観を披瀝した。世間では「教会」という語で聖職者一般を指すことがあるが、ウィクリフによればこれは誤りである。同様にこの語で聖職者・俗人・死せる者・生ける者を含め、すべての信仰をもつ者の共同体を意味することがあるが、これも誤りである、と彼は言う。なぜならこのような教会観は信仰をもっていても神の恩寵に欠けるがゆえに、滅びる者があるという事実を見過ごしているからである。すなわち彼によれば教会は救済に予定されている者、選ばれた者のみから成っているのである。人類の他の者どもは神の恩寵を欠いており、滅びに定められている、と彼は言う。こうしてウィクリフは非妥協的な予定説の主張者となった。彼はこの教義を一三四九年に歿したトマス・ブラッドワディーン（Thomas Bradwardine 一二九〇頃–一三四九年）およびこの点における彼ら二人の共通の師であるアウグスティヌスの人間の自由意志に関する教えから学んだとされているが、彼の予定説とアウグスティヌスの人間意志論とのあいだには重要な相違点があることもその後指摘されている。ウィクリフによれば何人も自らが選ばれた者の一人であるか否かを知ることはできない。教皇すらも救いに選ばれた者か、滅びに定められた者かを誰も知ることはできないのだから、その教皇に過度の信頼を寄せることは明らかに危険だということになる。また個人の霊的運命はすでに神による世界の創造とともに定められているのだから、生ける者・死せる者の魂の救済のために祈ることは無益だということにもなる。神の恩寵は神の一方的意志にのみ依存し、祈禱や善行、信仰やキリストの犠牲などもまったくそのあいだに介在しないということになれば、この世における大抵の人間的努力はまったく無駄だということになる。

『王権論』（De officio regis）において彼は一三七〇年代前半に考察した教会と国家の関係を再度取り上げた。彼によれば教皇がキリストの代理者であるなら、王は父なる神の代理者であり、前者はイエスの人間性を、後者はその神性を顕現しているのである。それゆえ王はいかに正義に反する者であろうと、すべての人間の法の上にある存在であることになる。また同様に王は地上における父なる神の代理者であるから、必要あるときには教会を改革することも王の義務だということになる。次いでウィクリフは彼が正されることを望む教会の弊害を列挙していく。すなわち世俗の地位や名誉の追求・世俗的支配権の占有・聖職売買の罪などがそれである。彼によれば聖職者は十分の一税および信者たちが施しとして与えるその他の喜捨で生活させられるべきであり、その他のすべての財貨の所有は聖書に典拠がないのに獲得されたものとして俗人に返還されるべきなのである。すべての非居住の聖職禄保有者に対しては十分の一税の支払いは停止されるべきであり、神学者として適格の者だけが空席となっている聖職禄に保有者として指名されるべきなのである。この書物は明らかに世俗権力の支援を期待して書かれたものであり、したがってこの書物が書かれた一三七九年頃までは彼は教会当局との彼の闘争に政府が介入し、彼を援助してくれる望みがあると考えていたことが推察される。

同じ頃彼はカトリック教会の教義の要となる聖体の秘跡に眼を向け始めていた。彼は前に『教会論』において教会およびその長である教皇に関する通念を破壊し尽くしたのだが、なお司祭職に付随すると考えられていた神秘的力が吟味と批判を受けるべきものとして残っていた。もし聖体の秘跡を行う能力が司祭階級に特別の性格を与えるということが承認されるのであれば、俗人に対する司祭階級の優越は承認されなければならないとも考えられる。

聖体に関するカトリック教会の正統教義である全質変化または実体変化（transubstantiation）説は、聖体の秘跡のあいだに司祭の唱える祈りの言葉によって、イエスが形色《けいしょく》または外見であるパンとぶどう酒を彼の体と血に完全に変化させ、パンとぶどう酒はその外見においてはパンとぶどう酒ではあるが、その実質においてはイエスの体と血となって人々に与えられ、キリストの生贄が反復されることを教えるのだが、このような外見と実質の分離と弁別はウィクリフには到底受け入れがたいと思われたようである。しかし哲学的思想的には受け入れがたかったものの、彼は実際には聖体の秘跡を説明しがたい神秘として受け入れ続けており、『俗権論』の中でも正統教義を支持している。その後教会当局との軋轢が増大するにつれて、彼はこの問題についても正統教会との見解の隔たりを黙過することができなくなり、一連の講義において自己の見解を定式化し、のちにこれを公表した。これが『聖体論』（De eucharistia）である。

実体変化説に対するウィクリフの反対理由は第一にそれが司祭職の重要性を不当にまた危険な程度まで誇張することになること、第二にそれがキリストの身体を絶えざる事故と不敬の危険に晒すことになること、そして第三にそれが人々を偶像崇拝的にすることなどであった。それゆえ彼は実体変化説に反対してそれは福音書の明瞭な趣旨に反し、歴史的にはまったく日の浅いものであり、哲学的には不条理であるということを論証しようとする。実体変化説に変わるものとして彼が提唱したのはのちにルター（Martin Luther 一四八三－一五四六年）らによって取られた受領者主義と呼ばれる立場に近いものであった。すなわち祝聖されたパンとぶどう酒の性質はそれを拝領する信者の信仰の状態によって決まるという立場がそれである。もしパンの中にキリストの体が、ぶどう酒の中にキリストの血があるとしてもそれは実質的に、あるいは物質的に存在するのではなく、比喩的に存在するにすぎないというのである。しかしこの説明にはかなり無理があり、それは多くの人々に理解されるには至らなかったようである。その後晩年を通してウィクリフは自分にとって満足のいく聖体についての規定に到達しようと努力を傾けたようだが，そう努力するうちに彼はますます正統教義から逸脱していってしまったのである。

この『聖体論』の中でウィクリフが実体変化説を批判するために歴史に依拠していることは注目に値する。彼はすでにそれまでにもたとえば『教皇権論』(De potestate Pape) において原始教会の教義や制度と彼の時代のそれらとのあいだの対照に鋭い注意を向けていたが，『聖体論』においては実体変化説が十三世紀初頭のインノケンティウス三世に至るまでカトリック教会の疑問の余地のない正統教義とはなっていないことを証明している。近年に属する後代の諸慣行を廃し，原始教会の慣行と信仰に戻ろうと力説する点ではウィクリフはまったく十六世紀の改革者たちの仲間に属している。

この聖体に関する異説の主張によってウィクリフは初めて正真正銘の異端となり，またこれによってそれまで彼に従ってきた多数の同調者たちをも失うことになった。従来彼は学内においては托鉢修道士たちのうちの左派と呼ばれるべき人々と結んで，ベネディクト会系修道士たちの勢力に対抗していたのだが，彼が実体変化説に異論を唱えるに至って，彼を支持してきた托鉢修道士たちの大部分は彼から離れていったと見られ，この頃の彼の著作には彼らに対する痛烈な批判が含まれている。

彼が異端の旗幟を明らかにしたことによって周囲に投げた波紋やそれに対する彼自身の反応，一三八一年に生じた農民一揆とウィクリフとの関係あるいは無関係についても触れたいところだが，すでに与えられた紙幅を越えてしまったのでここでは省略しなければならない。この一揆の後間もなくウィクリフは大学を去り，レスタの南にあるラタワースに隠棲し，外界とのつながりを絶って，孤独の内に生涯の最後の数年を過ごした。ある書物の中で彼は秘跡に関してある種の言葉を学外では口にしないという誓約を行ったと述べているが，このような誓約の有無にかかわらず、彼は著作物においてはこのような自制をまったく示していない。その教説の過激さにおいてはむしろ最晩年の著作はそれ以前のものを越えているとすら言われる。一三八一年から翌年にかけて書かれた三部作『背教論』(De apostasia)、『聖職売買論』(De simonia)、『瀆神論』(De blasphemia)において彼は自制してかつての同盟者たちを取り戻そうと試みているが、それらの最終章においては枢機卿から守門に至る位階制のあらゆる段階の人々を最も非妥協的な調子で論難するに至っている。彼によれば司祭と助祭のみが福音書にその根拠を求めることができる聖職なのである。生存の必要を越える喜捨を受ける聖職者は誰であれ、罪を犯しているのであり、洗礼・婚姻あるいは埋葬の為に手数料を受ける者も同様である。彼はまたすべての聖職禄保有者推挙権は俗人のものである方がよいとし、告解の慣行については条件つきで承認を与えるが、贖宥状の販売にはルターと同様強い非難を浴びせている。

一三八二年に著作年代が帰せられるもう一つの作品に『鼎談』(Trialogus)と題するものがある。これは彼の著作中でも最も簡潔で、しかもよく仕上げられた作品だと言われるが、彼の著作のなかでは最初に、すなわち一五二五年にウォルムスで公刊され、ウィクリフと十六世紀ヨーロッパ大陸の教会改革者たちとのあいだの数少ない直接の連結環の一つとなっている。[12] この書物においても、また(『福音書註解』〔Opus evangelicum〕)においても同様に、教会の諸制度の是非を判定する試金石はそれらの制度の典拠が文字通りに解釈された福音書の中にあるか否かであり、この基準によって試されると、教会の諸制度は大体においてそのような根拠を有していないことが見出されたのである。

ウィクリフの生涯最後の数年の生活がどのようなものであったかはほとんどわからない。マクファーレンはウィクリフ晩年の著作の量から察するに、彼はほとんど書き物机を離れなかったのではないかと言っている。言い換えれば彼は彼の聖堂区の民衆やその他の人々を特に積極的に己れの教説に同調させようと努力していた節は窺われないのである。この点に関連しては伝えられる彼のいわゆる説教というものも大学外の一般民衆に向けたものとは到底考えられないと言われる。したがって彼はラタワースにおいても自ら司牧活動を行っていたのではなく、代理司祭やその他何人かの下級聖職者を使用していたと推測される。彼が一三八四年一二月二八日に最後の脳卒中の発作に襲われたときも、彼は自ら聖体の秘跡を執行していたのではなく、会衆に混じってそれに与っていたのであった。この発作で彼は言語障害に陥り、三日後の大晦日に歿した。彼は教会から異端を宣告されてはいたが、破門されてはいなかったので、正常に埋葬された。

一四一四年に開かれたコンスタンツ公会議は翌年ウィクリフの教説から約三〇〇項目を挙げて彼に異端を宣告し(13)、彼の墓を暴くことを命じた。当時ラタワースを含むリンカン教区の司教はウィクリフのかつての門人フィリプ・レピンドン（Philip Repyngdon 一三四五頃－一四二四年）だったが、後者は己れのかつての師の墓を敢えて暴くことはせず、ようやく一四二八年になって彼の遺骨は掘り出され、焼かれたうえ、河に投棄された。

五　「若きウィクリフ」――その実在論

さて、本稿の本来の課題は（ウィクリフの）哲学の近世哲学への貢献について論ずることである。だがここでこの課題に正面から取り組むことは、歴史家ではあっても、哲学の門外漢に過ぎない筆者にとってはまことに無謀な試みではある。しかしそれとは別にこの課題に関連する文献を多少調べた結果、筆者は次のような印象ないし見通しに達せざるをえなかった。すなわちウィクリフの著作原文は十九世紀後半に至るまでほとんど誰にも読まれなかったのだから、彼の哲学の近世ヨーロッパ哲学への貢献ということは考えられない、と。少なくとも筆者の管見の範囲ではウィクリフ哲学の近世ヨーロッパ哲学への影響や貢献を論題とした文献はなかった。そうした影響や貢献の探索は木によって魚を求めるの類の探索にもたとえられるかもしれない。たしかにウィクリフは近世ヨーロッパにおいて毀誉褒貶の多い人物ではあったが、彼について当時新旧両教派のそれぞれの護教的立場から書かれた論稿が彼の説として引用するものは彼の著作原文ではなく、ほとんどすべて先行する党派的文献や外典的文献ばかりだったのである。(14) 彼の思想を真面目に探求し、彼の著作を原文で読んだ人物は、ケニーの記すところでは十五世紀のカルメル会士トマス・ネッター（Thomas Netter of Walden 一三七〇頃－一四三〇年）と十七世紀の初代ボードリアン図書館長トマス・ジェイムズ（Thomas James 一五七二／七三－一六二九年）くらいしかいなかった。(15) しかも彼らが読んだのはウィクリフの政治的または神学的著作で、哲学的著作ではなかった。彼の哲学（主として形而上学）については近年ようやく研究が始まったばかりで、同じくケニーによれば彼の著作の一部はなお編者が現れるのを待っている状態なのである。(16) わが国においてもウィクリフ哲学の研究はようやく着手されようという段階であり、(17) 筆者のような歴史家であるとはいえ、哲学研究の門外漢たる者がこのような稿を草する役割を担うことになったのもまことに故なしとしないのである。

ここではさしあたり、最近の海外におけるウィクリフ哲学の研究が指摘している彼の異端的神学あるいは政治思想と彼の哲学との関わりに若干触れることで筆者の責めを塞ぐこととしたい。この意味で以下はウィクリフ哲学の海外における研究動向の一端を瞥見するものにすぎず、その本格的な紹介やウィクリフ哲学の原典研究はなお中世哲学分野の専門家の手を待つ、残された課題なのである。

最初に留意しておかねばならないことは、ウィクリフの哲学的著作はすべて彼の初期の作品だということである。(18)

ここから言えることは彼の哲学的立場が彼の後年の神学や政治思想をどのように基礎づけていたか、両者の間にはどのような繋がりがあるかを問うことは適切で、意味のある問いだ、ということである。[19] ウィクリフ哲学を論ずることは「若きウィクリフ」を論ずることなのである。

次にかなり以前から研究者のあいだでは、ウィクリフの哲学的立場は極端な実在論の立場だ、という共通認識がある。[20] この意味で「ウィクリフは宗教改革の明けの明星（the morning star of the Reformation〔十八世紀の歴史家ダニエル・ニール（Daniel Neal 一六七八―一七四三年）の有名な表現〕）というよりは、スコラ学の宵の明星（the evening star of Scholasticism）」である、というケニーの言葉[21]は逆説のように聞こえて、実はこれまで見過ごされていた重要な真実を突いているのである。哲学史の概説が描く、実在論とは対立する唯名論から帰納主義的経験論哲学や主意主義的なプロテスタント信仰が発達していったという図式からしても、ウィクリフの哲学は近世哲学とは無縁のように思われる。[22] もっともケニーはウィクリフには限らず、当時の哲学者たちが没頭した言語分析は現代の英語圏哲学における言語分析とその中における実在論的立場と唯名論的立場（例えば歴史学方法論の分野でも知られているいわゆる言語論的転回（the linguistic turn）など）の対立にむしろ通じるものがある、と指摘している。[23] しかしこれは「近世哲学への影響」や「近世哲学の基礎づけ」ではなく、むしろ「現代哲学との並行現象」であろう。

それでは彼の実在論と言われるものは一体どのようなものだったのであろうか。以下は筆者の理解が及んだ範囲での断片を繋ぎ合わせた全くの素描にとどまらざるをえない。彼によれば実在論とは何よりも「普遍」（universale, universal）の性質に関する理論なのである。[24] ここで「普遍」とは、たとえば個物に対する意味での類などの総称的名辞、或いは普通名詞で表示されるものがそれに当たる。彼によれば「普遍」の理解への鍵は「述語化」

(predication）の理解にかかっている。ウィクリフの言わんとするところは命題の主語に相当する部分のみならず、述語の部分も言語の外にある現実世界に実在する、という点にある。このことを彼は「実在的述語化」(real predication）と呼び、文中の主語と述語の関係に対応する事物の関係が現実世界に実在する、と言う。ケニーはこれを現代哲学においてフッサール（Edmund Husserl 一八五九－一九三八年）や初期のウィトゲンシュタイン（Ludwig Wittgenstein 一八八九－一九五一年）が「事態」(Sachverhalt）と呼んだものだ、と説明している。彼はさらに実在的述語化には三つの種類があると言うのだが、この議論はここでは省略せざるをえない。次にあらためて「普遍」とは何か、であるが、ウィクリフはグロステスト（Robert Grosseteste 一一七〇頃－一二五三年）に拠りつつ「普遍」には五つの型があると言う。第一の型は神の心中に抱懐されている永遠の概念あるいは範型であり、神の創造活動においてモデルとなったもので、中世哲学においてギリシア語で「イデア」と称せられたものである。第二の型についてはケニーは中世のアリストテレス的宇宙観との関連においてのみ論じられうるものとして詳説していないので、ここでも省略する。第三の型が類とか属といった概念で捉えられうるものであり、一般に普通名詞で呼ばれるものである。これこそが「普遍」中の「普遍」であり、ウィクリフはこれを「形而上的普遍」(meta-physical universal）とも呼んでいる。しかしこの第三の型の「普遍」は神の創造によって生まれたものであって、これを逆に人間の知性の側から捉え直したものが第四の型の「普遍」、即ち「論理的普遍」である。第五の型の「普遍」は単なる記号、名辞であって、唯名論者も認めるものである。ケニーはウィクリフの「普遍」観においては第一の型の神の心中に抱懐されている「普遍」がすべての「普遍」の源泉であって、それとは別の独立の「普遍」は考えられてはいないので、彼はプラトン主義者ではない、としている。ケニーによればウィクリフは唯名論者は特殊性に執着するので、自己と個物との関係に執着して、そこから利己主義と罪に陥りやすいが、キリスト教的慈愛は特殊よりも一般、普遍を選択することを要請するので、実在論こそがキリスト教的慈愛に即した哲学理論だ、と考えていたようだと述べ、ここに彼の将来の改革主義的精神が根ざしていると考えている。

次に彼の存在論を見よう。ウィクリフによれば存在（being）は実在（entity）の現実態であり、それには四つの種類がある。(25) 第一は神の心中に抱懐されているイデアとしての存在であり、これはさらにその根源に遡ることのできないものであるから、神自身でもある。「普遍」の第一の型と同一物である。第二は本質的存在（essential being）であり、先に述べた「普遍」の第三の型に相当する種や属であって、すべての個物の存在の原因（cause）である。たとえばアダムは全人類の祖先であるから、アダムはあらゆる個人の存在の原因たる本質的存在である。この場合の「本質」というのは一般の用法での「本質」とはやや意味を異にする。ウィクリフは一般の用法での「本質」に相当するものを「何性」（quiddity）と呼ぶ。第三は個物であり、これらは現存する（exist）ものであって、その時を得て現存するのである。第四の存在は実体（substance）による非本質的属性の偶有、たとえば日焼けした人である。こうしてウィクリフにおいてはすべての被造物は四種の存在を持ちうるのである。そして被造物は神によって現存（existence）を取り去られることがあっても、存在でなくなり、消滅し、無に帰することはない。それはすべての存在が連鎖を成して神に繋がっており、神こそがすべての存在の根源だからである。彼が聖体の秘跡におけるパンとぶどう酒の消滅、キリストの体と血への変化という実体変化説に同意できなかったのは彼のこの実在論にその淵源がある、というのがウィクリフ思想の専門研究者たちの判断である。(26) パンとぶどう酒はそのものの属性を保持したまま、パンとぶどう酒としては消滅して、そこにキリストの体と血が出現する、という説明を彼は己の哲学体系からして受け入れることができなかったのである。

このように諸家の説に従えば、ウィクリフの異端、特に聖体の秘跡に関する実体変化説否定の異端はその実在論に根源があるようだが、実在論とはいっても彼の説は仔細に検証すると、特定の先学の説を祖述したり、特定の学派の説を発展させたりしたものではなく、当時行われていたさまざまな学説を継承し、それらをある意味では折衷し、ある点では更に発展させたものであった。[27] その意味では当時はかならずしもそれぞれ一枚岩の実在論学派と唯名論学派が対峙していたわけではなく、諸家は互いに諸家の説を取り入れつつ、入り乱れて自己の学説を構築していたのである。彼の学説の中核的部分がトマス・アクィナス（Thomas Aquinas 一二二四／二五－七四年）の説に基礎を置いていたことは明らかだったが、それを彼はある方向に発展させ、それが異端的な色彩を帯びていったのである。このことを最初に指摘した同時代人がジョン・ケニンガム（John Kenningham 一三九九年歿）であった。

この論争は歴史家のあいだでは専らその中における「支配権」(dominium, dominion) の由来に関する部分ばかりが注目されてきたが、[28] 哲学の分野ではむしろそれよりもすべての存在の根源にある神の許における存在の性質に関する両者の論争が注目されている。というのは次のようなことである。ウィクリフによれば神においては現在のみならず、過去・未来の存在、あるいは否定や可能の文型で表示される命題も含めて、あらゆる存在が時空を超えて現前しているのである。[29] この主張が先ずケニンガムによって批判された。つまり神の許における時空を超えた存在の現前、永遠の現在という観念は時の流れの内における神による創造活動を否定するものであり、神以外にも永遠の存在を想定するものであって異端説である、というのである。ホーネンはウィクリフの説における異端的要素を発見し、摘出した点ではケニンガムが最も早かったのではないか、という趣旨のことを述べている。[30] しかしこの論争はすでに十三世紀末に始まったものであり、前例があった。つまりトマス・アクィナスの同様の説に対し批判が加えられていたのである。この点でウィクリフは単にトマスの説を祖述していたにすぎなかった。ただそれまでにトマスに対する主としてフランシスコ会士による批判とそれに対するドミニコ会士の反論の過程で、ある種の妥協が達成されており、トマスの説は誤りではあるが、これを異端とするのも誤りであること、また神が捉える未来の出来事は単に神の側における認識であり、知識であるとするのは差し支えないが、それが神の前に現前している存在だというのは誤りであり、異端の危険を含む、とする共通了解が出来上がっていたのである。(31) ケンニンガムによればウィクリフは後者の説を取っており、これは「存在」という語の乱用だという。(32) ウィクリフは聖書の語法をそのまま形而上学の語法とし、そうすることによって聖書を一貫した論理によって説明できると信じていたが、ケンニンガムによればそうした考えは誤りなのである。人は学問的論争においても平明な通常の語法を用いるべきであり、誤解を招く惧れのある特殊な語法を用いるべきではない。(33)

ところでこの未来の出来事の神における現前という説は当然に予定説に結びつく。ウィクリフは一般に予定説を奉じていた、とされている。他方で神が救いに定められた人を予知するのはともかく、滅びに定められた者を現前した姿において知っている、すなわち予定していると称えることは、五二九年のオランジュ公会議において明確に異端と宣告されていた。しかしケニーによればウィクリフは救済の予定は信じてはいたが、滅びの予定を説いてはいなかったのである。ウィクリフによれば滅びは神によって単に予知されていたのみであり、そのように予知されていたものが滅びに陥ることを神は許していたにすぎず、そこに神の積極的意志作用は介在しなかった、と言う。(34) この点では彼は教会の古くからの伝統と教えに従っており、けっしてそこから逸脱していたわけではなかったのである。

むすび

ウィクリフの思想を全体として捉えるにはゴードン・レフが示唆しているように[35]、実在論を基本とする哲学（形而上学、X軸）と、使徒的・福音主義的教会観（Y軸）という二つの座標軸を置き、これによって個々の作品を位置づけし、全体の構成を捉えるのが分かりやすく、便利であろうと思われる。二つの座標軸はどちらもウィクリフ思想の基軸となる重要な要素ではあるが、一応それぞれ独立の要素であり、個々の作品はこれらの座標軸に対する遠近や象限上の位置によってその性格を測ることができるであろう。こうして見ると、彼の初期の作品は専らX軸の上に位置づけられるものであって、Y軸における値はほとんどゼロであるが、『俗権論』辺りを境に使徒的・福音主義的教会観が表面に現れ、実在論哲学との微妙な混交と合成が行われるに至るように思われる。本稿では彼の個々の作品における実在論哲学と教会観の混交、議論はどちらの要素を主たる主導動機や論拠として展開されているか、といった側面を論じることはできない。ただ締め括りとしてウィクリフの思想を広い意味での思想史上に位置づけて見ることは意味のあることかもしれない。というのは彼のような異端児の場合、とかく同時代や前代からの大きな流れからはかけ離れた、突然変異的存在として捉えられやすいからで、ここでは二つの点からウィクリフといえども時代の子であり、中世末期の十四世紀という時代の性格を負った存在だったということを指摘しておきたいのである。

その一つはいうまでもなくすでに繰り返し指摘してきたことであるが、ウィクリフ思想の根底には『存在論大全』(Summa de Ente) として体系化された実在論哲学があり、それは伝統的なアリストテレス・トマスの形而上学の体系に沿いながら、前世紀以来の主要な学者たちの学説を取り入れつつ展開され、構築された、その意味で「スコラ学の宵の明星」と呼びうるような大きな体系だった、ということである。この体系のウィクリフのさまざまな著作との関わりの度合いとか、そのどの部分が前代のどのような学者の学説からどのような影響を受けているかといった観点からの分析はいまだ十分に果たされているとは言えないかもしれないが、[36]いずれにせよ、それが中世西欧の学問の伝統を継承した伝統的形式の思考の体系だった、という事実には変わりはないのであり、これまでの研究においてもそこに伝統的思考を脱却した、まったく新奇な思考の芽生えがある、というようなことは誰も言ってはいないのである。むしろこのあとウィクリフの体系を凌ぎ、これを超えるような実在論の大きな業績が中世にはもはや生まれていない、ということの方が注目すべき事実なのかもしれない。

もうひとつの注目点は彼の使徒的・福音主義的教会論であろう。レフは彼のこの教会論と実在論哲学の間には断絶がある、と述べているが、両者が直接の接点をもたず、後者から前者への発展の筋道や論理的必然性といったものが示されえないとしても、なお後期に集中している彼の教会観に発する諸著作における実在論哲学の影響は探索されてよい研究主題でありえよう。しかしここで強調したいのはそういった事柄ではなく、彼に見られたような使徒的・福音主義的教会論も実は中世後期の教会批判の中ではありふれたもので、[37]その点に関する限りなんら新しいものではなかった、ということである。もし何か新しいものがあったとすれば、ウィクリフの教会批判は彼の実在論哲学に根ざす予定説及び実体変化説批判と結びついていた点かもしれない。[38]もちろんかならずしもウィクリフが先行する教会批判の文献を読んでいたという訳ではないにしても、そうした教会批判は中世後期ヨーロッパの社会的文脈の中では表面化しやすいものだったのである。彼の著作の中では後期に展開された教会批判が最もよく知られ、ウィクリフを論じる場合にほとんどかならず言及されるのではあるが、それは実はウィクリフのウィクリフたる所以を最もよく示す特徴とはかならずしも言えない。

それゆえ議論はまたもや彼の実在論哲学に戻っていく。彼の実在論哲学がいかにして実体変化説否定の異端を導くことになり、きわどく異端を避けている予定説に至ったのか、また彼の教会観はそれに先立って体系化された彼の哲学とどう関わっているのか、これらの問題はなお中世哲学や神学分野の専門家の仔細な分析と解明を待つ課題としてわれわれの前に残されているのである。(39)

註

(1) ウィクリフおよびその影響を受けた宗教運動であるロラード派に関する研究は先ずイギリス新教派教会史の論題として彼らとイギリス宗教改革との関係に注目して始められた。イギリス近代歴史学は J. Gairdner, *Lollardy and the Reformation in England*, 4 vols., London/New York 1908-1911 においてこのような研究の先鞭をつけたが、これに先立ちすでに十六世紀にジョン・フォックス (John Foxe 一五一六―八七年) はイギリス新教派教会史の最初の叙述とされる *History of the Acts and Monuments of the Church, or the Book of Martyrs*, 1563 においてウィクリフを始めとする初期ロラード派をイギリス宗教改革の先駆者として、迫害に抗して神の真理を守った英雄として、その生涯と業績を詳細に記録し、顕彰している。こうした研究の流れの頂点をかたちづくったのが H. B. Workman, *John Wyclif. A Study of the English Medieval Church*, 2 vols., Oxford 1926; reprint 1966 である。ワークマンの業績については次に簡潔な評価が与えられている。G. Leff, *Heresy in the Later Middle Ages*, 2 vols., Manchester 1967, II, p. 498, n. 8. その後の研究は一転してウィクリフを同時代の環境に置いて等身大に評価しようとする方向を辿ったが、このような傾向を先導したのが K. B. McFarlane, *John Wycliffe and the Beginnings of English Nonconformity*, London 1952 である。本稿はこの研究に負うところが大きい。以下特に示さない限り、本稿の叙述はこの書物によっている。ウィクリフに関する伝記的研究ではその後部分的な事実の追加や訂正はあっても、これを越えるものは出ていない。

他方ウィクリフの思想・哲学・神学に関する研究は大きく立ち遅れており、これまでワークマンの研究や、ウィクリフの著作の編纂にたずさわったプールの研究（R. L. Poole, *Illustrations of the History of Medieval Thought and Learning*, 2nd ed. London 1920）などがあるが、その本格的な再評価はなお待たれている。このように彼の思想の研究が立ち遅れた最大の原因は、カトリック教会による彼の著作物の執拗で徹底的な駆逐によってその原文写本が中央ヨーロッパの一部の地域を除いては容易に見出されなくなってしまったことであろう。なにしろ十九世紀に至るまで疑いのない彼の作品で、印刷刊行されたものは一篇しかなかったという。ウィクリフは伝説的人物ではあったが、その著作原文は新教派によっても、カトリック信徒によってもほとんどまったく読まれてはいなかったのである。その後前世紀から二〇世紀にかけて彼の神学的・政治的著作はウィクリフ協会によって出版されてきているが、哲学的著作や聖書注解などはまだ全部は出版されていないようである（後述）。聖書註解については次の研究を参照。B. Smalley, John Wyclif's '*Postilla super totam Bibliam*,' *Bodleian Library Record* 4 (1953); G. A. Benrath, *Wyclifs Bibelkommentar*, Berlin 1966. 彼の哲学について最新の成果を盛った研究としては Anthony Kenny (ed.), *Wyclif in his Times*, Oxford 1986 が挙げられる。これはウィクリフの歿後六百年を記念してオックスフォード大学で行われた連続講義を集めたもの。編者はトミストで、ウィクリフに関する単著もあるが、これについてはウィクリフにトマスの影響を読み込む傾向に対して批判がないわけではない。A. Kenny, *Wyclif*, Oxford 1985; cf. Review by W. J. Courtenay, *Speculum* 62 (1987), pp. 145f. 評者によればもっとドゥンス・スコトゥス（Johannes Duns Scotus 一二六五頃―一三〇八年）やウォルター・バーレー（Walter Burley 一二六五頃―一三四五年頃）の影響に注意を払うべきなのである。なおウィクリフに多大な思想的影響を与えたとされるリチャード・フィッツラルフについては広翰な研究が近年公にされ、高い評価を受けている。K. Walsh, *A Fourteenth-Century Scholar and Primate: Richard FitzRalph in Oxford, Avignon and Armagh*, Oxford 1981. またウィクリフと同時代のイギリスの思想および哲学の状況については J. A. Robson, *Wyclif and the Oxford Schools*, Cambridge 1966 を参照。さらにオックスフォードのブラックウェル社から出ている教会史研究叢書の第二巻・第九巻・第一〇巻等にはウィクリフに関する論文が散見するが、この叢書の補遺第四巻・第五巻には特にウィクリフに関する労作が多い。第五巻では全体の半ば以上がウィクリフの学問・思想・信仰に関する議論に割かれている。A. Hudson and M. Wilks (eds.), *From Ockham to Wyclif*, Studies in Church History Subsidia 5, Oxford 1987. ウィクリフおよびロラード派とイギリス宗教改革の関連についてはマーガレット・アストンの次の二つの論文が参考になる。M. Aston, Lollardy and the Reformation: Survival or Revival?, *History* 44 (1964); id., John Wycliffe's Reformation

Reputation, *Past and Present* 30 (1965).

ウィクリフの思想の評価は筆者にその準備がない上、専門分野からも外れるので、本稿においては単にウィクリフ解釈上の諸説の紹介に止まらざるをえない。本稿においては深く立ち入る余裕がないが、ウィクリフのいわゆる「支配権」(dominium, dominion) の理論についての詳細な解釈史が次の研究に述べられている。S. E. Lahey, *Philosophy and Politics in the Thought of John Wyclif*, Cambridge 2003, pp. 1-23.

なおウィクリフの著作の邦訳としては次の二編がある。「祭壇の秘跡について」「教会論（抄）」出村彰訳『宗教改革著作集 1　宗教改革の先駆者たち』教文館、二〇〇一年。

(2) ケニーは当時のオックスフォード大学においてはなお修道士や托鉢修道士の勢力が優勢で、教区付聖職者の勢力はようやく勃興しつつあったところだ、としている。A. Kenny, *op. cit.*, pp. 2f.

(3) S. Wood, *English Monasteries and Their Patrons in the Thirteenth Century*, Oxford 1955. ウッドは同時代の年代記作者マシュー・パリス（Matthew Paris 一二〇〇頃－五九年）によってこう述べているが、傍証を示していない。G. Barraclough, *Papal Provisions*, Oxford 1935, pp. 11-13, 47ff. 本文後述のごとく、議会の世俗勢力が教皇の聖職保有者指名を繰り返し非難している事実を見ると、この点は未確定と考えざるをえない。

(4) 教皇の聖職保有者指名が権利として主張され、拡大を始めたのは一二六五年の回勅 Licet ecclesiarum 以来であるとされるが、実際には指名は十二世紀以来行われていた。この回勅はすべての聖職は原則として教皇の任命権の下にあるとし、その上で特に教皇庁滞在中に死去した聖職者の後任は教皇が指名することを定めている。V. H. H. Green, *The Later Plantagenets*, London 1955, p. 46; J. H. Mundy, *Europe in the High Middle Ages, 1150-1309*, London 1973, p. 351.

(5) この仕組に対する批判はすでに教皇グレゴリウス九世（Gregorius IX）の在位期（一二二七－四一年）に聞かれた。G. Barraclough, *op. cit.*, pp. 10f.

(6) しかし彼は九月には帰国してしまい、その後二年ばかりは政府によって起用されていない。

(7) 大学では彼はすでに優れた神学者・論争家として知られており、また前に述べた一三七一年の議会に傍聴者として出席していたという事実は彼がすでにこの種の問題に関心を寄せていたことを窺わせる。さらに一三七二年に彼が神学の学位をとった直後の講義においてはその最初の異端的著作である『俗権論』で展開したような見解を仄めかしており、また同じ頃二人のベネディクト会士によって論争を挑まれたことなども彼がすでにのちに著作によって公にするであろうような見解に傾きつつあったことを示唆する。この論争はさらにのちに両当事者によって著作物のかたちで継続された。K. B. McFarlane, *op. cit.*, pp. 59–60, 62. ウィクリフのこの著作というのは『分析と論断』(Determinationes) のことである。これは一三七三年後半に書かれたと推定され、教会と国家の関係に関する彼の最初の著作である。ここで彼は教皇庁および教会に対するイギリス王権の財政上の自律性と教会に対する世俗権力の監督権を強調している。すなわち俗人が教会に与えた基本財産が正当に用いられているか否かを世俗権力は判断し、使用が不当な場合にはこれを没収することができる、と。しかしこの論文では彼は正統教義の線から外れないよう注意しており、反教権主義的立論がその哲学的根拠にまで遡って論じられてはいない。この著作によってウィクリフは権力者に知られ、ブリュージュに派遣されたとも考えられる。G. A. Holmes, *The Good Parliament*, Oxford 1975, pp. 168f. なお件のウィクリフとベネディクト会士との論争および determinatio の語義については次を参照。M. J. F. M. Hoenen, Theology and Metaphysics, the Debate between John Wyclif and John Keningham on the Principles of Reading the Scriptures, in: M. F. B. Brocchieri (ed.), *John Wyclif: Logica, Politica, Teologia. Atti del Convegno Internazionale, Milano, 12–13 febbraio 1999*, Firenze 2003, esp. pp. 27–29. それによれば determinatio とは当時の学問的著述の一つのジャンルで、学生のあいだで論争となった問題について教師が問題点を分析して提示したり、第三者からの批判に対して答える場合に用いられる著述様式だった、という。

（8）グレゴリウス十一世は一三七一年以来ウィクリフにリンカン司教座聖堂の多数の聖職禄の一つを約束しており、一三七三年にもこの約束は更新されたが、二年のちに機会がめぐってきたおりには彼は無視され、件の聖職禄は教皇のイギリス人傭兵隊長の息子の手に渡ってしまった。これに関連してまた同時代人の中にはウィクリフが一三七五年にウースター司教の地位を得ようと期待しながら、その望みを絶たれたことが彼の異端の起こりであると噂するものがあったが、これを裏づける証拠はない。

（9）この点はウィクリフの政治の季節の終末に書かれた『王権論』(De officio Regis) に一層明確に展開されている。

（10）R. L. Poole, *op. cit.*, pp. 230–241. 彼は世俗的理論に立脚してまったく世俗的立場から教会を見ていた。

（11）*Ibid.*, pp. 233, 265.

（12）M. Aston, John Wyclif's Reformation Reputation, pp. 44; A. Kenny, The Accursed Memory: the Counter-

Reformation Reputation of John Wyclif, in: id., *op. cit.*, p. 160. この『鼎談』が十九世紀までに公刊されていたウィクリフの唯一の著作である。

(13) コンスタンツ公会議におけるウィクリフ断罪の経過およびそこで彼に帰せられ、断罪された項目数などについてはA. Kenny, The Accursed Memory, pp. 150-155を参照。

(14) 多少ともウィクリフの著作から引用していたのはコンスタンツ公会議の断罪宣告で、そこでは彼の著作から断片が引用され、逐一断罪されていた。これ以降カトリック正統派の著作物でウィクリフが言及される場合には大体においてこれに依拠していたようである。*Ibid.*, p. 123.

(15) *Ibid.*, pp. 156f., 167f. ネッターはコンスタンツ公会議のウィクリフ断罪を擁護し、異端による汚染の非難に対してイギリス教会を弁護する目的の書物（Doctrinale fidei ecclesiae）を草したのだが、その際にウィクリフの著作を検討したらしい。

(16) ウィクリフ哲学の代表作である『存在論大全』（Summa de Ente）二巻のうち第一巻全七篇の七番目の時間に関する論稿は刊行準備中ではあるが、なお未刊であり、第二巻全六篇のうちでは未だ二篇しか刊行されていない、という。第一巻の一部であり、本書の中核を成す『普遍論』（De Universalibus）はようやく一九八四年に刊行されたばかりである。A. Kenny, *Wyclif*, pp. 8f.; I. Mueller, P. Spade and A. Kenny (eds.), *De Universalibus*, Oxford 1984.

(17) 先に紹介した（註1）コートニーによるケニーの小著に対する書評は、ウィクリフ思想の包括的な概観と総合がなお待望されている今日、ケニーの著書は種々批判すべき点はあるにしても、ウィクリフ思想全体の短いが、最上の紹介だという。このケニーの著書はわが国ではすでに訳出されている。A・ケニー『ウィクリフ』木ノ脇悦郎訳（教文館、一九九六年）。本書の前半は主として『普遍論』にもとづくウィクリフ哲学の解説と紹介であるが、中世哲学の思考方法や用語に通じていないものにとってはきわめて難解である。訳書はこれも恐らく邦語で唯一のウィクリフ哲学の解説文献と思われ、これを原著と対照しつつ読むことはウィクリフの体系の理解を助けるが、残念ながら誤訳や脱落が少なからず、またexistence, substanceなど重要な術語の訳に統一がないので、取り扱いには注意を要する。

(18) A. Kenny, *Wyclif*, pp. 4f., 8f.

(19) もっともゴードン・レフはウィクリフ神学の特徴はそれが実在論哲学と、原始教会を理想とし模範とする使徒的・福音主義的教会観が独特の仕方で結合したところに成り立っている点にあるとし、後者は彼の後期の神学的著作の中で初めて出現するものであって、前者と後者のあいだには断絶がある、と指摘している。G. Leff, The Place of Metaphysics in Wyclif's Theology, in: Hudson and Wilks (eds.), *From Ockham to Wyclif*, pp. 217f. これに対しウィルクスはおおむね次のように説く。すなわちウィクリフは彼の「支配権」の理論において使徒的・福音主義的教会観を披瀝した頃には彼のかつての実在論哲学を放棄していた、と。S. E. Lahey, *Philosophy and Politics*, p. 14. またレイヒーは逆に彼の教会観は実在論哲学にもとづいていた、とする。*Ibid.*, pp. 3f. et passim. かくしてこの問題は今日のウィクリフ思想の研究において一つの焦点を結んでいると言える。

(20)　A. Kenny, Realism and Determinism in the Early Wyclif, in: A. Wilks and M. Hudson (eds.), *From Ockham to Wyclif*, p. 165; M. Hudson, Wyclif, John, in: J. R. Strayer (ed.), *Dictionary of the Middle Ages*, 13 vols., New York 1982–1989, XII, p. 707. ウィクリフをボヘミア人たちに近づけたのも、彼の実在論だった、という。プラハ大学では唯名論と実在論の対立がドイツ人とチェク人の対立と結びついており、ウィクリフの実在論は早い段階でボヘミアの学者たちのあいだで注目を浴びた、という。M. Keen, The Influence of Wyclif, in: A. Kenny (ed.), *Wyclif in his Times*, pp. 137ff.

(21)　A. Kenny, *Wyclif*, p. v.

(22)　ケニーはこの点について逆に実在論者はすべて正統派だ、と考えるのが安易な誤解なのだ、としている。A. Kenny, *Wyclif*, p. 8.

(23)　A. Kenny, *Wyclif*, pp. 5, 108f. ケニーはウィクリフにはモダンなものが少なからず含まれている、とする読み方をしており、その存在論における実体（substance）の不滅に関する議論と同様の考え方が古典物理学の発展全体の背後にあったのであり、彼の議論には驚くべき科学的響きがある、と指摘している。*Ibid.*, pp. 29f.「言語論的転回」については差し当り、『岩波講座現代思想　4　言語論的転回』新田義弘・桑野隆編、岩波書店、一九九三年。歴史学における問題の様相については、小田中直樹『歴史学のアポリア』山川出版社、二〇〇二年、を参照。

(24)　以下は主として次による。A. Kenny, The Realism of the *De Universalibus*, in: id. (ed.), *Wyclif in his Times*, pp. 17–29. ウィクリフの議論は彼が記号博士（doctores signorum）と呼んで揶揄した唯名論者たちに対する反論であることに留意する必要がある。

(25)　以下は主として次による。A. Kenny, *Wyclif*, pp. 18ff.

(26) G. Leff, The Place of Metaphysics, pp. 223, 230f.; M. Hudson, Wyclif, John. ウィクリフの議論はもっと精細なものだが、ここでは簡略化した。レフは聖体の秘跡に関する実体変化説に対する彼の異論は直接に彼の形而上学から由来しているが、その他の点での彼の晩年の教会批判はかならずしも彼の形而上学から直接に由来している訳ではない、と述べている。これに対しレイヒーはウィクリフの教会批判の根幹を成しているのは彼の「支配権」論の発想の中心を成す私有財産権の根源に関する彼の思想であり、これは彼の実在論哲学にもとづいている、と主張する。S. E. Lahey, *Philosophy and Politics*, pp. 20-23.

(27) M. J. F. M. Hoenen, Theology and Metaphysics, pp. 48-51, 54f.

(28) 註（7）参照。この論争は一部の脱落はあるが、下記の史料集に収録されている。W. W. Shirley (ed.), *Fasciculi zizaniorum Magistri Johannis Wyclif cum tritico* (Rerum Britannicarum Medii Aevi Scriptores〔Rolls Series〕5), London 1858, pp. 4-103, 453-480. なおこの史料集は伝承ではトマス・ネッターの編纂になるとされているが、ハドソンはその中にはネッターの歿後に作成された文書も含まれており、従ってネッターの編纂物ではない、と結論付けている。A. Hudson, Netter [Walden], in: Thomas, H. C. G. Matthew and B. Harrison (eds.), *Oxford Dictionary of National Biography,* 60 vols. with an Index volume, Oxford 2004, XL, p. 447.

(29) A. Kenny, *Wyclif*, pp. 27f., 38f.; M. J. F. M. Hoenen, Theology and Metaphysics, pp. 31, 34-36.

(30) M. J. F. M. Hoenen, Theology and Metaphysics, p. 30.

(31) *Ibid*., pp. 36-39.

(32) *Ibid*., pp. 39-41. ケニンガムはさらにこのような考えはプラトン主義に近縁だとも述べている。*Ibid*., pp. 43f.

(33) *Ibid*., pp. 24, 44-48.

(34) A. Kenny, *Wyclif*, p. 40.

(35) 註（19）参照。

(36) この問題は本稿に挙出したような近年のウィクリフ思想に関する研究において精力的に追究されている問題である。

(37) 樺山紘一『ゴシック世界の思想像』岩波書店、一九七六年、一四〇－一四二頁。

(38) 上述、「四　異端の晩年」参照。

(39)　本稿はウィクリフの実在論の概要と、そこに由来すると諸家が一致して指摘しており、ウィクリフの異端の中心を成す彼の実体変化説批判との脈絡を説明することに重点を置き、実在論と「支配権」、実在論と聖書解釈方法論、実在論と教会論などの論点にはほとんど触れなかった。いずれも重要な論点であり、それぞれ個別に独立の論稿において論じられるべき問題である。

14　十四世紀の運動論
――リチャード・スワインズヘッドの質の運動――

三浦伸夫

序

アリストテレスによれば、自然的諸存在は自らの内に運動と停止の原理をもっているのであり、したがって運動原理の考察を抜きにしては自然を語ることはできないのである。ところで運動、あるいはより広義に変化は、四種のカテゴリーである実体、質、量、場所から離れては存在しえず、これらはそれぞれ、生成と消滅、変質、増大と減少（質料が不変で容積が変わるのであれば、これは希薄と濃密になる）、そして移動に対応し、それらは相互に還元不能な独立した運動である。一方、アリストテレスは別の個所で、基体から基体への変化のみが運動であるから、基体の存・非在を論ずる生成と消滅に関しては運動はないともいう。また、量の運動には質の運動が、質の運動には場所の運動がともなうので、最も共通的で最も勝義の運動は場所における運動とする。[1] こうして、アリストテレスにおいては、場所における運動が中心課題となる。近代の運動論においても同様に移動が主題となっていることはよく知られている。

中世では、たしかに量における運動についても議論がなされ、たとえば、ただ一本のアダムの肋骨からエバという一人の人間が作られる場合の量の問題、あるいは実体変化のあと聖体の量が変化するのかどうかという問題など、きわめて神学的文脈で多くの興味深い展開がなされた。しかし議論の豊富さと総量から言って、西欧中世の運動論は、場所における運動に加えて質における運動が中心課題であったことに特徴がある。白から黒に変化するときそこには何が生起するのか、白黒のような相反する質が同時に存在することは一体いかなることか、質の最大値・最小値とは何か、こういった問いが提出され、その質の変化する範囲が取り上げられ、これはやがて質の強化と弱化という量化の問題に総括されるようになった。これは質と量という異なるカテゴリー間の統一をめぐる問題であり、いわゆるアリストテレスのメタバシス（他の類への移行）禁止に抵触し、したがってアリストテレスの枠組みを越える議論に結実していく。さらにこの質における運動は、たとえばそれが熱の伝達の問題として扱われると、能動作用と受動作用の問題として論ぜられた。また、光学における光の作用に拡張して論ぜられることもあり、これはアウグスティヌス（Augustinus 三五四－四三〇年）以来、恩寵に関する神学的議論の一部を形成することにもなった。十四世紀になると、質の運動は存在論的議論から次第に離れ、質的変化の量的記述の問題として広範な文脈で論じられるようになった。

本小論では、中世に特徴的な展開が見られる質の運動の問題、なかでも質の強弱の問題について、十四世紀にオックスフォードで活躍したリチャード・スワインズヘッド（Richard Swineshead 一三六五年頃歿）が著した『計算の書』（Liber calculationum）を中心にして論じる。(2)

一　オックスフォードの計算家たち

十四世紀西欧の自然学研究の中心地はオックスフォード大学とパリ大学であるが、両者では一般的に言って研究様式が異なる。まずアリストテレスの著作への註釈に関しては、パリでは『分析論後書』(Analytica posteriora)が、オックスフォードでは『自然学』(Physica)が主として選択された。またオックスフォードでは個別の自然学書が著されることが多かった。ところで中世運動論では二つの論法が採られた。まず「原因によって」(penes causam)運動を論ずるもので、動者と動体、力と抵抗の関係を扱い、近代科学の分類で言えば動力学と呼ばれうるものである。もう一つは「結果によって」(penes effectum)論ずるもので、距離などを用いて速さの変化を扱い、運動学と呼ばれうるものである。パリの学者たちはアリストテレスにならってまず運動を原因によって論じ、そのあと結果によって論ずるのを常としたが、オックスフォードの学者たちはまず運動の結果から論じ、しかも場所における運動ではなく質における運動から始めることが多かった。

さて、とりわけ十四世紀中頃のオックスフォード大学には、特有の探求方法すなわちスコラ学的な論理的数学的方法とでも呼べるものをもって自然学研究をした人たちがいた。彼らはその方法から後代に「計算家たち」(calculatores)と称されるようになった。彼らの多くはマートン・カレッジとの関わりをもっていたが、かならずしもそうでない人もいるので、ここでは彼らを「オックスフォードの計算家たち」と呼んでおく。(3) その主要人物名とその代表作の一部を挙げておこう。(4)

トマス・ブラッドワディーン（Thomas Bradwardine　一二九五頃－一三四九年）
『運動速度の比について』（De proportionibus motuum in velocitatibus　一三二八年）
ウォルター・バーレー（Walter Burleigh　一二七五頃－一三四四／五四年）
『第一論攷』（Tractatus primus　一三二〇－二七年）
ダンブルトンのジョン（John of Dumbleton　一三一〇－四九年頃）
『論理学自然哲学大全』（Summa de logicis et naturalibus　一三四〇年代）
ウィリアム・ヘイティスベリー（William Heytesbury　一三一三以前－七二／七三年）
『ソフィスマタ解法集』（Regula solvendi sophismata　一三三五年）
リチャード・キルヴィントン（Richard Kilvington　一三六一年歿）
『ソフィスマタ』（Sophismata　一三二五年頃）
ロジャー・スワインズヘッド（Roger Swineshead　一三六五年頃活動）
『自然運動論』（De motibus naturalibus　一三二八－三七／三八年）
リチャード・スワインズヘッド
『計算の書』（一三四〇頃－五〇年）

ここからわかるように、この伝統はおおよそ一三三〇年から一三五〇年のあいだのわずか二〇年にすぎない。この伝統は比例論を運動論に適用したブラッドワディーンによって創始された。そしてこの伝統の最高峰に当たるのが、後代「計算家」（Calculator）という異名を取り多大な影響を与えたリチャード・スワインズヘッドである。

二　質の強度とその計測

アリストテレスによれば、質は「より多く」と「より少なく」とを受け入れ、したがってそこには「増加」が認められるという。(5) 質の運動すなわち変質に関しては、ある質から他の質への運動のみならず、たとえば白いものからより白いものへの変化のように、ある質をもつ物体におけるある強度から他の強度への運動も可能なのである。

さてマイアーによると、質の強度の議論に関しては十三世紀までに混在理論、継起理論、付加理論の三つの見解があったという。(6)

混在理論とは、二つの相反する質が同時に一つの基体に混在するという理論である。そこでは質は、その反対の質がより少なく含まれるようになればなるほど度数において増大し、その反対の質がより多く含まれるようになればなるほど度数において減少する。この場合、この二つの質は同一基体内では区別できない。たとえば、冷たい水と熱い水とが混在している場合、両者は区別できず全体としてなまぬるい水になっている。そこでは熱い水の度数は減少し、冷たい水の度数は増大することになる。この理論はすでにアリストテレスが述べているが、(7) 中世では部分的にロジャー・スワインズヘッドが支持しただけで、その他には支持者がいなかった。

継起理論では、強弱は基体が形相を次々に継起的に通過することによって生ずるとする。したがって通過された形相は次の新しい形相によって完全に破壊されてしまうことになる。つまり強度の異なる無数の不可分な形相が介在することになるのである。したがって、形相自体が強化・弱化を起こすのではなく、基体が形相に応じて強化・弱化することになる。これを支持した代表的人物はバーレーである。

付加理論は、質の増加はそこに新しい質が付加されることによって生じるというもので、新しい水滴の付加によって水の総体が増えるようなものである。したがって、先行する質は後続する質の部分として保存される。よってここでは、これらの質の作る領域は不可分者の集まりとしてではなく同様な連続体として捉えられることになる。ドゥンス・スコトゥス（Johannes Duns Scotus 一二六五／六六－一三〇八年）に起源をもつこの説はオックスフォードの計算家たちの多く、そしてオッカム（William Ockham 一二八五頃－一三四七年）らによって支持された。(8)

さらにここに第四番目の議論としてトマス・アクィナス（Thomas Aquinas 一二二四／二五－七四年）に見られるような主張を付け加えることができる。彼は「愛徳は付加というような仕方で増加するか」という議論に関連して、質と基体とは分有という仕方で密接に結びついているのだから、基体とそれの質への布置なくしては質の変化はありえないとした。(9) このように質の強弱は、存在論的な神学的問題として神学者たちによって「命題集註解」でもたびたび論ぜられていた。

さて質の変化が起こるとき、どのようにしてその基体を呼べばよいかという名称づけ（denominatio）の問題が起こる。たとえば、その熱さが「一様に非一様に」変化する物体があるとき、一体その熱さをどのように述定すればよいのであろうか。いかなる強度の熱さでその熱さを代表させればよいのであろうか。十四世紀には、質の変化を記述し、その変化を支配する法則を探求することが試みられた。すなわち測定が問題とされたのである。その最も自明な方法は具体的に数値を求めて測定すること（numerare）であろう。しかし十四世紀のオックスフォードの計算家たちは、そのような具体的個別的議論を避け、より一般的な「把握する」（attendere）という単語をしばしば用いた。ただし、ここではそれを測定と訳しておくが、器具を用いて具体的数値を導き出すという現代的意味での測定でないのは言うまでもない。ところで測定の対象には、運動の変化（幅）のほかに、距離（といっても空間的距離だけではなく、ヒトとロバのあいだの種のあいだに横たわる距離のように、種の完成度合の連鎖間の距離をも含む)、連続体(そこに含まれる点、瞬間、そして点の順序、あるいは永続的事物と継起的事物の存在の限界)などがある。

こういった質の強弱の測定の問題を初めて主題化して広範に論じたのがバーレーであるが、リチャード・スワインズヘッド『計算の書』第一章はバーレーの主張を批判的に展開することでその問題を見事に体系化した。では次に、後者の内容の詳細と論理構造を見ることにしよう。(10)

三　質の強化と弱化

第一論攷(2ra—5rb)は「質の強化と弱化」を扱う。(11) まず冒頭で、強化は二様に理解されると述べられる。

「まず、それを介して質が獲得されるという当の変質に関して言われるもので、これは強化とはある種の運動であることを意味する。次に、熱いものが熱を介して強化されているように、それを介して何かが強化されている当の質に関して言われるものである」(2ra)。

スワインズヘッドは全般にわたってこの二つの定義を混在して用いている。したがってここではそれぞれ強化、強度と解しておこう。

十四世紀には運動論に関して一般的に存在論的議論から量的記述への移行が見られるが、ここでもそれが当てはまる。スワインズヘッドは質の強弱が量化できることを始めから前提とし、その存在論的議論への言及を抜きにしてただちに強化と弱化を測定する判定基準の問題に話を進める。ところでこの基準の取り方には二つの可能性がある。尺度の始点をゼロ度としそこから始める数学的とも言うべき立場と、質の完成度である最高値から始める形而上学的立場とである。スワインズヘッドはこの二つの視点に従い、まず三種の見解を提示する。ここでは強弱が遠さ・近さを解して測定され、したがって数直線上で表記されうることが明示されている。

一　質の強度は最大値または最大強度への近さ（appropinquatio）によって、弱度は最大強度からの遠さによって測定される。

二　強度はゼロ度（non gradus）からの遠さによって、弱度は最大強度からの遠さによって測定される。

三　強度はゼロ度からの遠さによって、弱度はゼロ度への近さによって測定される。

理論的にはあと一つの基準の取り方の可能性がある。強度は最大値への近さによって、弱度はゼロ度への近さによって測定されるというものである。このことは後にポンポナッツィ（Pietro Pomponazzi　一四六二－一五二五年）によって指摘されることになる。(12)

さて第一の見解へは五つの反論がなされるが、そのうち第一の反論を見ることにしよう。

「ある熱さが最大値に向かって強化されるなら、その熱さはまずある強度をもつであろう。次いで二倍の強度をもつようになり、四倍の強度をもつようになりと無限に続くであろう。というのも、その熱さは二倍に近く、四倍に近くと無限に続き、いつかは最大値に近くなるからである。こうして、それが最大値に接近するのに比例して、それはその位置に応じてより大きい強度をもつようになるであろう。それゆえこの熱さは時間の終局の手前で無限の強度となり、終局ではそれ以前のどれよりも大きい強度をもつことになろう。それゆえ最大の熱さは無限の強度をもつことになってしまう」（2ra）。

こうして、無限の強度はありえないので、最大値への近さによって測定されるという方法が不適当であることが論証される。[13]

次に第二の見解への最後の第四番目の反論を述べよう。ここでは無限小が登場する。

「aを最大値からある幅だけ離れたある熱さの度数とする。この幅は最大値に向かって比例的諸部分に分割されている。するとある部分は、度数aが最大値から離れているよりもより無限に少なく最大値から離れることになろう。それゆえ、ここでは弱度は最大値からの遠さによって測定されるべきであるとされているので、そのある部分はa度のもつ弱度より無限小の弱度をもつことになり、またそれ以外の任意の部分の最大値がもつ弱度よりもより大きい弱度をもつことになる。それゆえa度は無限の弱度をもつことになる。だがこの結論は誤りであり、よって主張も誤りなのである」（2rb）。

ここではa度と最大値とのあいだがその方向に、たとえば½、¼、⅛、……と比例的諸部分に分割され、最大値に近いその究極の無限小値が「共義的」に想定されている。すなわち実際に存在するものとしての無限小ではなく、任意の値よりもより小さい値という共義的意味である。以上述べた二つの反論では、強度・弱度が無限になり矛盾するということを導くことによって主張を論駁しているのが看て取れるが、これはスワインズヘッドがよく採用した方法である。

最後に第三の見解が「大きい」と「多い」とのアナロジーで次のように肯定的に結論される。

「ゼロ量からより多く離れているものがより大きいと言われるのと同様に、ゼロ度あるいはゼロ強度からより多く離れているものはより大きい強度をもつと言われる。……強化と弱化は逆である。よって、強度がゼロ度からの遠さによって測定されるなら、弱化はゼロ度への近さによって測定されることになる」(2rb)。

強化と弱化とは相反し、基準として強度ゼロ度が採用され、最大値の採用は断念される。すなわち、Aをゼロ度、Bを最高の度数とし、そのあいだにCとDとがあるとすると、双方の相対的強度は距離ACとADとによって、弱度はそれら相対的距離の逆比によって測定されることになるというのである。これに引き続く議論では、第三の見解に対してその意味内容を深めるためにさらに三つの補助的主張が提示される。

第一は、すべての強度は相互に逆関係としての同一度数になる弱度をもつというもので、これに対してまず三つの肯定的意見を述べたのち、否定する。第二は、第一の補助的主張の全称命題を特称命題にしたもので、これに対してもまず四つの肯定的意見が述べられ、そののち反論される。

この第二の主張への反論を詳しく見てみよう。そこでは、弱度が強度の欠如(privative)と捉えられ、強度と弱度のあいだの差異に関して、もの(大きさ)は同じでも立脚点(向き)が異なる場合には比較ができないことが注意されている。

「aが強度で、また弱度が強度の欠如とするとき、その強度はその弱度より大きくも小さくも等しくもないと言われている。より大きな不等性の比やより小さな不等性の比と同じことを言っているのである。……これらの比は、aからbへ至る道筋とbからaへ至る逆方向の道筋とがものにおいては同じだが、立脚点においては異なるように、実際は立脚点においてのみ異なっている。同様にして、〈より大きな量〉対〈より小さな量〉の比と、〈より小さな量〉対〈より大きな量〉の比とは、ものにおいては同じだが、立脚点だけは異なり、〈より大きな量〉対〈より小さな量〉の比はより大きな不等性の比となり、〈より小さな量〉対〈より大きな量〉の比はより小さな不等性の比になる。尊敬すべき師トマス・ブラッドワディーンがその『比例論』で明らかにしたように、(14) これらの比は立脚点においてのみ異なるのであり、より大きな不等性の比はより小さな不等性の比より大きくも小さくもないのである。……より大きな不等性の比とより小さな不等性の比とに関して述べられたことと同じように、強化と弱化とは相互に区別され、弱化は強化の欠如と捉えられるべきである。こうして、強度はいかなる度数であろうと、それと同じ度数の弱度よりも大きいとか小さいとか等しいとか言われるべきではないのである」(4ʳᵇ)。

第三の補助的主張は、第一の補助的主張の全称命題を全称否定命題にしたもので、これが採用され、こう結論づけられる。

「それゆえ、前に述べたように、強化と弱化とが相等性と不等性に関して相互に比較不能であるように、強化運動と弱化運動とは相互に比較すべきものではない、と言われる。というのも、運動が比較可能なら、その運動によって獲得されたものも比較可能になってしまうからである。したがって、強度が減少するのと同じ速さで弱度が増大するとは言えない。ただしそれらは同じ比率であることは認められる」(5rb)。

そののち三つの「疑問」(dubitatio) が提示される。

一　弱度の斉一的獲得は強度の斉一的喪失に由来するのかどうか。
二　強度が減少するのと同じ比率で、しかも同じ速度で弱度は増大するのかどうか。
三　ゼロ度の弱度から始まって同等の速さで弱度を獲得し続ける二つのものは、等しい弱度を継続保持できるかどうか。

このうち二の後半が否定される。強度の減少と弱度の増大とはベクトルで言うと方向が逆で、比較できないからである。

こうした準備のあとスワインズヘッドは、以下の各論攷で、運動、濃密と希薄、作用、変質の幅等の考察に進むのである。

さて中世一般には運動は、一様な運動、一様に非一様な運動、そして非一様に非一様な運動に三分類された。これはもちろん位置運動のみならず、量や質の運動にも当てはまる。さらにこれらに対して固有の測定法が当てられた。一様な運動では速度が一定であるからそれを尺度にすればよかった。一様に非一様な運動では全体の平均速度が用いられたが、オックスフォードの計算家たちの成果である「マートン規則」も利用された。しかし、非一様に非一様な運動は不規則な運動なので、特定の測定法が付与された。

次に『計算の書』の第二論攷以降の内容を概観しておこう。以上の三種の運動が多様な条件の下で議論されていることがわかる。

四 『計算の書』の構成と内容

『計算の書』の全体は一六の論攷から成り、ほぼ用いられる手法の複雑性の度合いの順に配列されている。とりわけ第一〇論攷以降は条件が複雑に細分化され、極度に煩瑣なスコラ学的議論を展開している。(15)

第二論攷（5rb—9rb）は「非一様なもの」についてである。ここでは単一の非一様な強度の質が単一の基体に配置されたとき、全体として質はどれほどの強度をもつのかが問われる。これに対して、その強度を平均値で特徴づける見解と、任意の部分で代表させるという二つの見解が提示され、後者が肯定されている。ところがそれに反してこの論攷の後半は、この平均値による強度を非一様な基体の強度として適用する際に生じる無限をめぐるさまざまなソフィスマタ（難命題）の議論に当てられている。そこでは非一様な質の強度分布を表す階段状の図形が無限に続く場合の問題が考察されているが、これは今日的に見れば無限級数の和の収束発散の問題と理解されるものである。

第三論攷（9rb—12rb）は「異なる強度の二つの質をもつ元素の強度」についてである。ここで元素とはもちろんアリストテレスのいう四元素であり、その測定法が三種提示される。すなわちこの元素の強度は、それら二つの質の強度の中間値か、より弱度をもつほうの質の強度と等しいのか、それら二つの質の強度の比例中項かというものである。

第四論攷（12va—16va）は「複合物（mixtum）における強化と弱化」と題されている。第三論攷では単一元素が扱われたが、ここでは複数の元素から成る複合物が扱われ、四つの測定法が提示される。その強度は、その混合物中の〈最も主要な元素の質の強度〉対〈最も主要でない元素の質の強度〉の比か、主要元素の質の強度に等しいか、それら二つの質の強度間の差の半分か、主要元素の質の強度と非主要元素の質の強度との差に依存するのかであり、この最後の方法はさらに二分され、それに対してまたいくつかの方法が提示され、議論の複雑さを助長している。

第五論攷（16vb—22rb）は「希薄と濃密」についてである。これは量と質の二つの変化に関係するのでより複雑になり、三部に分けて論ぜられている。第一部は、「希薄は気体の量対その質料の比によって、他方、濃密は質料対量の比によって測定される」というもので、たとえば「質料対量の比が二倍にされるなら、希薄は二倍になる」ということを意味する。ここで比が二倍にされるとは、中世特有の意味をもち、今日から見れば二乗のことを表すことに注意しておこう。したがってこれは、「希薄は単に量に関してではなく、比例的部分をもつ質料との比較において測定される」と言い換えられることになる。第二部は、希薄と濃密のうち希薄だけが欠如であると結論される。こうして希薄は第一論攷で論ぜられた弱化に対応することになり、それと同様に扱われればよいことになる。第三部では、物体が二分されている場合、「その両半分がともに一様かあるいは一様に非一様である非一様な物体の希薄度は、その中間値に等しい」と結論する。末尾は、無限の希薄、希薄と濃密の関係等に関する多くのソフィスマタの考察に当てられ、「提示されたことが十分理解されるならソフィスマタは容易に解かれる」と注意している。

第六論攷（22rb—25va）は「増加運動の速さ」についてである。ヘイティスベリーの『ソフィスマタ解法集』では「増加運動の速さは量の獲得比によって測定される」と論じられているが、ここではこの主張を一三の議論で論駁している。結論として、増加運動の速さは元の量には関係がなく、実質的な「獲得量によって測定される」と言う。

第七論攷（25va—30vb）は「反作用」の可能性について論ぜられる。ここで反作用とは、「経験から」（per experimenta）知られているように、熱した鉄が冷たい水を温める作用をするとき、前者が能動者で後者が受動者であるが、この後者の前者への作用をいう。この際、能動者と受動者のあいだに量的な差があるとき、その作用はいかに働くのかが問題となる。つまり全体のあいだで作用し合うのか、あるいは全体と一部のあいだでなのかである。ここでスワインズヘッドは、ヴィラノヴァのアルナルドゥス（Arnaldus de Villanova　一三一一年歿）にならって、「形相の多性」（multitudo forme）という概念を導入して、その基体の能動力を測定しようとする。形相の多性とは、基体における形相の総量とされ、濃密性、強度、そして延長に依存している。たとえば、ある質の量（例として火）が仮に半分に濃縮されると、たしかに延長は半分になるが、形相と質料とはあいかわらず不変のままなので、強度はそのままで形相の多性も変わらない。この形相の多性の大小によって基体間にさまざまな作用が生じるとされるのである。

第八論攷（30vb—31va）は「物の能動力」についての短い論攷である。

第九論攷（31va—34ra）は「作用の難度」（difficultas actionis）についてである。伝統的なアリストテレス的運動論に従えば外力と速さとは比例関係にあるが、ブラッドワディーンの考えに従えばいわゆる対数関係となる。前者の立場で後者を論ずると多くの誤解が生ずるが、後者の立場を取るスワインズヘッドは、そこに見られるさまざまな議論を、作用の難度という新しい概念で説明する。この作用の難度は媒体や作用力に依存するが、これを用いて運動間の相互関係を看て取る。

第一〇論攷（34rb—35vb）では位置運動が主題となり、その移動距離に関連して力の「最大値と最小値」とが論ぜられる。運動が生じるためには外力は抵抗よりも大きくなければならないので、その外力や抵抗の最大最小値が重要な問題となる。まず、「最大値」を「それだけでかつそれより大きいものはない値」（tantum et non maius）と、「最小値」を「ある値でかつそれより小さいものはない値」（aliquantum et non minus）と定義し、さらに「そうならない最大値」「そうならない最小値」を述べる。そして、与えられた媒体を進ませることのできない最小の非一様な抵抗や最大の力が存在する、と結論される。その後、媒体が一様か非一様か、外力が一定か変化するのかなどのさまざまな組み合わせ条件のもとで力の最大最小が扱われる。

第一一論攷（35vb—38ra）は「元素の場所」と題して、宇宙の中心のそのアリストテレス的意味での本来の場所の近くにある重い物体が、いかに運動するかについての問題が論ぜられる。つまり自由落下運動において、その重い物体は宇宙の中心に到達できるかどうか、さらにその物体の中心が宇宙の中心に一致することができるかどうかが問われる。そこではいわゆる「ブラッドワディーンの関数」が用いられ、数学的にかなり込み入った議論がなされている。この個所では単一の問題のみが扱われているので一見奇妙に見えるが、この問題は十四世紀当時最もポピュラーなものの一つであり、バーレーやニコル・オレーム（Nicole Oresme　一三二〇頃－八二年）なども論じたものである。[16]

第一二論攷（38ra—39va）は「光源」の力の測定を論じ、光源の力はその形相の多性によって測定されるとする。

したがって、形相の多性が等しい二つの光源が同じ強度で強化されると等しい力が得られる。このことを前提として九つの規則が導入される。たとえば、量は等しいが強度の異なる二つの光源がある場合、その量が同じ速度で減少するのなら、一方は他方よりより速くその力を減少させ、その際の速度の比率は当初の強度に依存する、という規則である。

第一三論攷（39va—43va）では「光源の作用」に関して二つの疑問に答えるかたちで議論が進められる。第一の疑問に対しては、光源は各媒体全体に一瞬にして作用するが、媒体によってはかならずしも同じ距離で作用するわけではなく、濃密な媒体よりも希薄な媒体でのほうがより遠くまで作用を及ぼす、と言われる。第二の疑問に対しては、光源は一様な媒体の中では一様に非一様な光を投げかけると結論する。

第一四論攷（43va—48vb）は「位置運動」を論じる。ここでは、質の強化にともなう速度がある時間に通過する幅上の距離に関係づけられ、質の運動が位置の運動の言葉で説明されるようになる。さらに運動一般が統一的に幅という概念で数学処理できることが暗示される。冒頭で、まず「運動は幾何学的な比によって測定される」と述べて、いわゆる「ブラッドワディーンの関数」が前提とされる。ここでは、力と抵抗とが独立して多様に変化する場合にどのような速さが生起するかを網羅的に扱った法則が四九個も導出され、本書の中で最も込み入った論攷になっている。

第一五論攷（48vb—54va）は「非抵抗の媒体、力と抵抗の増加」についてである。力や媒体の抵抗が変化したときの位置運動における速さが論ぜられる。一様に非一様に変化する抵抗の下で、それとは独立して動力が増加しているときの動体の運動についての議論がそれに続く。

第一六論攷（54va—68vb）は、「最大値の導入」についてで、五章から成る。たとえば、一様に非一様な基体が一様に非一様な幅で変質するとき、最大値またはゼロ度に到達するまで全体は一様に非一様なままである（第一章）、基体が希薄化あるいは濃密化されているとき、最大値の導入はいかに測定されるか（第四章）、変質が継続して行われているとき基体がそのままか一様に非一様であることは可能かどうか（第五章）。この第一六論攷は本書中最も長い論攷になっている。

以上のように、『計算の書』で用いられている語彙はそれほど多くはなく、一様、非一様、比例的諸部分、分割、無限、幅、強化と弱化などが同様な問題に幾度となく繰り返し適用されている。スワインズヘッドはこれらを最大限に駆使し、それらによって論ぜられうる仮想論理空間を構築した。スワインズヘッドのそこでの関心は、どのような前提からどのようなことが帰結するかというきわめて論理学的なものであり、どの方式が現実をよりもっともらしく説明するかではなかった。また具体的測定法を議論しているのではなく、むしろ議論で用いられる数学的・論理学的手法をスコラ学的議論を通じて提示することに主眼が置かれた。各論攷では数々の結論（conclusio）が出されるが、文末は「ここでソフィスマタが解かれた」と結ばれることがよくある。これはすなわちこの結論をスワインズヘッドはソフィスマタとみなしていたことを意味する。実際、結論の多くは、たとえば無限の強度を扱うがごとく、いたって反直観的なのである。

五　スワインズヘッドの影響

十三世紀には、質の強度変化の可能範囲を示すために「幅」（latitudo）という概念が導入された。そもそも幅とはそれ自体すでに空間的な加法性をもち、また幾何学的に表記できるという概念を内包する単語であり、それは今まで医学や薬学で健康の度合いを示したり、あるいは占星術や天文学で空間的な量を示したりするのにしばしば用いられてきた。こうして幅は、スワインズヘッドにおいてはゼロ度とある強度との距離を表す道具となり、質の強弱の幅のみならず、運動や希薄濃密などの幅も考察できるようになった。スワインズヘッドの言う「形相の多性」は延長、濃密性、強度に依存するので、これはまた内包量と外延量との積を考察するオレームの質の量化の概念を予告するものではある。[17] しかしスワインズヘッドにおいては、内包量と外延量とを幾何学的に同時に表すことが主題化されることはなかった。[18]

それを二次元表記することを初めて明確に提案したのがパリ大学の代表的自然学者ニコル・オレームである。彼はまず運動に外延量（時間と延長）と内包量（強度すなわち速度）とを認め、後者（速度）を垂直線（latitudo）で、前者（時間）を水平線（longitudo）で示すことによって、単なる二数の組というのではなく、図形を用いて二次元的に質の変化や分布を表記した。[19] スワインズヘッドとオレームの異なるところはまだある。スワインズヘッドの意図したことはさまざまな論証を経て得られる帰結がいかに理論的矛盾を含まないかという論理学的なものであり、オレームのような実際の自然学上の具体的関心はそこにはほとんど見られない。それだけではない。スワインズヘッドはさらにオレーム以上にその議論を極限まで押し進め、無限の熱さをもつ物体と無限の冷たさをもつ物体とが接触した場合にその物体の熱さはいかに名称づけられうるかの問題などのように、無限の強度をもつ質の幅の取りうる許容範囲の考察へと進むのである。このようにスワインズヘッドの議論はあくまでも想像上（de imaginatione）のものであり、現実的測定としての幅を考察するものではなかった。ソフィスマタを用いてあらゆる想像可能な事柄を論理的・数学的方法で論ずるオックスフォードの計算家たちのこのパラダイムは、オックスフォード大学学芸学部における教育制度に起因することが今日知られている。[20]

オックスフォードの計算家たちの伝統は一三四八年のペストの蔓延で多大な打撃を受けた。しかも十五世紀後半になるとその伝統は今度は場所を変えイタリアで展開する。[21] そこでは数学的手法を論理学に適用するというその伝統は、いわゆる人文主義者たちによって「野蛮なブリテン風」(barbari Britani) と呼ばれ批判されることになった。またスワインズヘッドを示す単語 suisetica がスコラ学的空虚を示す代名詞として用いられることにもなるが、このことはとりもなおさずそれだけ当時もスワインズヘッドの方法が影響を与えていたことを示すとも言えよう。実際、『計算の書』が初めて印刷出版されたのはパドヴァやヴェネツィアなどイタリアの都市であった。同じ頃註釈書もいくつか現れている。なかでも重要なのは、人文主義者ポンポナッツィの『形相の強弱について』(De intensione et remissione formarum 一五一四年) である。これは『計算の書』第一章を批判的に展開したもので、彼はそこで、スワインズヘッドと同じように質の量化の可能性を支持するが、その弱化の定義には反論する。弱化が強化と反比例するなら、ゼロの強度が無限の弱度に対応することになるがこれは矛盾である。というのも、強度がゼロから始まりある有限の値になるということは、無限の弱度を失うことを意味するが、このことはまた無限の強度を獲得することにもなり、その場合もともと有限であった強度が無限となってしまうからである。したがってポンポナッツィは強度と弱度とをより広範な文脈で捉え直し、中世後期の神学者たちのように形相の強弱を形相の完全化の問題として論ずる。[22] オックスフォードの伝統はさらに、今度は十六世紀初頭にパリで復活した。ポルトガル出身のアルバロ・トマス (Âlvaro Tomás; Alvarus Thomas 一五〇九年活動) は『計算の書』に見られる運動論を『三種の運動の書』(Liber de triplici motu 一五〇九年) で拡張展開した。[23] のちにガリレイ (Galileo Galilei 一五六四―一六四二年) も、コレージョ・ロマーノの教授たちの影響をもとに書き残した「初期ノート」(Juvenilia) で、「計算家」とオックスフォードの計算家たちの使用した用語に言及している。[24]

十六・十七世紀になってもスワインズヘッドの評価は衰えず、カルダーノ（Girolamo Cardano　一五〇一－一七六年）、スカリゲル（Julius Caesar Scaliger　一四八四－一五五八年）らもスワインズヘッドの方法を緻密で巧妙であると褒め称えた。[25] しかしとりわけ言及に値するのはライプニッツ（Gottfried Wilhelm Leibniz　一六四六－一七一六年）である。彼は、「スコラ哲学に数学を導入した、一般に数学家と呼ばれるスワインズヘッドの著作が編纂されることを望みます」と述べ、[26] 自らそれを筆写し、スワインズヘッドの論理的数学的アプローチが哲学へ適用可能であることに興味を抱いた。しかしそれが具現されることはなく、それ以降スワインズヘッドは歴史的研究の対象でしかなくなり、彼の方法がその時代の問題として論ぜられることはなくなった。

自然現象は多様であると同時に多様に記述されうるし、また多様な目的で論ぜられる。かつてアリストテレスはそれを独自に体系化した。中世オックスフォードの計算家たちは現前の自然から離れ特異な論理的数学的手法を構築し、他方で、近代科学は数学的手法で自然界を記述することから始まったが、すでに見たようにそれらは同じく「数学」という名称で括ることができるにしても互いにきわめて異なる道なのである。終局がそもそも異なるのである。

註

（1） Aristoteles, *Physica* 192b13–14; 200b12–13; 200b32–33; 225a1–225b10; 208a32.（『自然学』「アリストテレス全集　三」出隆・岩崎允胤訳、岩波書店、一九六八年）

（2） 本稿執筆に対してとりわけ次のものを全般にわたって参考にした。J. E. Murdoch, E. Sylla, Swineshead, Richard, in: *Dictionary of Scientific Biography*, Ch. Gillispie (ed.), 1976, vol. 13, pp. 184–213; E. Sylla, *The Oxford Calculators and the Mathematics of Motion 1320-1350: Physics and Measurement by Latitudes*, New York 1991. また十四世紀の運動を扱っ

たものとしては次の論文が参考になる。J. E. Murdoch, E. Sylla, The Science of Motion, in: D. C. Lindberg (ed.), *Science in the Middle Ages*, Chicago and London 1978, pp. 206–264; M. Clagett, *The Science of Mechanics in the Middle Ages*, Madison, Wisconsin 1959; A. Maier, *On the Threshold of Exact Science*, ed. and tr. with an introduction by S. D. Sargent, Philadelphia 1982; 高橋憲一「十四世紀スコラ自然学の様相——オックスフォードの計算家達の伝統を綾って——」伊東俊太郎・村上陽一郎編『講座科学史1』培風館、一九八九年、一三三―一五五頁、佐々木光俊「マートン学派とスコラ自然学」『科学史・科学哲学』四（一九八四年）、三一―四一頁。

（3） E. Sylla, The Oxford Calculators, in: N. Kretzmann, A. Kenny, J. Pinborg (eds.), *The Cambridge History of Later Medieval Philosophy*, Cambridge 1982, pp. 540–563. ただし彼らのあいだには統一的な用語法がかならずしもあったわけではなく、また同一人物においてさえも同一用語（たとえば motus という最重要単語）をさまざまな意味で用いているところに「オックスフォードの計算家たち」を総体的に捉える困難さがある。

（4） J. D. North, Natural Philosophy in Late Medieval Oxford, in: J. I. Catto, R. Evans (eds.), *The History of the University of Oxford*, vol. 2, Oxford 1992, pp. 65–102.

（5） Aristoteles, *Categoriae* 6b27–30（『カテゴリー論・命題論・分析論前書・分析論後書』「アリストテレス全集　一」山本光雄・井上忠・加藤信朗訳、岩波書店、一九七一年）

（6） A. Maier, *Zwei Grundprobleme der Scholastischen Naturphilosophie*, 3. Aufl., Roma 1968. マイアー以降の研究としては次のものがある。E. Sylla, Medieval Quantification of Qualities: the 'Merton School', *Archive for History of Exact Sciences* 8 (1971), pp. 9–39; E. Sylla, Medieval Concepts of the Latitude of Forms: The Oxford Calculators, *Archives d'histoire doctrinale et littéraire du moyen-âge* 40 (1973), pp. 223–283.

（7） Aristoteles, *Physica* 226b7.

（8） M. M. Adams, *William Ockham*, vol. 2, Notre Dame 1987, pp. 697–740, 799–852.

（9） Thomas Aquinas, *Summa theologiae* II-II, q. 24, a. 5（トマス・アクィナス『神学大全　一六』稲垣良典訳、創文社、一九八七年、一六一―一六六頁）。

（10） スワインズヘッド以前の質の強弱の議論に関しては次を参照。C. Wilson, *William Heytesbury and the Rise of Mathe-*

matical Physics, Madison, Wisconsin 1956.

(11) 本稿では次の版を使用した。Calculator, *Subtilissimi Ricardi Suiseth Anglici Calculationes noviter emendate atque revise*, Venetiis 1520. これは通常、Richard Swineshead, *Liber calculationum* と言及される。これ以前に、パドヴァ（一四七七年頃）、パヴィア（一四九八年）でも出版されている。第一章の分析は次の論文を参照。M. Clagett, Richard Swineshead and Late Medieval Physics, *Osiris* 9 (1950), pp. 131-161.

(12) C. Wilson, Pomponazzi's Criticism of Calculator, *Isis* 44 (1953), pp. 355-362.

(13) この主張を現代表記すると次のようになろう。いま最大の熱さをCとし、ある熱さKからCへの近さをd (K, C)、また起点をK_0とし、d (K_0, C)＝1とする。K_1をCK_0の中間、K_2をCK_1の中間とで表すと、K_1はCに対してK_0の二倍の近さなので、d (C, K_1)＝2。こうして、d (C, K_r)＝2^rとなる。すると、終局近くではその値つまり強度が無限になってしまうが、これは有限の最大値Cに矛盾する。

(14) H. L. Crosby (ed.), *Thomas of Bradwardine, His* Tractatus de Proportionibus: *Its Significance for the Development of Mathematical Physics*, Madison, Wisconsin 1955.

(15) 内容分析に関しては次のものを参考にした。L. Thorndike, *A History of Magic and Experimental Science*, vol. 3, New York/London 1934, pp. 370-385; J. E. Murdoch, E. Sylla, Swineshead, Richard.

(16) M. A. Hoskin, A. G. Molland, Swineshead on Falling Bodies: An Example of Fourteenth Century Physics, *British Journal for the History of Sciences* 3 (1966), pp. 150-182.

(17) E. Sylla, Medieval Quantification of Qualities: the 'Merton School', pp. 31-34.

(18) たしかに一五二〇年刊行の『計算の書』にはオレーム的な二次元表記が見られるが（たとえば6^{vb}）、だからといってスワインズヘッドがもともとそう記述したわけではない。これはイタリアの編集者たちがオレームの影響の下にあったということを示す。

(19) M. Clagett, *Nicole Oresme and the Medieval Geometry of Qualities and Motion. A Treatise on the Uniformity and Difformity of Intensities Known as* Tractatus de configurationibus qualitatum et motuum, Madison, Wisconsin, 1968. ニコル・オレーム「質と運動の図形化」中村治訳、上智大学中世思想研究所編訳・監修『中世思想原典集成　一九』「中世末期

の言語・自然哲学」平凡社、一九九四年、四五一–六〇五頁。

(20) E. Sylla, Science under Undergraduates in Medieval Universities, in: P. O. Long (ed.), *Science and Technology in Medieval Society, Annals of the New York Academy of Sciences* 441 (1985), pp. 171-186.

(21) スワインズヘッドの後世における受容問題は次の研究を参照。Chr. J. T. Lewis, The Fortunes of Richard Swineshead in the Time of Galileo, *Annals of Science* 33 (1976), pp. 561-584; Chr. J. T. Lewis, *The Merton Tradition and Kinematics in Late Sixteenth Century and Early Seventeenth Century Italy*, Padova 1980; J. E. Murdoch, E. Sylla, Swineshead, Richard.

(22) C. Wilson, *op. cit.* ポンポナッツィをはじめとして人文主義者たちはスワインズヘッドの著作の内容をかならずしも理解していたわけではない。

(23) E. Sylla, Alvarus Thomas and the Role of Logic and Calculations in Sixteenth Century Natural Philosophy, in: S. Caroti (ed.), *Studies in Medieval Natural Philosophy*, (Biblioteca di Nuncius Studi e Testi 1), Firenze 1989, pp. 257-298.

(24) W. A. Wallace, *Galileo's Early Notebooks: The Physical Questions*, Notre Dame 1977. ただしこのことはガリレイがオックスフォードの伝統を元にして自己の理論を打ち立てたということを意味するのではない。

(25) L. Thorndike, *op. cit.*, p. 373.

(26) L. Couturat, *Opuscules et fragments inédits*, Paris 1903 (rep. Hildesheim 1988), p. 340.

15　十四世紀の論理学

――現代論理学とどう違っているのか――

山下正男

序

十四世紀の論理学は、オッカム（William Ockham　一二八五頃―一三四七年）やビュリダン（Jean Buridan; Johannes Buridanus　一三〇四／〇五以前―五八／六〇年）の論理学にせよ、バーレー（Walter Burleigh　一二七五頃―一三四四／四五年）の論理学にせよ、十三世紀の論理学の代表とされるヒスパヌス（Petrus Hispanus; Johannes XXI　一二〇五以前―七七年）の論理学に比べると、内容ははるかに進歩しているし、読んでいて段違いに面白い。しかしその基本構造あるいはパラダイムというものはほとんど変わっていない。

論理学のパラダイムは実はアリストテレスから始まり、中世を経て、十九世紀の末に至るまで不変なのである。こうした論理学は伝統論理学と呼ばれるが、この伝統論理学の歴史の中では十四世紀の論理学が頂点であって、近世になると下り坂に向かう。

論理学の新しいパラダイムは、フレーゲ（Gottlob Frege　一八四八―一九二五年）の論理学に始まり、その論理学によって論理学のパラダイムが完全に変換される。こうした新旧のパラダイムの特徴を簡潔に言うならば、旧論理学は名辞論理学（terministic logic）であるのに対し、新論理学は述語論理学（predicate logic）、あるいは命題関数論理学、あるいは限量論理学である。つまり旧い論理学のキー・ワードが名辞（term）であるのに対して新論理学のキー・ワードは述語（predicate）であり、命題関数（propositional function）であり、限量演算子（quantifier）である。

本論文は旧論理学の最高峰である十四世紀の論理学に焦点を当てたものであるが、現代人のわれわれとしては新論理学という禁断の木の実を味わったからには、こうした体験はもはや忘れることができず、それゆえ十四世紀の論理学を新論理学と対照しながら考察せざるをえないのである。

一　十四世紀論理学のパラダイム

まず旧論理学あるいは伝統論理学のパラダイムの基礎となるポルフュリオス（Porphyrios 二三二／三三―三〇五年頃）の樹をペトルス・ヒスパヌスの『論理学綱要』(Summulae logicales) から援用しよう。図1はポルフュリオスの樹と呼ばれてはいるが、この図自体はポルフュリオスの著作の中にはなく、もう少し後の時代に作られたものである。しかし図1で出てくる一八個の名辞はすべてポルフュリオスの『エイサゴーゲー』(Isagoge) に出てくるものである。とはいえこの図1が盛期スコラ学の論理学の教科書の中で使われたことは滑稽である。というのも「死ぬことのない理性的動物」とはギリシアの不死なる神々のことであり、キリスト教から見れば異教の神々だからである。

とはいえこうしたポルフュリオスの樹は近世になっても伝統論理学の教科書で愛用され続けてきた。図2はその

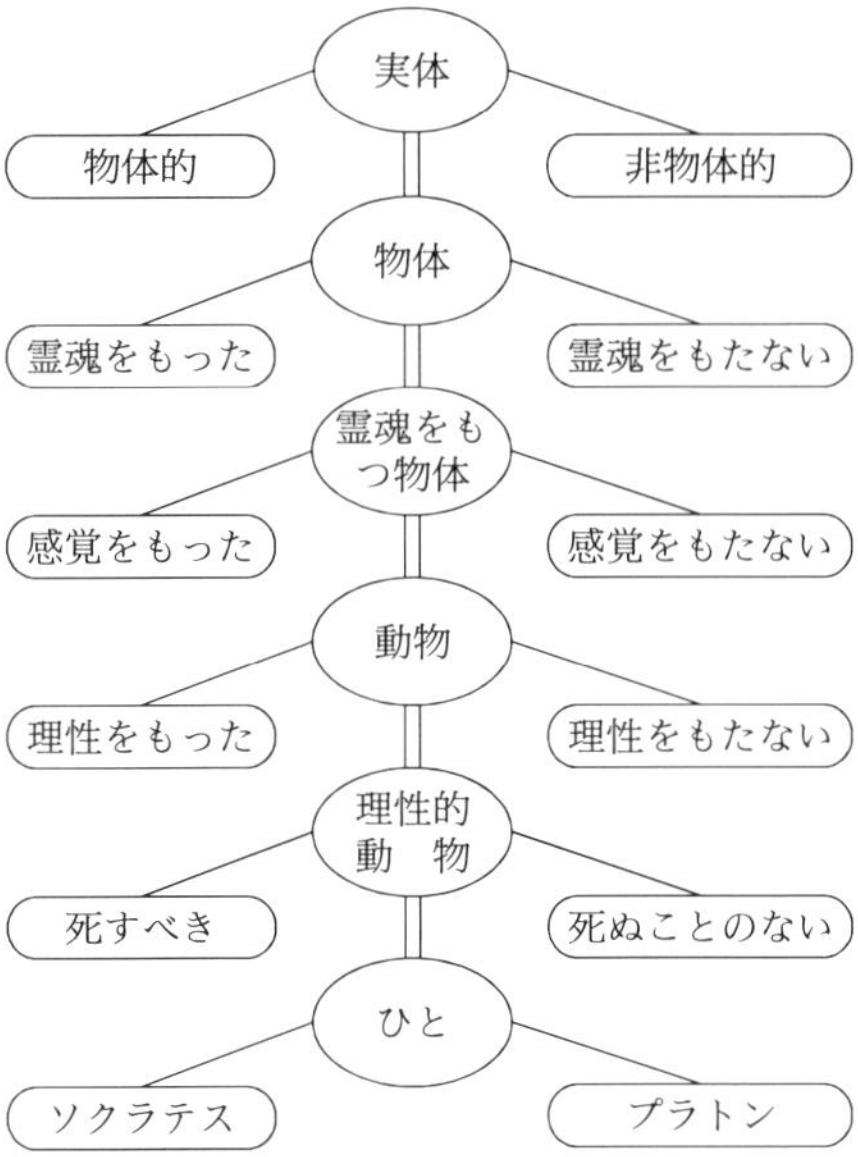

図1

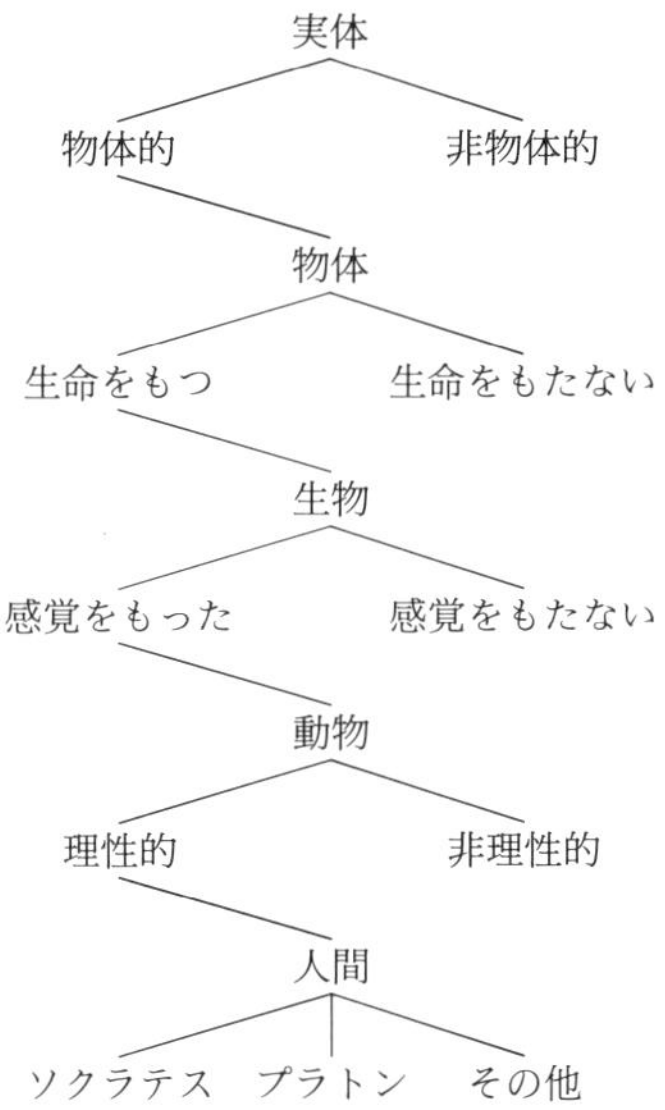

図2

一例であってジェヴォンズ（W. S. Jevons）の『論理学の初歩』（Elementary Lessons in Logic　一八七一年）から採ったものである。そしてここでただちに気づくことは(1)「死すべき」と「死ぬことのない」が省かれていること、(2)「霊魂をもつ物体」（corpus animatum）が「生物」（living being）に置き換えられていることである。

ジェヴォンズの教科書はイギリスで使われたから、プロテスタント圏における論理学の教科書だと言えるが、一九二九年にアメリカとイギリスで刊行されたグレン（P. J. Glenn）著の論理学の教科書『論理学——形式論理学の教室用手引き』（Dialectics, A Class Manual in Formal Logic, St. Louis, Mo.）はカトリックの学生用である。そして図3はそこから採録したものであるが、「死すべき」——「死ぬことのない」が省かれているのは図2と同様である。ただし図3では「生物」（living being）の代わりに「生命体」（organism）という語が使われており、最下層の固有名詞にトムやジョンなどといった現代的な人名が使われているが、その他に関しては図2と図3は同じである。

二　論理学における名詞の扱い

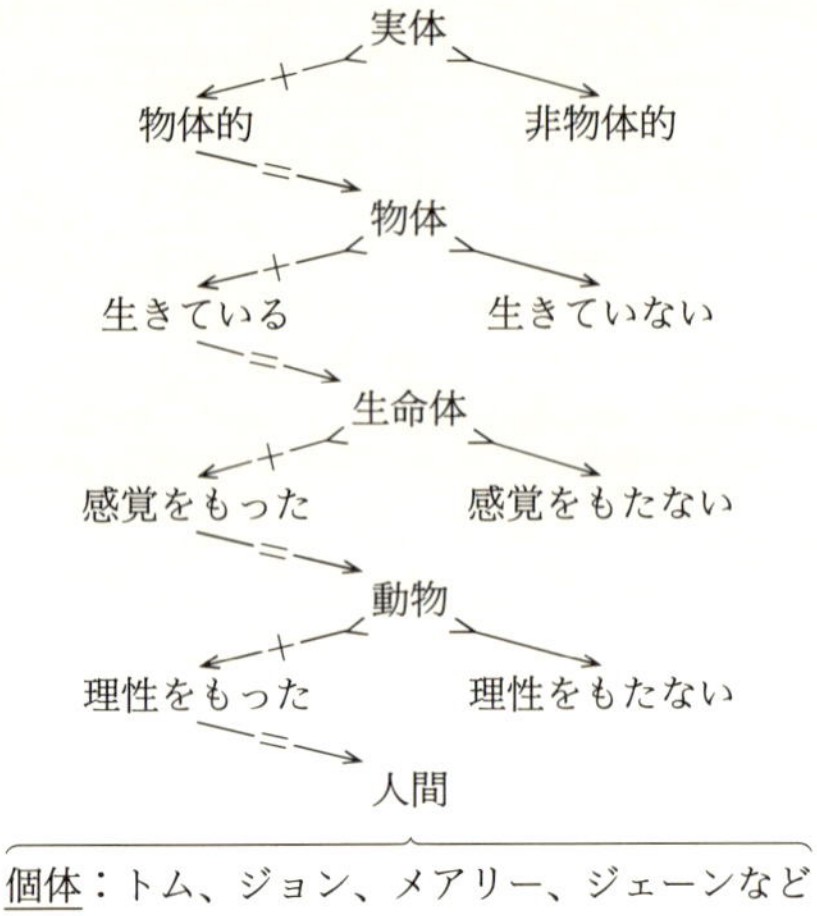

図3

以上長々とポルフュリオスの樹について述べたのは、ポルフュリオスの樹が、伝統論理学のための恰好の補助的枠組であり続けてきたからである。このことを証明するために、図1を使おう。

第一に、ポルフュリオスの樹は定義のための道具である。たとえば「人間は死すべき理性的動物である」や「物体とは物体的実体である」がそうである。定義を初めて論理的に扱ったのはアリストテレスの『トピカ』（Topica）であるが、ポルフュリオスの『エイサゴーゲー』も定義を扱っている。そして定義のいまの例で言えば、被定義語の「物体」は種であり、定義語のうちの「物体的」は種差であり、「実体」は類である。そして「定義」も「種」も「種差」も「類」もすべて図1で処理できるのである。さらに図1における種差はすべてペアになっており、このペアはどれも矛盾対立の関係に立っていることも注目に値する。

このようにしてポルフュリオスの樹のうちの最下層の個体名を除く部分はすべて普通名詞から成ることがわかる。ただし種差——日本語ではたとえば「理性をもった」——は形容詞であるが、ラテン語ではrationaleであり、これは形容詞「理性をもった」というよりは、「理性をもったもの」という意味であり、そういう観点からすれば名詞、しかも普通名詞だと言ってさしつかえない。そして事実、ラテン語の文法では名詞も形容詞もともにnomenと言われるのである。とはいえ、図1について言えば、樹の幹の六個は実体詞的nomen、枝のうちのソクラテスとプラトンを除く一〇個は形容詞的nomenというふうに区別できることは確かである。

ところで固有名詞を除くそうした二種類のnomenは現代的な言い方をすればともにクラスであり、したがって、ポルフュリオスの樹におけるnomenの体系は、クラス論理学として解釈することが可能である。ただしポルフュリオスの樹をクラス論理学として完結させるためには、固有名詞を排除することが要請されることはもちろんである。しかし個体がクラスのメンバーであるという考えを追加すれば、「ひと」と「ソクラテス」、「プラトン」の関係は正確に表現することができる。

第二に、ポルフュリオスの樹はアリストテレスの三段論法のための道具ともなりうる。ヒスパヌスの『論理学綱要』における三段論法の「バルバラ」（AAA）の例「すべての動物は実体である。すべてのひとは動物である。ゆえにすべてのひとは実体である」は図1の上にきちんと載せることができる。

それでは第一のケースと第二のケースの違いはどこにあるのだろうか。第一のケースに出てくる「実体」や「ひと」がnomenであるのに対して、第二のケースでは同じ「実体」や「ひと」がterminus（名辞）であるというのが第一点である。というのも三段論法では単語はすべて大名辞か中名辞か小名辞として処理されるからである。次に第二のケース、つまり三段論法では「すべての」と「ある」という語が使われるが、第一のケースではそれらが使われないというのが違いの第二点である。さらに、三段論法における否定は繋辞「である」の否定であるのに対し、第一のケースでは否定詞は「非物体的」とか「生きていない」のようにnomenに付加されるというのが違いの第三点である。

アリストテレスの三段論法に登場する名辞はすべて普通名詞（一般名詞）であり、固有名詞は絶対に使われないということはまぎれもない事実であるが、だとすると図1のポルフュリオスの樹における「プラトン」、「ソクラテス」は三段論法にとって邪魔な存在となる。

第三に、第一と第二で邪魔にされてきた固有名詞（個体名詞）はアリストテレスでは『範疇論』（Categoriae）においてだけ活躍する。実際「皮膚が白い」、「読み書きができる」、「リュケイオンにいる」、「昨日」、「武装している」といった述語の主語に立ちうるのは、「ひと」といった普通名詞でなしに、コリスコスといったギリシア人の固有名詞でなければならない。そしてもちろん「ひと」という普通名詞もコリスコスといった固有名詞の述語に立つのである。

以上述べたように図1のポルフュリオスの樹は(1)アリストテレスの『トピカ』で扱われる四個の客位語(praedicabilia)やポルフュリオスの五個の客位語が働く場を提供し、(2)アリストテレスの三段論法が働く場を提供し、(3)アリストテレスの『範疇論』における個体の働く場を提供する。しかし(1)の論理体系と(2)の論理体系と(3)の論理体系は異質の体系なのであり、これら三つの体系を安易に混在させることは混乱を招くのである。そしてこうした混乱の整理と解決が中世の論理学者に与えられた重大な課題の一つとなるのである。

三　中世論理学の限界

先に挙げた(1)定義論、(2)三段論法、(3)単称命題のうち、(1)と(3)にはあまり問題はないが、問題があるのは(2)

の三段論法であり、とりわけ三段論法の基本をなすA、I、E、Oの四種の命題である。この四種のうちのA命題つまり全称肯定命題の一例「すべての人間は動物である」(Omnis homo est animal) を取り上げよう。

たとえばオッカムの論理学書において、「すべてのひとは動物である。ゆえにこのひと (iste homo) は動物であり、あのひと (ille homo) は動物であり、以下同様」といった推論が登場する。これは全称命題は多くの単称命題の連言に置き換えることができるということを意味する。もちろん単称命題の主語として「このひと」、「あのひと」の代わりに「ソクラテス」や「プラトン」を使用してもよい。とはいえ全称命題を単称命題の連言として表現するという発想はアリストテレスにはなく、中世論理学で初めて出現したと言うことができる。そしてアリストテレスがそうした発想を抱かなかったのは、彼にとって学問は普遍だけを扱うべきであり、それゆえ学問の方法論としての三段論法に個が混入されることは許されないと思ったからである。

アリストテレスはたしかに学問的な真理は全称命題で述べられるべきだとは考えたが、他方において彼はプラトンと違って個体の大切さをも十分に知っていた。それゆえ中世の論理学者が全称命題を、単称命題の連言に置き換えうることを主張したのはアリストテレスの意向を前進させたと言ってよい。しかし中世の論理学者のそうした試みは実は、事志に背き失敗に終わるのである。

中世論理学が成功に至らなかった理由は、中世論理学を含む伝統的論理学のパラダイムと現代論理学のパラダイムを比較すれば理解できるであろう。そこで旧い論理学の基本文型である「すべての人間は動物である」つまり「すべてのSはPである」と、新しい論理学の基本文型「いかなる個体xについても、もしxが人間であればxは動物である」つまり（x）（f（x）→g（x））とを比較してみよう。

さて旧い論理学では「すべての人間は動物である」は「この人間は動物であり、あの人間は動物であり、以下同様」と翻訳され、また「ソクラテスは人間であり、プラトンは人間であり、以下同様」と翻訳された。そして「ソクラテスは人間である」も「プラトンは人間である」も図1のポルフュリオスの樹によって真であることが保証される。ただしその場合、ソクラテスとプラトンに続いてトムやジョンなども付け足す必要がある。しかしもし反対に図1にプラトンもソクラテスも、そして他のいかなる人間も存在しなければ、「すべての人間は動物である」は真でなくなる。そしていかなる人間も存在しなければ、ポチ（犬の固有名詞）やブケファロス（アレクサンダー大王の愛馬の名）がいくらいても何の役にも立たないのである。

これに反し「いかなる個体xについても、もしxが人間であればxは動物である」の場合、図1のようにプラトンやアリストテレスがいればもちろんその命題は真になるが、いかなる人間も存在せず、ポチやブケファロスや富士山が存在するだけだとしてもその命題は真となる。なぜなら「ポチが人間であればポチは動物である」は、前件は偽であるが、後件は真であるので、全体としては真となるからである。このようにして（x）（f（x）→g（x））型の命題の方が単称命題の連言型の命題よりもはるかに適用範囲が広いということがわかる。なぜなら単称命題の連言型の命題に対応する図1のポルフュリオスの樹では、ソクラテスやプラトンといった人間の名しか登場しないのに、新論理学タイプの命題ではソクラテスでも富士山でも個体名ならなんでも構わないからである。そして実際、「いかなる個体xについても」という句はそのことを意味しているのである。

こうして新しい論理学の効能の方が旧論理学の効能よりも大きいことを示す例を一つだけ挙げたが、いまはそのほかの効能には触れないでおく。さて旧い論理学と新論理学の違いは先にも述べたように、前者においてはnomen（名）あるいはterminus（名辞）がキー・ワードになっているのに対し、後者においては(1) f（x）という命題関数、(2)（x）f（x）におけるようにf（x）の前に付けられた（x）という限量記号、(3) fという述語、

(4) xという主語といった四種類の装置が使われる。しかし図1に出てくるのはもっぱら名詞あるいは名辞だけであって、新論理学に使われるx、つまり個体変項も出てこないし、f、つまり「～はひとである」といった述語も、g、つまり「～は動物である」といった述語も出てこないのである。

以上のような違いを、文法的な品詞を使って述べるならば、旧論理学は名詞といった自然言語上の品詞を使っているのに対し、新論理学は名詞といったものを一切廃棄し、x（個体変項）という新しい品詞に置き換えたと言える。もちろん新しい論理学で「ひと」や「動物」は出てくるが、それらは「～はひとである」という述語や「～は動物である」といった述語の一部に組み込まれてしまっており、自らの独立性をすでに失っているのである。

四　名辞論理学と代表理論

伝統的論理学は名辞的論理学と言われるように、名辞を重視するが、新しい論理学はxといった個体変項を重視する。しかし両者はともにソクラテスやプラトンといった固有名詞を使用する。定義論やアリストテレス式三段論法では固有名詞は出てこないが、中世論理学で開発された全称命題を単称命題の連言で言い換えるというテクニックではもちろんソクラテスやプラトンといった固有名詞が使われるし、図1でもソクラテスやプラトンが書き込まれている。他方、現代論理学における全称記号つきの命題（x）f（x）はf（a）&f（b）&……と等値される。そしてf（a）におけるaは個体定項と言われ、これはソクラテスでもポチでもよい。

ところで（x）f（x）をf（a）やf（b）の連言と等値するという考えは、「すべてのひとは動物である」を「このひとは動物であり、あのひとは動物である」などの連言、さらには「ソクラテスは動物であり、プラトンは動物である」などの連言と等値するという考えと似ているように思える。しかし両考のあいだには越えがたい断絶がある。すなわち（x）f（x）の場合は「すべてのx」がaとbと……に分解されるのであり、このaやbはソクラテスでも富士山でも構わない。他方「すべてのひと」はこのひとあのひとに分解され、ソクラテスやプラトンに分解されるが、そこにはけっして、あの獣やポチといったものは出てこない。そしてこんな不自由なことになるのも、「すべて」という語をxに付けないで、「ひと」という語に付けたからである。そして伝統論理学は「すべて」は知っていたがxつまり個体変項というものを知らなかったのである。

ともに「すべて」という語を冠するxと「ひと」の違いは、xが任意の個体という意味で完全に無性格であるのに対し、「ひと」の方は随分沢山の性格をもつという点にある。すなわち、「ひと」は「死すべき、理性をもった、感覚をもった、霊魂をもった物体的な実体」の言い換えなのである。それゆえ「ひと」は過重と言えるほどの多くの意味を担っているのに対し、xの方はまったく身軽なのである。そして論理学としては、過重な意味を担う「ひと」よりは、いかなる意味からも解放されたxを使用する方が得策なのである。

このように中世論理学で最高潮に達した伝統論理学は(1)「ひと」といった普通名詞あるいは一般名辞、(2)「このひと」（iste homo）といった指示代名詞プラス普通名詞あるいは個体名辞、(3)「ソクラテス」といった固有名詞あるいは個体名辞を使用するけれども、xといった個体変項はもたない。それゆえ(1)も(2)も(3)も個体変項のもつような、意味からの自由をもたない。つまり(1)、(2)、(3)のどれも過剰すぎるほどの意味を抱えもっているのである。

名辞論理学における名辞が、重すぎるほどの意味を背負わねばならないという宿命はいま述べた以外の場面でも見受けられる。そしてそれが中世における有名な代表（suppositio）の理論の本質である。十四世紀を代表するオッカムの論理学では、代表は(1)端的な代表、(2)素材的代表、(3)個体的代表に三分される。そして「ひとは種である」という命題において「ひと」という名辞はひとという概念を代表するが、こうした代表は端的な代表である。次に「〈ひと〉は二文字から成る」、「〈ひと〉は二音節から成る」という命題において「ひと」という名辞は「ひと」という名辞自身、つまり「ひと」という記号を代表するが、こうした代表は素材的代表と言われる。最後に「ひとは走る」という命題において「ひと」という名辞はソクラテスやプラトンといった個体を代表するが、こうした代表は個体的代表と言われる。しかし同じ字面の「ひと」という名辞に対し、三種類もの作用を強いるというのは、「ひと」という名辞に対する酷使としか言いようがない。しかし酷使はまだよいとして、「ひと」には同音異義といった多義性はないとしても、代表作用における多重性がまぎれもなく存在する。そして多義性にせよ多重性にせよ、それらは曖昧さからくる混乱を招くことは必然であり、これに対する姑息でない抜本的対策は代表作用の理論によってはついに見つけ出せなかったのである。

代表の理論における代表とは名詞の代表作用もしくは名辞の代表作用である。実際、代表の理論は「名辞の特性(proprietas terminorum) の理論」と言われる。しかし旧い論理学である名辞の論理学を脱却し、個体変項の論理学に移行すれば代表の理論は自然に消滅する。図1のポルフュリオスの樹から離れて、xを使用する論理学へとパラダイム・シフトをすれば、代表をめぐるいろいろの難問も立ち消えになってしまうのである。

ところでxつまり個体変項を発見し、xを使用する論理学へと移行する能力が中世論理学には全然なかったのだろうか。この問いに対しては、移行への萌芽はあったが、それを完全に発展させることはできなかったと答えざるをえない。

さて（x）つまり「すべてのx」によく似た言葉がラテン語にある。そしてそれはquidquid, quodcumque (whatever, every one who, all that　～であるものはみな、すべて～であるところのものは）である。

ペトルス・ヒスパヌスの『論理学綱要』の拠点論の中に出てくる拠点（locus）あるいは格率（maxima）の一つに「なんであれ、そのものに定義項が述語づけられるとき、そのものに被定義項もまた述語づけられる」（de quocumque predicatur definitio, et definitum）がある。そしてこの格率は「ソクラテスは理性的で死すべき動物である。ゆえにソクラテスはひとである」といった例に適用される。そしてこの実例は図1のポルフュリオスの樹の示す論理空間内で確かめられる。そしてここで quodcumque はソクラテスといった個体に適用されているから、個体変項らしく見えるが、しかしその個体はソクラテスやプラトンやトムなどにだけ適用され、ポチには適用されないという意味では、ポルフュリオスの樹の呪縛からは逃れ切れていないのである。

もう一つの格率「なんであれ、そのものから定義項が引き離されるとき、そのものから被定義項もまた引き離される」（a quocumque removetur definitio, et definitum）を取り出そう。この格率は「石は理性的で死すべき動物ではない。ゆえに石はひとではない」といった例に適用される。しかしここでの quodcumque は個体ではなしに石という一般名辞に適用されているのである。それゆえ石とか植物とか獣とか異教の神といったもののうちのどれについてもという意味であり、こういった四個の名辞はすべて被定義語のかたちではなく定義語のかたちではあるが、図1の中に発見できるのである。このようにして、中世の論理学者はアリストテレスの論理学にはなかった「拠点論」の中から quidquid, quodcumque というキー・ワードを探し出してきたが、中世論理学の基本的枠組である名辞主義とその図像化であるポルフュリオスの樹に災いされて、個体変項というアイデアをついに発見することができなかったのである。

五　普遍論争と中世論理学

中世の論理学といえば普遍論争、普遍論争といえば唯名論（ノミナリズム）と実在論の対立ということになっている。そこで今度はそうした問題を新しい視点から検討することにしよう。

十四世紀になると普遍論争はテクニカルな論理装置の中で行われるようになる。すなわち代表の理論の中で行われるようになる。そこでまず、オッカムの叙述をもとにして代表の理論をめぐる唯名論者と実在論者の抗争を眺めてみよう。

オッカムは『命題集第一巻註解』(Scriptum in librum primum Sententiarum) で、自分の論敵たちは端的な代表が第一義的である（suppositio simplex est pro primo significato）と主張しているが、そうした主張は誤りであり、自分の立場は個体的代表こそが第一義的である（suppositio personalis est pro primo significato）と明言している。ここでオッカムの論敵たちとは実在論者であることは明らかであるが、それではオッカム自身の立場とは何であろうか。とりあえず言える確かなことは、オッカムは primum significatum（語の第一次的な指示対象）が singulare（個物・個体）であると言っていることから彼の立場が個体第一主義であるということである。singulare は individuum（個体）と同じであるからオッカムの立場の一つは individualism であると言える。

オッカムとは正反対の立場に立つ実在論者のウォルター・バーレーは『純正な論理学』(De puritate artis logicae) において「論敵たちは名辞は端的な代表において、第一義的な意味を代表するというわれわれの主張を攻撃する。論敵たちは反対に、個体的代表においてこそ第一義的な意味を代表すると主張し、端的な代表において名辞は心の概念作用を代表すると主張する。〈ひとは種である〉という命題において〈ひと〉という名辞は端的な代表を行うが、そのときこの名辞は心の中の概念（intentio in anima）を代表すると彼らは主張する。しかし論敵たちの主張は誤りである。……〈ひと〉という名辞は第一義的には個物ではなしに一般者（commune）を意味するのである。そしてこの場合の一般者は種である。それゆえ〈ひと〉という名辞の第一義的な意味は種なのである」（Tractatus primus, Prima pars, Capitulum III）。

以上のことから唯名論者たちは個体的代表を一次的なものと考え、実在論者たちは端的な代表を第一次的なものと考えているということが判明した。言い換えれば唯名論者は個体主義者であり、実在論者は一般者主義者であると言える。

こうした事実を図1のポルフュリオスの樹を照準枠として考え合わすと、実在論者は、「ひと」から上昇していく「理性的動物」や「動物」といった一連の普遍者に主なる関心をもっているのに対し、唯名論者はソクラテスやプラトンといった個物に主なる関心をもっているということがわかる。とはいえ唯名論者も実在論者も、ポルフュリオスの樹の範囲内で思考をめぐらしていることは確かであり、それゆえ両者とも名辞主義の枠組みの中にいる。しかし新しい論理学である個体変項主義への遠近の度合いで測定すれば、個体に関心をもつ唯名論者の方が、新しい論理学により多く近づいていると言えるであろう。

ところで新しい論理学におけるように、個体変項だけだったら、そしてそこまでいかなくても、ソクラテス、プラトンといった個体定項だけだったら普遍の問題も起こらなかったし、普遍論争も起こらなかっただろう。しかしポルフュリオスの樹には厳然として一般名辞が鎮座している。それゆえ中世の論理学者は普遍の問題に必死になって取り組まざるをえなかった。

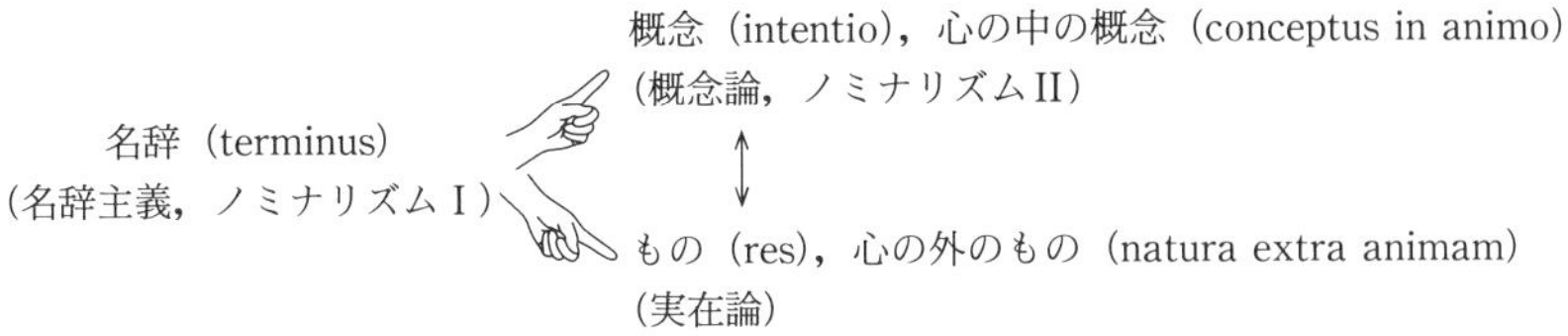

図4

さて中世後期の普遍論争は図4のような配置で行われる。すなわち普遍論争の出発点はもちろん名辞しかも一般名辞である。しかしこの一般名辞の代表する対象は図4に示されたように互いに矛盾対立する二種類の対象に分かれる。ちなみに図4ではそうした対立は両端に矢をもつ線で示され、「代表する」は人差し指で示されている。

ところで二種類の対象の一方は「心の中にあるもの」、つまり概念であり、他方は「心の外にあるもの」つまり事物である。そして「心の中にある」と「心の外にある」は矛盾概念である。それゆえ一般名辞の対象を概念とみなす概念主義と、一般名辞の対象を自然物とみなす実在論は激しく対立する。ちなみに図4で使われているresとnaturaは実在論者ペトルス・ヒスパヌスではres universalis（普遍的なる物）やnatura generis（類というもの）となっている。またhomo（ひと）という一般名辞はhomo in communi（ひと一般）を代表すると言われている。

このように概念論（conceptualism）と実在論が真向うから対立するとすれば、いわゆるノミナリズム（nominalism）はいったいどうなるのだろうか。ノミナリズムという語は中世から近世を通じ一貫して実在論と対立させられてきた。しかしノミナリズムという言葉には図4で示されたように二義性があると考えた方がよい。オッカム主義という語は概念論と同義であることは確かであるが、オッカムはノミナリズムの父であるという言い方が根強く使われていることから見て、概念論はノミナリズムと重なり合うと言ってよい。ただしこの意味のノミナリズムはノミナリズムIIとし、ノミナリズムIと区別しなければならない。そ

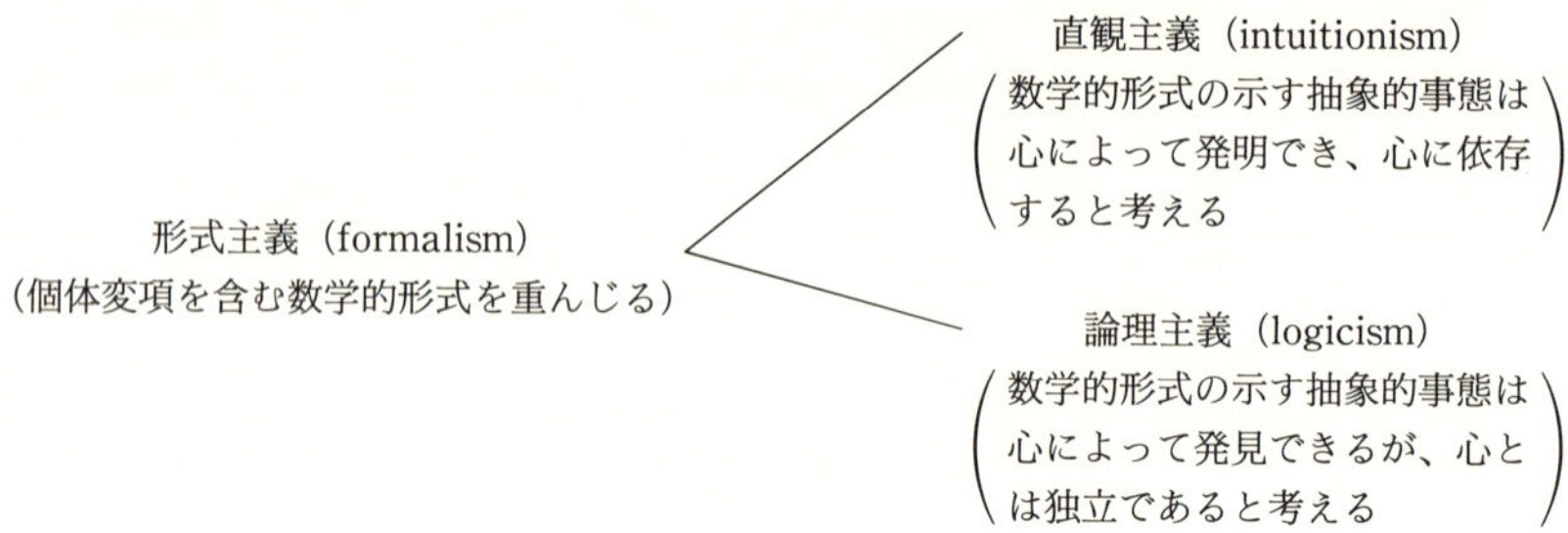

形式主義（formalism）
（個体変項を含む数学的形式を重んじる）
直観主義（intuitionism）
（数学的形式の示す抽象的事態は心によって発明でき、心に依存すると考える）
論理主義（logicism）
（数学的形式の示す抽象的事態は心によって発見できるが、心とは独立であると考える）

図５

してノミナリズムⅠは図４で示されているように名辞主義（terminism）と等置される。そしてこの等置は古くから行われてきたものである。

名辞主義と概念主義（オッカム主義）がノミナリズムという語と共通するという事実、そして中世論理学の特徴が名辞中心であるという事実から見て、実在論よりは概念論の立場の方が、神学や形而上学（存在論）にとってはともかくとして、少なくとも論理学にとってはよりふさわしいものだったと言えるであろう。

中世論理学で名辞主義的な傾向がいかに強かったかということは、代表の理論の中に素材的代表というものが存在していることからもわかる。「〈ひと〉は二文字である」、「〈ひと〉は二音節である」と言われるとき、「ひと」は文字（scriptum）や音声（vox）を代表すると言われる。ところで「ひと」は名辞でありかつ名詞であり、名詞は「意味作用をもつ音声」（vox significativa）であるから、名辞で音声を代表するときはvoxがvoxを代表することとなり、それゆえ名辞は自らを代表することとなる。そして自らが自らを代表するという表現の中に、名辞つまり記号というものの自己完結性を読み取ることができるのである。

以上で中世における普遍論争というもののエッセンスを紹介したが、こうした論争は古い論理学の枠組みの中でのみ意味があるのであり、新しい枠組みの中では古い普遍論争はまったく意味を失う。とはいえ古い普遍論争に似た論争が新しい論理学の枠組みの中で復活する。そしてそのことを指摘したのがクワイン（Willard

Van Orman Quine　一九〇八－二〇〇〇年）の論文「存在するものについて」（On What There is [1948; reprinted in: W. V. O. Quine, *From a Logical Point of View*, Cambridge, Mass. 1953]）であった。そして図５はその論文をヒントにし、図４を意識しながら独自に作成したものである。

　図４と図５の違いは、図４では一般名辞が基本になっているのに対し、図５では数式が基本になっている点である。そしてその数式にはｘ、ｙのような個体変項が含まれており、自然言語における一般名辞は全く含まれていない。それゆえ図５では普遍の問題は完全に消失している。しかし数式も無意味な記号の羅列ではない限り、数式の指し示す事態が存在するはずである。ただし数式の指し示す事態は現実世界の中での具体的事態ではなくて、現実世界外での抽象的事態である。とはいえこの抽象的事態についての意見がまっぷたつに分かれる。一つは抽象的事態は数学者の心によって発明されるものであり、それゆえ抽象的事態は数学者の心に依存して存在するという解釈であり、この立場を取ったのがポアンカレ（Henri Poincaré　一八五四－一九一二年）、ブラウアー（Luitzen Egbertus Jan Brouwer　一八八一－一九六六年）らの直観主義者である。そしてもう一つは抽象的事態は数学者の心によって発見されるだけであり、それゆえ抽象的事態は数学者の心とは独立に存在するという解釈であり、この立場を取ったのがフレーゲやラッセル（Bertrand Russell　一八七二－一九七〇年）らの論理主義者である。そしてさらにこれら両者の立場とは別に、数学的形式をもっぱら追究する立場があり、その代表者がヒルベルト（David Hilbert　一八六二－一九四三年）なのである。

　図４と図５の構造的同一性は以上の説明で明白となったであろう。そして図５の思考枠でものを考える限り、一般名辞が使われていないのだから、代表の理論も起こりようがないし、普遍の問題も普遍論争もきれいさっぱりと消失してしまう。とはいえ図４と図５の間の構造的同一性、つまりイゾモルフィズムには驚嘆すべきものがある。

そしてこのイゾモルフィズムの最初の端緒を作り出したのは十四世紀の論理学者であり、伝統論理学者のなかで近世になって活躍した凡百の論理学者のうちの誰一人としてそれを継承し発展させる力量をもたなかったのである。伝統論理学はあらゆる意味で十四世紀が頂点だったのであり、普遍の問題についてもその例外ではなかったのである。

とはいえそうした普遍論争はもはや自らの使命を終えいまやまったく無価値となってしまったのであろうか。答えは否である。普遍論争は、名詞もしくは名辞を使っている限り、つまり自然言語を使っている限り付きまとう。そして哲学や科学が数学的言語だけしか使わなくなればともかくとして、自然言語を使っている限りは、つまりは哲学が形而上学や神学であり続ける限り、普遍の問題から逃れることができないのである。

六　中世論理学と現代物理学

普遍問題を扱う出発点となった端的な代表「ひとは種である」において一般名辞「ひと」は概念を指すかそれとも心の外のものを指すかで意見が分かれたのであるが、「ひとは種である」という命題は経験命題ではなく、それゆえ「ひとは種である」という命題に対しては経験的な真偽を問えない。事情は数学的命題的である数式についても同様である。それゆえそうした種類の命題とは別種の命題である経験的命題、つまり経験的な真偽を問える命題について考えてみよう。ここでもオッカムの主張が注目に値する。彼は『論理学大全』(Summa Logicae III, 2, c. 10) で「いかなる学も個物 (singularia) をあからさまに扱うべきではないけれども、われわれの認識は感覚から始まるゆえに、すべての学は個体 (individua) から始まる。換言すれば、いかなる学も本来の姿では個物を扱うべきではなく、ただ個物を代表する普遍者（universalia）だけを扱うべきである」。

アリストテレスは学問は普遍的なものだけを扱うべきであると主張し、そうした学問の方法である論理学もすべて普遍を扱う論理学であった。しかしアリストテレスは他方では、個物を大切にした。そしてアリストテレスの言い回しそのものではないが「感覚の中に前もって存在しなかったいかなるものも知性の中には存在しない」という公理が中世では定着していた。オッカムももちろんそうした流れに棹さしながら、普遍と個物の関係を模索した。そしてこの関係をめぐるオッカムの基本的な態度は『命題集第一巻註解』の言葉「学とは個物（singularia）を扱うものである。なぜなら名辞は個物を代表する（supponere pro）ものだからである」の中に最もよく集約されている。ここでいう名辞はもちろん一般名辞である。なぜならアリストテレス以来、学の名に値するものは、固有名詞ではなく普通名詞を使うべきだったからである。しかしオッカムにおいては普通名詞もしくは一般名辞の第一義的な代表作用は、個物を代表することであった。そしてこのようなオッカムの代表の論理学によって一般と個物の関係がはっきりと定式化されるに至った。つまり彼の代表の理論によって、学は自らは普遍的でありながらしかも個物を扱うという両方の要求を充たせるようになったのである。

中世の論理学者はアリストテレスの論理学を大きく前進させたことは確かである。中世論理学者はすべてアリストテレスの論理学の受益者であった。しかし彼らはまたアリストテレス論理学の被害者でもあった。というのは、中世論理学者の受け容れた枠組みつまり名辞主義というものには免れることのできない限界があり、欠陥があった。そしてそのゆえにこそ新しい物理学の枠組みが作り出される必要があったのである。

それでは新しい物理学の枠組みにおける経験科学的命題とは何であろうか。もっとも簡単な例はガリレイ（Galileo Galilei　一五六四－一六四二年）の発見した落下法則 $s=\frac{1}{2}gt^2$ である。これは物理学の方程式であって数学の方程式$y=ax^2$とは違う。なぜならx、yは単なる数値を意味するが、sは距離を意味し、tは時間を意味する。つまりxもyも無名数であるが、sは距離の単位、tは時間の単位で計られた数値である。ただし左辺は距離、右辺は時間だとイコールが成り立たないのでgの単位は時間の二乗分の距離とされる。$s=\frac{1}{2}gt^2$の中でsとtだけが変数である。そして実はこの式は、いかなるtに対しても、それに対応するsが存在すると読まれるべきである。そして「いかなるt」つまり「すべてのt」の「すべて」というところに落下法則の一般性があり、「t」というところに、個別性がある。それゆえ$s=\frac{1}{2}gt^2$という落下の式は普遍性を述べる法則であり、この法則は、無数の個別的な時間量に対して適用可能なのである。

このようにして一切の普通名詞もしくは一般名辞が、それ自体は一般的な存在でありながら、個体的代表によって個体を示すのと同じように、一切の物理方程式は、それ自体は一般的な命題である法則でありながら、無数の個別的な時間や長さや質量に対し適用可能である。このようにして普遍と個物との関係においてまたもや旧い論理学と新しい論理学とのあいだ、つまり日常言語と数学言語とのあいだにイゾモルフィズムが成立しているのである。

とはいえ、普遍と個を扱うに際して、名辞を含む命題と、数学の方程式のどちらが有効であろうか。この問いに対しては普遍論争についての物理学者ヘルムホルツ（Hermann Ludwig Ferdinand von Helmholtz 一八二一－一九四年）の次の意見が参考になる。「〈力〉という概念は長く述べられるべき事柄を一語につづめるための名にすぎない。……学問においてさまざまの誤りが生じるのは、〈力〉という語のもつ本来の意味を忘れ、〈力〉という一個の名詞によって表現されたものが、独立に存在しうる実在的なものだと考えることによってである」（『理論物理学講義』[Vorlesungen über theoretische Physik 一八九七－一九〇七年] 序論）。

力とは英語で force というが、物理学ではこの force は f=ma という方程式によって置き換えられる。ここで

ｆは力であり、ｍは質量であり、ａは加速度である。しかもｆもｍもａも変数である。力というものはアリストテレス以来いろいろに論じられてきたが、ニュートン（Isaac Newton　一六四二－一七二七年）が初めて力の首根っ子を押さえた。そしてそれをｆ＝ma という数学方程式で過不足なく表現した。それゆえそれ以後日常言語の「力」という名詞はニュートンの方程式の略語となった。したがってもはやそうした略語、つまり略符号それ自体には実体はない。略符号は仮名であって実名は別にあり、仮名は実名を経由することによって初めて現実と正しい関係が取り結べるのである。

このように考えてくれば日常言語の「力」という名詞、さらにはテクニカル・タームとしての「力」という語も実は単なる名にすぎないのであり、その意味で少なくとも科学においては名より方程式の方に歩があると言えるのである。

結　語

本論文の標題は十四世紀の論理学であるが、思いきり巨視的な方法によって、つまり十四世紀で最もよく代表される旧い論理学と二十世紀の新しい論理学との対比という方法によって十四世紀の論理学のもつ意味を抽出した。

ヨーロッパ中世の学生たちは神学生も法学生も医学生も、高水準の論理学を叩きこまれた。そして現代の学生たちは、もはや伝統的な論理学でなく、きわめて精緻な新しい論理学を叩きこまれる。論理学をまず叩きこまれるという点については両者は軌を一にするが、二つの論理学はパラダイムを異にする。そして一方の論理学だけしか習得しなかった人間には、他方の論理学を方法として作り上げられた一切の学問が意味不明なものと感じられる。そうした意味で二つの論理学のパラダイムの同一面と差異面をはっきり意識し、それぞれの論理学を方法として構築された二種類の学問体系をきちんと識別することは、少なくとも思想史の研究者にとっては重要なことと考えられる。

16　中世後期の視覚理論の形成

中村　治

序

「見る」という働きがどのようにして生じるのかということは、十二・十三世紀にアリストテレス、アルハゼン（Alhazen; Ibn al-Haytham　九六五―一〇四〇年頃）が西欧に紹介されることによって、取り上げられて以来、西欧では大きな問題となったが、その問題が正しく解かれたのは、ケプラー（Johannes Kepler　一五七一―一六三〇年）によってであった。小論では、西欧における視覚理論の形成を、ロジャー・ベーコン（Roger Bacon　一二二〇頃―九二年頃）による形象を用いた説明、それに対するオッカム（William Ockham　一二八五頃―一三四七年）の批判、ニコル・オレーム（Nicole Oresme　一三二〇頃―八二年）以後における形象を用いた説明の復活、特にオレームによる説明、最後にケプラーによる問題解決という順で見ていきたい。

一　ロジャー・ベーコンの「形象の増殖」説

十三世紀には、見ることの原因となるのは形象（スペキエス）であると考えられていた。形象というのは、対象から媒体を通じて眼へ伝達される対象のいわば非質料的な表象である。形象のいくぶん曖昧な概念は、アリストテレスによって次のように伝えられていた。「感覚は感覚対象のもつ形相を、それの質料を抜きにして受け入れることのできるもので、たとえば封蠟が指輪の印形を〔それの材料である〕鉄や金を抜きにして受け入れ、そして金、あるいは銅のもつ印形を受け取るが、しかしその指輪が〔それの材料である〕金、あるいは銅である限りにおいてのことではないようなものである。それぞれのものの感覚も同様に、色あるいは味、あるいは音をもつものによって作用を受ける。しかしそれはそれらのもののそれぞれが〔それぞれのもの〕と言われている限りのことではなくて、むしろこれこれの性質のものである限りでのことである[(1)]」。

では「対象から媒体を通じて眼へ伝達される」と言われる形象は、対象から眼へどのように伝達されるのであろうか。アルハゼンによると、対象を底として眼の中心を頂点とするピラミッドを形成するというようにして、対象から眼へ直線的にということになるであろう。しかしアリストテレスは、形象の直線的な伝達のことを議論しなかった。そのため、アルベルトゥス・マグヌス（Albertus Magnus　一二〇〇頃–八〇年）やトマス・アクィナス[(2)]（Thomas Aquinas　一二二四／二五–七四年）は、それについて註釈していない。

十三世紀において、見ることの説明に特に関わったのは、ロジャー・ベーコンであった。彼は、アリストテレスの説もアルハゼンの説も知っており、それらを用いて視覚による把握について説明したのであった。その説明の核にあったのは、「形象の増殖」（multiplicatio specierum）の学説であった。この説によると、視覚対象は隣接した透明な媒体に光と色の形象――それはまた「形相」あるいは「像」とも呼ばれる――を産み出す、あるいは増殖させる。その形象は媒体の二番目の部分に二番目の形象を産み出し、それが媒体の三番目の部分に三番目の形象を産み出すというようにして、順番に形象を産み出す。(3) これらの可感的形象は、対象の付帯性を、その付帯性の実体としての役割を果たしている媒体を媒介にして伝える。その伝え方は、対象を底として眼の角膜の湾曲の中心を頂点とするピラミッドを形成するというようにしてである。ベーコンはそれに関して次のように言っている。「物全体からピラミッドが眼のすべての点にやってくるとしても、……そして一つの点にさまざまな角度で傾いている無数の形象がやってくるとしても、角膜の各点には、それぞれ見られたものの一つの点からのみ垂直に形象がやってくると言いうる。ところで眼の物体は空気より濃密なので、屈折の法則に従い、斜めに入射してくるすべての線は角膜の表面において屈折されるのでなければならない。ところで斜めに入射すること、そして屈折することは、形象を弱める。そして垂直にやってくるものは強い。それゆえ、太陽の光が星の光を隠すように、垂直に入ってくる形象は、斜めに入ってくる形象を覆い隠すのである」(4)。

たしかに、視覚対象のいずれの点からも無数の光線が発出しており、眼に対置している視覚対象の各点からの光線は、ことごとく角膜に入り、角膜をその光線で満たす。それは、頂点が視覚対象の各点にあり底が角膜にあるピラミッドを構成する。角膜内のいずれの点も視覚対象のいずれの点からもの光線を受け取るのであるから、光線の何かが無視されるのでなければ、混乱が起こるであろう。ベーコンは、角膜に斜めに入ってくる光線は弱くされているという理由で、それを無視し、角膜に垂直に入ってくる光線にのみ注目することにより、この問題を解決しようとしたのである。

その垂直光線のみからなる視覚のピラミッドは、その底を視覚対象上にもち、その頂点を角膜の湾曲の中心にもつというようにして形成される。この光線のピラミッドが観察者の目に入り、その光線が水晶体にやってくるとき、見ることが起こる。そして各々の形象は、一度感覚器官に受け取られると、それから可知的形象が抽象されるまで、内的感覚において増殖され続ける。

形象の増殖の説は、たとえば、観察者から一定の距離にある対象の働きかけに対する、あるいは光の直線的伝播に対する機構を提供するという仕方で、把握を説明するのを助けた。しかし可感的形象の現存は、可感的形象から抽象によって引き出される可知的形象、表象像とともに、認識と記憶の説明の邪魔をした。

たしかにこの説によると、見る人の眼における形象は、対象に似たものとして産み出されており、それがそれを産み出す対象に正確に似ている限り、それは、見る人の眼に対象を現存させることができる。つまり外的実在を再現できる。それゆえ、精神外的実在と形象のあいだの実在的な結びつきを主張できるであろう。対象と形象のあいだの結びつきは実在的であり、後者は前者と同じ本質をもっており、それゆえ本性において同一である限り、対象の形象は真実を告げていると主張できると思われるのである。

二　オッカムによる形象の拒絶

しかし形象の本性は何であるのか。形象は、物体的実在であるのか、それとも霊的な、つまり非質料的実在であるのか。また、視覚的把握の見たところ瞬間的な本性をどのように説明すればよいのか。また、残像、夢、妄想、光学的幻影の数多くの例が、アリストテレスの『霊魂論』(De anima)、「自然学小論集」(Parva naturalia)、アヴイセンナ（Avicenna; Ibn Sīnā　九八〇－一〇三七年）とアヴェロエス（Averroes; Ibn Rushd　一一二六－九八年）の霊魂論集、アウグスティヌス（Augustinus　三五四－四三〇年）の『三位一体論』（De trinitate）、アルハゼンの『幾何光学』（Perspectiva）など、中世後期の霊魂論にとっての主要な源泉から得られ、それらを経験することは、感覚の過程で、ある種の永続的な印象が感覚に作られるということの証拠になると思われるが、しかしそのような永続的な印象の現存は、存在に関する確実性を危険にさらすという認識論的困難を、想定するのではないか。現存している精神外的対象を見ており、対象が無いときにとどまっている印象を見ているのではないと、人はどのようにして誤ることなく知ることができるのか。

　そのような問題は、形象を用いる認識理論に取って代わるという試みを招いた。ガンのヘンリクス（Henricus Gandavensis　一二四〇以前－九三年）による可知的形象のよく知られている否定は、可感的形象と可知的形象の両方いずれもへのより徹底的な攻撃の前兆となった。そのような攻撃の頂点にくるのが、オッカムである。オッカムは、可感的形象と可知的形象を想定する必要を除去した、あるいはそのようにしたと考えた。感覚的に気づくということが偶然的実在についての知識すべての始まりであることを確信して、オッカムは、知る者と感覚される対象のあいだの直接的・無媒介的接触が起こるためには、感覚において可感的形象があるはずがないという自らの見解を擁護することによって、自らの議論を始める。

　もし直知的認識が、対象が存在しているときに対象が現存しているということをわれわれがそれによって知る手段であるなら、そのときは、もし形象が本当に存在しているなら、われわれは形象についての直知（notitia intuitiva）をもつはずであろう。しかし形象は経験的に知られないとオッカムは論じる。(5) つまり可感的対象をわれわれが見るとき、われわれが可感的対象に気づいているとしても、われわれは、可感的対象からわれわれの眼へ何かが移っていくことに気づかないというのである。

見ることのために感覚において要求されているすべては、刻印された質（qualitas impressa）であると彼は考える。(6)もしその代わりに形象が内感に刻印されるなら、そのときにはその形象は、可感的対象と同じ本性をもつか、あるいは異なる本性をもつかであろう。しかしどちらの選択肢も保持されえない。前者は、感覚認識の結果として魂において「真の音、真の色」があるということを意味するであろうが、それは馬鹿げていると思われる。他方、もし対象と形象が本性において異なれば、われわれは形象に気づくはずであるが、実際には気づかない。(7)そしてもし可感的形象がなければ、可知的形象あるいは表象像は、それから抽出されない。

アリストテレスが感覚への形象の刻印を明確に想定したと理解している人たちに、オッカムは「哲学者は〈働き〉あるいは〈習慣〉の代わりに〈形象〉を用いている」と答えている。註解者アヴェロエスは、けっして形象と名づけず、哲学者が〈形象〉と言うところでは、いつもそれを〈形相〉と呼び、そして〈形相〉を〈知性の働き〉あるいは〈習慣〉として用いているからであるとオッカムは言う。そしてアヴェロエスが知性は「形象の場所」であると言うとき、それは〔知性が〕知性の働きと習慣にとっての基体だからであるともオッカムは言う。(8)

知的な認識に関しても、オッカムは「少ないものによって等しくよく成就されうるものを多くのものによって成就することは無用である。しかし直知的認識は形象なしに知性と見られるものによって起こりうる」と再び主張する。(9)記憶にとって、そして過去について考えることにとって、習慣（habitus）で十分である。(10)実際、習慣と形象の両方を想定することは余分であろうから、そして習慣は「現象を救い」そして形象は救わないから、習慣の受容は形象の拒絶を必然的にともなうのである。(11)

しかし形象を欠いた説明の受容が、オッカムの見解において、不必要な霊魂論的そして認識論的複雑さを処理するとしても、媒体における形象なしには、見ることが離れたところでの働きを要求することに、彼は気づいている。この帰結を、オッカムは、受け入れるのみならず、擁護もする。実際、太陽が、地表近くの空気を、介在する天球を照らしたりあるいは熱したりすることなしに、照らしたりあるいは熱したりするときのように、そのような働きが起こると、彼は主張するからである。磁石の働きも「離れたところでの働き」の例を提供する。(12)

三　オッカム説に対する批判

オッカムによる形象の体系的拒絶は、形象に関する論争を終えたというより、むしろ、形象を想定することの必然性についての続く議論の焦点であった。その後の多くの人の『命題集註解』(In libros Sententiarum) の至るところに形象、特に可感的形象がとどまっているのである。(13)

しかし形象を用いて視覚的把握の働きを説明することが、十四世紀の思想家たちにとって重要であったのは、なぜであろうか。それも、対象と知る者のあいだの直接的接触によって対象を表現することから認識論的恩恵が与えられている場合にである。それゆえ、オッカム以後の思想家たちが形象を保持したのは、やむにやまれぬ理由があったと思われる。

その理由の一つは、神学者がペトルス・ロンバルドゥス (Petrus Lombardus 一〇九五／一一〇〇―六〇年) の『命題集』(Sententiae) について講義する前に受ける訓練にあると思われる。神学部に入る前に、オックスフォードあるいはパリの学者は、アリストテレスの『霊魂論』を知っていたし、『気象論』(Meteorologica) を知っていたかもしれない。幾何光学への示唆が示しているように、神学者は幾何光学そのものへの少なくとも及第するだけのなじみ深さをもっていた。(14) これらの源泉はベーコンの著作において合同しているように思われる。

第二に、知の表象的でないという性格をオッカムが擁護していることは、十四世紀の思想家たちには、見ることにおいてというのではないとしても、記憶と想像における明らかな像を説明するのに不適切であると思われたのである。しかもその像には、彼ら自身の経験に加え、アリストテレス、アリストテレスのアラビア語註解、アウグスティヌスの権威もあった。

第三に、存在に関する知を成就することにおいて、感覚の働きと知性の働きに対して、たとえばトマス・アクィナスは役割を区分しているのだが、オッカムの理論はそれをうまく改善していない。可感的形象を保持することにおいて、それゆえ可感的形象からの抽象の過程において、トマスは知性の働きから区別された感覚の働きに存在理由を保存した。形象を除去することにおいて、オッカムは何ものかを余分なものにしているように思われる。レディング（Johannes de Reading 一三二五年頃活動）、チャットンのグアルテルス（Gualterus de Chatton; Walter Chatton 一二八五頃―一三四三／四四年）、ハリファックスのロベルトゥス（Robertus de Halifax 一三四〇／五〇年頃活動）には、オッカムの理論が感覚の働きの必要を否定したと思われたのである。

第四に、直知的に知られている精神外的対象の存在に関する不可謬の判断を想定しているオッカムの理論は、幻影の事実が与えられると、その主張を保証することができないことが、認められていた。(15)

四　ニコル・オレームの認識論

ニコル・オレームは、オッカムよりも後の世代の人である。しかしその認識論には形象が用いられている。また、視覚のピラミッドも用いられている。ピーター・マーシャルは、この立場を、形象に対するオッカムの挑戦にこたえることにおいてビュリダン（Jean Buridan; Johannes Buridanus 一二九五頃－一三五八年頃）とオレームによってとられた立場であると、解釈している。

「幾何光学を『霊魂論』に溶け込ませるという過程がビュリダンの著作において進行していたということは、確かである。オレームでもって、幾何光学は把握と認識にとってのパラダイムとなった。……感覚把握のすべての型を分析するためのパラダイムとして、見ることの分析を導入することにより、オレーム（そしておそらくビュリダン）は、アリストテレスの霊魂論より経験にもとづいた霊魂論を確立しようとした」(16)。

では、幾何光学を『霊魂論』に溶け込ませた認識論、つまり視覚のピラミッドと形象を用いた認識論とは、どのようなものであったのであろうか。この問題について体系的に述べている著作はオレームにはないが、『不思議なものの原因』(De causis mirabilium) には少し述べられているので、それをもとにして考察したい。

対象から色が、対象を底として、眼を頂点とするピラミッドを形成するという仕方で、媒体を通って、瞳に、対象においてあるのと同じ配置で入ってくると(17)、外的感覚が対象の色の形象を受け取る。しかしこの段階では見ることはまだ成立していない。彼は何度も「人々は、見ることが見られているものの色の形象を受け取ることにほかならないと信じているが、これは誤りである」とか「外的感覚は自体的には認識せず、内的感覚、すなわち認識力が要求される」とか言うからである。そして、見ることには、内的感覚が注意を向け、対象の量、形 (figura)、実体、運動などについて判断することが必要であると言う(18)。内的感覚が判断するものが何であるかはともかくも、外的感覚が形象を受け取り、さらに内的感覚が対象の量、形、実体、運動など、共通に感覚されるものについて判断して、初めて認識が成立するのである。われわれは、形象を受け取るだけで認識が成立するとか、受け取った形象を分析することによって認識が成立するとかオレームが言っていないということに、注意する必要があるであろう。オレームは、形象が認識になくてはならないものであると述べている。[19]しかしもし形象を受け取るだけで認識が成立するなら、人間のなす認識に誤謬の入り込む余地はなくなってしまうであろう。形象とは、認識するという行為を行為として成立させる何かと考えられていたのではないであろうか。

ところでオレームには、魂を鏡に譬えている個所がある。[20]しかし認識が上述のような仕組みで成立するとするなら、魂を鏡に譬えるということは、オレームの考えにとっては正確でないということになるであろう。鏡だと、対象が鏡の前にある場合は、形象がその鏡に映っているが、対象が鏡の前から取り除かれると、形象が鏡に映らなくなってしまう。オレームの考えでも、外的感覚はたしかに鏡のようであり、そこには形象はとどまっていない。しかし外的感覚においては認識は成立しないのである。認識が成立するためには、さらに、内的感覚が対象について判断する必要がある。そして内的感覚には形象がとどまりうるのであり、[21]その形象をもとにして内的感覚は対象を思い出すこともできるのである。そこでオレームは、認識を、『質と運動の図形化』(De configurationibus qualitatum et motuum) においては皮への文書あるいは印の刻印の譬えによって説明しようとする。

「時には、皮の質と刻印の強さのゆえに、後に皮を伸ばしても、刻印はそのままという場合がある。しかし皮を伸ばすと、平らさが戻り、文字あるいは似像が消える場合がある。ただしその消え方には二種類あり、簡単に消えるかあるいは簡単には消えないかである。消え方にはさらに二種類あり、一時的に消えていて、伸ばす圧力を緩めると、再び似像が現れるか、あるいは完全に消えていて、伸ばすことをやめても、文字あるいは刻印が戻ってこないかである。さて、皮への刻印の強さは量的に図形化されうるのに対し、感覚的能力への刻印の強さは質的に図形化されるのみであるが、それにしても図形化に関しては同様に想像しうるし、知性的能力の霊的な図形化の場合も同様である」[22]。

つまり、皮への刻印の強さの量的な図形的表象と、感覚的能力への刻印の強さの質的な図形的表象は、図形的表象に関しては同様に想像しうるし、知性的能力の霊的な図形的表象の場合も同様であるというのである。魂は、刻印がとどまりえないようなものではなく、皮への刻印に譬えられるように、刻印がとどまりうるし、また時にはその刻印が消え去りうるものと考えられているようである。

このような認識論は、オレームによると、アリストテレスの考えをアルハゼンとヴィテロ（Witelo 一二八一年以降歿）の考えで補ったものである。「形象が何であり、どこにあるのか、内的な力が何であり、どのようにしてどれだけあるのか、それらが対象に関してどのように動かされるのか、それらがどのようにして動かすのかなどを、私は〔アリストテレスの〕『霊魂論』、『記憶論』（De memoria）、『感覚と感覚されるもの』（De sensu）、『睡眠と覚醒』（De somno et vigilia）から仮定する。そして見ることがどのようにして起こるのか、何が要求されるのか、可感的なものは何か、いつ一つの色は、他の位置から見られると、異なる色に見られるのか、誤りはどのようにして起こるのかを、私はアルハゼンの『幾何光学』の第二、三巻、ヴィテロの『幾何光学』（Perspectiva）の最初の四巻から取る」[23]。オレームは、オッカムとは異なり、そしてベーコンと同様に、認識の説明に形象を用い、その認識は、対象を底として、眼を頂点とするピラミッドを形成するという仕方で、対象から色の形象が入ってくることによって起こると考えているのである。

ではオレームの認識論は、オッカムが否定したと考えたロジャー・ベーコンの認識論と、どこが異なるのであろうか。一つの可能性は、形象の性格である。ベーコンは、形象が、物体ではないとしても、その本性において物体的であり、次元をもっていると考えていた(24)のに対し、オレームは、形象が霊的であるのに(25)、次元をもっていると考えていたように思われるからである。形象が広がりをもつということに関しては、オレームは「友だちの眼において、鏡におけるかのようにして、自分の像を見ることができる。しかしこのことは、友だちの眼が光線と形象を反射するのでなければ、起こらない(26)」と言う。これによると、友だちの眼に映っている自分の像も、形象と考えられていたと言ってもよいであろう。するとそれは眼に映っているのであるから、広がり、つまり次元をもっていると言ってよいであろう。ベーコンも、形象は、それ自体では次元をもっていないが、媒体の次元の下で生じる物体的形相であると言っている(27)。ではオレームが、形象が霊的であると考えていたということの方はどうか。おそらくこれは「眼が形象によって量的に形づくられるのではなく、質的にのみ形づくられる」ということを意味しているのであろう。他方、ベーコンも、「産み出されたものが産み出したものより高貴なはずがないので、物体が霊的なものを産み出せるはずがない。感覚されないものに、〈霊的〉という名称を適用している者がいるのは、霊的なものと感覚されないものとのあいだの類似性のゆえにである(28)」と言っている。両者ともに、形象が物体ではないという点では一致しているが、そのことを肯定的に表すとなると、苦労しているようである。するとオレームの考えは、ベーコンの考えとあまり違わないのかもしれない。

もう一つの可能性は、ベーコンが、形象の伝達が、たとえ感覚に把握できないほどの時間によってであるとしても、時間的であると考えていた(29)のに対し、オレームが、瞬間的であると考えていたことである。これについてオレームは、「ヴィテロが、見ることが瞬時にあると言っているように思われるなら、彼は見ることを形象の受容と取っているのであり、私は形象が瞬時に眼に増殖されるということを喜んで認めるが、しかしこれは真の直視

(intuitio) ではない」[30]と言っている。オレームは、形象が対象から眼まで瞬時に伝わるというのである。これは、ベーコンが、同一媒体内においても形象の伝達が時間的であると考えていたことと比べると、違いがあると言えよう。[31]そしてこれはベーコンが新プラトン主義的な考えをもっていたのに対し、オレームがアリストテレス的な考えを採ったからであるとも考えられる。

しかし二人の考えに多少の差があるとしても、ここで問題になるのは、オレームが、オッカムによる形象の否定のあとに、ベーコンと同様、形象を用いて認識を説明し、対象から形象が伝わる仕方を幾何光学を用いて説明したことであろう。オッカムの認識論のように、形象を用いない認識論も、トマスの認識論のように、形象を使用するが、形象が対象から伝わる仕方を幾何光学を用いて説明しない認識論も盛んにならなかったのは、形象の伝達の仕方を幾何光学を用いて説明することに、人々が次第に納得するようになっていったからではないかと思われるのである。[32]

ところで、眼には対象の各点を頂点として眼の瞳孔を底面とする円錐を成して無数の光線が入ってくるが、見ることにはその中心の光線のみが必要であり、それ以外は不要であるとベーコンが考えた理由は、先に見た。他方、オレームがその問題をどう考えていたのかは、明らかではない。オレームも、斜めに入ってくる光線は弱いと述べているので、[33]ベーコンと同じように考えていたのであろう。しかし見ることにはその中心の光線のみが必要であり、それ以外は不要であるということに対してベーコンによって与えられた理由は、正しくなかった。この問題は、ケプラーによって初めて正しく解かれたのであった。

五　ヨハネス・ケプラーによる問題解決

天文学における観察は、光の伝播と、その伝播の観察者による受容に依存しているので、視覚理論の知識は、天文学者にとってはなくてはならないものであった。一六〇〇年頃から中世の幾何光学研究者の著作を研究し始めたケプラーは、彼らの著作に大きな誤りがあるのを見出した。

先ず第一に、幾何光学研究者、特に十三世紀のヴィテロは、水晶体を取り囲んでいる網あるいは蜘蛛の巣状のものが直接的に網膜に結びつけられており、それゆえ視神経に結びつけられているという根拠にもとづいて、視覚的把握の力を水晶体に帰していた。水晶体は、入ってくる光と色を（接触の一種として）感じ、その感覚あるいは把握を神経組織を通じて脳に伝達するという。しかし水晶体は、視神経と網膜には結びつけられておらず、ぶどう膜に結びつけられているのである。さらに、光と色は水晶体を瞬間的に通過するので、水晶体は触覚の一種として物体的被膜によって光と色を把握するというようなことはできない。

第二に、幾何光学研究者、特にヴィテロは、可感的対象からの光線が眼の中心で交差して逆様にされた視覚印象を産むことがないように、水晶体の後方の面を平たいと考えた。しかし水晶体の後方の面は平たくなく、丸いのである。たしかに、ヴィテロの考えるような眼における正立像の各点は、その正立像が映している視領域における各点に対置している。しかしその正立像は鏡の像と同じ欠点をもつであろう。つまり右と左が交換されているのである。唯一の救済策は、視領域における各点と、眼におけるそれらの像が、交差の中心に関して上下逆様で、右と左が裏返しになるということであると、ケプラーは考える。

第三に、眼に落ちる余分な放射の処理である。眼の内のいずれの点も視領域におけるいずれの点からも放射を受け取るのであるから、放射の何かが無視されるか、あるいは放射の円錐全体がとにかく再組織されるかでなければ、混乱が起こるであろう。ヴィテロと他の幾何光学研究者は、視領域における各点から一つの光線のみが眼に屈折なしに伝わり、他の屈折された光線はその弱さのゆえに無視されうる（なぜなら折れ曲がることが弱くするから）と指摘することにより、そして見ることに責任のある光線、つまり屈折されていない光線は、それがそこから発出した視領域における点と同じ配置を眼の内においてもっていると指摘することにより、この問題を解いた。しかし垂直光線と斜光線は照明能力においてほとんど異ならず、視力に作られる印象は照明の働きの仕方と程度に従うのであるから、屈折された光線をまったく無視できる理由はないはずである。

ではケプラーはこれらの問題をどのように解決するのであろうか。視覚の幾何学の基礎は、アルハゼンや西方の幾何光学研究者にとってと同様、ケプラーにとっても、視覚対象の点ごとの分析であった。屈折された光線を無視することを快く思わないということだけを例外として、ケプラーは、中世の幾何光学研究者によって自らに与えられている枠組み内で研究したのである。もし光線が視領域におけるいずれの点からもすべての方向へ発出するなら、これらの光線を眼へ、そして眼を通って追跡し、放射の源泉である点と眼において刺激された点のあいだでの一対一の秩序立った対応を確立することが、必要である。

視領域において無数の光線がいずれの点からも発出している。眼に対置している視覚対象の各々の点は、ことごとく角膜に入り、瞳孔をその光線で満たす。それは、頂点が視覚対象上の点にあり底が眼の水晶体のレンズの表面にある円錐を、構成する。光線は、角膜を通るときにわずかだけ屈折され、水晶体のレンズの表面に到達する。その後、光線はどう進むのか。中世の幾何光学研究者は、水晶体に垂直に入射する光線に注意を限定することにより、この問題の一部を大いに単純化した。水晶体に斜めに入射する光線は、水晶体の表面での屈折が光線の力を弱めるので、その弱さのゆえに無視されうるが、他方、垂直光線は、水晶体の後ろの表面に出会うまで、真っ直ぐな線に沿って伝達されていくというのである。そして水晶体の後ろの表面において、垂直光線は頂点への収束からそらされ、視神経における開いたところを通って進み、最終的には視神経交差へ進むという。

それに対してケプラーは、水晶体の前面を底とする第一の円錐と同じ底をもつ第二の円錐が、網膜上に頂点をもって形成されると考える。つまり、一つの可感的な点からやってくるすべての光線は、最終的に他の点に収束し、視領域における各点と、交差の中心に関して上下逆様で、右と左が裏返しになった像が、網膜上に形成されるというのである。ケプラーは、その理論を、中世の理論に対する反撥あるいは拒絶から形成したのではなかった。むしろケプラーは、アルハゼンによって約六〇〇年前に明白に示された中世の問題に対する新しい解決を提示したのである。中世の最も基本的な想定を受け入れるが、中世の幾何光学研究者たちより厳密に、そして一貫性をもって探求することにより、彼は見ることに関する理論をより完全にすることができたのであった。(34)

もちろん網膜上に像が形成されたからといって、それだけで「見る」という働きが成立するわけではない。しかしケプラーは、そこから先の問題には、深入りしなかった。ケプラーは、光学で説明できる事柄に問題を絞ることにより、成功したとも言えるであろう。

註

(1) Aristoteles, *De anima* II, c. 12, 424a.（訳文は『霊魂論』山本光雄訳「アリストテレス全集　六」岩波書店、一九六八年、を用いた）; Thomas Aquinas, *In De anima* II, c. 24: sensus est susceptivus specierum sine materia, sicut recipit signum

anuli sine ferro et auro.

（2）トマス・アクィナスの *Summa theologiae* I, q. 79, a. 4, ad 4; q. 79, a. 6, c. などには「形象を受け取る」(recipere species) という言葉が見出され、*Summa theologiae* I, q. 85, a. 1, ad 3 においては「可知的形象は種の本性に関する限りにおいて対象を表示する」とも言われている。このような表現からは、認識対象から形象が流出して、知性へ移動し、知性によって受け取られるかのようにトマスが考えていたと思われるかもしれない。しかしトマスは、そのような言葉によって、認識が成立する過程を説明しようとしていたのではない。トマスにおいては可知的形象は、「認識されるもの」ではなく、「それでもって知性が認識するもの」(quo intelligit intellectus) と言われる（*Summa theologiae* I, q. 85, a. 2, c.）。可知的形象とは、認識という行為を行為として成立させる原理であると考えられていたのである。

（3）Roger Bacon, *De multiplicatione specierum*, p. 1, c. 1 (D. C. Lindberg, *Roger Bacon's Philosophy of Nature: A Critical Edition, with English Translation, Introduction, and Notes of De multiplicatione specierum and De speculis comburentibus*, Oxford 1983).

（4）Id., *Perspectiva*, p. 1, d. 6, c. 2. (D. C. Lindberg, *Roger Bacon and The Origins of Perspectiva in the Middle Ages; A Critical Edition and English Translation of Bacon's Perspectiva with Introduction and Notes*, Oxford 1996)

（5）William Ockham, *Quaestiones in librum secundum Sententiarum (Reportatio)*, ed. Franciscan Institute, *Opera Theologica* V, St. Bonaventure University, New York 1981, pp. 268f.

（6）Id., *Quaestiones in librum tertium Sententiarum (Reportatio)*, *Opera Theologica* VI, St. Bonaventure University, New York 1982, pp. 109–111.

（7）*Ibid*., pp. 115f.

（8）Id., *Quaestiones in librum secundum Sententiarum*, pp. 291f.

（9）*Ibid*., p. 268. なお、可知的形象は認識対象ではなく、「それでもって知性が認識するもの」であると主張したトマスとの関係においても、オッカムは形象が不要であると論じている（Id., *In librum primum Sententiarum*, dist. 3, q. 6, *Opera Theologica* I; cf. J. Marenbon, *Later Medieval Philosophy*, London/New York 1987, p. 177.〔マレンボン『後期中世の哲学　一一五〇－一三五〇』加藤雅人訳、勁草書房、一九八九年〕）

（10） William Ockham, *Quaestiones in librum secundum Sententiarum*, p. 261.

（11） *Ibid*., p. 272.

（12） Id., *Quaestiones in librum tertium Sententiarum*, pp. 44-54.

（13） K. H. Tachau, The problem of the species in medio at Oxford in the generation after Ockham, *Mediaeval Studies* 44 (1982), p. 439.

（14） Cf. D. C. Lindberg, *Theories of Vision from al-Kindi to Kepler*, Chicago/London 1976, pp. 120f.

（15） K. H. Tachau, *op. cit*., pp. 441-443.

（16） P. Marshall, *Oresme's Questiones super de anima*, p. 48, cited by B. Hansen, *Nicole Oresme and the Marvels of Nature. A study of his De causis mirabilium with critical edition, translation, and commentary*, Toronto 1985, p. 89.

（17） Nicole Oresme, *Questiones super libros Meteororum*, III, q. 13. *De causis mirabilium* c. 1には、完全な見ることが生じるために必要なものとして、光、距離、位置、大きさ、固さ、透明さ、適当な時間、視覚の健全さが挙げられている。

（18） Id., *De causis mirabilium*, c. 1, ll. 201-205; ll. 223-224, ed. B. Hansen. オレームは *De causis mirabilium*, c. 2では「視覚のみによって認識されるのではない可感的なもの」として「遠さ（remotio）、大きさ（magnitudo）、位置、物体性（corporeitas）、形（figura）、連続性（continuitas）、分離あるいは区分（separatio seu divisio）、数、運動、静止、ざらざらしていること（asperitas）、滑らかさ、透明さ（dyafanitas）、深さ（dempsitas）、影（umbra）、暗さ（obscuritas）、美しさ（pulchritudo）、醜さ（difformitas）、類似性（consimilitudo）、多様性（diversitas）」を挙げ、これらは視覚と聴覚によって認識されると言う。これらは、アルハゼンが枚挙する二二の志向から、色と光を除いたものと考えてよいであろう。

（19） *Ibid*., c. 1, l. 206.

（20） Id., *De configurationibus qualitatum et motuum*, II, c. 40.（ニコル・オレーム「質と運動の図形化」中村治訳、上智大学中世思想研究所編訳・監修『中世思想原典集成　一九』「中世末期の言語・自然哲学」平凡社、一九九四年）この個所では幻視が論じられている。それによると幻視は、(1) 注視するものである魂が、(2) 注視されるものである見られるものを、(3) 鏡の様態によってそこにおいて注視されるもの、つまり魂において見ることによって生じる。

（21） Id., *De causis mirabilium*, c. 1, ll. 111f.; l. 195, ed. B. Hansen.

(22) Id., *De configurationibus qualitatum et motuum*, II, c. 32.

(23) Id., *De causis mirabilium*, c. 1.

(24) Roger Bacon, *Perspectiva*, p. 1, d. 9, c. 4.

(25) 「霊的に把握されるということは、形象を通じて把握されるということである」。Nicole Oresme, *De causis mirabilium*, c. 3, p. 1, l. 11.

(26) Id., *Questiones super libros Meteororum*, III, q. 13. 同問題においてオレームは「スペキエスはものの類似であり、物を再現するものである」と述べている。トマス・アクィナスにとって、スペキエスとは対象を種の本性に関してのみ再現するものであった。しかしオレームにとって、スペキエスとは形に関して物を再現するものであったように思われる。

(27) Roger Bacon, *Perspectiva*, p. 1, d. 9, c. 4.

(28) Id., *De multiplicatione specierum*, p. 3, c. 2, ll. 91-95.

(29) Id., *Perspectiva*, p. 1, d. 9, c. 3.

(30) Nicole Oresme, *De causis mirabilium*, c. 2, ll. 129-132.

(31) Id., *Contra divinatores horoscopios*, pp. 258f.「第五元素は単純であり、一つの霊的質、つまり光のみをもっている」。これによると、たとえば、太陽の光が地球に届くという場合、太陽の光は、まず第五元素を瞬時に伝わり、次いで火、そして空気の層を瞬時に伝わるであろう。すると、太陽から地球まで光が瞬時に届くということはないのではないか。それゆえ、オレームが形象の伝達が瞬時的であると考えていたとしても、「一つの媒体においては」という条件の下でのことであろう。

(32) 幾何光学が見ることの説明に導入される前においては、formaという言葉は、トマスにおけるように、essentiaと同じ意味で用いられることがあるが、幾何光学が導入されるようになってからは、見ることの幾何光学的な説明を無視しえなくなり、formaという言葉は、形を意味するようになったのではないかと私は考えているが、それについては他の機会に論じたい。

(33) Nicole Oresme, *Questiones super libros Meteororum*, III, q. 12.

(34) D. C. Lindberg, *Theories of Vision from al-Kindi to Kepler*, pp. 178-208.

第三部　東方キリスト教思想

17　十四世紀ビザンツの哲学的・神学的状況

――ヘシュカズムを中心に――

久松英二

序

「静寂主義」と通常訳される「ヘシュカズム」[1]という用語は広義にも狭義にも使用されうる。前者の場合、この言葉は東方教会の修道霊性・神秘主義全体、換言すると、エジプトの砂漠に最初の修道的生活様式が発生する四世紀から東ローマ・ビザンツ帝国時代に霊性の拠点となったシナイ山やアトス山の修道隆盛期を経て、さらに帝国に隣接するバルカン諸国やロシアなどスラブ世界に伝播された東方キリスト教固有の霊性・神秘神学の底流を成す精神を指すものとして使用される。

一方、伝統的に、そして現在もなお一般的に使用されている「ヘシュカズム」という概念は狭義の意味でのそれである。すなわち、十四世紀のビザンツ世界に起こった特別な修道霊性運動の実践的および理論的体系を指す。ある意味では、この運動をビザンツ修道世界の刷新あるいは改革と特徴づけてもよかろう。西方ラテン教会との軋轢やオスマン・トルコの侵略により衰退の一途を辿っていた十四世紀初頭のビザンツは、宗教的にも斜陽の時代にあった。修道院の富裕化、修道者たちの熱意喪失、形式主義化、生活の無秩序化など修道気運の停滞化は目に余るものがあった。[2] 十四世紀の静寂主義はそうした修道的衰退化に一つの終止符を打ち、遠い一千年の昔エジプトの砂漠にみなぎっていた本来の修道精神を再び蘇らせたのである。この運動は正教霊性の中心地で「修道院共和国」とも呼ばれるアトスの修道者たちによって始められ、それは結果的にビザンツ帝国全土の政教の動向を左右するほどの規模にまで発展し、さらに東方神学全体の総まとめとも言うべき実りをもたらした、ビザンツ霊性・神学史上最も注目すべき出来事である。

では、この運動とは具体的にいかなるものだったのであろうか。それは二つの契機ないし要素から成る。すなわち実践的なそれと理論的なそれである。前者はアトスの修道者たちのなかに発生した、心身技法をともなう「イエスの祈り」と、それを通して「神を見る」、厳密には「神の光を見る」ことができるという主張の普及であり、後者はそうした神秘体験を理論的、思弁的に弁護し基礎づけたグレゴリオス・パラマス（Gregorios Palamas 一二九六頃—一三五九年）およびその追随者たちの哲学的、神学的貢献を指す。われわれの課題はその両者に見られる思想、すなわち、静寂主義的祈りの実践の背後にある人間学的・神秘主義的伝統、および、パラマスに見られるヘシュカズムの理論的契機、ビザンツ神学史上「パラマス主義」とも称せられる領域に注目することにある。

一 「イエスの祈り」の心身技法

この祈りは、現行の形としては「主イエス・キリスト、神の子、われを憐れみたまえ」[3]という唱句からなる短い祈りで、これを幾度も繰り返し唱える正教固有の信心業である。この祈りの唱句の成立およびその実践の仕方の起源は東方修道成立期に遡るものであるが、[4] 十四世紀静寂主義に独特なのは、この祈りの唱句が右に示した形で固定化したこと、および「イエスの祈り」の目指す目的達成のために効果的とされるある種の呼吸法や体位法、いわゆる「心身技法」と呼ばれるものがアトスの修道者たちによって実践されるようになったことである。

「イエスの祈り」の心身技法の典拠として重要なものは、四世紀から十五世紀までの歴代の東方修道師父たち三六名の修徳的、神秘的、霊性的著作からの膨大な選集である『フィロカリア』(5)（Philokalia）に収められている『祈りの三つの型について』(6)（De tribus modis orationis）、およびパラマスの師でもあったアトスの隠修士ニケフォロス（Nikephoros　十三世紀後半歿）の『覚醒と心の守りについて』(7)（Tractatus de sobrietate et cordis custodia）と題する二つの小論文、さらにシナイのグレゴリオス（Gregorios　一二五五頃－一三四六年）の祈りに関するいくつかの文書、(8)およびカリストトス・クサントプロス（Kallistos II Xanthopoulos　十四世紀）とイグナティオス・クサントプロス（Ignatios Xanthopoulos　十四世紀）によって書かれた『百章』(9)（Centuria）である。最初に挙げた二つの小論文は心身技法の基本的パターンを解説した最初期の文書であり、シナイのグレゴリオスや二人のクサントプロスの師父たちの教えもこれに依拠している。『祈りの三つの型について』は『フィロカリア』の中では、著者として新神学者シュメオン（Symeon　九四九頃－一〇二二年）の名が記されている。I・オシェールは一九二七年にその校訂本を出版したが、(10)そこでは『聖なる祈りと注意の方法』というタイトルが原題として付され、しかもオシェールは原著者を今挙げたニケフォロスに帰している。(11)しかし、ニケフォロス作に関しては異論も多く、未解決のままである。(12)とりあえず、本書の著者を「擬シュメオン」と呼ぶことにしたい。著者が確定できなければ、当然この文書の成立年代も不明である。ニケフォロス作が真実だとすれば、早くとも十三世紀後半となるが、そうでなければ、十二世紀から十三世紀にかけて成立したという説もある。(13)いずれにしても、この文書が『覚醒と心の守りについて』とともに、十四世紀のアトスのヘシュカスト（静寂主義者）たちのあいだに絶大な権威を有していたのは確かである。したがって、彼らがどのように「イエスの祈り」を唱えていたかは、両文書に述べられている事柄から充分に推察される。詳しく紹介する紙面の余裕がないので、ポイントのみを列挙する。[14]

(1) 方法

(1) 祈る場所としては修屋（修道者の独房）が指定される。しかも精神集中の邪魔にならぬよう、静かな時を選び、また落ち着いて祈るために部屋の隅が推薦される。[15]

(2) 座る。祈るために座ることが薦められるのは、東方の修道史では特異と言ってよい。なぜなら、それ以前の東方修道伝承では、座ることと祈りとはほとんど無関係で、通常の祈りのスタイルは起立した状態だったからである。[16] したがって、祈るために座るのは、ある意味で「革新的なこと」[17]であった。ところで、静寂主義者たちは、座るとは言っても、直接床の上にではなく、二〇―二五センチメートル程度の高さの低い椅子ないし台の上に腰掛けていたようである。これは両文書には触れられていないが、シナイのグレゴリオスの文書の中にある個所に示唆されている。[18]

(3) 頭を軽く前方に垂れた前傾姿勢。これについて擬シュメオンは「お前の顎鬚を胸部に押し当て、全精神を籠めて目を腹の中央、すなわち臍《へそ》に向けよ[19]」と表現している。こうすると、身体全体は円を描くような姿勢になる。[20]

(4) 呼吸法。東方修道文学史上、最初に祈りの呼吸法に言及するのは擬シュメオンである。[21] 彼は言う。「鼻を通る息の流れを抑えて、たやすく息を吐かないようにせよ。そして、心の場所を見つけ出すよう、腹部を内的な目で探れ」[22]。ニケフォロスの場合、多少表現が変わり、「座ったら、ヌース（精神、知性）を集中させ、それを、すなわちヌースを、おまえの鼻孔に入れよ。鼻孔は息が心臓の中に入るための通り道である。ヌースを押しやって、吸い込んだ息とともに、心（心臓）の中に入れよ」[23]と指示する。精神的概念と身体的なそれとが同じレベルで絡み合っていて、わかりにくい表現である。[24]

(5)　ヌースを心に入れる。擬シュメオンにしてもニケフォロスにしても、呼吸のテクニックという身体動作は「ヌースを心に入れる」という精神作用を目的とする。擬シュメオンの文書にある「心の場所」(topos tes kardias) とは、心が存する場を意味し、彼はそれを「全精神を籠めて」(holo to noi)「内的な目で」(noetos) で探れと言う。いずれもヌースと関連する表現である。つまり、「心の場所」を探す目的とはヌースをそこに導き入れるためであることが暗示されている。しかし、ニケフォロスでは明白である。ヌースをあたかも独立した生命体のごとく、心とは別の場所から心の中へと導き入れる様子が描かれている。しかも、はっきりとそのあとで、「心の場所」にヌースが「入ってしまう」と表現する。[25] ヌースの心への導入という表象は、心はヌースの本来的な座であるという東方霊性古来の伝統的人間論[26]にもとづくものである。擬シュメオンやニケフォロス自身、心をヌースの「住まい」[27]あるいは「自宅」[28]と呼ぶのもそのせいである。[29]

(6)　「イエスの祈り」。このようにして「ヌースが心の中に入った」段階で、初めて「イエスの祈り」が登場する。これが、擬シュメオンやニケフォロスが教示する手順である。近年、欧米でも紹介されるようになった「イエスの祈り」の実践方法には、祈りの言葉の口唱もしくは念誦を呼吸のリズムあるいは心臓の鼓動に合わせるやり方がよく言及されている。その方法は、無名の一ロシア正教徒の巡礼体験を基に書かれたと伝えられ、一八八四年に出版された信心小説『ある巡礼者が霊的師父に宛てた真心からの物語』[30] (Oktrovennye rasskazy storannika) の普及のおかげで知られるようになった。本書では主人公のロシア人巡礼者の独白形式で物語が展開するが、あるスターレッツ（長老）の指示および彼から手渡された『フィロカリア』の中で薦められている事柄に従って、「イエスの祈り」をどのように実践したかが詳しく報告されている。そこでは、この祈りが間断なく長時間にわたって心の中でもしくは唇の動作をともなって唱えられることの必要性が強調されるとともに、[31]その絶えざる復唱の一句一句を呼吸[32]ないしは心臓の鼓動[33]に合わせるという方法が描かれている。しかし、十四世紀の静寂主義の著作にはそこまで練り上げられたテクニックの明確な典拠は存在しない。擬シュメオンにおいても、ニケフォロスにおいても呼吸法その他のテクニックは「イエスの祈り」を唱えるための心身の環境づくり、いわば準備運動である。この祈りは具体的には、ヌースが心の中にとどまったときに称える。[34]その場合、擬シュメオンは「イエス・キリストを呼ぶこと」[35](epiklesis Iesou Christou) という表現しか使わず、またその称名の不断性に関する指示も明確には出てこない。ニケフォロスにはしかし「主イエス・キリスト、神の子、われを憐れみたまえ」という唱句が明記され、しかも「お前はこれをけっして中断してはならない」[36]と強調する。

ところで、ヌースが心の中にとどまったときに初めて「イエスの祈り」が称えられるということは、つまり「イエスの祈り」の本来の場は「心」(kardia) であるということだ。「イエスの祈り」が「心の祈り」とも呼ばれる由縁である。遠く一千年前、東方修道制の理論的基礎づけに最大の貢献を果たしたエウアグリオス・ポンティコス (Euagrios Pontikos　三四五頃―三九九年) 以来の伝統によれば、真の祈りとは沈黙の深みにおいてなされる言語化を拒む「純粋な祈り」であり、それはまた「知性の祈り」(noera proseuche) とも呼ばれる。重要なことは、この「知性の祈り」の主体ないし器官が「ヌース」に帰されるということである。エウアグリオスの言う「ヌース」とは、しかし単なる合理的理解の装置、われわれが日常使う「頭」と同一ではない。彼にとって「ヌース」は「神の似姿」そのものであり、それゆえ神の現存と人格的に出会う人間的経験能力のすべてを意味していたのであるから、[37]ヌースで祈るとは単に「頭で」ではなく、人格の中枢において祈ることをいう。

しかしながら、東方霊性史において、神との人格的、経験的出会いの場は、時とともにヌースから「心」に移行するようになった[38]。東方における「心」は単なる情感の座ではなく、人間の「全体的」生命活動、したがって知的、情的、意志的そして身体的営みの根源であり、言い換えれば身体と魂それぞれの活動を統括する人格的統一の場である。一方、ヌースという言葉は相変わらず東方神秘主義思想の重要な概念として存在しはするが、それはもはや心の一部、心の一機能、すなわち知的活動としてのみ理解されるようになった。「ヌースを心に入れる」という静寂主義的表現は、したがってロシアの神秘家隠修士フェオファーン（Feofan Zatvornik　一八一五–九四年）の言葉を借りれば、人間の内部活動が「脳から心に下降する[39]」ことを意味する。かかる概念の変遷にともなって、エウアグリオス流のヌースの祈りは、後に「心の祈り」に取って代わるが、祈る主体はあくまでもヌースであるという理解は保持されているので、K・ウェアーも正しく指摘しているように、「心の祈り」は厳密には「心の中のヌースの祈り[40]」と呼ばれるべきである。この「心」という人間の全体的営みの根源からイエスの名を呼び求め、彼との全人格的な一致の内に生きることを目指すのであるから「心の祈り」は同時に「イエスの祈り」と呼ばれるのである。

（2）効　果

(1)　諸念の除去。まず「イエスの祈り」の直接的効果は、静寂における内的沈潜を邪魔する雑念、想念、情念を追い払うことにある。擬シュメオンは、もしなんらかの思いが浮かび上がってきたら、それがイメージとして形を取る以前にイエスの称名でもって払拭せよと命ずる[41]。ニケフォロスにおいては、この祈りは悪霊どもの襲撃をも寄せつけない力をもつものと教えられている[42]。イエスのみ名を呼ぶことで、雑念や情念を撃退するという考えは、すでに砂漠の師父たちの時代に実践されていた「絶えざる祈り」の伝統にまで遡ることができるが、とりわけシナイ霊性に直接的源泉を見出すことができる。[43] 内的沈潜状態はけっして恍惚とした忘我的・催眠的境地と同一視されておらず、逆に高度に研ぎ澄まされた識別力をともなう覚醒の状態である。それは、自己の内部から湧き起こって、心の静寂を脅かし、あるいは罪へと駆り立てる「諸念」(ロギスモイ)に対する恒常的な監視、防衛の心構えをいう。伝統的にこの内的態勢は「ネープシス」(目覚め、素面)と呼ばれ、その内的ダイナミズムは「プロソケー」(注意、監視すること)と呼ばれてきた。両概念は砂漠の師父時代以来、東方修道者たちの修行理論に欠かすことのできないキーワードとなっている。[44] 特に、シナイのヘシュキオス(Hesychios 八―十世紀)以来、ネープシスは修道者の霊的身体的「修行」(プラクシス)[45] の目的そのもの、いや、ネープシスそのものが「プラクシス」の代名詞と見なされるほどの重要な概念となったのである。[46] また、祈りにおける「プロソケー」の重要性は、「祈り」(プロセウケー)との語呂合わせを利用した覚えやすいいくつかの格言に現れている。「プロソケーなくしてプロセウケーあらじ」あるいは「プロセウケーはプロソケーの娘なり」がその例である。[47] そして、「イエスの祈り」はまさにこのネープシスおよびプロソケーの伝統との深い関わりの中で生まれてきた具体的実践である。

(2) 光を見る。擬シュメオンによると、「ヌースが心の場所を見つけると」、ヌースは「自身が光に完全に包まれているのを見る」。[48] つまり、ヌースは自己自身が光り輝いているのを見るということなのだが、この表象はエウアグリオスに遡る。彼によれば、修道者とは精神的肉体的「修行」(プラクシス)の段階を経て、「自然的観想」(theoria physike)、すなわち、あらゆる被造物に隠されている神的事柄(ロゴイ)を読み取ること、いわば被造物と神との関連性における霊的認識の段階を指し、その後ついに「神智的観想」(theoria theologike)に達することで自己完成に至ると説いた。以後、この完徳に至る三段階の道のりは東方の修道生活を本質的に構成する要素となった。[49] 最終目的は「神智的観想」であるが、これをエウアグリオスは「聖なる三位一体の観想」または「聖なる三位一体の認識」[50] と呼ぶ。だが、これは三位一体の神を直接見る、言い換えれば、神の「本質」を見るということではけっしてない。東方神学によれば、人間はこの世においてはもちろんのこと、さらには西方神学の教理と違って、来世に訪れる終末的至福においてさえ、神の本質を直視することはできない。[51] 神的本質の絶対的把握不可能性、いわゆる「神的暗闇」は東方正統信仰の確固たる原則である。[52] ならば、三位一体の観想と言われるものの内実は何であろうか。それは「光に包まれたヌースの自己直視」である。エウアグリオス以来の伝統によれば、「神智的観想」とはすべての情欲と諸念（ロギスモイ）から脱却した絶対沈黙の「純粋な祈り」を通して実現される。「修行」も「自然的観想」もこの境地に至るための訓練過程である。「純粋な祈り」においてヌースは「自己固有の光を見始める」[53]。なぜなら、ヌースは「祈りの際、聖なる三位一体の光に参与する」[54] からである。つまり、ヌースの光輝は三位一体の光の反射として捉えられているのである。前出の擬シュメオンにおけるヌースの「自身が光に完全に包まれているのを見る」という表現も、エウアグリオス以来の古い伝統的表象なのである。

だが、擬シュメオンにあるような光の神秘体験と「イエスの祈り」の結びつきはエウアグリオスには見られない。それはもう少し後の時代に活躍したフォティケーのディアドコス（Diadochos　四〇〇頃－八六年以前）に遡る。彼の時代には「イエスの祈り」の起源である、イエスの名を含むごくわずかな言葉からなる祈り、西方では「射禱」、東方では「モノロギア」（単一の言葉）と呼ばれる祈りが種々のかたちで普及しており、修道者たちはこれを「絶えざる祈り」あるいは「黙想」の中心的な素材としていた。[55] そこで、ディアドコスはこのモノロギアの効果として、人がこれを心の深みで絶えず黙想するならば「ついにその固有のヌースの光を見ることができる」と述べている。[56]

なお、ディアドコスは光の体験に関するエウアグリオスの素朴な表現をそのまま再録しているのに対し、十四世紀へシュカズムの実質的な開拓者とみなされている新神学者シュメオンはそのような伝統的表現の繰り返しには満足せず、光の神秘体験の内実を自身の個人的体験にもとづいて、きわめて生き生きとまた詳細に描写した。この神秘体験は、いかに個人的であろうと、J・グィヤールの言葉を借りれば、「彼の目にはキリスト者の完全性の普遍的プログラムであり、権威ある霊的生活のモデルでさえある」[57]。たしかに彼は、神はその本質においては把握されないという従来の不可知論にとどまってはいるが、その「働き」（エネルゲイア）としての光の内に神を見る神秘思想を彼自身の体験描写で説くという仕方はビザンツ霊性史では特別の位置を占める。そこで重要となる契機は、現実的な神の恵み、すなわち聖霊の働きを「感覚すること」（aisthesis）である。東方修道史において、恵みの体験に不可欠ないわゆる「霊的感覚」（aisthesis noera）が特に恩恵をめぐる議論に占める位置は、『霊的講話』[58]（Homiliae spirituales）の著者擬マカリオス（Pseudo-Makarios 三八〇／四三〇年活動）、アンキュラの修道院長でのちに隠修士となった隠修士《エレミテース》マルコス（Markos Eremites 四三〇年以降歿）またディアドコスなどによって五世紀以来強調され始め、新神学者シュメオンにおいて頂点に達した[59]。そして、十四世紀においてはもはやこれなしには静寂主義霊性について何も語りえないほど重大な概念となっている[60]。

さらに、強調すべきことは、シュメオンの言う光の内なる見神とはもっぱら「キリストを見る」ことにほかならないということである。彼にとって、光はキリストと同一でさえある[61]。この光のキリスト中心主義的解釈はアトスの静寂主義に対し少なからぬ影響を与えたのは事実である。エウアグリオス以来の伝統では光は三位一体から輝き出るものであって、それ以上でもそれ以下でもない。しかし、アトスのヘシュカズムにおける光の神学において特徴的なのは、観想される光が、タボル山での変容の際三人の弟子たちが目撃したキリストの体を包んだ光[62]（「マタイによる福音書」一七・一－一九、「マルコによる福音書」九・二－一〇、「ルカによる福音書」九・二八－三六参照）と同定されたことである。ヘシュカストたちがタボルの光を求めたのは、教父伝承の中で変容物語は復活のキリストの先取りであり、また再臨における栄光のキリストの先触れと解釈されていたからである。三人の弟子たちがこの栄光に浴すことができたのは、まさに弟子たち自身が変容されたからであって、その変容の可能性は彼らだけに限らずすべての人間にも起こりうる、つまり栄光に輝くキリストの姿を「見る」人間へと変容されうる「神化」の可能性を観想における光の神秘体験の中に見出した。[63] 擬シュメオンやニケフォロスの文書にこの考えは見出されないが、他の静寂主義的著作には頻繁に言及され、とりわけ変容物語を解説した講話や説教の中心的テーマとして取り上げられている。[64] この観想における光体験を変容における弟子たちの光体験の出来事と対比させた例はすでに擬マカリオスに見出されるが、[65] それによってエウアグリオス的な光の神秘主義は一つの新しい解釈をまとった。この伝統がパライオロゴス期（一二五八－一四五三年）ビザンツ世界で「タボルの光」という標語のもとに開花したのである。

（3）　心身技法の意義

心身技法の直接的な目的は、既述のように、ヌースを心に導入し、そこにとどまらせるということである。しかし、ヘシュカストたちの使うこの表現は、実際にはそもそも何を意味しているのだろうか。彼らの目指すものとは、そういう身体的生理学的手段でもって、徹底した内的静けさ、オシェールの言葉を使えば、完全なる「魂の静寂」[66] を獲得することである。このようなラディカルな内的沈黙は最高度の精神集中の状態であって、けっして無為を意味しない。われわれは先に、祈るために「座る」ということが静寂主義の一大特徴であると述べたが、これも結局は静寂を目指すためである。座った姿勢というのは言うまでもなく「安定した」姿勢であって、それは精神の安定へと結びつく。世界の主要な宗教に見られる祈りの動作を研究したTh・オームによると、「正しく落ち着いた座の姿勢はあらゆる煩忙、騒々しさ、肢体の強直、苛立ち、散漫、混乱に対する効果的な治療法である。座ることで、人は自己に戻り、自己を集中させることができるのである」[67]。呼吸法もまた然りである。「身体を落ち着かせるものはすべてまた魂をも落ち着かせる、という考えは正しい。それゆえ、まったき静けさの内に神的事柄の観想に専念し、いつも神と語り合うことができるように、呼吸を制御し落ち着かせることは道理に適っている」[68]。さらに、擬シュメオンの言う臍ながめの姿勢も、オームに言わせると、けっして不思議なものでも怪しいものでもない。「内的に集中し、また集中した状態を保とうとする者は、無意識的に頭を沈めるものだ。頭を沈めるならば、腹部を眺めるのは、まったく当たり前である」[69]。このように心身テクニックはすべて密度の高い内的静寂を目的とする。

しかしながら、こうしたラディカルな静寂に達するならば、人は自動的に光の神秘体験という至福の境地に入るのであろうか。擬シュメオンやニケフォロスの文書はややもすると恵みの体験が人為的に可能であるかのような錯覚を起こさせる。だが、ヘシュカズムの教師たちはこの体験は純粋「上からの」、つまり神からの特別な恩恵であるという確たる信念をもっている。「タボルの光」の体験、エウアグリオスの用語では「神智的観想」、これは全面的に恵みに依存し、ふさわしい者だけに与えられる特権的な賜物なのである[70]。心身技法はあくまで「受け皿」の態勢を整えることにのみ意義をもっているのであり、そこに中身が盛られるか否かは神の権限に属する事柄である。さらに、このような祈りのテクニックは有益な手段として推薦されてはいるものの、けっしてすべての人に効果をもたらすものでも、必要不可欠なものでもない。事実、ニケフォロスは長々と心身技法について述べたのち、もしこの方法でうまくヌースを心（心臓）に押し込むことができなければ、ただ「イエスの祈り」のみに集中すればよい、という指示を与えている。(71) つまり、心身技法の効果は絶対ではないことを彼は認めているのである。また、シナイのグレゴリオスは、指導する相手の能力や傾向を鑑みて、ある場合には体位法かつ呼吸法を薦めるのに対し、ある場合には体位法のみしか薦めていない。誰にでも通用するテクニックはありはしないというのが彼の考えである。(72) それどころか、一歩誤れば、この技法は激しい性的衝動や幻覚症状などをともなう精神錯乱状態に陥らせる危険がある。グレゴリオスは、そういった異常心理は悪魔に起因する「錯誤」(plane) であって、けっしてこれを真の観想と取り違えないよう警告し、そのために心身技法はかならず「識別能力」(diakrisis) を充分具えた経験ある師の厳重な指導のもとになされなければならないと戒めているのである。(73) 実際に東方では時代とともに心身技法に対する警戒心が次第に強くなり、現在ではこれを実践する者はほとんど見られなくなっている。(74) しかしながら、「イエスの祈り」そのものはますます東方世界に浸透してゆき、いまや「正教の心臓(75)」と言われるほどに信徒の生活に根づいている。(76)

二　グレゴリオス・パラマスの哲学的・神学的貢献

十四世紀ビザンツの静寂主義を特徴づけるもう一つの局面は、パラマスとその追随者たちによるヘシュカズムの哲学的・神学的体系の構築である。これはビザンツ帝国の政権争いまで巻き込んだいわゆる「静寂主義論争」の嵐を通して結実した。以下、この論争の経過を素描し、ついでパラマス思想の中核を吟味したい。

（1）　静寂主義論争の経過

グレゴリオス・パラマス[77]は十三世紀末にコンスタンティノポリスに貴族の子として生まれ、時のビザンツ皇帝アンドロニコス二世パライオロゴス（Andronikos II Palaiologos　在位一二八三―一三二八年）の宮廷で育ち、学問に研鑽したが、二〇歳の頃に突然修道生活を志して、アトスに入山。約二〇年間の修行中、一時的にニコデモス（Nikodemos）というヘシュカストや先に挙げたニケフォロスのもとで静寂主義的祈りの実践を学んだ[78]。

静寂主義は事柄の性質上「孤独」を前提とするものであるから、本来は砂漠のアントニオス（Antonios　二五一頃―三五六年）以来の独居的な修道生活、いわゆる「隠修制」（anachoresis）の中から育まれた伝統である。したがって、ヘシュカストは「隠修士」（エレミテース）と同義でもありえた。しかし、他人と没交渉での生活は、一歩誤れば人格形成に異常を来すこともあろうし、共同体の典礼や秘跡に対する軽視の危険もありうる。エジプトのパコミオス（Pachomios　二九〇頃―三四六年）に遡る共住的修道生活、いわゆる「共修制」（koinobion）はこうした隠修制の危険を回避し、共同生活を通して完徳を目指すために設けられた。この共修制の伝統はカイサレイアのバシレイオス（Basileios　三三〇頃―七九年）によって確立され、さらに彼の精神を受け継いだテオドロス（Theodoros　七五九―八二六年）は、ビザンツ中期の修道制の拠点となったコンスタンティノポリスのストゥディオン修道院の院長として共修制の刷新を図った。だが、共修制にも富裕化による弊害や生活の形式主義化の危険もあり、ために隠修制と共修制はビザンツにおいて常に緊張関係にあった。しかし十一世紀頃からこの二つの生活様式はかなり融合したものとなり、結果、アトスでは静寂主義はいわば半隠修制のなかで発展することとなったのである。それは、平日には孤独の中で、あるいは数名の修道者の共同体の中で修行と祈りに専念し、週末には最寄りの修道院の聖堂で典礼に参加するという生活形態であった。パラマスが送った修道生活とはこれであった。

パラマスは三〇歳のときテッサロニケにて司祭に叙階され、数年後アトスにあるエスフィグメヌー修道院の院長となったが、まもなくサバス修道院に移る。コンスタンティノポリスに活躍していたイタリアにあるビザンツ帝国領カラブリア出身で博学なギリシア人神学者であり修道者であったバルラアム（Barlaam　一二九〇頃－一三四八年）の噂を耳にしたのはこの頃であった。

バルラアムは熱心な正教の信徒であったが、同時に当時の西欧思想、特に唯名論に影響されていた。一三三〇年頃コンスタンティノポリスに移り、時の皇帝アンドロニコス三世（Andronikos III　在位一三二八－四一年）の治世下宰相の任にあったヨアンネス・カンタクーゼノス（Ioannes IV Kantakouzenos　一二九六頃－一三八三年）の知遇を得て、帝国大学の講座を与えられ、哲学者としての名声を博した。ところで、当時コンスタンティノポリスに総主教座を置くビザンツの東方正教会はローマ教皇を頭とする西方ラテン教会と一〇五四年以来分裂状態にあったが、帝国周辺を脅かすオスマン帝国や西方からの攻勢をかわす政治的・軍事的意図から何度か再合同のための交渉が試みられた。当局からだけでなく、コンスタンティノポリス総主教ヨアンネス一四世カレカス（Ioannes XIV Kalekas　在位一三三四－四七年）からも信任を得ていたバルラアムは、一三三三年から翌年にかけて行われた教皇ベネディクトゥス一二世（Benedictus XII　在位一三三四－四二年）の使節団との再合同のための交渉に、ビザンツ教会の使節としての重任を果たしたが、このことがきっかけで、彼は東西両教会の分裂に関する一八の論文を公にした。(79) その中で最も問題となったのは、分裂の教理上の争点である「聖霊の発出」に関する議論である。東方では本来の「コンスタンティノポリス信条」（DS 150）にあるとおり、聖霊は「父から」発出すると主張するが、西方では、七世紀にはこの信条に「子からも」（filioque）という一語が挿入されたものが一般的に受け入れられており、聖霊は父と子の両者から発出するとの立場をとる。このいわゆる「フィリオクェ」をめぐって両教会は数世紀にわたって論争してきたのであるが、[80] この問題に対するバルラアムの見解は明快であった。もともと唯名論のみならず、偽ディオニュシオス・アレオパギテス（Dionysios Areopagites 五〇〇年頃）にも深く傾倒していた彼は、人間知による神把握の不可能性を正統信仰の唯一の柱とみなしていた。したがって、神がまったく不可知なものである以上、聖霊の発出について知る由もなく、それを議論するのはラテン人にしてもギリシア人にしても思い上がりである、というのがバルラアムの主張であった。

バルラアムのこの唯名論的不可知論を耳にしたパラマスはサバス修道院から、かつての弟子グレゴリオス・アキンデュノス（Gregorios Akindynos 一三〇〇頃－四八年）およびバルラアム本人と度重なる往復書簡を交わし、神はたしかに認識しえないが、一方で神は自分を啓示する方でもあるのだから、その限りにおいて人は神を認識することができる、この認識はしかし人知を超えた超自然的認識であるが具体的・現実的なものである、と主張した。この認識の可能性は創造・救済・秘跡・人間の神化というかたちで顕現する神の「エネルゲイア」（働き、活動）にある。神の「本質」（ウーシア）は永遠に不可知であるが、エネルゲイアを通して人は神に近づき、神を見ることができ、神との交わりに与る。それがパラマスの根本主張であった。アキンデュノスはパラマスともバルラアムとも親しく、両者の仲介を図ろうと努めたが、成功しなかった。

そうした緊張関係の中で、バルラアムは一三三八年テッサロニケやコンスタンティノポリスで初めてヘシュカストたちと直に接し、彼らの祈りの実践内容とそれによって肉眼で神の光を見るという、明らかに無教養な修道士らによる発言に驚愕した。こうした情報を集めたバルラアムはヘシュカストたちをボゴミル派もしくはメッサリア派[81]の異端と同一視して非難する文書を出した。そこで、同年パラマスは修道士たちの求めに応じて『聖なるヘシュカストのための弁護・三部作[82]』（Sermones de iis qui sacrae indulgent quietudini）の第一部を著し、こうして世に言う静寂主義論争の火ぶたが切られたのである。同第二部は翌年の一三三九年に書かれ、その中でパラマスは、タボルの光を見ることの可能性を、神の本質とエネルゲイアの区別という概念でもって説明した。さらに、その他の教説について、パラマスは一三四〇年から翌年にかけて『聖山教書』[83]（Hagioriticus tomus pro Hesychastis）にまとめあげ、アトスの修道者たちの署名入りで発布した。これに対し、バルラアムはさらなる論駁書を書いたが、これは今は失われている。そこで、パラマスは『三部作』の残り第三部を著し、タボルの光の神的性格について論じた。

ここから、教会の公的な立場が介入する。主にパラマスを支持する平信徒や修道士らとバルラアムに賛同する知識人たちとの対立が深刻になってきたからである。そこで皇帝アンドロニコス三世は一三四一年の六月と八月にコンスタンティノポリスのハギア・ソフィア大聖堂にて主教会議を開催した。結果、パラマスが支持され、バルラアムが断罪され、もともと後者を重用していた総主教のカレカスも仕方なくその決議文[84]に同意、署名した。同時に、最初パラマスとバルラアムの和解に苦心したが、まもなく反パラマス派に転じたアキンデュノスも断罪された。バルラアムは六月の会議直後すでにイタリアに戻り、カトリックに改宗し、カラブリアの一地方の司教として一三四八年に歿した。晩年にはペトラルカ（Francesco Petrarca　一三〇四－七四年）にギリシア語を教授したことで有名である。

だが、静寂主義論争はこれで終わったわけではない。これに宮廷内部の政治紛争が絡んでくることになったのである。それは皇帝、摂政、宰相といった国の支配者たち、および総主教がパラマス派と反パラマス派それぞれの立場を支援しつつ、権力争いを起こしたからであった。複雑な経過の詳細は省くが、パラマスは彼を擁護するカンタクーゼノスが反パラマス派の総主教カレカスと海軍司令官の企てたクーデタによって解任されたのを期に、一三四三年異端嫌疑で逮捕、翌年ヘシュカズムの異端宣言とともに破門の憂き目に遭った。[85] しかし、アンドロニコス三世の急死（一三四一年）によって後継で幼少のヨアンネス五世（Ioannes V Palaiologos 在位一三四一－九一年）の摂政についた亡き帝の后アンナ（Anna 一三〇六頃－五五年）が、一三四七年の主教会議でカレカスを罷免し、[86] さらに失脚していたカンタクーゼノスが同年返り咲いて、簒奪者皇帝として帝位に就いたことでパラマスは復権し、さらに同年テッサロニケの大主教となった。しかし、それでも論争はなかなか収まらなかった。そこでカンタクーゼノスは一三五一年に主教会議を開催し、パラマスの最後の論敵ニケフォロス・グレゴラス（Nikephoros Gregoras 一二九〇／九一ないし九三／九四－一三五八／六一年）を含む反パラマス派を排斥に追い込んだ。同会議の決議文は、[87] ギリシア正教会がパラマスの教説を公認する正式な文書となった。さらに、翌一三五二年、パラマスの教説および反対派の排斥に関する総括文が「シュノディコン」[88]（公会議文書集）に収められ、その後典礼書にも採用された。

パラマスは、一三五九年一一月二七日テッサロニケに歿し、一三六八年にかつての弟子でコンスタンティノポリス総主教フィロテオス・コッキノス（Philotheos Kokkinos 在位一三五三－五四年、および一三六四－七六年）により列聖。ギリシア正教会は一一月一四日およびとくに四旬節の第二主日にパラマスを記念している。

(2) パラマス思想の核心

パラマスをめぐっては、これまで膨大な研究がなされているが、神における「本質」と「エネルゲイア」の「区別」をめぐる議論が研究の中心テーマであることからわかる通り、この問題はパラマス思想の中核を成し、静寂主義の実践的・理論的教説はすべてこの一点に収束する。しかし、これを正確に理解するためには、その前提となる人間の「神化」に関する思想、および静寂主義論争の基底を成す「二律背反」と「神の知」に関わる争点について触れておかねばならない。(89)

(a) 神　化

「神化」と訳されるギリシア語の「テオーシス」という概念は東方神学のキーワードである。神化とは人間が「神の本質に与る」(二ペト一・四)ことであり、それは古代ギリシア教父たち以来の救済論を端的に言い表す概念である。ところで、西方教会の教理伝承の救済論はパウロの贖罪論が主たる出発点であるが、東方ではそれよりむしろヨハネの受肉思想が出発点である。贖罪論において考えられる無償の恩恵による義化は東方でもけっして否定されてはいないが、その主眼は堕罪によって傷つけられた人間本性の「治癒」というよりも、むしろその「高揚」に置かれている。この人間本性の高揚の究極がつまり「神化」なのである。そして、人間にこの神化の可能性をもたらしたものは「受肉」である。神の子が人となったのは、神を通して人間本性が高められ、神の本質に与らしめるためであった。したがって、受肉の目的は実に人間の神化である、というのが東方神学固有の発想である。(90)

さらに神化は究極的には「不死性」への与りを意味し、(91)それはあくまでも彼岸に属する事柄ではあるが、ただし神化へのプロセスはすでにこの世の生において開始している。そこで重要になってくるのが「教育」である。教父たちの神化思想はプラトン以来の古代哲学に見られる教育思想に深く影響されてきた。そこでは教育とは神的原型の「模倣」のプロセスであって、模倣することでますます神的原型に「類似」したものとなる。こうした概念的素材をのちのギリシア教父たちは聖書の記述にもとづいて(創一・二六―二七、詩八二・六、マタ五・四四―四八、使一七・二八―二九、ガラ三・二六、二ペト一・四参照)キリスト教的に焼き直したのである。(92)とりわけ「模倣」と言った場合、それは「徳の実践」を意味する点ではキリスト教と一致しているし、「神に類似したものとなる」とはキリスト教で言う「神化」とパラレルである。だが、その場合に異教哲学やさらにグノーシス主義と決定的に異なる点は、神化は人間が「神の像」として造られたという聖書思想を前提とするが、それだけでは十分条件とはなりえず、その可能性は神の子の受肉とその他の救いの業によって初めて開かれ、聖霊の力によって教会の秘跡、すなわち洗礼と聖体を通して実現へと導かれること、および創造者なる神と被造物なる人間の絶対的隔絶が確保されており、たとえ人間の徳の実践が前提であっても、その延長線上に神化があるとか、自動的に神化されるというわけではなく、神化はあくまで神の方からの一方的な無償の恩恵である、ということである。(93)

さらにもう一点留意すべきことは、人間が神化の賜物を受けるとき、心身統一体としての人間「全体」が神化されるということである。人間を肉体と魂の「合体」と見て、神的要素は魂の内にのみ存し、肉体はそれを閉じ籠める牢のごとく考えるプラトン的人間観ではできる限り「非肉体的」になることが理想とされるが、そういう心身分裂を主張しない聖書的人間観に立つ東方神化思想では、精神や魂のみならず肉体を含めた全人間が神化されると考えられている。大森も指摘しているように、「こうした身体をも巻き込んだ神化という考えは、ややもすれば精神や魂だけを取り上げ、身体をも含めた人間の全体を視野におかない、ある種の偏向的な考えに鉄槌を下すものであると言えよう」。(94)

(b) 二律背反

さて、人間を神化する賜物はすでにこの世において、特に選ばれた者、聖人と言われる者に、究極的神化の先触れないし保証とも言うべき神秘体験をもたらす。それが上述した古来の修道神秘思想で言われる「神智的観想」、すなわち神の光を見る体験である。東方教父たちにとって、神が光として現れ、それを「見る」という考えはけっして新奇なものではなく、古い伝統に育まれている。もちろん「見る」とは言っても、それは通常の視覚の働きによるのではなく「神化する賜物」である聖霊の力によって人間自身が変容され、言わく言いがたい仕方で「見る」のである。(95) この体験はあくまで神秘に属するが、一方で東方には神的本質の絶対超越性を断固として正統とみなしている。すると、神の限りなき近さを主張する体験の神秘主義と神の限りなき遠さを主張する神人断絶の神学は明らかに矛盾しているように見える。だが、東方はこれを矛盾するものとしてどちらかを拒否するということはなく、いずれも真なるものとして、したがって西洋の合理的思考に馴れている者にとっては理解しがたいかたちで調和を保っている。それはパラマスの次の言葉にはっきりと現れている。「われわれ人間は神の本質に与ることができないとも言えるし、ある意味では、与ることができるとも言える。われわれは神の本質に与るが、しかもなお神の本質にまったく近づくことができない。この相反する二つのことをわれわれは同時に肯定し、この二律背反を信仰の規準として守らねばならない」(96)。十四世紀の静寂主義で最も特異な点とは、この二律背反が東方神学史上最も明確に主題化され、一三四一年と一三五一年の主教会議で、東方教会の「教理」として初めて公的に確認されたことにある。

教理化への動因となった静寂主義論争の根本原因は、バルラアムが見神の神秘主義と神人断絶の神学という二つの極のうち後者を一方的に強調することによって、その調和を危うくさせたことに存する。もっとも、バルラアムの言葉を信じるならば、心身技法で神を肉眼でも見ることができると発言した一部のヘシュカストたちの無節操な神秘主義にも責任があったことは否めない。そこで、パラマスは始め、バルラアムを躓かせ、それゆえヘシュカストたちを「オンファロプシュコイ」(臍に魂をもつ輩)(97)と揶揄せしめた心身技法について弁護せざるをえなかったが、(98) バルラアムの攻撃はすぐに「神を見る」ことの可能性へと向けられた。パラマスは、この問題と取り組むことによって、バルラアムによって危うくされた二極の均衡を哲学的・神学的に再確認したのである。

(c)　神の知

バルラアムとパラマスの違いは、根本的には「神を知る」とはどういうことかをめぐる解釈にあった。バルラアム対パラマスは、要するに理性的な神の知と体験的な神の知、思惟的認識と神秘的認識の対立という構図であった。ただし、バルラアムは神認識のために人間理性の行使を唯一の方途としたとはいえ、それは東方的な「否定神学」の枠内においてであった。バルラアムにとって人間知の最高形態は諸々の存在者に関する概念的、哲学的知であるが、存在者の根源そのものである神は概念を超えたものであるから、人間には認識不可能である。だから「神は何々でない」という仕方で、神から種々の属性を除去し、いわば知らないということによって神を知ろうとする否定神学こそ人間に許された唯一の営みである。こうして最終的には思惟の働きの停止を要求するが、そこに至るまではあくまでも世界の諸事物の認識から出発する思惟が前提となっている。これに対し、パラマスが意図している「神を知る」とは理性の道による認識、概念的知を意味しているのではなく、祈りと修行という実践の道の目的である観想における「神との一致」、いわば体験的知を指す。このいずれの方途も東方伝統の中で共存できたのは、両者の依って立つ次元が学知から出発する次元と体験から出発するそれというふうにもともと異なっており、けっして同一平面上で対立ないし排斥し合う関係にはなかったからである。しかし、十四世紀の静寂主義では事情が変わる。異質なレベルにあったこの二つの伝統がバルラアムの登場によって同じ土俵の上で対立させられることとなった。つまり、観想における神との一致という神秘体験が彼によって学知のレベルに引き降ろされ、その理論的妥当性の検証を迫られたのである。(99) ロースキィの言葉を借りれば、「啓示と宗教体験の神」と「弁証論と智者の神」との一騎打ちとなったのである。(100)

バルラアムの思想には、一方には、認識とは知覚、すなわち感覚の経験にもとづくものにほかならないというアリストテレスの理論があり、他方に、神は感覚体験の彼方にあるがゆえに認識不能であるという新プラトン主義の理論があって、したがって「神を知る」とは言っても、それは諸事物を通しての「間接的な」認識でしかありえず、体験的神の知とか神秘的認識と言われるものもあくまで「象徴」的現実にすぎない。[101] こうした視点から、彼はパラマスの説く観想における神との一致において体験される「タボルの光」を批判する。既述のように、アトスのヘシュカズムにおける光の神秘体験に特徴的なのは、観想される光が、タボル山での変容の際三人の弟子たちが目撃したキリストの体を包んだ光と同定されたことである。この光を通して見えざる神を「見る」ことが、つまりヘシュカズムのいう神との一致であり、神の本質への与りである。しかし、問題はその「光」とはそもそも何かということである。バルラアムにとって、それは「象徴」か一種の「幻」であって、それを通して神を見るとは言っても、それは「象徴的な幻」を介する出来事である。[102] だから、神との一致とか神の本質への与りもけっして現実的なものではありえない。実はここから、パラマス神学の本領が発揮されることとなる。

(d)　神における本質とエネルゲイアの区別

もし、観想において体験されるタボルの光が単なる「象徴的幻」にすぎないのであれば、神の本質への与りは幻想であり、偽りに終わるであろう。そうなると、観想における神との一致が東方神秘主義の核心なのであるから、バルラアムと同じく神秘主義そのものの真実性の否定につながる。この真実性はあくまで体験に根ざすものであるから、これを言葉で弁護すること自体土台無理な話であるが、パラマスはあえてその役割を買って出たのである。

(d)－i　神との一致　　問題はそもそも「神との一致」は神学的にどう基礎づけられるのか、ということである。繰り返しになるが、パラマス神学の核心は、神がまったく近よりがたい者であると同時に被造的存在者と交流するという、神の接近不可能な本質がもつ接近可能性という二律背反である。このどちらをも堅持しなければならないということは、まず接近不可能性について言うならば、神との一致とはけっして人間が三位一体の本質自体との同化、つまり本質的な意味で神になってしまうことを意味しない。もしそうなら、無数の神々が産み出されることになる。あるいは、三位一体のどれか一つのペルソナとの一致でもない。たしかに、われわれはキリストと同じ人性を有し、キリストの受肉によって神の子という名を受ける。が、けっして受肉の事実によってわれわれが子の神的ヒュポスタシス（hypostasis　位格）になるわけではない。だからわれわれは三位一体の本質にもヒュポスタシスにも与ることができない。にもかかわらず「神の本質への与り」（二ペト一・四）という神の約束は幻想であるはずがない。そこで、神においては、神的本質とペルソナとの区別のほかに、神が同時に分割不可能でもあり分割可能であるということを定立させるもう一つの区別がなければならない。それが、神の「ウーシア」（本質）と神の「エネルゲイア」（働き、活動）の区別である。前者は近接不可能で不可知で伝達不可能な固有の本質であり、後者は、パラマスによれば神の予知能力、意志、存在、神たること、光、真理、生命、不死性、単純性、永遠性といった神の種々の属性であり、肯定神学的に言表され[103]、神的本質と切り離せない力であるが、その中で神が外へ発出し顕現し、自らを与える活動を意味する[104]。この両者の区別についてパラマスは、神的で神化させる照らしと恩恵は、神の本質ではなくそのエネルゲイアであることを強調し[105]、「神の本質はそれ自体においてではなく、ただそのエネルゲイアにおいて分有可能であると言明することで、われわれは信仰の内にとどまるのである」[106]と語る。

この区別は、パラマスが導入した新しい思想ではなく、あまり明白ではないかたちであるが、古来東方ギリシア教父に見られる。たとえばカイサレイアのバシレイオスは「われわれはわれらの神をそのエネルゲイアの内に認識するのだと断定するが、しかし本質において神に接近するなどとはまったく言えない。なぜなら、たとえそのエネルゲイアがわれわれの許に降りてくるとしても、その本質は接近不可能のままとどまるからである」[107]と言っている。また七世紀のビザンツ神学者である証聖者マクシモス（Maximos Homologetes; Maximus Confessor　五八〇―六六二年）は「神はわれわれと交流する点で分有されうる。しかし、その非交流的本質によれば、彼は非分有者としてとどまる」[108]と述べて、人間へ働きかけるエネルゲイアと接近不可能な神の本質との区別を表明している。ただし、パラマスが頻繁に引用しているディオニュシオス・アレオパギテスには、エネルゲイアと本質の区別ははっきりとは言明されていないが、パラマスはマクシモスらの影響の下にディオニュシオスを解釈し、自説を支持するものとして引き合いに出している。[109]

だが、少なくとも東方的「三位一体論」の伝統が、この種の区別を容易に受け入れることのできる素地であったことは確かである。西方神学における三位一体の思想は、神の一性が強く強調され、その本質の一性から、三つのペルソナの関係を理解しようとするのに対し、東方では、神の三たること、この三つのペルソナの独自性が強調され、この三たるものが神性における一たることのパラドクスを論理的に説明することなく、パラドクスのままに理解しようと努める。[110]神的一性よりも父・子・聖霊の区別された「三」から神を考える東方においては、神の本質の他にエネルゲイアの区別を持ち出しても、何ら躓きとはならなかったのである。

(d)－ii　エネルゲイアとしてのタボルの光　このように両者の区別は東方伝統に明白にかあるいは含蓄的に主張されていたのであるが、静寂主義論争を経てこれが教理化された動機は、「神との一致という思想的基礎を確立しなければならなかった」[111]という点にある。そこで、バルラアムの提示した問題、すなわちタボルの光の正体が実体のない象徴であるという批判にパラマスは次のように応える。すなわち、あの光は神のエネルゲイアである、と。神のエネルゲイアは被造物と「関わる神」として、聖書では「光」とか「照らし」として表現されている。しかし、神は「それ自身」としては光とは呼ばれえない。神の本質は交流不可能、不可知であり、いかなる属性的表現も拒否する。だから、パラマスは、神は光と呼ばれるが、それは本質によらずにそのエネルゲイアによってであると語る。[112]タボルの光がエネルゲイアであるということは、神の本質自体、つまり神そのものではなく、その本質自身の溢れ、顕現様態である。さらに、神は全体と部分というカテゴリーには分けられない、つまり、その本質においてはまったく不可分であるが、種々様々なエネルゲイアのひとつひとつに完全に現存するのであるから、エネルゲイアそのものも完全に神的である。つまり神性は本質のそれとエネルゲイアのそれとに「区別」されるが、それはけっして「分離」を意味しない。エネルゲイアが、だから神的だということは始めもなく終わりもない永遠なるもの、「造られざるもの」だということである。[113] タボルの光は「造られざる光」なのである。この非被造性ゆえに、人は心身共に変容される、つまり「神化」されるのであって、神化された者だけが、神化された目で光を「見る」ことができる。神化する主体が神的でなければ、人間を神化することそのものが不可能であり、したがって光を見ることもできなくなる。その光を見ることが、すなわち神の「本質」への与りであるというのは、神的で造られざるものとしての光に人間が照らされるというかたちで、その光に参与するからである。言い換えると、神の本質への与り、つまり人間の神化は神のエネルゲイアにおいてであるが、けっして神と本質的に等しくなることではなく、神の本質に与らせる恩恵による一致であり、「神が本質的にもつすべての豊かさが人間に授けられる」[114] ことである。

(d)－iii　神の単純性　ところが、トマス主義に影響を受けたパラマスの論敵たちは、神の本質とエネルゲイアの区別は、神の「単純性」を損なうものとしてパラマスを二神論者ないし多神論者として批判した。彼らは東方神秘思想の二律背反的精神に疎遠となった結果、神の唯一の本質のみを擁護しようと努めた。彼らは、神の本質そのものではないが、やはり神的であるところのエネルゲイアという発想を承認できない。神はその本質のみで限定されているのであり、本質でないもの（エネルゲイア）はけっして神性に属さない。したがって、エネルゲイアは神的ではない。神的でなければ、被造的であるほかはない。だからタボルの光もけっして非被造的ではなく、造られたものとみなすべきである。これが彼らの論理である。

しかし、パラマスは単純に、神的力、非造の恩恵、神的本質の輝きはすべてエネルゲイアであって、神の本質そのものではないが、だからといって接近不可能な神と交流可能な神という二つの神があるのではなく、両者は区別されつつ、しかし分離せずに一つの神性、一つの神であると強調する。(115) パラマスはこのことを「神の本質はそれ自身まったく分かたれざるもの」であるが、「神のエネルゲイアは分かたれずして分かたれている」(116) と言う。神の本質である神性とエネルゲイアにおける神性が一にして、しかも区別されることをパラマスは「神的なるものは一でもあるが、一でもない」(117) とも言う。太陽光線はその本源である太陽そのものにその存在を負っているから、けっして分離して存立することはできないが、光線はあくまで太陽それ自体とは区別された存在であり、太陽と同一ではない。神の本質とそのエネルゲイアの関係もこれにたとえられる。(118) 二律背反を堅持しようとするパラマスならではの答えである。

本質とエネルゲイアの区別の原理は、パラマスによれば、エネルゲイアは「自存的」(authypostatos) では「ない」という点にある。(119) すなわち、「他のものの内に存在をもつ」ということである。その「他のもの」とはそれ自体「自存」するところの神の「本質」である。言葉を換えると、本質はエネルゲイアの「原因」であるがゆえに、パラマスは本質をエネルゲイアの「上位」にあるとも言い、(120) 一方エネルゲイアの存立は本質に依存しているがゆえに、エネルゲイアは「(他の) 自存の内にある」(enypostatos) と形容される。(121) ここに意図されていることは明らかである。エネルゲイアは本質と「離れた」個別存在ではないが、だからといって本質と同一のものではなく、本質から区別される。しかもエネルゲイアは、前述のように、他のもの (本質) の内に「存在をもつ」ものであるから、この区別はただ単に「概念上」の便宜的区別ではなく現実的な区別でもある。

だが、やはりパラマスの表現には限界がある。神の本質とエネルゲイアの区別を措定することは、バルラアムならずともどうしても二神論的に聞こえる。もちろん、パラマスがこの種の誤解を受けるであろうことは承知していたはずだ。だからこそ、彼は「本質とエネルゲイアの一〔なること〕を……分けられないということにもとづいてわれわれは考えており、つまり全体として、唯一で、常に、神はエネルゲイアのそれぞれによって区別されることがないと解しているのである」[122]と強調する。神の単純性はこうして何とか確保されているが、もちろん論理性に欠けるという批判を受けても仕方のないことであろう。しかし、パラマスにとっては論理性よりも、こうした二律背反を否定する論敵の行き着く危険がもっと重大であった。

この本質とエネルゲイアの「分かたれずして分かれる」パラドクスを承認しないとするならば、次の二つの結果に行き着かざるをえない。すなわち、本質とエネルゲイアの区別を認める場合、神に関して単純本質しか認めない反パラマス派の考えでは、神の栄光とか変容の光、恩恵や神化させる霊の力といったすべてのエネルゲイアは被造的なものとみなさねばならない。だが「被造の恩恵」とか「被造の超自然」という発想は西方神学的ではあっても、東方ではけっして知られていない。逆に、区別を否定するならば、本質とエネルゲイアは同一視されることになり、この場合、エネルゲイアが交渉不可能な本質そのものと同じであるから、神化や啓示、恩恵という「外に働く」神はいないことになり、これはもはや聖書が教える神ではありえない。結局、本質論から出発して、神の単純性を擁護する議論の行き着く結果は人間「神化」の不可能性である。神化させるエネルゲイアが被造的であるという理解も、エネルゲイアが神の本質にいわばとどまるという理解も、神化思想そのものを無化させてしまうことになるのである。これは東方伝統にとってはもちろん認めがたい[123]。東方神秘思想の中心における神化の位置づけはけっして動かすことのできないものである。

(d)－iv　実在的区別　ところで、神の本質とエネルゲイアの区別は「実在的」（ギリシア語では pragmatikos、ラテン語では realiter に相当）である、と言われるが、これはパラマス主義的見解ではあっても、パラマス自身がこれを主張したかどうかは別である。実際、パラマスがエネルゲイアと本質の区別をこのような意味で規定したのかどうかについて、学者間で解釈が分かれている。[124] はっきりしているのは、パラマスは両者の区別に言及するいくつかの重要な個所では「区別」(diakrisis）という言葉を使ってはいるものの、「実在的に」(pragmatikos）という言葉はそこに見当たらないということである。したがって、問題はパラマスがこの言葉を使わなくても、そのような「意図」があったと文脈から判断できるかどうかに掛かっている。この点を徹底的に論及した大森は、「パラマスの筆致からすると、……〈実在的〉という言葉をパラマスが使っていないにもかかわらず、『実在的』に区別したと考えられても仕方のない面がある。しかし、かといって絶対的に『実在的』区別をしたとは言えない面もある」[126]と結んでいる。パラマス解釈の難しさが如実に現れている。したがって、パラマスの真意はわからない。だが、少なくともパラマス主義者たちは「実在的」区別の意図をパラマスに見ていた。「実在的」という言葉の意味の規定は難しいが、はっきりしていることは、これは「概念的に」という言葉と対立する意味をもつということである。つまり、あの「区別」は概念上そうした方が便利でわかりやすいとか、考える上での一つの説明方式というものではなく、事実上厳然として、その区別は存するということであり、区別されたものは個々のものとして独立に存するということを意味する。[127] ロースキィによれば、もし「実在的」な区別がなければ、たとえば神的ペルソナの発出（本質の業）と世界創造（エネルゲイアの業）のあいだに判然とした境界線を引くことができなくなり、そのどちらも神の本質の業として必然的性格を帯びるようになる、と述べているが、[128] これがパラマスの真意であったかについては何も言及していない。

いずれにしても、パラマス主義においては本質とエネルゲイアの区別の問題はけっして便宜上の思弁的想定ではすまされない切実な現実性を帯びたものであったことは確かである。なぜなら、そもそも静寂主義者の神学的思弁の根本動機は神との一致、見神の神秘体験を理論的に擁護することにあったからである。それは思弁のための思弁ではなく、いわば実存の問題であった。ヘシュカストたちが「見る」のは「神」である。だが、神の本質ではない。もしそう主張すると、それはメッサリア的異端である。[129] 彼らが見るのは本質における神ではなく、エネルゲイアにおける神である。神の本質はあくまで一切を超絶し、被造物との交流を拒否するものであるが、その同じ神は、聖書によれば、善意と愛によって被造物との交わりに入る神だという東方の根本信条を、一方が他方を犠牲にすることなく維持するためには、どうしても本質とエネルゲイアの絶対的区別が必要となるのである。だが、本質における神とエネルゲイアにおける神とは二つの別個の神ではなく、同一の神であることを主張する必要がある。だから「分かたれずして分かたれる」というふうに、論理的にはどうしてもパラドクス的言説を取らざるをえなくなるのである。しかし、まさにこのパラドクスこそ宗教体験の真実性を保証するものではないだろうか。

結語

東方キリスト教史における十四世紀ビザンツのヘシュカズムの哲学的・神学的意義とは、キリスト教神秘主義の神学的基礎づけおよびその公的確認と言ってよかろう。神との合一を目指す神秘主義は、どの宗教においても、往々にして一部の傑出した人物による霊的で特殊な体験が核となっているため、どうしても秘教的な性格をもつ傾向にある。静寂主義も本来修道世界という閉じられた世界で継承され、実践されていた修行と観想の体系であったため、やはり秘教的な面をもっていた。「イエスの祈り」も心身技法も修道的伝統の中で育まれてきたものである。

しかし、十四世紀に勃発した静寂主義論争において、その修道霊性的神秘主義はたちまちその秘教的な殻を破り、ビザンツ教会の公的な場にさらけ出されることとなった。しかも、主に知的エリート層からなる反静寂主義者らの哲学的論駁に応戦したパラマスの貢献により、その霊的体験の真実性が、神における「本質」と「エネルゲイア」の区別という東方古来の思想の「教理化」というかたちで公認され、権威づけられることとなったのである。

論争の両陣営に共通するのは神の「本質」の絶対超越性の主張であったが、それのみを正統とした反パラマス派に対し、パラマスは純粋素朴に、被造物に対して人格的に関わる「聖書の神」、オイコノミア（救いの経綸）というかたちで働く神の思想を全面的に打ち出すこととなった。エネルゲイア理論は、たしかに元はと言えば、「神化」のこの世における先取りとしての光の神秘体験を擁護するためのものであったが、結果的には聖書本来の神思想への再確認ともなった。こうして神の本質論的意義よりも、エネルゲイアにおける神のオイコノミア的意義に力点が置かれることにより、いわば「神としての神」ではなく「われわれにとっての神」が強調されることとなった。神を神として考察するに長けた西方神学にもそれなりの意義はあろうが、まず何よりもわれわれに働きかける神、「働きとしての神」とは何であるかに重点を置くヘシュカズムの神秘思想は、一方では十分聖書的であると同時に、他方では、非人格的ではあるが人間生活と深く関わる神秘や神性の働きのイメージに親しい東洋的な宗教的神観念と相通ずる面もあるのではないだろうか。

註

（1）「ヘシュカズム」（英 hesychasm）という語はギリシャ語の hesychia（静けさ）に由来する術語である。さらに hesychia という語は esthai（座る）を語源とする説がある。Cf. I. Hausherr, *Hēsychasme et prière* (Orientalia Christiana Analecta

176), Rome 1966, p. 163.

（2） Cf. J. Bois, Grégoire le Sinaite et l'hésychasme à l'Athos au XIVe siècle, *Échos d'Orient* 5 (1901-1902), p. 65.

（3） ロシア正教では十五世紀以来「われ」の前に「罪人なる」を付け加えた形が一般的である。Cf. Ilarion (Schimonach), *Auf den Bergen des Kaukasus. Gespräch zweier Einsiedler über das Jesus-Gebet*, übers. von B. Tittel, Salzburg 1991, S. 54; 68.

（4） 「イエスの祈り」の歴史全般にわたる詳しい研究として I. Hausherr, *Nom du Christ et voies d'oraison* (Orientalia Christiana analecta 157), Roma 1960; P. Adnès, Jésus (Prière à), in: *Dictionnaire de spiritualité ascétique et mystique* 8 (1974), 1126-1150; Un moine de l'Église d'Orient, *La prière de Jésus. Sa genèse, son développement et sa pratique dans la tradition religieuse byzantino-slave*, Chevetogne 1963 参照。なお、最後に挙げた研究の邦訳として、東方教会無名の修道者著『イエスの祈り——その歴史と実践』古谷功訳、あかし書房、第二版、一九八三年、参照。また「イエスの祈り」の霊性神学的側面を浮き彫りにした良書、J. Seer, O. Clement, *La prière du coeur. Ouvrage réalisé avec le concours de la Fraternité Orthodoxe en France*, Abbaye de Bellefontaine 1985 の邦訳、O・クレマン、J・セール『イエスの祈り』（東方キリスト教叢書　三）宮本久雄・大森正樹訳、新世社、一九九五年、も出版されている。

（5） コリントの府主教マカリオス（Makarios　一七三一－一八〇五年）とアトスのニコデモス（Nikodemos 一七四八－一八〇九年）によって編纂、一七八二年ヴェネツィアで出版された。後期の作品は一部近代ギリシア語で書かれている。一七九三年に早くもP・ヴェリチコーフスキイ（Paisij Veličkovskij　一七二二－九四年）によってその教会スラブ語訳『ドブロトリュービエ』がモスクワから出版された。ロシア語訳としてはI・ブリアンチャニノフ（Ignatios Dimitri Alexandrovič Brianchaninov　一八〇七－六七年）がサンクト・ペテルブルグから一八五七年に出版したものおよび隠修士フェオファーンが一八七七年から一九〇五年にかけてモスクワから出版したものがある。さらにルーマニアで最も著名な東方神学者D・スタニロエ（Dumitru Stăniloae　一九〇三－九三年）は一九四六年から一九四八年にかけてシビウから、一九七六年から一九八一年にかけてブカレストからルーマニア語訳を出版。その他、欧米語による完訳は伊語、仏語および英語がある。『フィロカリア』は東方霊性研究にとって最も貴重な文献資料であり、その意味でも邦訳出版が是非とも望まれる。本稿ではアテネから五巻本として出版されたギリシア語原本（ヴェネツィア版の第三版）を使用する（以後 *Phi* と略記）。*Phi* (1957), *Phi*

II (1958), *Phi* III (1960), *Phi* IV (1961), *Phi* V (1963).

（6） すなわち *Phi* V, pp. 81-89. 後にミーニュ版『ギリシャ教父全集』に再録された。Cf. PG 120, 701-710.

（7） すなわち *Phi* IV, pp. 18-28. Cf. PG 147, 945-966.

（8） とりわけ『静寂と祈りの二つの型について』(*De quietudine et duobus orationis modis*: *Phi* IV, pp. 71-79; PG 150, 1313A-1329A)および『ヘシュカストは祈るために座り、尚早に立ち上がるべきでないことについて』(*Quomodo oporteat sedere hesychastam ad orationem, nec cito assurgere*: *Phi* IV, pp. 80, 80-88; PG 150, 1329A-1345A)。

（9） すなわち、*Phi* IV, pp. 197-295.

（10） Cf. I. Hausherr, La méthode d'oraison hésychaste, *Orientalia Christiana* 9/2 (1927), pp. 150-172.

（11） Cf. *ibid.*, pp. 129-134. さらに I. Hausherr, Note sur l'inventeur de la méthode d'oraison hésychaste, *Orientalia Christiana* 29 (1930), pp. 179-182 も参照。

（12） オシェール説を支持するものとして、T. Ware, Symeon der Neue Theologe, in: *Lexikon für Theologie und Kirche* 9 (^{2}1964), 1215; id., Philocalie, in: *Dictionnaire de spiritualité ascétique et mystique* 12/1 (1984), 1342; J. Gouillard, Syméon le Jeune, le Théologien ou le Nouveau Théologien, in: *Dictionnaire de théologie catholique* 14/2 (1941), 2945; D. Stiernon, Nicéphore l'hésychaste, in: *Dictionnaire de spiritualité ascétique et mystique* 11/1 (1982), 201 参照。同説への異論として、M. Jugie, Les origines de la méthode d'oraison hésychaste, *Échos d'Orient* 30 (1931), pp. 179-185; H.-G. Beck, *Kirche und theologische Literatur im byzantinischen Reich* (Handbuch der Altertumswissenschaft 22/2.1), München 1959, S. 693; D. Balfour, Saint Gregory of Sinai's Life Story and Spiritual Profile, *Theologia. Athenai* 53/1 (1982), p. 52; B. Krivocheine, Syméon le Nouveau Théologien. *Catéchèses* 1-5 (Sources chrétiennes 96), Paris 1963, p. 41 n. 2 参照。

（13） Cf. F. von Lilienfeld, in: *Theologische Realenzyklopädie* 15 (1986), p. 282.

（14） 両文書における心身技法に関する詳しい紹介については、E. Hisamatsu, Hesychastische Gebetsmethode bei Pseudo-Symeon und Nikephoros, *Nanzan Journal of Theological Studies*『南山神学』一六（一九九三年）、一三七―一七五頁参照。

（15） これに加え、『百章』の第二三章では、修屋が「ほの暗い」という条件も、特に初心者には薦められている。Cf. *Phi* IV, p. 223, 20-21.

(16) これについて詳しくは I. Hausherr, *Hésychasme, et prière*, pp. 145–148 参照。
(17) *Ibid.*, p. 147.
(18) 『静寂と祈りの二つの型について』第二章（*Phi* IV, p. 71, 31）参照。ここで、グレゴリオスは「低い（spithamiaia）腰掛に座れ」と記しているが、spithamiaia は spithame の形容詞で、文字通りには「一指尺の」という意味。広げた掌の親指の先から小指の先までの長さを言う。メートル法に換算すると一指尺は当時二三・四センチメートルに相当したと推定される。Cf. E. Schilbach, Byzantinische Metrologie in: *Handbuch der Altertumswissenschaft* 12, 4, München 1970, S. 19–20. しかし、学者によっては二五センチメートル（cf. P. Adnès, *Jésus*, 1136）あるいは「八インチ」つまり二〇・三二センチメートル（Cf. K. Ware, The Jesus Prayer in St. Gregory of Sinai, *Eastern Churches Review* 4 [1972], p. 214）と算出する例もある。
(19) I. Hausherr, La méthode d'oraison hésychaste, p. 164, 11–15.
(20) この姿勢のもつ意味についてはパラマスが解き明かしている。本稿註98参照。
(21) 「イエスの祈り」と呼吸の関係は、すでにシナイ霊性の巨人ヨアンネス・クリマクス（Ioannes Klimax　五七九以前―六四九年頃）の「イエスの想起がお前の呼吸と結びついているように」（Johannes Climacus, *Scala paradisi*: PG 88, 1112C）という言葉やその霊的遺産を継いだシナイのヘシュキオス（Hesychios　八世紀ないし十世紀）の「イエスの祈りをお前の呼吸に密着させよ」（Hesychios, *De temperantia et virtute* II, 80: PG 93, 1537D）という表現に見られるが、そこに具体的な呼吸法の典拠を見るのは早計である。H・バハトやP・カヴェラウはクリマクスの表現を呼吸法の最初の言及とみなす。Cf. H. Bacht, Das Jesus-Gebet. Seine Geschichte und seine Problematik, *Geist und Leben* 24 (1951), S. 329; P. Kawerau, *Das Christentum des* Ostens (Die Religionen der Menschheit 30), Stuttgart/Berlin/Mainz 1972, S. 170. 文脈から明らかなように、彼らは、生きていく上で呼吸が不可欠なのと同じように、また生きている限り呼吸が絶えないのと同じように、「イエスの祈り」もそのようにみなせ、と勧告しているのであって、「呼吸」という表現はあくまで比喩的に用いられている。Cf. P. Adnès, *Jésus*, 1132; id., Hésychasme, in: *Dictionnaire de spiritualité ascétique et mystique* 7/1 (1969), 393; C. Wagenaar, Das Beten der Wüstenmönche. Zur Geschichte des Jesus-Gebets, *Geist und Leben* 59 (1986), S. 97; K. Ware, Praying with the Body. The Hesychast Method and Non-Christian Parallels, *Sobornost* 14/2 (1992), p. 9.

(22) I. Hausherr, La méthode d'oraison hésychaste, p. 164, 15-19.

(23) *Phi* IV, p. 27, 13-15.

(24) このヌースの「動き」に関する本来的意味についてはパラマスの説明を待たねばならない。本稿註98参照。

(25) Cf. *Phi* IV, p. 27, 27-30.

(26) Cf. A. Guillaumont, Cor et cordis affectus II. Le 〈coeur〉 chez les spirituels grecs à l'époque ancienne, in: *Dictionnaire de spiritualité ascétique et mystique* 2 (1953), 2281-2288.

(27) Cf. I. Hausherr, La méthode d'oraison hésychaste, pp. 159, 16-160, 2.

(28) Cf. *Phi* IV, p. 27, 17-19.

(29) ヌースが心の中に入るという表象の意味については本稿註98参照。

(30) 本書はかなりの数の言語に翻訳されている。邦語訳はP・A・ローテル、斎田靖子共訳『無名の順礼者――あるロシア人順礼者の手配』(エンデルレ書店、第一一版、一九九五年)(以下『順礼者』と略記)。ただし、これはロシア語原語からではなく、そのドイツ語版による。

(31) 巡礼者は最初一日三千回、そのうち六千回、最後には一万二千回も唱えるようになり、その段階ではもはや何の苦もなくひとりでに唇が動きだすほどに習慣化した、と語る。『順礼者』二〇―二四頁参照。

(32) 順礼者は『フィロカリア』に書かれている指示に従って「イエスの祈り」が「自分の呼吸に合わせて、心臓の中へ入ったり出たりするように思うことに努めた」。すなわち、「息を吸い込むときには〈主イエズス・キリスト〉吐くときには〈われを哀れみたまえ〉という祈りが、心臓に入りまた出るように考えるのである」(『順礼者』六〇頁)。同様の指示を巡礼者は旅の途中で出会った一人の盲人に薦める。「さらに以上申し上げた練習が首尾よくおできになったら、こんどは、師父達もすすめておられるように、呼吸に合わせて〈イエズスへの祈り〉を、心に入れたり出したりするようにつとめてください。それは、息を吸い込む時に〈イエズス・キリスト〉、吐き出す時に『われを哀れみたまえ』と心に念じあるいはとなえるのです」(同書、一四五頁)。

(33) 「わたしは……いつものように『イエズスの祈り』をとなえつづけた。そうして、どんなことが起こったろう！　しばらくたつと、この祈りが、だんだん口から心の中に移ってゆくことを体験した。わたしは、口ばかりでなく、心さえも、心臓の自然の鼓動とともに、この祈りをとなえるようになってきた。すなわち、第一の鼓動で〈主〉、第二の鼓動で〈イエズス〉、それから第三の鼓動で〈キリスト〉、そしてこの祈りの以下の節も、心臓の鼓動とともに、心の中に響くようになった。」（同書、三一頁）。この巡礼者はこの体験から得た方法を同じ盲人に説き聞かせる。「まず、肉眼で胸の中にあるご自分の心臓を、あたかもあなた自身が見つめているかのように、具体的に、はっきり想像してみてください。また、その心臓の鼓動も、絶えまなくご自分の耳で聞いているかのように想像なさるのです。このようにして、からだの中の心臓の働きに注意することに馴れたなら、その鼓動ごとに、その調子にお祈りのことばを合わせるようにします。つまり、第一の鼓動で〈主〉、第二の鼓動で〈イエズス〉、第三の鼓動で〈キリスト〉、第四の鼓動で〈われを〉、そして第五の鼓動で『哀れみたまえ』というように念じ、また口でとなえるのです。」（同書、一四四―一四五頁）。

（34） Cf. I. Hausherr, La méthode d'oraison hésychaste, pp. 164, 25-165, 10; *Phi* IV, p. 27, 30-33.

（35） I. Hausherr, La méthode d'oraison hésychaste, p. 165, 8f.

（36） Cf. *Phi* IV, p. 27, 30-33.

（37） Cf. G. Bunge, "Nach dem Intellekt Leben". Zum sog. "Intellektualismus" der evagrianischen Spiritualität, in: W. Nyssen (Hg.), *Simandron: Der Wachklopfer* (Gedenkschrift für K. Gamber 〈1919-1989〉), Köln 1989, S. 95-109.

（38） Cf. A. Guillaumont, *op. cit.*, 2281-2288.

（39） O・クレマン、上掲書、一六六頁。

（40） K. Ware, Prayer of the Heart, in: G. S. Wakefield (ed.), *A Dictionary of Christian Spirituality*, London ³1986, p. 315.

（41） Cf. I. Hausherr, La méthode d'oraison hésychaste, p. 165, 6-10.

（42） Cf. *Phi* IV, p. 27, 33-35.

（43） たとえば、Hesychius, *De temperantia et virtute* 2, 41: PG 93, 1524B-C参照。

（44） Cf. P. Adnès, Nepsis, in: *Dictionnaire de spiritualité ascétique et mystique* 11 (1982), 110-118.

（45） プラクシスの概念について詳しくは、拙稿「東方修道制におけるアパテイア」『南山神学』第一七号（一九九四年）、六―八頁参照。

（46） Cf. Hesychius, *De temperantia et virtute* 1: PG 93, 1480D-1481B. 詳しくは、E. Hisamatsu, *Gregorios Sinaites als*

Lehrer des Gebetes (Münsteraner Theologische Abhandlungen 34), Altenberg 1994, S. 142-146 参照。

(47) Cf. P. Miquel, *Lexique du désert. Étude de quelques mots-clés du vocabulaire monastique grec ancien* (Spiritualité orientale et vie monastique 44), Abbaye de Bellefontaine 1986, pp. 251f.

(48) I. Hausherr, La méthode d'oraison hésychaste, p. 165, 4f.

(49) これについて詳しくは拙稿「東方教会修道制における観想――ポントスのエウアグリオスを中心にして」『日本カトリック神学会誌』第六号（一九九五年）、一―二一頁、特に一―八頁参照。

(50) Evagrius, Practicus 3: Évagre le Pontique, *Traité Pratique ou Le Moine,* t. II (Sources chrétiennes 171), ed. A. Guillaumont/C. Guillaumont, Paris 1971, p. 500.

(51) これについて詳しくはH・J・マルクス「死の彼方―フィレンツェ公会議による教理決議の前史」『南山神学』第一三号（一九九〇年）五二―六〇頁参照。

(52) V・ロースキィ『キリスト教東方の神秘思想』宮本久雄訳、勁草書房、一九八六年、五一―七三頁参照。

(53) Evagrius, *Practicus* 64: ed. A. Guillaumont/C. Guillaumont, *op. cit.,* p. 648.

(54) Evagrius, *Capita cognoscitiva* 3: Evagriana (Musëon 44), ed. J. Muyldermans, Louvain 1931, p. 51.

(55) これについて詳しくは拙稿「「イエスの祈り」の起源について」『エイコーン』第一四号（一一九五年）、一〇四―一一九頁参照。

(56) Cf. Diadochus Pont., *Capita centum de perfectione spirituali* 59: Diadoque de Photicé. *Œuvres spirituelles* (Sources chrétiennes 5bis), ed. E. des Places, Paris 1955, p. 119.

(57) J. Gouillard, Syméon le Jeune, le Théologe ou le Nouveau Théologien, op. cit., 2947.

(58) 東方のみならず、西方においてもよく知られている修道文学の一つで、従来エジプトのマカリオス（大マカリオス）(Makarios　三〇〇頃―三九〇年頃）が著者とされてきたが、今日では五、六世紀に活躍したメソポタミアのシュメオン作という説が有力である。注目すべきことに、このシュメオンは東方教会の熱狂主義的異端メッサリア派の一指導者であった。つまり『霊的講話』はメッサリア派起源ということになる。Cf. V. Despres/M. Canévet, Art. Macaire (Pseudo-Macaire; Macaire-Syméon), in: *Dictionnaire de spiritualité ascétique et mystique* 10 (1980), 20-43; H.-V. Beyer, Die Lichtlehre der

Mönche des vierzehnten und des vierten Jahrhunderts, erörtert am Beispiel des Gregorios Sinaïtes, des Evagrios Pontikos und des Ps.-Makarios/Symeon, *Jahrbuch der Österreichischen Byzantinistik* 31/2 (1981), S. 498f. なお、擬マカリオス文書の紹介と抄訳として稗田操子著『大聖マカリオスの言行録』（中央出版社、一九八五年）を参照。メッサリア派については本稿註81参照。

(59) このことは特に『聖霊を無自覚的に所有していると信じてはいるが、その働きをまったく感知しない人々について』（批判的校訂版は I. Hausherr, La méthode d'oraison hésychaste, pp. 173-209）というシュメオンの小論文に鮮明に現れている。

(60) 「霊的感覚」の概念史については M. Canévet, Sens spirituel, in: *Dictionnaire de spritualité ascétique et mystique* 14 (1990), 598-617 参照。静寂主義時代において、とくにシナイのグレゴリオスに見られる「霊的感覚」の強調については E. Hisamatsu, *Gregorios Sinaites als Lehrer des Gebetes*, S. 353-359 参照。

(61) Cf. T. Spidlik, *La spiritualité de l'Orient chrétien*, II, *La prière* (Orientalia Christiana analecta 230), Rome 1988, pp. 332f. このキリスト中心的光の神秘主義は、彼の霊性一般がキリスト中心主義的であるところにもとづく。「東方教会無名の修道者」はビザンツ中世においてシュメオンほどキリスト中心主義的な著述家はいなかったとさえ言う。東方教会無名の修道者、上掲書、三五頁参照。ところで、シュメオンにおいては、光の神秘体験と「イエスの祈り」との結びつきは明白ではない。ただ、彼の『カテケシス』の中に、まだ若きシュメオンが、ある日、光の顕現に打ちのめされて驚愕の内に「神よ、罪人なるわれを憐れみたまえ」と叫んだという報告（Cf. Symeon, *Katechese* 22 [de fide]: ed. B. Krivocheine, Syméon le Nouveau Théologien, *Catéchèses* 6-22 [Sources chrétiennes 104], Paris 1964, p. 372）や、修練時代にも同様の顕現に遭遇して無我夢中で「主よ、われを憐れみたまえ」と叫んだという報告（*ibid.* 16 [de operationibus spiritus sancti]: pp. 244-246）が見出され、光顕現と「イエスの祈り」との時間的結びつきが予想される。しかしながら、「イエスの祈り」の「効果」としての神秘体験であったのかどうかは不明である。

(62) 聖書にはイエスの変容の山が「タボル山」であるとは記録されていないが、東方の教父たちはそう解釈している。

(63) これについて、大森正樹「パラマスにおける光の神学と否定神学」『南山短期大学紀要』第一七号（一九八九年）一〇八－一一〇頁参照。

(64) たとえば次に挙げる文書がその例である。シナイのグレゴリオス『われらの主イエス・キリストの聖なる変容についての講話』(Saint Gregory the Sinaite, *Discourse on the Transfiguration*, ed. D. Balfour, First critical Edition, with English Translation and Commentary, *Theologia. Athenai* 52/2［1981］, pp. 631–681). フィラデルフェイアのテオレープトス（Theoleptos　一二五〇―一三二二年）『キリストの変容に関するカテケシス』(ed. H.-V. Beyer, Die Katechese des Theoleptos von Philadelpheia auf die Verklärung Christi, *Jahrbuch für österreichische Byzantinistik* 34 (1984), S. 188–194.) パラマスの講話第三四および三五（PG 151, 424A–449)。最後の二作品の邦訳として大森正樹訳「グレゴリオス・パラマス講話集」上智大学中世思想研究所編『中世思想原典集成　三』「後期ギリシア教父・ビザンティン思想」平凡社、一九九四年、八七八―八九五頁参照。

(65) Cf. Ps.-Macarius, *Logos* 18, 7, 3 (ed. W. Jaeger, *Two Rediscovered Works of Ancient Christian Literature. Gregory of Nyssa and Macarius,* Leiden 1954［Nachdruck 1965］, I, p. 207, 19–23)これについて H.-V. Beyer, Die Lichtlehre der Mönche des vierzehnten und des vierten Jahrhunderts, S. 504–505; 511 参照。

(66) I. Hausherr, Hésychasme et prière, p. 167.

(67) T. Ohm, *Gebetsgebärden der Völker und das Christentum,* Leiden 1948, S. 336.

(68) *Ibid.,* S. 413.

(69) *Ibid.,* S. 185.

(70) Cf. Evagrius, *Kephalaia gnostica* 5, 79: ed. A. Guillaumont, *op. cit.,* p. 355; id., *Scholia in Psalmos*: PG 12, 1424A–C.

(71) Cf. *Phi* IV, pp. 27, 35–28, 6.

(72) これについて詳しくは E. Hisamatsu, *Gregorios Sinaites als Lehrer des Gebetes,* S. 391–392 参照。

(73) Cf. *ibid.,* S. 392–428.

(74) Cf. K. Ware, Praying with the Body. The Hesychast Method and Non-Christian Parallels, p. 31. なお、ヘシュカズムの心身技法について一つ付け加えたい点がある。それは他の諸宗教に見られる祈りの技法あるいは瞑想法との関連についてである。呼吸法や体位法を用いたり、特定の唱句を繰り返し称えることで、宗教的エクスタシーや喜悦、光の体験など特殊な心身境地を獲得する修行は多くの宗教に見られる現象であるが、これらの例と静寂主義との比較研究はこれまでに随分となされてきた。とりわけ、ヘシュカズムの祈りの技法とイスラーム神秘主義、わけてもスーフィズムにおいて実践されるディクル（dhikr）との関係についてはよく研究されている。とくに L. Gardet, Un problème de mystique comparée. La mention du nom divin (dhikr) dans la mystique musulmane, *Revue thomiste* 52 (1952), pp. 642–679; 53 (1953), pp. 197–216 および M. M. Labourdette, Problème de l'expérience mystique, *Revue thomiste* 62 (1962), pp. 253–266 は重要な研究である。また、J. Guillard, *Petit philocalie de la prière du cœur,* Paris 1953, pp. 238–248 ではスーフィズム的心の祈りの方法が詳しく紹介されている。両伝統の祈りの実践法は多くの点で酷似してはいるものの、静寂主義的心身技法に対するイスラーム教的影響、あるいは逆にディクル成立への静寂主義的影響を立証する史料は、ビザンツのキリスト教とイスラームとの接触の歴史的事実にもかかわらず、今のところ知られていない。また、インドのヨーガとの近似性から、ヘシュカストたちは「ビザンツのヨーガ行者」とも呼ばれたことがあったが、この古代東洋の瞑想法が静寂主義的祈りの成立に直接影響を与えたとは考えられない。Cf. E. von Ivánka, Byzantinische Yogis?, *Zeitschrift der deutschen Morgenländischen Gesellschaft* 102 (1952), S. 234–239; W. Nölle, Hesychasmus und Yoga, *Byzantinische Zeitschrift* 47 (1954), S. 95–103; A. Zigmund-Cerbu, Lumières nouvelles sur le yoga et l'hésychasme, *Contactes* 26 (1974), pp. 272–289; K. Ware, Praying with the Body. The Hesychast Method and Non-Christian Parallels, pp. 28f. ヨーガとの比較については、さらに拙稿「イエスの祈りとヨーガ——東方キリスト教初期静寂主義文献とシュヴェーターシュヴタラ・ウパニシャド」南山宗教文化研究所編『宗教と宗教の〈あいだ〉』（風媒社、二〇〇〇年）、一一八－一三九頁、同「ビザンツのヨーガ行者——ヨーガ・スートラとイエスの祈り」『南山神学』第二四号（二〇〇〇年）、一四三－一八〇頁参照。他に禅や仏の妙号を称える称名との比較の例も見られるが、いずれにしても、ヘシュカズムの実践が他宗教からの影響によるとの確たる証拠は認められない。禅との比較については、H. M. Enomiya-Lassalle, *Zen-Buddhismus,* Köln ³1974, S. 367–374. 仏教の称名との比較については坂東性純『み名を称える——キリスト教と仏教の称名』（ノンブル社、一九八八年）参照。

（75） 東方教会無名の修道者、上掲書、一〇頁。

（76） 正教信徒が「イエスの祈り」を称える場合、通常は「コンポスキニオン」あるいは「ヴェルヴィツア」と呼ばれる、ちょうどロザリオに類似した念珠——布、石あるいは木の実で作られる——が用いられる。「イエスの祈り」を何回称えたかがわかるようになっている。

（77） 彼の生涯および思想に関する欧米語文献は膨大であるが、J・メイエンドルフ『聖グレゴリオス・パラマス——東方キリスト教会の神秘生活』岳野慶作訳（中央出版社、一九八六年）は、単行本として入手できる唯一の邦語文献である。これはパラマス思想を東方霊性史全体の枠組みの中から眺めた良書である。さらに、パラマスや静寂主義論争に関する簡潔な紹介として、森安達也『キリスト教史 III 東方キリスト教』（山川出版社、一九七八年）、三五二－三五八頁、同『東方キリスト教の世界』（山川出版社、一九九一年）、七五－九一頁、G・マローニィ『東方キリスト教神学入門』大森正樹訳（新世社、一九八八年）四七－九七頁、H・J・マルクス、上掲書、六〇－六七頁、および大森正樹訳「グレゴリオス・パラマス・聖なるヘシュカスト（静寂主義者）のための弁護」上智大学中世思想研究所編訳・監修『中世思想原典集成 三』「後期ギリシア教父・ビザンティン思想」、八〇八－八一五頁参照。

(78) 明確な文献的証拠はないが、パラマスはまだシナイのグレゴリオスにも師事したと推察される。Cf. D. Balfour, Was St Gregory Palamas St Gregory the Sinaite's Pupil?, *St. Vladimir's Theological Quarterly* 28 (1984), pp. 115-130.

(79) Cf. PG 151, 1255-1280. ただし、この個所には教皇の首位権のみしか議論されていない。それ以外の議論についてはパラマス自身が抜粋して紹介している。Cf. Gregoriou tou Palama, *Syngrammata 1*, ed. P. K. Chrestos, Thessalonike 1962, pp. 23-153.

(80) フィリオクェ論争に関して詳しくは、H・J・マルクス「中世に於ける東西両教会間の核心問題 上」『南山神学』第二号（一九七九年）、四三－九四頁、同「中世に於ける東西両教会間の核心問題 下」『南山神学』第三号（一九八〇年）、四三－八〇頁および同「中世期における東西の分裂」『日本の神学』第一九号（一九八〇年）、三二－五八頁参照。

(81) メッサリア派とは、四世紀にシリアで起こった熱狂的異端で、絶えざる祈りのみを実践していたのでギリシア語では「エウキタイ（祈る人）派」とも呼ばれる。教会制度や秘跡を否認し、また恵みのあるなしはそれを知覚できるか否かにかかっているという極端な感覚主義を提唱し、とりわけ、洗礼は受洗者になんら心理的変化を来さないため無効とした。さらに、神の光は肉眼で見えるとも考えた。Cf. H. Rahner, Messalianismus, in: *Lexikon für Theologie und Kirche* 7 (^{2}1962), 319-320; I. Hausherr, L'erreur fondamentale et la logique du Messalianisme, *Orientalia Christiana Periodica* 1 (1935), pp. 328-360. ボゴミル派は十世紀中頃ブルガリアに起こったマニ教的二元論的異端で、厳格な禁欲生活を送り、メッサリア派同様、教会制度や秘跡を否認したほか、十字のしるしを切ることやイコン崇敬を拒否した。十一世紀にはビザンツ帝国内にも普及したが、十二世紀には一掃された。しかしバルカン諸国には根強く残り、のちに西方の「カタリ派」発生に結びついた。Cf.

M. Jugie, Bogomiles, in: *Dictionnaire de spiritualité ascétique et mystique* 1 (1937), 1751-1754; A. Borst, Katharer, in: *Lexikon für Theologie und Kirche* 6 (^{2}1961), 57-60.

（82） 批判的校訂本（以下 triades と略記）は J. Meyendorff (ed.), *Grégoire Palamas. Défense des saints hésychastes* (SSL 30/31), Louvain 1959, pp. 9-727. なお、本書の第一部第三問の部分は大森正樹氏によって邦訳されている。大森正樹訳「グレゴリオス・パラマス・聖なるヘシュカスト（静寂主義者）のための弁護」上掲書、八一六－八六六頁参照。ここでは光、神の照明、聖なる幸福およびキリストにおける完全性に関するパラマスの思想が展開している。

（83） PG 150, 1225-1236. パラマスではなく、彼の友人にして弟子であり、後にコンスタンティノポリス総主教となったフィロテオス・コッキノス（在位一三五三－五四年および一三六四－七六年）が編集したとする説もある。

（84） PG 151, 679-692.

（85） 破門書の一部が PG 150, 863D-864A（レオ・アラティウス〔Leo Allatius 一五八六－一六六九年〕の著作中）に引用されている。

（86） PG 151, 767C-770D.

（87） PG 151, 717-763.

（88） Cf. J. Gouillard, Le Synedikon de l'Orthodoxie et Commentaire, in: *Travails et Mémoires* (1967), pp. 80-91; 239-251.

（89） 以下、すべての論述については本邦唯一のパラマス研究者大森正樹氏の次に挙げる諸論文を参照。「ギリシア教父の遺産――人間の神化」『南山短期大学紀要』第一四号（一九八六年）、三一－四二頁；「所謂「霊的感覚」について――パラマスを遡って」同第一五号（一九八七年）、九九－一一二頁、「身体もまた祈る――パラマスの身体観への試み――」同第一六号（一九八八年）、一九二－二〇六頁、「パラマスにおける光の神学と否定神学」（本稿註63参照）、九一－一一〇頁、「パラマスにおける神の本質と働きの区別の問題（序説）」同第一八号（一九九〇年）、八二－一〇〇頁、「パラマスにおける神の本質と働きの区別の問題（一）」同一九号（一九九一年）、一七七－一九四頁、「パラマスにおける神の本質と働きの区別の問題（二）」同第二一号（一九九三年）、二七二－二九〇頁、「パラマスにおける神の本質と働きの区別の問題（三）」同第二二号（一九九四年）、二四九－二六四頁、「ヘシカズムにおける神化の思想――パラマスを中心として」『中世思想研究』第三五号（一九九三年）、一八六－一九六頁。以上の論文は、大森氏のパラマス研究の集大成である『エネルゲイアと光の神学――グレゴリオス・パラマス研究』（創文社、二〇〇〇年）に収録された。

（90）Cf. J. Meyendorff, *Byzantine Theology. Historical Trends and Doctrinal Themes*, New York 1976, pp. 156–160; T. Ware, *The Orthodox Church*, Harmondswonth ³1980, pp. 236–242; V. Lossky, *In the Image and Likeness of God*, St. Vladimir's Seminary Press 1974, pp. 97–110.

（91）神化を不死性への参与と理解するギリシア教父たちの思想史について詳しくは、J. Gross, *La divinisation du chrétien d'après les pères grecs. Contribution historique à la doctrine de la grâce*, Paris 1938, pp. 117f., 142f., 192–195, 202–210, 317f. 参照。

（92）Cf. H.-J. Marrou, *Geschichte der Erziehung im klassischen Altertum*, München 1957, S. 149f.

（93）このことは、「われわれにあって神を真似るということは、神との一致に向けて実習する者が獲得してゆくことである。しかし、神化の恵みは徳や覚知を越える」とか「神化とは徳を身につけることではなく、むしろ徳によってもたらされる神の輝きと恩恵である」（*Triades* III, 1, 27: ed. J. Meyendorff, *op. cit.*, p. 609, 3–6; 15–17）というパラマスの言葉にも現れている。なお、引用の訳は大森「ヘシュカスムにおける神化の思想」一八八頁のものを採用した。

（94）大森「ヘシュカスムにおける神化の思想」一八九頁。

（95）エウアグリオスは「光を見る」ということが通常感覚の次元を超える体験であることを、その光が「無色無形」であるという点にもとづかせているが、シナイのグレゴリオスは「見る」という表現すら捨てて、光を「嗅ぐ」もしくは「聞く」というふうにもはや感覚の秩序を逸脱した表現を用いて、真の神智的観想が通常の感覚的把握や概念化を超越した体験であることを強調する。これについては上掲拙稿「東方教会修道制における観想」一〇一一一、一四一一五頁参照。

（96）PG 150, 932D.

（97）この事実はパラマスの報告から知られる。*Triades* I, 2, 10: ed. J. Meyendorff, *op. cit.*, p. 95, 25 参照。

（98）特にヌースがいかにも体内を動きまわるかのごとく表現した擬シュメオンやニケフォロスの教えをパラマスは次のようにその真意を明確にさせた。噛み砕いて言うならば、ヌースは始めから心の中に存しているが、その「働き」（energeia）は外界の可感的事物へ向かう傾向をもっている。それがそもそも精神的散漫の原因であり、そうした状態から本来的な内的静けさを取り戻すために、ヌースの働きをヌースそのものが存している場、すなわち心に立ち返らせるのである。つまり、ヌースの自己への帰還である（Cf. *Triades* I, 2, 1-12: ed. J. Meyendorff, *op. cit*., pp. 75-101）。したがって、ヌースの心への導入とは、ヌースそのものではなく、厳密にはヌースの「働き」を意図している。ところで、ニケフォロスには見られないが、擬シュメオンは先に示したように、ある特定の姿勢を取る体位法も同時に薦めている。彼はこれを神学的素養を身につけていない平修道士たちを相手にしたのか、「腹の中央、すなわち臍に」視線を集中せよ、と教えた。この表現は修道者たちのあいだに無批判的に受け入れられ、単純に臍を眺めることで神秘体験が得られるとばかりに喧伝した者たちがいたようである。バルラアムはこうした修道者らの発言や実践を稚拙で非論理的なものと非難し、ヘシュカストたちを「オンファロプシュコイ」と呼んだのである。この非難に対し、パラマスはヘシュカストの修行法の正当性を次のような理論で弁護した。すなわち、かの「臍を眺める」姿勢とは、身体全体が円を描くような姿勢であって、これはヌースの働きから導き出された。ヌースの「働き」が自己のあるべき場所、すなわち心に帰還すると、そこでヌースは「円環運動」（kyklikes kinesis）を起こすとパラマスは言う。彼はこの考えを擬ディオニュシオス・アレオパギテスから借用した。後者はその『神名論』の中で次のように述べている。ヌースは外界に向かって「直線的運動」をなす。しかし、それが自己に立ち返り、自己のうちに働きを開始すると「円環運動」となる。この運動はヌースにとって本来的な最善の運動である。なぜなら、そのときヌースは神と一致する瞬間を獲得するからである（Cf. Dionysios Areopagites, *De divinis nominibus* IV, 9: PG 37, 705A-B）。そこでパラマスは、この理論をもってあの体位法の秘密を解き明かす。人間の本来あるべき内的活動は堕罪によって、外界の現象を模倣する傾向をもつようになった。もし、本来性に則した内的状態に戻ろうとするなら、換言すると、ヌースにとって本来的な状態である円環運動を回復させようとするなら、身体を前傾させて、円状にすべきである。なぜなら、この姿勢は円環運動の模倣だからである。ヌースはこの姿勢を真似ようとして、その外向的運動を止め、個々の内部に立ち戻り、円環運動を開始する（Cf. *Triades* I, 2, 8: ed. J. Meyendorff, *op. cit*., pp. 89, 16-91, 18）。つまり、ヌースが外界の動きや状態を模倣する傾向にあるという考えを積極的に利用したのが、臍眺めの姿勢の秘密なのであった。

(99) 詳しくは大森「パラマスにおける光の神学と否定神学」、一〇一―一〇八頁参照。

(100) V・ロースキィ、上掲書、二六八頁参照。

(101) J・メイエンドルフ、上掲書、一二二頁参照。

(102) Cf. *Triades* II, 3, 20: ed. J. Meyendorff, *op. cit*., pp. 429, 3-431, 2.

(103) グレゴリオス・パラマス『神のエネルゲイアとそれへの与りについて』(以下 Energ. と略記) 9: Gregoriou tou Palama, *Syngrammata 2*, ed. P. K. Chrestos, Thessalonike 1966, p. 103; *ibid.*, 16: p. 108; *ibid.*, 21: p. 112 参照。大森正樹「パラマスにおける神の本質と働きの区別の問題 (三)」二六〇頁参照。

(104) V・ロースキィ、上掲書、一〇三－一〇六頁参照。

(105) Cf. Gregorios Palamas, *Capita physica, theologica, moralia et practica* 68-69: PG 150, 1169A-C.

(106) Id., *Theophanes*: PG 150, 937D.

(107) Basilius, *Epistola* 234 (ad Amphilochium): PG 32, 869A-B.

(108) Maximus Confessor, *Panoplia dogmatica* III: PG 130, 132A.

(109) エネルゲイアと本質の区別に関わるパラマスのディオニュシオス解釈については、大森正樹「パラマスにおける神の本質と働きの区別の問題 (二)」、二七五－二七九頁参照。

(110) 東方における三位一体思想の特徴については、V・ロースキィ、上掲書、七七－九九頁参照。

(111) 同書、一〇七頁。

(112) Cf. Gregorios Palamas, *Contra Acindynum*: PG 150, 809-823.

(113) 使徒たちに現れた光が非被造的で神の本性をもつという考えは、古来ギリシア教父の伝統において何度も証言されている。V・ロースキィ、上掲書、二七〇頁参照。

(114) 同書、一二二頁。

(115) この要約の詳しい典拠、およびパラマス以前のパラレルな思想については、G. Podskalsky, Zur Gestalt und Geschichte des Hesychasmus, *Ostkirchliche Studien* 16 (1967), S. 29f. 参照。

(116) Gregorios Palamas, *Capita physica, theologica, moralia et practica* 74: PG 150, 1174B.

(117) *Energ*. 28: ed. P. K. Chrestos, *op. cit.*, 2, p. 97.

(118) Cf. *Triades* II, 3, 18: ed. J. Meyendorff, *op. cit.*, pp. 427, 8-429, 2.

(119) Cf. *Energ*. 19: ed. P. K. Chrestos, *op. cit.*, 2, p. 111.

(120) Cf. *ibid.*

(121) この点に関して詳しくは大森正樹「エネルゲイア・ヒュポスタシス・エンヒュポスタトス」『南山短期大学紀要』第二三号（一九九五年）、一六一―一七四頁参照。

(122) *Energ.* 8: ed. P. K. Chrestos, *op. cit.*, p. 102.

(123) 以上V・ロースキィ、上掲書、一一二―一一五頁参照。

(124) この問題に関する代表的研究者の見解について詳しくは、大森正樹「パラマスにおける神の本質と働きの区別の問題（序説）」、八二―一〇〇頁、および同（一）、一八九―一九四頁参照。

(125) すなわち、Gregorios Palamas, *Theophanes*: PG 150, 929A; 953B; *Capita physica, theologica, moralia et practica* 135: PG 150, 1215B-D; *ibid.* 136: PG 150, 1216D-1217A; *ibid.* 75: PG 150, 1173B; *ibid.* 85: PG 150, 1181B; *Tomus Synodicus* III: PG 151, 739D-740A など。

(126) 大森正樹「パラマスにおける神の本質と働きの区別の問題（一）」一八一頁。

(127) 同書、一八八頁参照。

(128) V・ロースキィ、上掲書、一〇九頁参照。

(129) Cf. G. Podskalsky, *op. cit.*, S. 29.

18　十四・十五世紀西欧の学問へのビザンツの影響

J・フィルハウス
（丹木博一訳）

一　研究状況

中世末期と近代初頭は人文主義とルネサンスの時代と呼び慣らわされているが、その時代はまたとりわけギリシア研究が新たに始まった時代でもあった。「ビザンツの人々が十五世紀イタリアにおける学問研究に影響を及ぼしたことは、以前から認められている」[(1)]。しかし、この影響の範囲はどれほど遠くまで及ぶものなのか、またその影響は具体的にはどのような点に見て取れるのかといったことについては、さまざまな見解がある。そして今日でも、「ビザンツからの影響とギリシア的伝統の復興をめぐる問い」[(2)]は、人文主義の起源に関する研究課題の一つと言えよう。

ルネサンスの時代にギリシア世界が西欧に対していかなる関係をもっていたかを評価するにあたり、特に注目すべき歴史学者は、ギボン（Edward Gibbon　一七三七－九四年）とブルクハルト（Jacob Burckhardt　一八一八－九七年）の二人である。ギボンは、その著作『ローマ帝国衰亡史』（The Decline and Fall of the Roman Empire）

の最後の部分で、ビザンツ帝国の最後の五〇〇年について急ぎ足で概観を与えているが、彼は崩壊しつつあるその帝国を基本的には軽蔑しており、その帝国が他の文化に対し直接的で根本的な影響を与えたであろうなんら積極的なことを語ってはいない[3]。とはいうものの彼は、イタリアにやって来たギリシア人たちが強い印象を喚起したのを否定することはできなかった。「これらギリシアの巨匠の優越性は生きた言葉の日常的な使用に根ざしていたのであり、彼らの最初の弟子たちは、自らの師がその先祖が有した知識、さらには言葉の実践的使用からさえもどれほどはなはだしく堕落してしまったかを認識できる状態になかった[4]」。つまりギリシア人たちはただ文法の師であったにすぎず、彼らが有益だったのは、「亡命者はそれぞれ、財宝の断片を携えて脱出し、なかには彼らの努力なしには今日世に伝えられなかったような文人の写本もあった[5]」というその限りにおいてのみなのであった。何にもまして高く評価されたのは、「プラトンが長い忘却ののちに、一人の優れたギリシア人の手で、イタリアで復活した」という事実である。このギリシア人とは、プレトン（Gemistos Plethon 一三六〇頃－一四五〇／五二年）のことである。だがここでも、プラトンとアリストテレスのいずれがより偉大かという論争によって、まもなく反動が生じた。「この哲学的な論戦はやがて文法者間の感情的な喧嘩に堕してしまったのである[6]」。それにもかかわらず、ギリシア人の影響が古代文化を復興するのに決定的であったとすれば、それはラテン人の熱意に帰せられるべきである。そうした人たちは教師であるギリシア人にはるかに勝っており、その最終的結果は「ベッサリオン（Bessarion 一四〇三－七二年）やガゼス（Theodoros Gazes 一三九八／一四〇〇－七五／七六年）でさえ、羨望したかも知れないほどであった[7]」。このようにギボンは強い留保条件をつけても、なおビザンツの及ぼした影響を高く評価したからには、そこに特別な重みがあったにちがいない。

ギボンのおよそ七〇年後に、ブルクハルトは、著名な『イタリア・ルネサンスの文化』（Die Kultur der Renaissance in Italien）を執筆した。一八六〇年にその初版が出版されたこの著作では，ギボンとはまったく別の視点に立っているにもかかわらず，同じ結論が導き出されている。ただブルクハルトにおいては，彼が中世とルネサンスとを厳密に分離したというのが新たなことであった。彼にとって最も重要と思われた中世・ルネサンス間の違いは，個人の重視，個人の発展と人格の自己完成，そして自然と世界の発見，および心理学的現象としての人間の発見であった。だが，こうした新たな認識はどこからやってきたのだろうか。中世においてまえもってあったものが有機的に発展したというのではないとしたら，古代ギリシアの再生がそれを促したのだとブルクハルトは考えた。実のところブルクハルトは，おそらく知名度は前著より低いであろうが，『ギリシア文化史』（Griechische Kulturgeschichte）を執筆している。これら二つの著作は，根本的に補完し合っているのである。「古代ギリシアは，人間が精神的に個人になり，自らをそうした個人として認識し解釈した，もう一つの偉大な時代である。ブルクハルトは，ギリシア的ポリスの人間がどのように変容（発展ではなく）したかを，その典型的な特徴において，具象的に，しかも全盛期から衰退期に至るまでのその歴史のさまざまな時代を横断しながら，把握しようとした[8]」。その結果明らかにされたのは，ギリシア人がルネサンスの初期に決定的な影響を及ぼしたということである。二〇世紀に至るまで，この見解は通説となっていた。「古典古代の教養は，キリスト教文化の発展につれてますます広く普及し高い評価を受けていったが，中世末期においては，始めは両教会間の同盟交渉のために，のちにはトルコ人を恐れてイタリアに定住してきたギリシア人たちによって西欧に紹介された。ここから芸術，詩，学問の諸分野において，いわゆるルネサンス運動が生じ，それが十五世紀の半ば以来イタリアからフランス，イギリス，ドイツへと広がっていったのである[9]」。

こうした見解は，研究の進展によって，二〇世紀においてかなりの修正を施されることになった。とりわけブルクハルトの主要テーゼが批判的に取り上げられ、中世との断絶はブルクハルトが想定していたほど徹底的なものだったのかが問われるようになった。この想定は、二つの側面から問い質され、訂正されるに至った。その一つは、ルネサンスのいわば典型的な著述家たち、なかでもフランチェスコ・ペトラルカ（Francesco Petrarca　一三〇四―七四年）は、なおもまったく中世的な思考様式に囚われていた。彼らは、よく言われるように「中世的人間」であった。このことは、特にキリスト教に対する彼らの態度から見て取れる。彼らは古典古代の著述家たちを模倣しながら、宗教的な事柄に関してその語り口を模倣するのを好んだ。たとえば神について複数形で語ったり、個々の神々の名を挙げ、それに呼びかけており、つまりは異教を信奉しているように見えるのである。それゆえに、彼らのキリスト教信仰はただ上辺だけのものであり、偽装にすぎないものとみなされた。しかし、詳細な研究によって明らかになったのは、（少数の例外を除き）彼らが信仰に篤く、教会に忠実なカトリック教徒だったということである。彼らの多くは教会に仕え、ある者は聖職者であって、その一人は教皇にさえなった。ピウス二世（Pius II; Enea Silvio Piccolomini　一四〇五―六四年、在位一四五八―殁年）のことである。「ブルクハルトを含む十九世紀の歴史家は、人文主義者たちをしばしば異教徒とみなし、彼らのキリスト教との関係を単なる口先だけの告白として解釈した。しかし歴史家たちは、今日では、それとは反対に、口先だけの告白をむしろ異教についての発言の方に見て取るという傾向にある」(10)。

もう一つ、より重要な点は、中世とルネサンスとのあいだに徹底的な断絶があったということがますます疑問視されるようになり、それに応じて、外からの、つまりビザンツからの刺激が必要であったという見解が疑われるようになったことである。ルネサンスになって新たに出現し、またルネサンスに典型的だと考えられていたことが、すでに中世、少なくとも十二世紀以降には認められていたということが、いよいよ明らかになったのである。実際に個人の役割は中世においても尊重されていたのであり、たとえばそれは、心理学的に興味深いリーヴォーのアエルレドゥス（Aelredus Rievallensis　一一一〇－六七年）の『霊的友愛について』（De spirituali amicitia）や『霊魂について』[11]（Dialogus de anima）といった作品の内に見て取れる。またザンクト・エメラムのオトロー（Othlonus Sancti Emmerammi　一〇一〇頃－七九年以降）の『誘惑について』（Liber de tentationibus）から明らかなように、自伝でさえ中世には知られていないわけではなかった。[12]だが特に重要なのは、ルネサンス運動そのものの出現はけっして最初で一回的なものではなかったということである。古代文化を拠りどころとしたり、それを復興しようとする動きは、いわば周期的に起こっていた。そのことが最も顕著に現れるのは、十二世紀においてであり、そのため「十二世紀ルネサンス」ということが語られるのである。[13]またそれほど明確なものではないにしても、八・九世紀のカロリング・ルネサンスや十世紀のオットー朝ルネサンスなどの例もある。いずれにせよ、中世との連続性は否定しえない。それゆえ、十四世紀にその流行が認められるギリシア文献への関心もまた、中世思想の発展の結果だと考えられる。哲学という重要な領域に関しては、それはまったく当然のことと思われる。アリストテレスの著作の研究は、十二世紀におけるアリストテレスの著作群の受容により、非常な活況を呈することになった。もっともその時代の議論全体は、ラテン訳、それどころか少なくとも最初のうちはアラビア語訳からの重訳にもとづいて行われており、それが原因で、多くの不明瞭な点が残されることになった。特にその難点は、基本的な概念の正確な意味を把握しようとする場合に生じたのであるが、そうした不明瞭さは、ギリシア語原典に立ち返ることによってしか解決されえないものだったのである。[14]

こうした問題は、ルネサンスそのものの本質から生じてくる。ルネサンスとはまずもって、ラテン語法の黄金時代の模範、特にキケロ（Marcus Tullius Cicero　前一〇六－四三年）に範を仰いでラテン語を改善しようとする運動であった。こうした改革は、古代ラテン・ローマの文化全体を復興するという枠組みにおいて初めて可能になった。このことはおのずから、古典的ギリシア精神の復興へと通じていった。というのもそれは、ローマ文化に対し、特に哲学と芸術の分野においてきわめて大きな影響を与えたからである。この場合、古代ギリシアにも取り組むように勧めたもう一つの誘因は、人文主義者たちによって高く崇られていたキケロがギリシア人に深い敬意を寄せていたという事実である。こうしてビザンツとの関わりは、人文主義とルネサンスの内でたしかに重大であったものの、それはけっして人文主義とルネサンスとを引き起こした要因とはみなしえないのだということが分かってきた。「ルネサンスは、一四五三年のコンスタンティノポリス陥落ののちに西欧にやって来たビザンツの国外逃亡者の大きな流れによって引き起こされたのだとする従来の理論は、今日では、名望ある学者の誰一人によってももはや支持されていないのは、あたりまえである」(15)。

そこで、もう一つの問いが生じてきた。ギリシア語の研究に取り組もうと考えた場合、そのためにビザンツの人々の助けと教えがかならず必要とされたのか、という問いである。古代以来、ともあれイタリアには常に、ギリシア語やギリシア文化と接触する可能性が引き続き残されていた。七五一年まで北イタリアの一部は、ラヴェンナの総督管区として、ビザンツ帝国領となっており、南イタリアは十一世紀までもそうであった。その後もそこには、（もちろん、それらは文化的にはそれほど重大なものではなかったにせよ）ギリシア語を話す共同体があった。十一世紀を下ると、ビザンツとの関係の性質が変わっていった。まず、十字軍によって文化的接触に、少なくともその可能性が与えられ、またより重要なことには、コンスタンティノポリスとイタリアの諸都市、特にヴェネツィアとのあいだに交易が始まったことである。十二世紀には、首都のおよそ八〇万の人口の住人のうち、およそ二万人からなるヴェネツィア人の集団が存在していた。それは、たとえば一一七〇年には約六万四千人いたヴェネツィア住民のおよそ三分の一であった(16)。ゲアナコプロスは、上の引用文に続いて、以下のように述べている。「何人かの社会・経済史家は、ビザンツ帝国からの亡命者が演じた役割を、最小限に引き下げようとすることで、実際に、振り子を反対の方向に押しやったのである(17)」。

全体的に見れば、このすべてはおよそその通りであるが、すでに非常に早くから、ブルクハルトの学説の正しさに疑いのまなざしを向ける者が存在したことを見逃してはならない。雑誌『エチュード』(Etudes) の創始者の一人であり、一八七〇年までその編集者を勤めたシャルル・ダニエル (Charles Daniel 一八一八–九三年) は、ゲアナコプロスの一〇〇年前に、次のように書いている。「ルネサンスという名で知られている文学と芸術における運動は、通常、コンスタンティノポリスの攻略に関係づけられがちである。あたかも、ルネサンスへの最初のきっかけが、ギリシアから、アンドロニクス・カリストゥス (Andronicus Callistus 一四七六年以降歿) やコンスタンティノス・ラスカリス (Konstantinos Laskaris 一四三四–一五〇一年) とともに来たとでも言うかのように。しかしこの見方は、徹頭徹尾、認めがたいものである(18)」。

したがってここまでの結論として言えることは、ギリシア人にすべてを帰すわけにはいかないが、かといって何も帰さないわけにもいかない、ということである。「たしかにビザンツの人々は、ルネサンスを引き起こしたわけではないが、少なからずその展開に寄与したのである。ギリシア語がなければ、ギリシアの偉大な博学の貢献なしには、ルネサンスの文化は存在もせず、理解も不可能だろう(19)」。しかしこの「少なからず」という語句は、さらに個々にわたって考察を加えてみるなら、何を意味することになるのだろうか。いくつかの領域に踏み入ってみよう。

二　ルネサンスにおけるギリシア語研究

ビザンツの人々が西欧にもたらした第一のものは、当然のことながらそれまでもっていなかったギリシア語（とギリシア文字）についての知見であった。もとより中世においても、ギリシア語の知識は完全に埋没してしまったわけではなかった。それどころかギリシア世界との関係はきわめて多岐にわたるものであり、そこにはたとえば十一世紀に行われたような神学的議論も含まれていた。だが西洋中世のこの知識には、それ独自の特徴が見られた。学識の高い数少ない翻訳家、なかでも抜きん出ていたのは、リンカンの司教ロバート・グロステスト（Robert Grosseteste　一一七〇頃－一二五三年）とドミニコ会士ムールベケのグイレルムス（Guillelmus de Moerbeka　一二一五／三五－八六年頃）であったが、彼らを除けばあとの大多数は、ただ曖昧なだけのとは言わないまでも、いたって断片的なギリシア語の知識にとどまる月並みな学者でしかなかった。その結果ラテン語のテキストの中に、いくつかのギリシア語の言葉が、しばしばラテン文字表記されて点在することになった。こうして個々のギリシア語の単語が用いられることは、（固有の知識を示すための場合を別にすれば）それらの単語が、ラテン語に翻訳されると失われてしまうような意味をもっているという理由によって正当化される。これらの語の意味は、語源的な説明によってことさらに明らかにされた。特にこの点では、『語源』（Etymologiae）を著したセビリャのイシドルス（Isidorus Hispalensis　五六〇頃－六三六年）が偉大な模範とみなされた。もちろんこうした語源学的説明は、しばしば事実の裏づけを欠いたものであった。たとえば広く知られていたのは、有名な教会法学者でフェラーラの司教であったフグッチォ（Huguccio　一一五〇頃－一二一〇年）の手になると考えられている『派生語辞典』（Derivationes）であった。これは、「ラテン語語源辞典であり、それはこの時代の他のどんな語源辞典よりも大きなものだった。その二〇〇もの写本と写本の断片は、今日でも、それが、人文主義者の時代までののちの諸世代のラテン語形成における並外れた成果であったことを証している」[20]。ラテン語の辞書であるにもかかわらず、そこには一連のギリシア語の表現も含まれているが、その語源の説明はたしかにしばしば非常に疑わしいものであった。一例として、「アレクサンドロス」という名前の説明を見てみよう。「a は〈打ち消し〉を意味し、lexis は〈言語〉を、そして andros は〈人間〉を意味する。したがって、それは人間的な言語をもたない者を意味する。というのも、彼の語る言葉は、人間的なものではなく、神的なもののように見えたからである」[21]。ここでの説明はおそらく、アレクサンドロス大王（Alexandros　在位前三三六－三二三年）についてではなく、教皇アレクサンデル三世（Alexander III　在位一一五九－八一年）について語られたものであろう。「歪んだ」ギリシア語あるいは「誤った」ギリシア語だと言ったとしても、あまり誇張ではない[22]。このように中世において、ギリシアの著述家たちに接するには、ただラテン語訳によるほかなかったというだけでなく、読解上の疑いの残る場合、一つの文や語が元のテキストにおいてどのような意味で用いられたかを吟味することさえ実際にはまた不可能なことだったのである。こうした事態は、十四世紀になると変わることになる。

だがそれは、骨が折れ、時間を要する仕事だった。使用可能な文法書といった、のちにはありふれたものになる、ある言語を習得するための補助手段もまだ手元にはなかったため、語学力を高めるには、ギリシア語を母国語とする誰かと個人的に知り合いになるほかになかった。だがこれもペトラルカの例が示すように、簡単なことではなかった。ペトラルカは、アヴィニョンに滞在したとき、興味深い人物カラブリアのバルラアム（Barlaam　一二九〇頃－一三四八年）と知己を得た[23]。一二九〇年頃南イタリアで生まれたバルラアムは、ギリシア正教のバシレイオス会修道院サン・エリア・ディ・ガラトロにおいて修道士となり、ギリシア語とラテン語を習得し、哲学、特にプラトンとアリストテレスを研究した。それだけでなくラテン的なスコラ学をも学んだ。彼は一三二八年にコンスタンティノポリスに赴いたが、そこで彼の優れた学識が注目を集め、繰り返して皇帝から外交使節に任命された。そうして一三三九年にはアヴィニョンの教皇庁に赴き、両教会の統一とトルコ人に対する救助をめぐって教皇との交渉に当たった。これといった成果を得ることなく、彼は二、三ヶ月後にコンスタンティノポリスに戻ることになるが、そこでヘシュカズムの激しい神学論争に巻き込まれ、その結果、当地に滞在し続けることができなくなった。彼は西欧に引き返し、そこで一三四二年にカトリックに改宗し、司祭およびカラブリアのジェラーチェの司教となった。彼が歿したのは、一三四八年である。さて、アヴィニョンでの短い滞在のあいだ、ペトラルカは彼を知るようになり、彼によってギリシア語の初歩の手ほどきを受けたが、はかばかしい成果を得るに至らなかった。バルラアムはそれほど早くアヴィニョンを去ってしまったので、ペトラルカには学ぶ機会が失われてしまったのである。そしてそれは、当時としては、実際に上達を約束してくれる唯一の方法だった。ともあれ、ペトラルカは、後にビザンツの使節ニコラオス・シゲロス（Nikolaos Sigeros）からギリシア語によるホメロスの手写本を手に入れた際に、悲しみながら次のように告白せねばならなかったのである。「あなたのホメロスは私には口をきいてくれないし、むしろ彼にとって私は耳の聞こえない者なのだ」(24)（Homerus tuus apud me mutus, immo vero ego apud illum surdus sum.）。

フィレンツェでレオンツィオ・ピラト（Leonzio Pilato　一三六六／六七年歿）からギリシア語を習ったジョヴァンニ・ボッカッチォ（Giovanni Boccaccio　一三一三—七五年）の場合も、事情はあまり変わらなかった。ピラトも、カラブリア出身で、バルラアムの弟子であった。ペトラルカを通じてピラトに注目するようになったボッカッチォは、一三六〇年に彼をフィレンツェに招いた。そこでピラトは、たとえその期間は長くはなく、また評価さるべき成果も得られなかったにせよ、西欧で最初のギリシア語講座を担当することになった。ボッカッチォの記述によれば、ピラトは、そうとう風変わりな姿をしていたに違いない。「ひとに恐怖を覚えさせる風貌をしていて、……顔は洗わず、髭は長く、髪は黒い、そして常に思索に沈潜し、行儀が粗野で社交上の礼儀を身につけていない男、だがギリシア語の文献に通じているという点では一際勝っていて、ギリシアに関する話の〈汲み尽くし得ない宝庫〉(arcivum inexhaustum) なのだ」[25]。ボッカッチォは彼から私的な講義を受けたが、その成果はめざましいものではなかったように思われる。彼が役に立ったのは、ただホメロスのラテン語訳を作成するときだけであった。ついでながら、その訳は、それほど優れたものではなかった。

ギリシア語研究は、マヌエル・クリュソロラス (Manouel Chrysoloras 一三五〇頃－一四一五年) によって初めて、しっかりした基盤の上に据えられた。一三五〇年頃コンスタンティノポリスに生まれ、皇帝に仕えた彼は、一三九七年にフィレンツェへの招待に応じ、そこでギリシア語の講義を行うことになる。「なるほどクリュソロラスは深い学識をもった者ではなかったが、教師としては、聴講者に情熱を喚び起こす力をもっていたものと思われる」[26]。彼の弟子には、レオナルド・ブルーニ (Leonardo Bruni 一三七〇頃－一四四四年)、ポッジョ・ブラッチョリーニ (Giovanni Francesco Poggio Bracciolini 一三八〇－一四五九年)、フランチェスコ・フィレルフォ (Francesco Filelfo 一三九八－一四八一年) など、イタリア人文学者の重要な人物がかぞえられる。クリュソロラスは一四〇〇年以来、ミラノとパヴィアでも教え、イタリアにおける皇帝の代理人になった。コンスタンツ公会議(一四一四－一八年) に使節として向かう途中に亡くなり (一四一五年)、そこに埋葬された。クリュソロラスによって、西欧におけるギリシア語研究の恒常的な伝統が始まったのである。彼が書いたギリシア語文法書も、そのために役立った。それはそうしたものの西欧で初めての書であり、『問答集』(Erotemata; Erotemata tes hellenikes glosses) と題された。そう呼ばれた理由は、それが問いと答えの仕方で書かれていたからである。[27] それより完全なものとしては、テオドロス・ガゼスの文法書がある。テサロニケで生まれたガゼスは、コンスタンティノポリスで、そして一四四〇年以来イタリアで教え、パヴィア、フェラーラ、ローマ、ナポリなど各地で活躍した。彼が亡くなったのは、サレルノの南、サン・ジョヴァンニ・ア・ピーロ修道院であった。ところでイタリアにやってきたギリシア人はこのように各地を転々としたのであり、そのことは、彼らの比較的広範な影響力をある程度説明するものでありえよう。ガゼスは、一四九五年以降しばしば印刷され、おそらく最後に一五四〇年にバーゼルで出版された『文法教程』(Institutiones grammaticae libri VI) を著した。もう一人の文法家は、コンスタンティノス・ラスカリスであった。コンスタンティノポリス陥落の後、西欧に逃れ、ミラノで教えた彼は、そこで彼の文法書 (Epitome ton okto tou logou meron) を書いた。この著作は、ふつう同様に『問題集』(Erotemata) と呼ばれている。この著作はミラノのディオニュシウス・パラヴィシヌス (Dionysius Paravisinus) の許で一四七六年に出版され、全体がギリシア語で印刷された初めての書物という栄誉を得ている。ラスカリスもまた、ミラノののちに、ローマ、ナポリ、メッシーナという多くの場所で活動した。

正しい古典的ギリシア語の知識が近現代の学問にとってどれほどの意義をもっているかは、誰の目にも明らかであろう。というのも、ヨーロッパの諸言語のなかでは、さまざまな学問分野の専門的表現のうちのかなりの部分が、ギリシア語から借用されたものだからである。

三　ギリシア語の発音と文献研究

ギリシア語という言語が導入されることによって、さらにいくつかの問題が生じた。まず最初に指摘されるべきは、発音のことである。しばしば見られるように、ギボンはこの件でも容赦のない判断を下している。「彼らが持ち込んだ堕落した発音は、続く時代の理性によって、学校から追放される」[28]。この事柄に関して語られるべきことはすべて、実際に、この文章の内に言い表されている[29]。十四・十五世紀に教授したギリシア人が教えていた言葉は、彼ら自身が日常語っていたギリシア語ではなかったが、それとはかなり異なった古典的なギリシア語法であった。しかし綴りは同じだったので、彼らは古典的なギリシア語を、日ごろ慣れていた仕方で、しかも千年以上にわたって慣用となっていた仕方で発音したのである。つまり、ι, η, υ, ει, οι, υι, η は i と発音し、ε と αι は ĕ と、ο と ω と ῳ は ŏ、αυ と ευ は af や ef、β を w、θ は英語の th、などと発音したのである。今日でもなお近代ギリシア語の言語慣習では、このように発音されている[30]。こうした発音は、「続く時代の理性によって」、つまりラテン語を話す人文主義者たちによって排除された。そうした排除は理性的な熟慮にもとづくものであり、たしかに部分的にはすでにギリシア人自身によって行われていたとはいえ、ラテン人のうちには純粋に理論的な考察であった。すでにマクシモス・プラヌーデス（Maximos [Manuoel] Planoudes　一二五五／六〇－一三〇五／一〇年）には、七つもの異なった文字が同じ発音（erimin）をもつのは奇妙なことだと思われた。かつてこれらの語は異なった仕方で書かれ、それゆえに異なって発音されもしたということは、彼の目には明らかだったのである。アルファベットの個々の字母に同数の異なった音声が対応するということは、まったく当然のことだったからである。このような理由にもとづいて、十六世紀以降、古典的なギリシア語の発音は、十四・十五世紀のギリシア語教師たちによる発音とは袂を別ち、今日慣用となっている（複数の）発音の仕方に発展したのである。

文字に関しては、ギリシア人たちは比較的恵まれていたと言える。ラテン語の活字と平行して、最初のギリシア語の書物も、当時の人文主義者であるギリシア人の手稿を模倣した文字の形式で印刷されたのである。この形式は、本質的には今日まで存続するものであり、ただ、当時はなおかなり頻繁に見られた連字（二つないしはそれ以上の文字を続け書きしたもの）だけが今は見られなくなっている。

ギリシア語の教師は、たんなる語学教師だけではけっしてなかった。彼らは同時に、古典的な文献に取り組むように手ほどきをしたのである。実際に授業の大部分は、文献の説明から成るものであった。そしてこのこと自体がまた、ギリシアの教育方法の古き遺産の一部とみなしうるものであった。これには、原典批評と解釈という二つの側面が含まれていた。原典批評は、文字がそれぞれの写本のあいだで一致していない場合（それはしばしば起ることであったが）、正しい文面がどのような基準に従って確定されうるかを教えるものであった。解釈は、たいていの場合、註釈や註解を作成することによって行われた。この学問を始めたのは古代のアレクサンドレイアの文献学者たちであったが、その方法を引き継ぎ、完成させたのはビザンツの人々であった。皇族パライオロゴス家時代（一二五八―一四五三年）の文献学者は、この点で模範的な成果をあげていた。彼らは「近代の原典批評と校訂批判の基礎を築きあげたのである。彼らは学問の歴史と思想史の内に確実な位置を占めている。……十五世紀以降、この活潑な文献学的活動の実りは、イタリア・ルネサンスのとき、ギリシア文字で印刷された初めての古典古代作家の刊本というかたちをとって示された。西欧に亡命したギリシア人たちは、……その完成にあたって重要な役割を演じたのである」(31)。そしてこれらの方法は、イタリアの人文主義者たちによって、「十六世紀のフランスとオランダ文献学者、続いてイギリスとドイツの学者、そして最後に近年のアメリカの学者に手渡されていったのである」[32]。

四　古典ギリシア文献の伝承

ギリシア語の文献、しかも古代古典の文献を救い出し、それを後代に伝えた功績は、ビザンツ人に帰すことができる。というのも、「後期ビザンツ時代にあっても、ビザンツ人は、古代の文献の伝承者であって、同時代の文献の伝達者ではなかった」[33]からである。実際のところ今日も保存されているのは、ビザンツで保管されたものだけなのである。なるほど、古代末期にはどれほどの文献が保存されていたかについて、確実に判断することはほとんど不可能である。[34]確かなことは、約六五〇年から八五〇年までの二〇〇年のあいだに、教会外の文献はほとんど顧られることがなく、それゆえ（すべてとは言わないまでも）多くが損傷の憂き目にあったのである。そこで九世紀の半ば頃、一つの救済活動が生じた。それに従事したのは、フォーティオス（Photios 八二〇頃－九一一年頃）とアレタス（Arethas 八五〇－九四四年）である。人文主義者にして神学者であり、コンスタンティノポリス総主教であったフォーティオスはまだ保存されていた手稿の収集に意を用いた。それらの手稿はしばしばすでに傷んでぼろぼろになっていたり、解読困難になっていたので、新しい稿本に書き写され、場合によっては修正されることもあった。フォーティオスの弟子で、九〇二年以降カッパドキアのカイサレイア大主教となったアレタスは、念入りで美しい書き換えを心掛け、しばしば美麗な稿本に仕上げただけでなく、それに自筆で註や説明を添えたりもした。当時救い出された文献には、生き延びる可能性があったのである。だがフォーティオスの『蔵書』（Bibliothecae codices; Myriobiblon とも呼ばれた）の調査で分かるように、その後も多くの文献が失われた。『蔵書』で取り上げられたおよそ三〇〇の著作のうち、一二二冊は、世俗的な文献である。これらのうちおよそ半分のものが散逸した。[35]ちなみに、ギリシア語で書かれたものの、もともとは西欧に属する著作も、そのときに収集され、書き写された。たとえばそこには皇帝マルクス・アウレリウス（Marcus Aurelius Antoninus　在位一六一－八〇年）の自伝的著作が含まれていたが、彼はこれ（少なくともその第二巻と第三巻）を一七一年から一七三年のあいだ、今日のオーストリアでの出兵のときに執筆したのである。五世紀の始めまでは、この書物の存在に関しては随所で証言が見られた。その後、十世紀まで中断が生じ、アレタスが初めて「古さのゆえにぼろぼろになった唯一のものから」テクストを書き写させた。この著作は今日まで保存され残っているのは、その結果なのである。[36]

十四・十五世紀におけるギリシア語文献の伝播もまた、具体的には、手稿の収集を意味した。このうち多くを西欧へ持ち込んだのはギリシア人であったが、その他は東方、とりわけコンスタンティノポリスに赴いたラテン人によって収集された。たとえば、クリュソロラスがギリシアに戻ったとき、二、三のイタリアの弟子が彼に付き添っていたが、そのなかには一四〇三年から一四〇八年までコンスタンティノポリスに滞在し、帰還の際にイタリアに手稿を持ってきたグアリーノ・ダ・ヴェローナ（Guarino da Verona　一三七四－一四六〇年）がいた。他の多くの者のなかには、シチリア人のジョヴァンニ・アウリスパ（Giovanni Aurispa　一三七八頃－一四五九年）の名を挙げることができる。東方への最初の旅行の際に、彼はとりわけホメロス、トゥキュディデス、ディオゲネス・ラエルティオスの手稿を持ち帰ったが、一四二一年にコンスタンティノポリスへの第二の旅行を行ったときには、一度に二三八巻ものギリシア古典著者の蔵書を持ち帰った。一四二〇年から一四二七年までコンスタンティノポリスに暮らし、クリュソロラスの娘と結婚したフランチェスコ・フィレルフォは、四〇巻の著作を持ち帰った。しかし最も有名なのは、ベッサリオンの蔵書である。[37]ベッサリオンは、黒海の南岸に位置するトレビゾントで、一四〇三年に生まれた。彼の姓と洗礼名は知られていない。彼の教育は故郷の町の司教に委ねられたが、その司教は一三歳の彼をコンスタンティノポリスに連れて行った。そこでまもなく（一四一七／一八年）彼は修道院に入り、文学と哲学の研究を続けた。ベッサリオンとは、彼が修道士として授けられた名前である。一四三〇年に叙階された後、ペロポネソス半島のミストラへ行き、プレトンの許で研究に勤しんだ。しばしば皇帝に外交使節として用いられた彼は、一四三七年にニカイアの首都大主教に任命され、その任でフェラーラ・フィレンツェ公会議（一四三八－三九年）に参加した。公会議のあいだ、彼は聖霊の発出に関する係争中の問いにおいてカトリック・ラテン教会の見解が正しいことを確信し、両教会の統一を強く支持した。コンスタンティノポリスに帰還してまもなく（一四四〇年二月）、彼は教皇エウゲニウス四世（Eugenius IV　在位一四三一－四七年）が彼を枢機卿に任命したとの報告を受けた。同年末に、彼はローマに戻る。ニコラウス五世（Nicolaus V　在位一四四七－五五年）の許で、彼は教皇領の一部を管理するように委任された。一四六三年に彼はネグロポンテの司教となり、少しのちにコンスタンティノポリスの名義総大司教となった。

ベッサリオンは、西欧におけるギリシア人の保護者であり、ギリシア文化の伝導者であることに、自分の課題の一つを見出した。ローマにおける彼の家は、学者たちが落ち合う場所であり、いわば一種の「アカデミー」となった。彼は、ギリシア語の手稿を多く含む蔵書に、特別な配慮を施したが、そのうちの相当数のものは彼自身が書き写したものであった。彼の死後もこれらを学問研究のために保存し、公の閲覧に供するため、一四六八年の夏に遺言によって、所蔵していた書籍を都市国家ヴェネツィアに贈呈した。翌年、彼は、四八個の箱に詰めて、ギリシア語の手稿を四八二、それにラテン語の手稿を二六四送った。何巻かは自分の仕事のために手元に残しておいた。これらや、彼が一四七二年までの数年のあいだに手に入れた書籍、つまり一七五のギリシア語手写本と一三八のラテン語手写本も、その死後、ヴェネツィアに送られた。こうして「ニカイア文庫」は、一〇〇〇巻を越える蔵書を誇ることになった。このようにしてヨーロッパ文化の古来の遺産は再び活用しうるものとなり、ヨーロッパ文化の発展に少なからぬ影響を及ぼすようになったのである。

五　哲学におけるプラトン研究の復興

ビザンツから送られた手稿のうち、西欧における学問の展開にとって特別な意味をもったのは、哲学的著作と数学・自然科学的著作という二つの分野のものであった。哲学にとって最も重要だったのは、プラトンの著作のすべてが初めて知られるようになったという事実である。「おそらくプラトンの全著作が再発見されたことは、人文主義の時代における最も重要な精神史的出来事の一つだと言うことができよう」[38]。十二・十三世紀にアリストテレスに関して起こったのと同様なことが、プラトンに関して生じたのである。アリストテレスは、十二世紀に至るまでは、ただいくつかの論理学著作のみが知られていたにすぎず、その後になって初めて残りの著作が翻訳で知られるようになった。しかもそれらはまずアラビア語訳からの翻訳であり、そのため往々にしてテクストを純粋なかたちでは伝えておらず、アラビア哲学者によって変形された姿で伝えることになった。プラトンに関してもラテン中世には、非常にわずかしか知られていなかった。古代以来、『ティマイオス』(Timaeus) の断片的な翻訳があり、十二・十三世紀に『パイドン』(Phaedo) と『メノン』(Meno) がそれに加えられた。プラトン的な思想は、キケロによって、またプロクロス (Proklos　四一〇頃―四八五年) の著作の翻訳、特に『神学綱要』(Institutio theologica) とプラトンの対話編『パルメニデス』(Parmenides) に対する彼の註解によって間接的に知られたのである。これに対し、十五世紀には、プラトンの全集が直接にビザンツから運び込まれた。そのときもたらされたのは、ギリシア語の文献そのものばかりでなく、ビザンツ世界でのプラトン理解も同時に手渡されたのである。(39)西欧へのこうした伝播において最も重要な人物は、「すべてビザンツの思想家のうち最も独創的な人」(40)、ゲオルギオス・ゲミストス・プレトンであった。彼は、その弟子のベッサリオンによって、「プラトンとアリストテレス以来のギリシア人のなかで最も知恵ある人」と言われている。(41)たしかに彼は、奇異なとまでは言わないにせよ、通常とは異なった人格の持ち主であった。彼は一三六〇年頃、コンスタンティノポリスで生まれ、「充実した人」とか「豊かな人」を意味するゲオルギオス・ゲミストスという名前を与えられた。著作活動を始めたとき、彼は、ゲミストスと同義であるが、「プラトン」という名を想起させる「プレトン」という筆名を選んだ。彼の誕生年は不確かであり、一三五二年から一三八九年のあいだとも提案されているが、おそらく正しくは一三六〇年頃であろう。彼が行った勉学についても、不明瞭な点がある。確かなのは、彼がしばらくのあいだ、当時トルコの支配下にあったアドリアノポリスにいたということと、エリサエウス（Elisaeus）という名をもったユダヤ人と知己を得たということである。だが、アドリアノポリスで彼はアラビア思想を受容したのかどうか、またエリサエウスは彼にゾロアスター教の初歩を教えたのかどうかは、明らかでない。若いころペロポネソスの首都ミストラに移住し、そこで生涯の大部分を過ごすことになった。彼はここをギリシア思想の源泉と感じ、プラトンの役割、つまり王侯のための哲学的助言者という役割に甘んじた。そうして彼は、国家と宗教の改革のための覚書を書き記したが、そこで彼が案出した宗教は、当時知られていたいかなる宗教――とりわけキリスト教とイスラーム――のどれとも違うものだった。「したがって彼の関心は、哲学的というよりも、神学的なものであった。彼の哲学と言われるものは、万有在神論の体系にほかならない。神という概念がそこでは中心的な位置を占め、人間は万有への関係においてのみ正しく理解されうるのである。人間の最高の徳は、〈敬虔さ〉(theosebeia)であり、それのみが人間を神に似たものとする」[42]。この理念を、彼は、通常は単に『法律』(Nomoi)と呼ばれる主著『法集』(Nomon syngraphe)の内に書き留めた。この著作はしかし公にされず、そのうちのわずかな断片が残されているにすぎない。プレトンの死後、コンスタンティノポリスがトルコ人により占領されてすぐ、テクストすべてが発見され、それらは当時コンスタンティノポリスの総主教であったゲンナディオス二世(Gennadios II 一四〇五頃－七二年、在位一四五三－五六年)に送り届けられた。ゲンナディオス――すなわち、総主教に昇格する以前の名ではゲオルギオス・スコラリオス(Georgios Scholarios)――は、教養高く寛大な神学者として知られていたが、草稿の読書には耐えられなかった。「総主教が頁を繰ったところ、そこには、神が通常ゼウスと呼ばれており、また三位一体も超本質的創造者と世界精神と世界霊魂から成るとされており、おそらくそれ以上にも衝撃的な教説が述べられていたのであろう。そこで彼は、草稿を焚書すべきだと決断したのである。たしかにそうするのに彼が抵抗を感じてはいたが、決断はけっして驚くべきものではなかった」[43]。しかしこれらのことすべてはプレトンの生存中にはそれほど知られてはいなかったので、プレトンが一四三八／三九年にフェラーラ・フィレンツェの公会議に参加したという事実が奇妙に思えるのは、彼のことをまさしく「異教徒」とみなす後代の人たちにとってだけなのである。なるほど彼の参加は教会の側から見るなら、ものの数ではない。しかし西欧の哲学にとっては、きわめて大きな意義をもっていた。というのも彼は、執筆活動としては、『プラトン哲学とアリストテレス哲学の比較』(Comparatio Platonicae et Aristotelicae Philosophiae)という論文によって、また実践的教育的活動としては、コジモ・デ・メディチ(Cosimo de Medici 一三八九－一四六四年)に対しフィレンツェに「プラトン・アカデミー」を創設するように働きかけることによって、プラトン哲学の普及に奉仕したからである。たしかに当時プラトンはもはや無名の人ではなかった。

「すでにペトラルカはプラトンを敬慕しており、彼の著作の一六点を所有していたが、彼はその同時代人たちと同様にギリシア語が読めなかったので、それをどうしてよいか分からなかったのである。パッラ・ストロッツィ(Palla Strozzi　一三七二―一四六二年)とマヌエル・クリュソロラス、そしてレオナルド・ブルーニの翻訳は、理解がともなっていなかったために、あまり実りをあげることができなかった」[44]。今やプレトンによって、新プラトン主義的な装いを呈していたとはいえ、プラトン哲学の内実に関する理解が伝えられたのである。

その結果まず、プラトンとその哲学は並はずれて評判になった。そこには、いくつかの理由が介在している。比較的外的な理由としては、W・ヴィンデルバントが以下のようなことを指摘している。「プラトン主義者たちは、比較的に未知なことを、そしてそれゆえにより強い印象を与えることになった。そのうえ、アリストテレスは西欧において教会の教義と一致した哲学者とみなされ、ゆえに、より新奇なものを求める反対派は、一花咲かせるにはプラトンについた方が断然得策だと考えたのである。さらにそこに加わったのが、偉大なアテナイ人の著作が放つ美的魅力であった。この時代ほど、この魅力を生き生きと感じ取ることができたのは、ほかになかった」[45]。内容的なことから言えば、プラトン哲学の重要さは、知的な地平がとりわけその対話編の内に含まれる数学の観念によって、大幅に広げられたという点にみられる[46]。さらに哲学上さまざまな学派間の論争が起こったことは、学問全体にとって実り多かったと言えよう。この論争は、アリストテレス哲学が同時代に受けた刺激によって深められた。その主な主唱者は、ゲオルギオス・トラペズンティオス(Georgios Trapezountios　一三九五―一四七二年)であった[47]。クレタに生まれ、およそ一四一六年以降イタリアに移り住んだ彼は、一四二六年にカトリックに改宗し、後にローマ教皇庁で勤めた。彼はプラトン崇拝に反対し、一四五八年に『アリストテレスとプラトンの比較』(Comparatio Aristotelis et Platonis)を著し、その中でアリストテレス哲学の優位を主張し、プラトン哲学とは異なってアリストテレス哲学は神学にとって有益であることを示そうとした。調停する立場をとったのは、ベッサリオンであった。彼は、ゲオルギオスに向けた著作『プラトンを否定する者に抗して』(In calumniatorem Platonis) において「キリスト教的な」プラトンを強調することによって、「ラテン西欧におけるプラトン主義の復興に、プレトンに劣らず寄与したのである」[48]。これらの論争は、個々の点ではときにどれほど不愉快なものになったとしても、全体としてみれば、さらに思惟を深める刺激を与えたと言える。

六　ビザンツにおける数学・科学の発達

通例では、ビザンツと十四・十五世紀の自然科学という主題は顧みられることはほとんどない。たしかに人文主義は、まず第一に文献学的な傾向をもっており、ゆえに一般的な文献に関心が寄せられた。それにもかかわらず、新たに西欧に知られるようになった文献のうちには、広い意味で自然科学的な著作が数多く見受けられるのである。「〔ギリシア語〕原典の伝播は、中世後期やルネサンスにおいて、やはりビザンツからなされた。十五世紀にはこうして、ギリシア数学の真正な研究のための礎が築かれたのである」[49]。その影響はよりのちの時代にまで及んだのであり、時にはその跡を辿ることもできる。こうして十五世紀半ば頃、アルキメデスの手稿やアレクサンドレイア出身の三世紀の数学者ディオファントス (Diophantos　二五〇年頃活動) の手稿が知られるようになり、ラテン語に翻訳された。「ディオファントスの著作は、偉大なフランスの数学者フェルマ (Pierre de Fermat　一六〇一—一六六年) によって註解された (死後一六七〇年に出版)。フェルマはその註解の中で自らの学説を展開したのである」[50]。『アルマゲスト』(Almagest; Mathematike syntaxis) の筆者として知られるプトレマイオス (Klaudios Ptolemaios

二世紀）は、十五世紀に発見された八巻の『地図記号への手引き』（Geographike hyphegesis）によって学問的な地理学にも影響を与えた。それは「多少誤謬を含んでいたにもかかわらず、近代に至るまでの基準的な学術書」となったのである。[51]地理学への関心を促したもう一つの著作は、一七巻から成るストラボン（Strabon 前六四／六三―後二三年以降）の『地理学』（Geographia）であった。この書物は、アウリスパによって西欧にもたらされ、グアリーノ・ダ・ヴェローナによってラテン語に翻訳され一四七二年に刊行された。

同時代の数学および自然科学の著述家たちに関しては、事態はより複雑である。上述のように、ビザンツは古代の文献を伝達したのであって、同時代の文献を伝達したのではなかったが、それでも学問の領域では例外を認めなければならない。[52]実際に帝国の最後の数百年間は、数学と自然科学に新たな関心が向けられた時代であった。たしかにここでもまた、発端は古代文献の研究であった。博学の修道士であったマクシモス・プラヌーデスは、ディオファントスの著作を編集し、註解した。また「彼はプトレマイオスの『地理学』の手稿を何年も捜し求めた挙げ句に、それを出版した。今日プトレマイオスのルネサンス写本に見られる地図は、プラヌーデスによって作成されたものと思われる」。[53]しかし人文主義者たちは、古代の著作家に関する研究の途上で、新たな問題に出会い、また、それを解決したのである。その際、特に帝国のトレビゾントからペルシアを経由してなされたイスラームやインドの世界との接触が役割を課たした。こうしてプラヌーデスは、計算に0という記号を用いたのであるが、それはギリシア数学の中に0記号が現れた最初であった。その有益さを彼は、『インド式の数え方』（Psephophoria he kat' Indous）という著作の中で説明している。[54]司教であり、文法学者、文献学者でもあったマヌエル・モスコプロス（Manouel Moschopoulos　一二六五頃―一三一六年頃）はまた、魔方陣についての論文をものし、その中で正方形において、タテ、ヨコ、斜めいずれにおいても数の総和が等しくなるようにするには、数がいかに配置されるべきかについて、数学的な方法を呈示した。

さらに、代数的計算法が伝えられたことが、人文主義時代の学問的発展に寄与した。上述のバルラアムは、哲学者と神学者であったのみならず、ランシマンが「近代代数学の創始者の一人」(55)と名づけた、優れた数学者でもあった。コンスタンティノポリス出身のグレゴリオス・キオニアデス(Gregorios Chioniades 一二四〇/五〇—一三二〇年頃)にも触れないわけにはいかない。彼はペルシアを旅行し、そこの言語、天文学、数学を研究した。また多くのペルシア語文献をギリシア語に翻訳し、天文研究の興隆に大きく寄与した(56)。彼の研究は、コンスタンティノポリスの聖職者テオドロス・メリテニオテス(Theodoros Meliteniotes 一三二〇頃—九三年)によって継承され、この人によって「ビザンツ時代全体を通して最も規模が大きく最も学問的な天文学著作」が執筆された(57)。

ところでこうした学者たちの影響は、滅びつつあったビザンツ帝国の枠内に限定されるものではなかった。というのも、「後期ビザンツの数学および自然科学の文献の多くは、初期ルネサンスにおいてよく読まれ、書き写されたからである」(58)。こうして私たちは以下のような判断に同調することができる。つまり古典時代の著作とビザンツ人によるその註解、それに彼ら自身の独創的な貢献を含むこうした多くの書物は、「十四世紀末から十六世紀にかけてのヨーロッパにとって、当時自然科学と数学の領域において存在した最良の成果の感嘆すべき集成であったし、そのことはこれからもけっして忘れられないであろう」(59)。

以上のような叙述には、誤解を招くおそれがある。そのため、締め括りに二つの註を添えたいと思う。第一に、主題の設定上、ここではただビザンツの人々のことしか語られていないので、叙述は一面的で、全体像を与えてはいないということである。ここで語られたことは、歴史全体の連関の内で見られなければならない。第二に、ここで試みられたのは、事実として伝えられていることを述べることであった。したがって、ギリシアからの寄与がなかったと仮定した場合、ルネサンス以降の歴史が基本的に別の軌道を辿っただろうかどうかについては、何も言われていない。別の道を通って同じ成果に至ることもありえたというようなことは、もはや空想の領域に属することである。

註

（1）St. Runciman, *Byzanz*, München 1983, S. 357 (Kindlers Kulturgeschichte Europas, Bd. 8, dtv-Ausgabe).

（2）L. W. Spitz, Humanismus/Humanismusforschung, in: *Theologische Realenzyklopädie* 15 (1986), S. 641.

（3）Cf. St. Runciman, Gibbon und Byzantium, in: G. W. Bowersock et al. (eds.), *Edward Gibbon and the Decline and Fall of the Roman Empire*, Cambridge, Mass. 1977, pp. 53-60.

（4）E. Gibbon, *The Decline and Fall of the Roman Empire*, ed. by O. Smeaton, New York, p. 721（ギボン『ローマ帝国衰亡史 XI』中野好之訳、筑摩書房、一九九三年、一〇七頁）

（5）*Ibid.*, p. 722.

（6）*Ibid.*, p. 723.

（7）*Ibid.*, p. 725.

（8）W. Rehm, Einführung zu: J. Burckhardt, *Kultur der Renaissance*, Herrsching 1981, S. 11.

（9）P. Haffner, *Grundlinien der Geschichte der Philosophie*, Mainz 1881, S. 678.

（10）P. Burke, *Die Renaissance*, Berlin 1990, S. 39（英語の元版、1987年）.

（11）*De spirituali amicitia*, ed. A. Hoste, (Corpus Christianorum. Continuatio Mediaevalis, 1), Turnholti 1971, pp. 287-350; *Dialogus de anima*, ed. C. H. Talbot, (Corpus Christianorum. Continuatio Mediaevalis, 1), Turnholti 1971, pp. 637-682.

（12）自伝に関しては、以下を参照。G. Misch, *Geschichte der Autobiographie*, Bd. III/1, Frankfurt a. M. 1957.

(13) Ch. H. Haskins, *The Renaissance of the Twelfth Century,* Cambridge, Mass. 1927.（ハスキンズ『十二世紀ルネサンス』野口洋二訳，創文社，一九八五年）それ以来，数多くの版が出ている。

(14) J. Hirschberger, *Geschichte der Philosophie,* Bd. 2, Freiburg 1952, S. 8.（ヒルシュベルガー『西洋哲学史II中世』高橋憲一訳，理想社，一九七〇年）

(15) D. J. Geanakoplos, *Byzantine East and Latin West: two Worlds of Christendom in Middle Ages and Renaissance,* New York 1966, p. 112.

(16) *Ibid.,* pp. 12-21.

(17) *Ibid.,* p. 112.

(18) C. Daniel, *Classische Studien in der christlichen Gesellschaft,* Freiburg 1855, S. 135（フランス語の元版：*Des études classiques dans la société chrétienne,* Paris 1853）.

(19) E. Garin, Die Kultur der Renaissance, in: G. Mann u. a. (Hgg.), *Propyläen-Weltgeschichte,* Frankfurt a. M. 1976, Bd. 6, S. 452.

(20) W. P. Müller, *Huguccio, the Life, Works, and Thought of a Twelfth-Century Jurist,* Washington D. C. 1994, p. 21.（ミュラーによれば少なくとも疑わしいとされる）作者の真贋の問いについては，pp. 43-48を参照。

(21) *Ibid.,* p. 50.

(22) O. Mazal, *Byzanz und das Abendland,* Graz 1981, S. 288.

(23) 彼についてはたとえば以下を参照。Fr. Tinnefeld, Barlaam von Calabrien, in: *Theologische Realenzyklopädie* 5 (1980), S. 212-215. なお，生涯や書誌学的データについては，以下が有用である。W. Buchwald u. a. (Hgg.), *Tusculum-Lexikon griechischer und lateinischer Autoren des Altertums und des Mittelalters,* München ^{3}1982.

(24) これはしばしば引用される格言である。たとえば，E. Gibbon, *op. cit.,* p. 717やTatakis（註41参照）を参照。

(25) これは，V. Branca, *Boccaccio. The Man and His Work,* New York 1976, p. 116による。aspectu horridus ... turpi facie, barba prolix et capillicio nigro, et meditatione occupatus assidua, moribus incultus nec satis urbanus homo.

(26) St. Runciman, *The Last Byzantine Renaissance,* Cambridge 1970, p. 100.

(27) 「イタリアの人文主義者、グアリーノ・ダ・ヴェローナによる短縮版は……初めに一四七五年にヴィチェンツァで、クリュソロラスの無名の印刷工の許で出版され、次に一四八一年にパルマでヒエロニュムス(Hieronymus)の印刷工の許で、そして一四八四年にはヴェネツィアにおいてペレジーノ・パスクァーレ(Peregino Pasquale)の許で出版された」。Cf. O. Mazal, *op. cit.*, S. 304.

(28) E. Gibbon, *op. cit.*, p. 721.

(29) 次に関して以下を参照。E. Drerup, *Die Schulaussprache des Griechischen von der Renaissance bis zur Gegenwart*, 1. Teil, Paderborn 1930, S. 17-46.

(30) E. Drerup, *op. cit.*, S. 26. だがそれは「損われてしまった」のだろうか。われわれの時代では、トインビーが（Arnold Joseph Toynbee　一八八九―一九七五年）が（彼の著作 *Constantine VII Porphyrogenitus*［1973］を参照）、英語のテクストの中でこの書き換えに立ち戻っている。

(31) H. Hunger, *Die hochsprachige profane Literatur der Byzantiner*, Bd. 1 (Handbuch der Altertumswissenschaften XII, 5, 1), München 1978, S. 78.

(32) P. O. Kristeller, *Renaissance Concepts of Man and other Essays*, New York 1972, p. 84.

(33) O. Mazal, *op. cit.*, S. 292.

(34) 次に関して以下を参照。H. Erbse, Überlieferungsgeschichte der griechischen klassischen und hellenistischen Literatur, in: H. Hunger u. a. (Hgg.), *Geschichte der Textüberlieferung der antiken und mittelalterlichen Literatur*, Bd. 1, Zürich 1961, S. 243-283.

(35) Cf. R. Browning, Byzantine Scholarship, *Past and Present* 28 (1964), p. 9.

(36) M. Imhof, Zur Überlieferung der nicht-christlichen griechischen Literatur der Kaiserzeit, in: H. Hunger u. a. (Hgg.), *op. cit.*, S. 300.

(37) たとえば以下を参照。L. Labowsky, Bessarione, in: *Dizionario degli Italiani* 9, pp. 686-696. J. Gill, Bessarion, in: *Theologische Realenzyklopädie* 5 (1980), S. 725-730.

(38) G. Procacci, *Geschichte Italiens und der Italiener*, München 1983, S. 90（ドイツ語訳）.

(39) Cf. P. O. Kristeller, *op. cit.*, chapter 5: Byzantine and Western Platonism in the Fifteenth Century, pp. 86-109.
(40) St. Runciman, *The Last Byzantine Renaissance*, p. 2.
(41) *Tusculum Lexikon*, S. 653. 彼については以下を参照。B. Tatakis, *La philosophie byzantine*, Paris 1949 (Histoire de la philosophie, par É. Bréhier, 2. fascicule suppl.), pp. 281-293.
(42) B. Tatakis, *op. cit.*, p. 285.
(43) St. Runciman, *The Last Byzantine Renaissance*, p. 79.
(44) J. Hirschberger, *op. cit.*, S. 9f.
(45) W. Windelband, *Lehrbuch der Geschichte der Philosophie*, 11. Aufl. (von E. Rothacker), Tübingen 1924, S. 300.
(46) D. J. Geneakoplos, *op. cit.*, p. 25.
(47) 議論された最も重要な諸著作については，以下を参照。H. Hunger, *Die hochsprachige profane Literatur der Byzantiner*, Bd. 1, S. 40f.
(48) B. Tatakis, *op. cit.*, 301.
(49) O. Mazal, *op. cit.*, S. 390.
(50) *Tusculum-Lexikon*, S. 201.
(51) *Ibid.*, S. 681.
(52) 次に関して以下を参照。R. Browning, *op. cit.*, pp. 3-23, 特に pp. 17-20.
(53) *Ibid.*, p. 18.
(54) B. Tatakis, *op. cit.*, p. 241.
(55) St. Runciman, *The Last Byzantine Renaissance*, p. 68.
(56) B. Tatakis, *op. cit.*, p. 243.
(57) *Ibid.*, p. 244.
(58) R. Browning, *op. cit.*, p. 19.
(59) E. Garin, *op. cit.*, S. 451.

執筆者紹介（執筆順）

岩倉具忠（いわくら・ともただ）　一九三三年生。京都大学名誉教授。京都外国語大学教授（ダンテ研究・イタリア語史）。『ダンテ俗語詩論』（東海大学出版会）、『ダンテ研究』（創文社）、「言語と自由意志――ダンテの言語思想についての一考察」（イタリア学会編『イタリア学会誌』第四七号）、ほか。

Rafael López Silonis（ラファエル・ロペス・シロニス）　一九二五〜九六年。元上智大学文学部教授（自然神学）。『エリウゲナの思想と中世の新プラトン主義』（創文社）、『旅する人間と神――哲学的神学の素描』（中央出版社）、「人間、その希望に向かう存在――G・マルセル」（『現代とキリスト教ヒューマニズム』白水社）、ほか。

Klaus Riesenhuber（クラウス・リーゼンフーバー）　一九三八年生。上智大学文学部教授（中世哲学）。『中世における自由と超越』（創文社）、『中世哲学の源流』（創文社）、『中世思想史』（平凡社ライブラリー）、ほか。

田島照久（たじま・てるひさ）　一九四七年生。早稲田大学文学学術院教授（宗教哲学〔ドイツ神秘思想〕、宗教学）。『マイスター・エックハルト研究――思惟のトリアーデ構造 esse・creatio・generatio 論』（創文社）、『タウラー説教集』（訳、創文社）、『エックハルト説教集』（訳、岩波文庫）、ほか。

神谷　完（かみたに・たもつ）　一九二七年生。元同志社大学法学部教授（ドイツ〔宗教〕文学）。「ハインリヒ・ゾイゼにおけるGelassenheit」（大阪市立大学文学部編『森川晃卿先生還暦記念　ドイツ文学論集』）、「信仰の世俗化と文学――ドイツ敬虔主義の場合――」（同志社大学外国文学会編『同志社外国文学研究』第二一号）、「芸術の形成力としてのキリスト教神秘思潮」（科学研究費補助金研究成果報告論集『ヨーロッパ文化とキリスト教』）、ほか。

須沢かおり（すざわ・かおり）　一九五六年生。ノートルダム清心女子大学文学部教授（キリスト教思想、宗教哲学）。『エディット・シュタイン――愛と真理の炎』（新世社）、「『神』なき深淵からの霊性――エディット・シュタインを中心に」（『現代世界における霊性と倫理――宗教の根底にあるもの』行路社）、"Unterwegs ad orientem": Das letzte Zeugnis Edith Steins (*Edith Stein, Themen – Bezüge – Dokumente*, Königshausen & Neumann)、ほか。

植田兼義（うえだ・かねよし）　一九二八年生。中央大学人文科学研究所客員研究員・元中央大学教授（中世の言語と思想）。

『ゾイゼとリュースブルク』（訳、「キリスト教神秘主義著作集九」教文館）、『神秘主義事典』（訳、P・ディンツェルバッハー著、教文館）、「ヘブライ語関係詞の推移について」（中央大学人文科学研究所編『ツァロートの道――ユダヤの歴史・文化研究』中央大学出版部）、ほか。

加藤雅人（かとう・まさと）　一九五五年生。関西大学総合情報学部教授（西洋哲学）。『中世哲学を学ぶ人のために』（共編、世界思想社）、『ガンのヘンリクスの哲学』（創文社）、「意味論の内と外――トマス・アクィナス《esse》《significare》」（中世哲学会編『中世思想研究』第四六号）、ほか。

八木雄二（やぎ・ゆうじ）　一九五二年生。立教大学・清泉女子大学・湘南工科大学非常勤講師（ドゥンス・スコトゥス）。『「ただ一人」生きる思想――ヨーロッパ思想の源流から』（ちくま新書）、『生態系存在論の構築』（知泉書館）、『中世哲学への招待』（平凡社新書）、ほか。

渋谷克美（しぶや・かつみ）　一九四八年生。愛知教育大学教育学部教授（中世哲学）。『オッカム哲学の基底』、『オッカム「七巻本自由討論集」註解Ⅰ』（以上、知泉書館）、『オッカム「大論理学」註解Ⅰ－Ⅴ』（創文社）、「ドゥンス・スコトゥス『命題集註解（オルディナチオ）第二巻』」（訳、「中世思想原典集成 一八」、平凡社）、ほか。

渡部菊郎（わたべ・きくお）　一九五一〜二〇〇一年。元関西大学教授（中世哲学）。『トマス・アクィナスにおける真理論』（創文社）、「トマスにおける実践的真理の一考察」（京大中世哲学研究会編『中世哲学研究』第一二号）、「トマス・アクィナスにおける摂理と人間の自由」（教父研究会編『パトリスティカ』創刊号）、ほか。

稲垣良典（いながき・りょうすけ）　一九二八年生。長崎純心大学大学院教授（哲学）。『トマス・アクィナス哲学の研究』、『抽象と直観』、『神学的言語の研究』（以上、創文社）、ほか。

城戸　毅（きど・たけし）　一九三五年生。元岐阜聖徳学園大学経済情報学部教授（中世後期イギリス史）。『マグナ・カルタの世紀――中世イギリスの政治と国制　一一九九－一三〇七――』（東京大学出版会）、『中世イギリス財政史研究』（東京大学出版会）、『世界歴史大系　イギリス史1　先史－中世』（青山吉信編、山川出版社）、ほか。

三浦伸夫（みうら・のぶお）　一九五〇年生。神戸大学国際文化学部教授（科学史）。「中世科学史の新地平」（『思想』七六〇号）、「中世の原子論」（高橋憲一ほか編『自立する科学史学』北樹出版）、「ジャービル・イブン・ハイヤーン――初期アラビアの錬金術思想」（化学史学会編『化学史研究』一一二号）、ほか。

山下正男（やました・まさお）　一九三一年生。元京都大学人文科学研究所教授（論理思想史）。『思想の中の数学的構造』（ちくま学芸文庫)、『論理学史』(岩波書店)、『論理的に考えること』(岩波ジュニア新書)、ほか。

中村　治(なかむら・おさむ)　一九五五年生。大阪府立大学人間社会学部教授(西洋中世宇宙論・環境思想・精神医学史)。「一四世紀における信仰と自然哲学——知についてのニコル・オレームの考えをめぐって——」(中世哲学会編『中世思想研究』第三六号)、『あのころ京都の暮らし』(世界思想社)、「精神病者監護法施行後も京都の岩倉に精神病者家族的看護が残った理由」(精神医学史学会『精神医学史研究』第一〇巻二号)、ほか。

久松英二(ひさまつ・えいじ)　一九五七年生。神戸海星女子学院大学教授(組織神学・東方キリスト教霊性史)。「『イエスの祈り』とヨーガ——東方キリスト教初期静寂主義文献と『シュヴェーターシュヴァタラ・ウパニシャド』」(南山宗教文化研究所編『宗教と宗教の〈あいだ〉』風媒社)、「ビザンツの静寂主義的修道制における『修行』の意義」(豊田浩志編『キリスト教修道制——周縁性と社会性の狭間で——』、Sophia University Press)、Theoria in Early and Late Byzantine Spirituality: Evagrius of Pontus (c. 345-399) and Gregory of Sinai (c. 1255-1346) (*Prayer and Spirituality in the Early Church*, Vol. 4: The Spiritual Life, St. Pauls Publications)、ほか。

Josef Vierhaus(ヨゼフ・フィルハウス)　一九二七〜一九九八年。元上智大学神学部教授(教会史・教理史)。『キリスト教史』(全一一巻、共編、平凡社ライブラリー)、『キリスト教会の歴史』(全一〇巻、監修、女子パウロ会)、「キリスト教史の流れの中でのイエズス会」(『イエズス会教育のこころ』みくに書房)、ほか。

芝元航平(しばもと・こうへい)　一九七六年生。上智大学大学院博士後期課程。索引作成。

Lectures on medieval English literature 3), Kalamazoo 1993.

N. G. Wilson, *From Byzantium to Italy. Greek studies in the Italian Renaissance*, Baltimore 1992; edizione italiana rivista e aggiornata: *Da Bisanzio all'Italia. Gli studi greci nell'Umanesimo italiano* (Hellenica 4), Alessandria 2000.

R. Woods, *Mysticism and Prophecy. The Dominican tradition* (Traditions of Christian spirituality), Darton 1998.

F. A. Yates/M. Zagha (tr.), *Raymond Lulle et Giordano Bruno* (Questions), Paris 1999.

M. Yrjönsuuri, *Medieval Formal Logic. Obligations, insolubles and consequences* (The new synthese historical library 49), Dordrecht 2001.

———(ed.), *Obligationes. 14th century logic of disputational duties* (Acta philosophica Fennica 55), Helsinki 1994.

A. Zimmermann (Hg.), *Antiqui und moderni. Traditionsbewusstsein und Fortschrittsbewusstsein im späten Mittelalter* (Miscellanea mediaevalia 9), Berlin/New York 1974.

———(Hg.), *Aristotelisches Erbe im arabisch-lateinischen Mittelalter. Übersetzungen, Kommentare, Interpretationen* (Miscellanea Mediaevalia 18), Berlin 1986.

———(Hg.), *Die Kölner Universität im Mittelalter. Geistige Wurzeln und soziale Wirklichkeit* (Miscellanea Mediaevalia 20), Berlin 1989.

A. Zumkeller, *Erbsünde, Gnade, Rechtfertigung und Verdienst nach der Lehre der Erfurter Augustinertheologen des Spätmittelalters* (Cassiciacum 35), Würzburg 1984.

中世研究　第12号

〔中世と近世のあいだ〕　ISBN978-4-86285-012-6

2007年 6 月25日　第 1 刷印刷
2007年 6 月30日　第 1 刷発行

編者　上智大学中世思想研究所
発行者　小　山　光　夫
印刷者　藤　原　愛　子

発行所　〒113-0033 東京都文京区本郷1-13-2
電話03(3814)6161 振替00120-6-117170
http://www.chisen.co.jp
株式会社　知泉書館

Printed in Japan　印刷・製本／藤原印刷

人名索引
事項索引
文献表

人名索引

アーウェイ Arway, R. J.……234,238
アイメリクス Aymericus（ピアチェンツァ Piacenza の）……59
アヴィセンナ Avicenna; Ibn Sīnā ……20,75,230,231,236,414
アヴェロエス Averroes; Ibn Rushd …… 10,15,20,28,55,56,61,62,65,87,113,236,299,415,416
アウグスティヌス Augustinus, Aurelius……9,29,32-34,47,62,63,66,67,75-77,83,86,99,100,109,112,113,176,230,231,247,248,323,340,342,366,414,418
アウリスパ，ジョヴァンニ Aurispa, Giovanni ……494,501
アウレオリ →ペトルス・アウレオリ
アエギディウス・ロマヌス Aegidius Romanus……227,235-238
アエルレドゥス Aelredus（リーヴォー Rievaulx の）……483
アダム Adam（人祖）……14,366
アダム・デ・ヴォデハム Adam de Wodeham ……311-325
アリストテレス Aristoteles …… 5,10,11,14,15,18,21,55,58,61,62,64,67,74-76,78,87,93,110,113,229-231,237,247,249,252,258,289,291-293,296,299,300,340,350,354,365-367,378-380,385,389,392-395,400,407,411,412,414,416-419,421,454,480,483,488,496-500
アルキメデス Archimedes ……500
アルナルドゥス Arnaldus（ヴィラノヴァ Villanova の）……379
アルノルト Arnold, Gottfried ……218-220
アルハゼン Alhazen; Ibn al-Haytham ……411,412,415,421,425,426
アルベルトゥス・マグヌス Albertus Magnus ……13,20-22,56-58,75,112,412
アレクサンデル3世 Alexander III ……487
アレクサンデル Alexander（ヘールズ Hales の）……319
アレクサンドロス Alexandros（大王）……487
アレクサンドロス Alexandros（アフロディシアス Aphrodisias の）……75
アンゲルス・シレージウス →シェフラー
アンセルムス Anselmus（カンタベリー Canterbury の）……29,33,176,319
アントニオス Antonios ……127,446
アンドロニコス2世パライオロゴス Andronikos II Palaiologos ……446
アンドロニコス3世 Andronikos III ……447,449,450
アンナ Anna ……450
アンブロシウス Ambrosius ……176
イエス Jesus ……140,161,162,172,178,181,182,187,343,344,439,441 →キリスト
イエス・キリスト Jesus Christus ……179,185,434 →キリスト

イグナティウス・デ・ロヨラ Ignatius de Loyola……………………171,175,190-192
イシドルス Isidorus（セビリャ Sevilla の） ………………………………………486
イズリプ，サイモン Islip, Simon ……………………………………………………332
イブン・シーナー →アヴィセンナ
イブン・ハイサム →アルハゼン
イブン・ルシュド →アヴェロエス
インノケンティウス3世 Innocentius III…………………………………………336,345
ヴィーコ Vico, Giambattista…………………………………………………………5
ウィクリフ Wycliffe, John……………………………………………………331-356
ウィップル Wippel, J. F. ……………………………………………232,235,238
ヴィテロ Witelo ………………………………………………………421,422,424,425
ウィリアム・オッカム William Ockham……55,269-284,289-306,311-315,319,321-325,370,389,395,398,401,403,406,407,411,415-419,421,423
ウィリアム・ヘイティスベリー William Heytesbury ………………………368,379
ウェアー Ware, K. …………………………………………………………………439
ウェルギリウス Publius Vergilius Maro ……………………………………………11
ウォディング，ルーク Wadding, Luke ……………………………………………314
ウォルター・チャットン Walter Chatton ……………312,313,315,316,318,324,418
ウォルター・バーレー Walter Burleigh ……………………273,368-370,380,389,401
ウルバヌス6世 Urbanus VI …………………………………………………………341
ウルフ Wulf, M. De…………………………………………………232,233,235,238
ウルリヒ Ulrich（シュトラスブルク Straßburg の） ………………………………57
エヴァグリオス・ポンティコス Euagrios Pontikos ……………………438-441,443
エウゲニウス4世 Eugenius IV ……………………………………………………495
エーアレ Ehrle, Fr. ……………………………………………………………226,228
エックハルト →マイスター・エックハルト
エックハルト Eckhart（グリュンディヒ Gründig の） ……………………………63
エドワード Edward（黒太子 the Black Prince） ……………………………………337
エバ Eva……………………………………………………………………………366
エリサエウス Elisaeus………………………………………………………………497
大鹿一正 ……………………………………………………………………………284
オーム Ohm, Th. ……………………………………………………………………444
大森正樹 ……………………………………………………………452,461,474,475
オシェール Hausherr, I. ……………………………………………………435,443
オッカム →ウィリアム・オッカム
オトロー Othlonus（ザンクト・エメラム Sankt Emmeram の） …………………483
オリゲネス Origenes …………………………………………………………………176
オレーム →ニコル・オレーム ………………………………………………………380

ガエターニ Gaetani, Benedetto ……………………………………………………227

ガゼス Gazes, Theodoros ……480,490
カッシオドルス Cassiodorus ……67
カッファレーナ Caffarena, J. Gõmez ……229
カニシウス，ペトルス Canisius, Petrus ……190
カリストス・クサントプロス Kallistos II Xanthopoulos ……435
ガリレイ Galilei, Galileo ……260,384
カルヴァン Calvin, Jean ……342
カルダーノ Cardano, Girolamo……385
カレカス →ヨアンネス14世カレカス
カンタクーゼノス →ヨアンネス・カンタクーゼノス
キオニアデス →グレゴリオス・キオニアデス
キケロ Cicero, Marcus Tullius ……11,483,484,496
偽ディオニュシオス →ディオニュシオス・アレオパギテス
ギヒテル，ヨハン・コンラート Gichtel, Johann Conrad ……219
偽ボナヴェントゥラ Pseudo-Bonaventura……177
ギボン Gibbon, Edward ……479,481,491
擬マカリオス Pseudo-Makarios ……442,443
偽リカルドゥス（Pseudo-）Richardus（カムプザル Campsall の）……269,270,273-276,279,280,283,284
キリスト Christus …… 8,9,29,42,67,91,149,152,154,155,157,159,162,172,174-192,204-209,219,343,344,351,442,443,455 →イエス，イエス・キリスト
キルヴィントン →リチャード・キルヴィントン
キルウォードビー →ロバート・キルウォードビー
グアリーノ・ダ・ヴェローナ Guarino da Verona ……494,501
グアルテルス Gualterus（チャットン Chatton の） →ウォルター・チャットン
グィヤール Gouillard, J. ……442
グイレルムス Guillelmus（ムールベケ Moerbeka の）……486
クサントプロス，イグナティオス Xanthopoulos, Ignatios……435
クライン Klein, J.……163
クリュソロラス，マヌエル Chrysoloras, Manouel ……489,494,499
グレゴリウス1世（大教皇）Gregorius I; Gregorius Magnus ……86,176
グレゴリウス11世 Gregorius XI ……334,340
グレゴリウス Gregorius（リミニ Rimini の）……313
グレゴリオス Gregorios（シナイ Sinai の） ……435,436,445
グレゴリオス・アキンデュノス Gregorios Akindynos……448,449
グレゴリオス・キオニアデス Gregorios Chioniades ……502
グレゴリオス・パラマス Gregorios Palamas……434,445-463
クレメンス5世 Clemens V ……66,172
クレメンス6世 Clemens VI ……339
グレン Glenn, P. J. ……391

クローチェ Croce, Benedetto ……5
グロステスト →ロバート・グロステスト
グロリュー Glorieux, P. ……232,234,238
クワイン Quine, Willard Van Orman……404
ゲアナコプロス Geanakoplos, D. J. ……485
ゲオルギオス・スコラリオス Georgios Scholarios ……498
ゲオルギオス・トラペズンティオス Georgios Trapezountios ……499,500
ケニー Kenny, A. ……348-350
ケニンガム，ジョン Kenningham, John ……352,353
ケプラー Kepler, Johannes ……411,423-426
ゲルハルドゥス・テル・ステーヘン Gerhardus ter Steghen ……63
ゲルハルト Gerhard（シュテルンガッセン Sterngassen の） ……57
ゲンナディオス2世 Gennadios II……498
コートニー Courtenay, W. J. ……315,317-319
コジモ・デ・メディチ Cosimo de Medici ……498
ゴドフロワ Godefroy（フォンテーヌ Fontaines の） ……59,225,231-238
コプルストン Copleston, F. ……231
コロメル Colomer, E. ……46
コンスタンティノス・ラスカリス Konstantinos Laskaris ……485,490
コンラート Konrad（ハルバーシュタット Halberstadt の） ……58

ザカリアス・クリュソポリタヌス Zacharias Chrysopolitanus ……176
ジェイムズ，トマス James, Thomas ……348
ジェヴォンズ Jevons, W. S. ……391
シェフラー Scheffler, Johannes; Angelus Silesius ……163
ジェンティーレ Gentile, Giovanni ……22
シゲルス Sigerus（ブラバンティア Brabantia の） ……20,65,87,232,235,236
ジャン・ビュリダン Jean Buridan; Johannes Buridanus ……389,419
シュターゲル Stagel, Elsbeth ……148,155
(擬) シュメオン Symeon（新神学者）……435-444
ジョン John（欠地王 Lackland） ……336
ジョン John（ダンブルトン Dumbleton の） ……368
ジョン John（ロディントン Rodington の） ……316
ジョン・ウィクリフ →ウィクリフ
ジョン・オヴ・ゴーント John of Gaunt ……337
ジルソン Gilson, É. ……19
ズーダーマン Sudermann, Daniel……218,219
スカリゲル Scaliger, Julius Caesar ……385
スコトゥス →ヨハネス・ドゥンス・スコトゥス
スコラリオス →ゲオルギオス・スコラリオス

スタティウス Statius, Publius Papinius……11,13
ストラボン Strabon……501
スワインズヘッド →ロジャー・スワインズヘッド，リチャード・スワインズヘッド
セネカ Seneca, Lucius Annaeus……11
ゾイゼ，ハインリヒ Seuse, Heinrich……57,145,148-160,162,165,177,184,219
ソロモン Solomon……8,135

タウラー，ヨハネス Tauler, Johannes……57,145,149,177,184,219
ダニエル Daniel, Charles……485
ダレッツォ d'Arezzo, Restoro……18
ダンテ Dante Alighieri……5-22
タンピエ Tempier, Étienne……226,232
ダンブルトン →ジョン（ダンブルトンの）
チャットン →ウォルター・チャットン
ディアドコス Diadochos（フォティケー Photike の）……441,442
ディートリヒ Dietrich（フライベルク Freiberg の）……55-113
ディオゲネス・ラエルティオス Diogenes Laertios……494
ディオニュシウス Dionysius（レイケル Rijkel の）……64
ディオニュシウス・パラヴィシヌス Dionysius Paravisinus……490
ディオニュシオス・アレオパギテス Dionysios Areopagites……62,177,448,457
ディオファントス Diophantos……500,501
テオドロス Theodoros……446
テオドロス・メリテニオテス Theodoros Meliteniotes……502
デカルト Descartes, René……34,44-46,60,289
テミスティオス Themistios……65,75
テルステーゲン Tersteegen, Gerhard……160-165
テレサ Teresa（アビラ Ávila の）……171,190
ドゥヴィアー Dwyer, E.……230
トゥキュディデス Thoukydides……494
ドゥンス・スコトゥス →ヨハネス・ドゥンス・スコトゥス
トマス・アクィナス Thomas Aquinas……5,8,13,19,20,22,56-58,62,63,66-68,91,110,138,176,225-227,231,232,234-237,275,283,289-291,293-296,298,300-302,305,306,319,325,352-354,370,412,418,423
トマス・ア・ケンピス Thomas a Kempis……58,189,219
トマス，アルバロ Tomás, Álvaro……384
トマス・ネッター Thomas Netter（ウォールデン Walden の）……348
トマス・ブラッドワディーン Thomas Bradwardine……342,368,375

ナルディ Nardi, B.……10,11,18,19,22
ニール Neal, Daniel……349

ニケフォロス Nikephoros ……………………………………………435-439, 443, 444
ニケフォロス・グレゴラス Nikephoros Gregoras …………………………………450
ニコラウス4世 Nicolaus IV ………………………………………………………227
ニコラウス5世 Nicolaus V ………………………………………………………495
ニコラウス Nikolaus（シュトラスブルク Straßburg の）…………………………57
ニコラウス・クザーヌス Nicolaus Cusanus…………………………25, 34, 63, 142
ニコラオス・シゲロス Nikolaos Sigeros ……………………………………………488
ニコル・オレーム Nicole Oresme……………………………380, 383, 411, 418-423
ニュートン Newton, Isaac ………………………………………………………409
ニュス Nys, Th. V. …………………………………………………………………230

バーレー →ウォルター・バーレー
ハインリヒ7世 Heinrich VII ………………………………………………………57
ハインリヒ Heinrich（ネルトリンゲン Nördlingen の）…………………………154
ハインリヒ Heinrich（ハレ Halle の）………………………………………147, 148
ハインリヒ Heinrich（ヘルフォルト Herford の）…………………………………58
ハインリヒ Heinrich（リューベック Lübeck の）…………………………………58
パウロ Paulos ………………………………………………………………………159
バシレイオス Basileios（カイサレイア Kaisareia の）……………………446, 456
パラヴィシヌス →ディオニュシウス・パラヴィシヌス
パラマス →グレゴリオス・パラマス
パリアーロ Pagliaro, Antonino ……………………………………………………18
バルラアム Barlaam（カラブリア Calabria の）……447-449, 453-455, 459, 487, 488, 502
バンキン，ジョン Bankyn, John …………………………………………………334
ピウス2世 Pius II …………………………………………………………………482
ヒエロニュムス Hieronymus ………………………………………………………176
ヒスパヌス →ペトルス・ヒスパヌス
ヒューム Hume, David ………………………………………………248, 249, 258
ビュリダン →ジャン・ビュリダン
ピラト，レオンツィオ Pilato, Leonzio ……………………………………488, 489
ヒルベルト Hilbert, David…………………………………………………………405
ファーラービー al-Fārābī …………………………………………………………75
フィッツラルフ →リチャード・フィッツラルフ
フィレルフォ，フランチェスコ Filelfo, Francesco ……………………………489, 494
フィロテオス・コッキノス Philotheos Kokkinos……………………………………450
フーゴー Hugo（サン=ヴィクトル Saint-Victor の）……………………………62, 67
フーゴー Hugo（シュトラスブルク Straßburg の）…………………………………57
フェオファーン・ザトヴォルニク Feofan Zatvornik ………………………………439
フェルマ Fermat, Pierre de …………………………………………………………500

人名索引

フォーティオス Photios ……493
フグッチョ Huguccio（ピーサ Pisa の）……486
フッサール Husserl, Edmund ……350
プトレマイオス Ptolemaios, Klaudios ……500
ブラウアー Brouwer, Luitzen Egbertus Jan ……405
プラツェック Platzeck, E.-W.……38
ブラッチョリーニ →ポッジョ・ブラッチョリーニ
ブラッドワディーン →トマス・ブラッドワディーン
プラトン Platon ……9,22,46,47,229-231,451,452,480,488,496-500
プラヌーデス →マクシモス・プラヌーデス
フランソワ・ド・サル François de Sales ……190
フランチェスコ Francesco（アッシジ Assisi の）……314
ブリダヌス →ジャン・ビュリダン
ブルーニ，レオナルド Bruni, Leonardo ……489,499
ブルクハルト Burckhardt, Jacob ……479-482,485
フレーゲ Frege, Gottlob ……389,405
プレツィオーソ Prezioso, F. A. ……230
プレトン Plethon, Gemistos ……480,495,497-500
プロクロス Proklos ……58,62,63,75,111,496
プロティノス Plotinos ……9,47
ブロンデル Blondel, Maurice ……31
ヘイティスベリー →ウィリアム・ヘイティスベリー
ヘイメリクス Heymericus（カンポ Campo の）……63
ヘーゲル Hegel, Georg Wilhelm Friedrich ……28,46,142
ベーコン →ロジャー・ベーコン
ベーダ・ウェネラビリス Beda Venerabilis ……62,176
ベーマー Boehmer, H.……189
ヘシュキオス Hesychios（シナイ Sinai の）……440
ベッサリオン Bessarion ……480,494,495,500
ペトラルカ Petrarca, Francesco ……449,482,487,488,499
ペトルス・アウレオリ Petrus Aureoli ……313,323
ペトルス・ヒスパヌス Petrus Hispanus ……226,389,390,393,400 →ヨハネス21世
ペトルス・ロンバルドゥス Petrus Lombardus ……316,319,417
ベネディクトゥス Benedictus ……86
ベネディクトゥス12世 Benedictus XII ……66,447
ペルツァー Pelzer, A. ……234,238
ベルトルト Berthold（モースブルク Moosburg の）……58,63
ベルナルドゥス Bernardus（クレルヴォー Clairvaux の）……149,175-177
ヘルムホルツ Helmholtz, Hermann Ludwig Ferdinand von ……408
ヘンリクス Henricus（ガン Gand の）……225-233,235-238,247,249-252,263,415

9

ヘンリクス・トッティング Henricus Totting（オイタ Oyta の）……………………314
ポアンカレ Poincaré, Henri ……………………………………………………………405
ボエティウス Boethius, Anicius Manlius Severinus……………………………………62
ボエティウス Boethius（ダキア Dacia の）………………………………………65, 232
ホーネン Hoenen, M. J. F. M. ……………………………………………………352
ボッカッチョ Boccaccio, Giovanni ……………………………………………488, 489
ポッジョ・ブラッチョリーニ Poggio Bracciolini, Gian Francesco ………………489
ボナヴェントゥラ Bonaventura ……………………………175 →偽ボナヴェントゥラ
ボニファティウス 8 世 Bonifatius VIII ………………………………………172, 227
ホフマン Hoffmans, J. ……………………………………………………231, 234, 238
ポメリウス Pomerius ……………………………………………………………219
ホメロス Homeros ……………………………………………………………489, 494
ポルフュリオス Porphyrios …………………………………………390, 392, 394
ポンポナッツィ Pomponazzi, Pietro …………………………………………372, 384

マーシャル Marshall, P. …………………………………………………………419
マイアー Maier, A. ………………………………………………………………369
マイスター・エックハルト Meister Eckhart …… 55, 57, 58, 63, 113, 125 – 142, 145,
146, 149, 157, 160, 163, 177, 184, 219
マカリオス →擬マカリオス
マクシモス Maximos（証聖者 Homologetes）……………………………456, 457
マクシモス・プラヌーデス Maximos Planoudes ……………………………491, 501
マクファーレン McFarlane, John…………………………………………………346
マタイ Matthaios（福音書記者）……………………………………………………176
マッケン Macken, R. ……………………………………………………………228, 230
マヌエル・モスコプロス Manouel Moschopoulos ……………………………501
マリア Maria（聖母）……………………………………………………………150, 218
マルクス・アウレリウス Marcus Aurelius Antoninus …………………………494
マルコ Markos（福音書記者）……………………………………………………176
マルコス Markos（隠修士 Eremites）……………………………………………442
マルシリウス Marsilius（パドヴァ Padova の）……………………………339, 340
マルタ Martha ……………………………………………………………………218
マルティヌス 4 世 Martinus IV ……………………………………………………227
マレンボン Marenbon, J. …………………………………………………………230
ミカエル Michael（マッサ Massa の）……………………………………………177
メイジャー，ジョン Major, John …………………………………………………314
メヒティルト Mechthild（マクデブルク Magdeburg の）………………145–152, 159
メリテニオテス →テオドロス・メリテニオテス
メルスヴィン Merswin, Rulman ……………………………………………148, 149
モーセ Moses……………………………………………………………………125

モスコプロス →マヌエル・モスコプロス

ヤコブス Jacobus（ヴィテルボ Viterbo の）……235,236,238
ヤコブス・デ・ヴォラギネ →ヤコポ・ヴェラッセ
ヤコポ・ヴェラッセ Jacopo Verasse（ヤコブス・デ・ヴォラギネ Jacobus de Voragine）……190
ヨアンネス 5 世 Ioannes V Palaiologos……450
ヨアンネス14世カレカス Ioannes XIV Kalekas……447,449
ヨアンネス・カンタクーゼノス Ioannes IV Kantakouzenos……447,449
ヨアンネス・クリュソストモス Ioannes Chrysostomos……176
ヨアンネス Ioannes（ダマスコス Damaskos の）……62,138
ヨハネ Ioannes（福音書記者）……176,451
ヨハネ（十字架の）Juan de la Cruz……190
ヨハネス21世 Johannes XXI……226 →ペトルス・ヒスパヌス
ヨハネス22世 Johannes XXII……66
ヨハネス Johannes（シュテルンガッセン Sterngassen の）……57,58
ヨハネス Johannes（ダンバハ Dambach の）……58
ヨハネス Johannes（フライブルク Freiburg の）……57
ヨハネス Johannes（リヒテンベルク Lichtenberg の）……57
ヨハネス Johannes（レディング Reading の）……418
ヨハネス・ドゥンス・スコトゥス Johannes Duns Scotus…… 56,225,226,231,235,236,238,247-264,275-279,281-283,290,291,313,319,321,322,325,370

ライプニッツ Leibniz, Gottfried Wilhelm……25,44,45,385
ライムンドゥス・ルルス Raimundus Lullus; Ramón Llull……25-47
ラスカリス →コンスタンティノス・ラスカリス
ラッセル Russell, Bertrand……405
ランガム，サイモン Langham, Simon……332
ランシマン Runciman, St.……502
リカルドゥス，カムプザルの →偽リカルドゥス（カムプザルの）
リチャード・キルヴィントン Richard Kilvington……368
リチャード・スワインズヘッド Richard Swineshead…… 366,368,371,372,374,376,379,380,382-385
リチャード・フィッツラルフ Richard Fitzralph……316,339,340
リミニ →グレゴリウス（リミニの）
リュースブルーク Ruusbroec, Jan van……149,201-220
ルートヴィッヒ 4 世 Ludwig IV……55
ルカ Loukas（福音書記者）……176
ルカーヌス Lucanus, Marcus Annaeus……11
ルター Luther, Martin……149,164,190,193,344

ルドルフス Ludolphus（ザクセン Sachsen の）……171–193
レディング →ヨハネス（レディングの）
レピンドン，フィリプ Repyngdon, Philip ……347
レフ Leff, G. ……354, 355
ロースキィ Lossky, V. ……461
ロジャー・スワインズヘッド Roger Swineshead ……368, 369
ロジャー・ベーコン Roger Bacon……411–413, 418, 421–423
ロタン Lottin, O. ……234, 238
ロディントン →ジョン（ロディントンの）
ロバート・キルウォードビー Robert Kilwardby ……320
ロバート・グロステスト Robert Grosseteste……350, 486
ロベルトゥス Robertus（ハリファックス Halifax の） ……418
ロンバルドゥス →ペトルス・ロンバルドゥス

事 項 索 引

ア 行

カ 行

サ　行

タ行

ナ 行

ハ　行

マ　行

ヤ　行

ラ　行

文　献　表

（上智大学中世思想研究所の蔵書に基づいて作成。なお，一般的な哲学史，個別的な著者に関する文献，原典テクストは受容史に関するものではない限り原則として含まれていない。）

J. A. Aertsen/M. Pickavé (Hgg.), *"Herbst des Mittelalters"? Fragen zur Bewertung des 14. und 15. Jahrhunderts* (Miscellanea Mediaevalia 31), Berlin 2004.

Agiografia nell'occidente cristiano secoli XIII-XV. Convegno internazionale (Roma, 1-2 marzo 1979) (Atti dei convegni Lincei 48), Roma 1980.

D. Alexandre-Bidon/M.-T. Lorcin, *Système éducatif et cultures dans l'Occident médiéval (XIIe-XVe siècle)* (Documents Σ histoire), Paris 1998.

G. Alliney/L. Cova (eds.), *Tempus aevum aeternitas. La concettualizzazione del tempo nel pensiero tardomedievale. Atti del Colloquio internazionale Trieste, 4-6 marzo 1999*, Firenze 2000.

I. Angelelli/P. Pérez-Ilzarbe (eds.), *Medieval and Renaissance Logic in Spain. Acts of the 12th European Symposium on Medieval Logic and Semantics, held at the University of Navarre (Pamplona, 26-30 May 1997)* (Philosophische Texte und Studien 54), Hildesheim 2000.

B. de Armellada, *Guillermo de Ockham en la espiritualidad del siglo XIV* (Collectanea Franciscana 69, 1-2), Roma 1999.

M. Aston, *Lollards and Reformers. Images and literacy in late medieval religion* (History series 22), London 1984.

G. Auzzas (et al.) (eds.), *Letteratura in forma di sermone. I rapporti tra predicazione e letteratura nei secoli XIII-XVI, atti del seminario di studi (Bologna 15-17 novembre 2001)* (Biblioteca di lettere italiane. Studi e testi 60), Firenze 2003.

J. Ballweg, *Konziliare oder päpstliche Ordensreform. Benedikt XII. und die Reformdiskussion im frühen 14. Jahrhundert* (Spätmittelalter und Reformation, Neue Reihe 17), Tübingen 2001.

H. Baron, *In Search of Florentine Civic Humanism. Essays on the transition from medieval to modern thought*, 2 vols., Princeton 1989.

M. Batllori/F. J. Díaz Marcilla (tr.), *Il lullismo in Italia. Tentativo di sintesi* (Medioevo 8. Centro italiano di lullismo 1), Roma 2004.

P. Battistini (et al.) (eds.), *Seventh Centenary of the Teaching of Astronomy in Bologna, 1297-1997. Proceedings of the meeting held in Bologna at the Accademia delle Scienze on June 21, 1997* (Musei archivi dello Studio Bolognese 8), Bologna 2001.

S. Bellomo, *Dizionario dei commentatori danteschi. L'esegesi della Commedia da Iacopo*

Alighieri a Nidobeato (Biblioteca di lettere italiane. Studi e testi 62), Firenze 2004.

Benedictine of Stanbrook Abbey, *Mediaeval Mystical Tradition and Saint John of the Cross*, Westminster 1954.

C. Bérubé, *La connaissance de l'individuel au Moyen Âge*, Montréal 1964.

W. Beutin/T. Bütow (Hgg.), *Europäische Mystik vom Hochmittelalter zum Barock. Eine Schlüsselepoche in der europäischen Mentalitäts-, Spiritualitäts- und Individuationsentwicklung. Beiträge der Tagung 1996 und 1997 der Evangelischen Akademie Nordelbien in Bad Segeberg* (Bremer Beiträge zur Literatur- und Ideengeschichte 21), Frankfurt am Main/New York 1998.

J. Biard, *Logique et théorie du signe au XIVe siècle* (Études de philosophie médiévale 64), Paris 1989.

J. Biard/J. Celeyrette (éds.), *De la théologie aux mathématiques. L'infini au XIVe siècle* (Sagesses médiévales), Paris 2005.

J. Biard/I. Rosier-Catach (éds.), *La tradition médiévale des catégories (XIIe-XVe siècles). Actes du XIIIe Symposium européen de logique et de sémantique médiévales (Avignon, 6-10 juin 2000)* (Philosophes médiévaux 45), Louvain-la-Neuve 2003.

G. Billanovich (et al.) (eds.), *Primo umanesimo a Padova. Lovato, Mussato, Rolando da Paizzola, Pietro d'Abano, Petrarca* (Italia medioevale e umanistica 28), Padova 1985.

H. Blommestijn (et al.) (eds.), *Spirituality Renewed. Studies on significant representatives of the Modern Devotion* (Studies in spirituality, Supplement 10), Leuven 2003.

I. Boh, *Epistemic Logic in the Later Middle Ages* (Topics in medieval philosophy), London/New York 1993.

G. Böhme, *Bildungsgeschichte des frühen Humanismus,* Darmstadt 1984.

H. Boockmann (et al.) (Hgg.), *Lebenslehren und Weltentwürfe im Übergang vom Mittelalter zur Neuzeit. Politik, Bildung, Naturkunde, Theologie. Bericht über Kolloquien der Kommission zur Erforschung der Kultur des Spätmittelalters 1983 bis 1987* (Abhandlungen der Akademie der Wissenschaften in Göttingen. Philologisch-Historische Klasse 3, Folge 179), Göttingen 1989.

D. Bornstein/R. Rusconi (eds.), *Mistiche e devote nell'Italia tardomedievale* (Nuovo Medioevo 40), Napoli 1992.

E. P. Bos/H. A. Krop (eds.), *Ockham and Ockhamists. Acts of the symposium organized by the Dutch Society for Medieval Philosophy Medium Aevum on the occasion of its 10th anniversary (Leiden, 10-12 September 1986)* (Artistarium, Supplementa 4), Nijmegen 1987.

R. Bosley/M. Tweedale (eds.), *Aristotle and his Medieval Interpreters* (Canadian Journal of Philosophy, Supplementary 17), Calgary 1992.

J. C. Boswell, *Dante's Fame in England. References in printed British books, 1477-1640*, New York/London 1999.

F. Bottin, *La scienza degli occamisti. La scienza tardo-medievale dalle origini del paradigma nominalista alla rivoluzione scientifica* (Studi di filosofia e storia della filosofia 4), Rimini 1982.

A. Braña Arrese, *De immaculata conceptione B. V. Mariae. Secundum theologos Hispanos saeculi XIV* (Bibliotheca Immaculatae Conceptionis. Textus et disquisitiones, collectio edita cura Academiae Marianae Internationalis 1), Romae 1950.

N. Bray/L. Sturlese (eds.), *Filosofia in volgare nel Medioevo. Atti del Convegno della Società italiana per lo studio del pensiero medievale (S. I. S. P. M.), Lecce, 27-29 settembre 2002* (Textes et études du Moyen Âge. Fédération internationale des instituts d'études médiévales 21), Louvain-la-Neuve 2003.

A. Broadie, *Introduction to Medieval Logic*, Oxford 1987.

———*Notion and Object. Aspects of late medieval epistemology*, Oxford 1989.

S. C. Brower-Toland, *Late-medieval Theories of Propositions. Ockham and the 14th-century debate over objects of judgment* (diss.), Ithaca 2002.

D. Buzzetti (et al.) (eds.), *L'insegnamento della logica a Bologna nel XIV secolo* (Studi e memorie per la storia dell'Università di Bologna, Nuova serie 8), Bologna 1992.

S. Caroti/J. Celeyrette (éds.), *Quia inter doctores est magna dissensio. Les débats de philosophie naturelle à Paris au XIVe siècle* (Biblioteca di Nuncius 52), Firenze 2004.

S. Caroti/P. Souffrin (éds.), *La nouvelle physique du XIVe siècle* (Biblioteca di Nuncius 24), Firenze 1997.

A. K. Cassell, *The Monarchia Controversy. An historical study with accompanying translations of Dante Alighieri's Monarchia, Guido Vernani's Refutation of the "Monarchia" composed by Dante, and Pope John XXII's bull, Si fratrum*, Washington, D. C. 2004.

J. I. Catto (ed.), *The Early Oxford Schools* (The history of the University of Oxford, vol. I), Oxford 1984.

J. I. Catto/R. Evans (eds.), *Late Medieval Oxford* (The history of the University of Oxford, vol. II), Oxford 1992.

F. Cheneval, *Die Rezeption der Monarchia Dantes bis zur Editio princeps im Jahre 1559. Metamorphosen eines philosophischen Werkes* (Humanistische Bibliothek 1. Abhandlungen 47), München 1995.

M. Clagett, *The Science of Mechanics in the Middle Ages* (The University of Wisconsin publications in medieval science 4), Madison/London 1959.

———(ed.), *Archimedes in the Middle Ages*, vol. 3-5, Philadelphia 1978-1984.

L. Clucas, *The Hesychast Controversy in Byzantium in the Fourteenth Century. A consideration of the basic evidence* (diss.), Los Angeles 1975.

A. B. Cobban, *The Medieval English Universities. Oxford and Cambridge to c. 1500*,

Berkeley 1988.

C. G. Conticello/V. Conticello (éds.), *La théologie Byzantine et sa tradition* (Corpus Christianorum), Turnhout 2002.

Ch. A. Conway, *The Vita Christi of Ludolph of Saxony and Late Medieval Devotion Centred on the Incarnation. A descriptive analysis*, Salzburg 1976.

R. Copeland, *Pedagogy, Intellectuals, and Dissent in the Later Middle Ages. Lollardy and ideas of learning* (Cambridge studies in medieval literature 44), Cambridge 2001.

W. J. Courtenay, *Schools & Scholars in Fourteenth-Century England*, Princeton 1987.

———*Parisian Scholars in the Early Fourteenth Century. A social portrait* (Cambridge studies in medieval life and thought 4th ser. 41), Cambridge 1999.

I. Craemer-Ruegenberg/A. Speer (Hgg.), *Scientia und ars im Hoch- und Spätmittelalter*, I-II (Miscellanea mediaevalia 22, 1-2), Berlin/New York 1994.

C. Crisciani/M. Pereira, *L'arte del sole e della luna. Alchimia e filosofia nel medioevo* (Biblioteca di Medioevo latino 17), Spoleto 1996.

A. C. Crombie, *Robert Grosseteste and the Origins of Experimental Science 1100-1700,* Oxford 1953.

———*Science in the Later Middle Ages and Early Modern Times, XIII-XVII Centuries* (Medieval and early modern science, vol. 2. Doubleday Anchor books A167b), Garden City/New York 1959.

———*Science, Optics, and Music in Medieval and Early Modern Thought*, London 1990.

———*Science, Art, and Nature in Medieval and Modern Thought*, London 1996.

A. A. Al-Daffa/J. J. Stroyls, *Studies in the Exact Sciences in Medieval Islam*, Dhahran/Saudi Arabia 1984.

Dante nel pensiero e nella esegesi dei secoli XIV e XV. Atti del Convegno di studi realizzato dal Comune di Melfi in collaborazione con la Biblioteca provinciale di Potenza e il Seminario di studi danteschi di Terra di Lavoro, Melfi, 27 settembre-2 ottobre 1970, Firenze 1975.

A. Dempf, *Die Naturphilosophie Ockhams als Vorbereitung des Kopernikanismus* (Sitzungsberichte. Bayerische Akademie der Wissenschaften. Philosophisch-Historische Klasse 1974, Heft 2), München 1974.

M. Derwich/M. Staub (Hgg.), *Die "Neue Frömmigkeit" in Europa im Spätmittelalter* (Veröffentlichungen des Max-Planck-Instituts für Geschichte 205), Göttingen 2004.

Die deutsche Literatur des Mittelalters, Verfasserlexikon, 11 Bde., Berlin/New York 1977-2004.

P. Dollinger (et al.), *La mystique rhénane. Colloque de Strasbourg, 16-19 mai, 1961* (Bibliothèque des centres d'études supérieures spécialisés. Travaux du Centre

d'études supérieures spécialisé d'histoire des religions de Strasbourg), Paris 1963.
K. D. Dutz/L. Kaczmarek (Hgg.), *Rekonstruktion und Interpretation. Problemgeschichtliche Studien zur Sprachtheorie von Ockham bis Humboldt* (Tübinger Beiträge zur Linguistik 264), Tübingen 1985.
M. Egerding, *Die Metaphorik der spätmittelalterlichen Mystik*, 2 Bde., Paderborn 1997.
T. Ehlert (Hg.), *Zeitkonzeptionen, Zeiterfahrung, Zeitmessung. Stationen ihres Wandels vom Mittelalter bis zur Moderne,* Paderborn 1997.
K. Elm (Hg.), *Reformbemühungen und Observanzbestrebungen im spätmittelalterlichen Ordenswesen* (Berliner historische Studien 14. Ordensstudien 6), Berlin 1989.
E. Emerton, *Humanism and Tyranny. Studies in the Italian Trecento*, Gloucester 1964.
K. Emery, *Monastic, Scholastic, and Mystical Theologies from the Later Middle Ages* (Variorum Collected Studies Series CS 561), Aldershot 1996.
K. Emery/J. Wawrykow (eds.), *Christ among the Medieval Dominicans. Representations of Christ in the texts and images of the Order of Preachers* (Notre Dame conferences in Medieval studies 7), Notre Dame 1998.
H. W. Enders, *Sprachlogische Traktate des Mittelalters und der Semantikbegriff. Ein historisch-systematischer Beitrag zur Frage der semantischen Grundlegung formaler Systeme* (Veröffentlichungen des Grabmann-Institutes zur Erforschung der mittelalterlichen Theologie und Philosophie, Neue Folge 20), München 1975.
L'esperienza mistica di Dante nelle indicazioni dell'esegesi trecentesca. Primi risultati di una ricerca di gruppo effettuata nell'Istituto di studi Danteschi dell'Università cattolica del S. Cuore (Incontri danteschi di Gressoney St. Jean), Firenze 1969.
G. R. Evans, *Getting it Wrong. The medieval epistemology of error* (Studien und Texte zur Geistesgeschichte des Mittelalters 63), Leiden 1998.
G. Federici Vescovini, *"Arti" e filosofia nel secolo XIV. Studi sulla tradizione aristotelica e i "moderni"*, Firenze 1983.
———*Le teorie della luce e della visione ottica dal IX al XV secolo. Studi sulla prospettiva medievale e altri saggi* (Storia del pensiero filosofico e scientifico), Perugia 2003.
———(ed.), *Le problème des transcendantaux du XIVe au XVIIe siècle* (Bibliothèque d'histoire de la philosophie, Nouv. sér.), Paris 2002.
———(et. al.) (eds.), *Corpo e anima, sensi interni e intelletto dai secoli XIII-XIV ai post-cartesiani e spinoziani. Atti del Convegno Internazionale, Firenze, Dipartimento di Scienze dell'Educazione e dei Processi Culturali e Formativi, 18-20 settembre 2003* (Textes et études du Moyen Âge 30), Turnhout 2005.
G. Fioravanti (et al.) (eds.), *Il commento filosofico nell'Occidente latino (secoli XIII-XV). Atti del colloquio Firenze-Pisa, ottobre 2000 = The philosophical commentary in the Latin West (13-15th centuries). Organizzato dalla SISMEL (Società inter-*

nazionale par lo studio del medioevo latino) e dalla SISPM (Società italiana per lo studio del pensiero medievale), sotto l'egida della SIEPM (Rencontres de philosophie médiévale 10), Turnhout 2002.

K. Flasch (Hg.), *Von Meister Dietrich zu Meister Eckhart* (Corpus philosophorum Teutonicorum Medii Aevi 2), Hamburg 1984.

A. J. Fletcher, *Preaching, Politics and Poetry in Late-medieval England* (Medieval studies), Dublin 1998.

C. Flüeler, *Rezeption und Interpretation der Aristotelischen Politica im späten Mittelalter* (Bochumer Studien zur Philosophie 19), Amsterdam 1992.

R. Fuller, *The Brotherhood of the Common Life and its Influence* (SUNY series in Western esoteric traditions), New York 1995.

S. Gaukroger, *The Emergence of a Scientific Culture. Science and the shaping of modernity, 1210-1685*, Oxford/New York 2006.

D. J. Geanakoplos, *Greek Scholars in Venice. Studies in the dissemination of Greek learning from Byzantium to Western Europe*, Cambridge 1962.

———*Byzantine East and Latin West. Two worlds of Christendom in Middle Ages and Renaissance. Studies in ecclesiastical and cultural history* (Harper torchbooks 1265), New York 1966.

H. G. Gelber, *It could have been otherwise. Contingency and necessity in Dominican theology at Oxford, 1300-1350* (Studien und Texte zur Geistesgeschichte des Mittelalters 81), Leiden 2004.

J. M. Gellrich, *Discourse and Dominion in the Fourteenth Century. Oral contexts of writing in philosophy, politics, and poetry,* Princeton 1995.

J.-P. Genet, *La mutation de l'éducation et de la culture médiévales. Occident chrétien, XIIe siècle—milieu du XVe siècle* (Histoire, cultures et sociétés), Paris 1997.

S. Gersh/B. Roest (eds.), *Medieval and Renaissance Humanism. Rhetoric, representation and reform* (Brill's studies in intellectual history 115), Leiden 2003.

M. Gill, *Augustine and the Italian Renaissance. Art and philosophy from Petrarch to Michelangelo,* New York 2005.

A. Gillette, *Learning in Paris. Universitas from 12th to 16th centuries* (Paris through the ages, stroll 3), Paris 1999.

Ch. C. Gillispie (et al.) (eds.), *Dictionary of Scientific Biography*, 16 vols., New York 1980.

M. Glasscoe (ed.), *The Medieval Mystical Tradition in England*, vol. II-VII, Devon/Cambridge/Woodbridge 1982-2004.

J. Goldstein, *Nominalismus und Moderne. Zur Konstitution neuzeitlicher Subjektivität bei Hans Blumenberg und Wilhelm von Ockham* (Alber Reihe Philosophie), Freiburg 1998.

N. Gonthier, *Éducation et cultures dans l'Europe occidentale chrétienne (du XIIe au milieu du XVe siècle)* (CAPES. Agrégation), Paris 1998.
G. González, *Dialéctica escolástica y lógica humanística de la Edad Media al Renacimiento* (Acta Salmanticensia. Biblioteca de pensamiento y sociedad 59), Salamanca 1987.
B. Gorceix, *Amis de Dieu. En Allemagne au siècle de Maître Eckhart* (Spiritualités vivantes série Christianisme), Paris 1984.
E. Grant, *Physical Science in the Middle Ages* (Wiley history of science series), New York 1971.
———*Much ado about nothing. Theories of space and vacuum from the Middle Ages to the scientific revolution*, Cambridge/New York 1981.
———*Studies in Medieval Science and Natural Philosophy*, London 1981.
———*Planets, Stars, and Orbs. The medieval cosmos, 1200-1687*, Cambridge/New York 1994.
———*The Foundations of Modern Science in the Middle Ages. Their religious, institutional, and intellectual contexts* (Cambridge history of science), Cambridge/New York 1996.
C. C. Greenfield, *Humanist and Scholastic Poetics, 1250-1500*, Lewisburg 1981.
T. Gregory (et al.), *Théologie et astrologie dans la culture médiévale. Un subtil face-à-face.* (Bulletin de la Société française de philosophie 84e année, no 4, oct.-déc. 1990), Paris 1990.
P. F. Grendler, *Schooling in Renaissance Italy. Literacy and learning, 1300-1600* (The Johns Hopkins University studies in historical and political science 107th series 1), Baltimore 1989.
L. Grenzmann (et al.) (Hgg.), *Die Präsenz der Antike im Übergang vom Mittelalter zur Frühen Neuzeit. Bericht über Kolloquien der Kommission zur Erforschung der Kultur des Spätmittelalters 1999 bis 2002* (Abhandlungen der Akademie der Wissenschaften in Göttingen. Philologisch-historische Klasse 3, 263), Göttingen 2004.
G. Grilli (ed.), *Ramon Llull, il lullismo internazionale, l'Italia. Atti del Convegno internazionale, Napoli, Castel dell'Ovo 30 e 31 marzo, 1 aprile 1989* (Annali. Sezione romanza 34, 1), Napoli 1992.
A. M. Haas, *Nim din selbes war. Studien zur Lehre von der Selbsterkenntnis bei Meister Eckhart, Johannes Tauler und Heinrich Seuse* (Dokimion. Neue Schriftenreihe zur Freiburger Zeitschrift für Philosophie und Theologie 3), Freiburg (Suisse) 1971.
———*Sermo mysticus. Studien zu Theologie und Sprache der deutschen Mystik* (Dokimion. Neue Schriftenreihe zur Freiburger Zeitschrift für Philosophie und

Theologie 4), Freiburg (Suisse) 1979.

———*Mystik als Aussage. Erfahrungs-, Denk- und Redeformen christlicher Mystik* (Suhrkamp Taschenbuch Wissenschaft 1196), Frankfurt am Main 1996.

———*Mystik im Kontext*, München 2004.

A. M. Haas/H. Stirnimann (Hgg.), *"Einig Ein". Studien zu Theorie und Sprache der deutschen Mystik* (Dokimion. Neue Schriftenreihe zur Freiburger Zeitschrift für Philosophie und Theologie 6), Freiburg (Suisse) 1980.

Hagiographie et culte des saints en France méridionale (XIIIe-XVe siècle) (Cahiers de Fanjeaux 37), Toulouse 2002.

H. Härtel, *Lollardische Lehrelemente im 14. und 15. Jahrhundert* (Diss.), Göttingen 1969.

W. Haug/W. Schneider-Lastin (Hgg.), *Deutsche Mystik im abendländischen Zusammenhang. Neu erschlossene Texte, neue methodische Ansätze, neue theoretische Konzepte. Kolloquium Kloster Fischingen 1998*, Tübingen 2000.

C. Hay (ed.), *Mathematics from Manuscript to Print, 1300-1600*, New York/Tokyo 1988.

M. G. Henninger, *Some Late Medieval Theories of the Category of Relation* (diss.), Los Angeles 1997.

J. N. Hillgarth, *Ramon Lull and Lullism in Fourteenth-century France* (Oxford-Warburg studies), London 1971.

M. J. F. M. Hoenen/A. de Libera (Hgg.), *Albertus Magnus und der Albertismus. Deutsche Philosophische Kultur des Mittelalters* (Studien und Texte zur Geistesgeschichte des Mittelalters 48), Leiden/New York 1995.

F. Hoffmann, *Ockham-Rezeption und Ockham-Kritik im Jahrzehnt nach Wilhelm von Ockham in Oxford 1322-1332* (Beiträge zur Geschichte der Philosophie und Theologie des Mittelalters. Texte und Untersuchungen, Neue Folge 50), Münster 1998.

G. Hoffmann, *Der Streit über die selige Schau Gottes (1331-38)*, Leipzig 1917.

U. Horst/J. D. Mixon (tr.), *The Dominicans and the Pope. Papal teaching authority in the medieval and early modern Thomist tradition* (The Conway lectures in medieval studies), Notre Dame 2006.

A. Hudson, *Lollards and their Books*, London 1985.

———*The Premature Reformation. Wycliffite texts and Lollard history*, Oxford 1988.

A. Hudson/M. Wilks (eds.), *From Ockham to Wyclif* (Studies in church history, Subsidia 5), Oxford 1987.

H. Hunger, *Die hochsprachliche profane Literatur der Byzantiner*, Berlin 1978.

"Imago mundi". La conoscenza scientifica nel pensiero bassomedioevale, 11-14 ottobre 1981 (Convegni del Centro di studi sulla spiritualità medievale 22), Todi 1983.

R. Imbach/C. Flüeler (Hgg.), *Albert der Große und die deutsche Dominikanerschule. Philosophische Perspektiven* (Sonderdruck aus der Freiburger Zeitschrift für Philosophie und Theologie 32, 1-2), Freiburg 1985.

D. Jacquart, *Le milieu médical en France du XIIe au XVe siècle. En annexe, 2e supplément au "Dictionnaire" d'Ernest Wickersheimer* (Hautes études médiévales et modernes 46), Genève/Paris 1981.

D. L. Jeffrey (ed.), *The Law of Love. English spirituality in the age of Wyclife*, Grand Rapids 1988.

A. Jevtitch/J.-L. Palierne (tr.), *Études hésychastes* (Collection La lumière du Thabor), Lausanne 1995.

Z. Kaluza, *Les querelles doctrinales à Paris. Nominalistes et realistes aux confins du XIVe et du XVe siecles* (Quodlibet 2), Bergamo 1988.

Z. Kaluza/P. Vignaux (éds.), *Preuve et raisons à l'Université de Paris. Logique, ontologie et théologie au XIVe siècle. Actes de la table ronde internationale organisée par le Laboratoire associé au C. N. R. S. no. 152, du 5 au 7 novembre 1981* (Études de philosophie médiévale, Hors série), Paris 1984.

M. Kaufhold (Hg.), *Politische Reflexion in der Welt des späten Mittelalters = Political thought in the age of scholasticism. Essays in honour of Jürgen Miethke* (Studies in medieval and Reformation thought 103), Leiden 2004.

H. Keffer, *De obligationibus. Rekonstruktion einer spätmittelalterlichen Disputationstheorie*, Leiden 2001.

H. Keiper (et al.) (eds.), *Nominalism and Literary Discourse. New perspectives* (Critical studies 10), Amsterdam 1997.

M. S. Kempshall, *The Common Good in Late Medieval Political Thought*, Oxford 1999.

H. Kischlat, *Studien zur Verbreitung von Übersetzungen arabischer philosophischer Werke in Westeuropa 1150-1400. Das Zeugnis der Bibliotheken* (Beiträge zur Geschichte der Philosophie und Theologie des Mittelalters. Texte und Untersuchungen, Neue Folge 54), Münster 2000.

D. Knowles, *The English Mystical Tradition* (Harper torchbooks 302), New York 1965.

S. Knuuttila, *Modalities in Medieval Philosophy* (Topics in medieval philosophy), London 1993.

———(et al.), *Philosophie médiévale, logique et sémantique* (Les études philosophiques 3), Paris 1996.

E. Konstantinou (Hg.), *Der Beitrag der byzantinischen Gelehrten zur abendländischen Renaissance des 14. und 15. Jahrhunderts* (Philhellenische Studien 12), Frankfurt am Main/Berlin/Bern/Bruxelles/New York/Oxford 2006.

K. Krautter, *Die Renaissance der Bukolik in der lateinischen Literatur des XIV. Jahrhunderts, von Dante bis Petrarca* (Theorie und Geschichte der Literatur und der

schönen Künste 65), München 1983.

N. Kretzmann (et al.) (eds.), *The Cambridge History of Later Medieval Philosophy. From the rediscovery of Aristotle to the disintegration of scholasticism, 1100-1600*, Cambridge 1982.

P. O. Kristeller, *Renaissance Thought. The classic, scholastic, and humanistic strains*, A rev. and enl. ed. of "The Classics and Renaissance Thought" (Harper torchbooks 1048), New York 1961.

———*Renaissance Philosophy and the Mediaeval Tradition* (Wimmer lecture 15), Latrobe 1966.

———*Le thomisme et la pensée italienne de la Renaissance* (Conférence Albert-le-Grand 1965), Montréal 1967.

P. O. Kristeller/E. P. Mahoney (ed./tr.), *Medieval Aspects of Renaissance Learning. Three essays* (Duke monographs in medieval and Renaissance studies 1), Durham 1974.

Z. Kuksewicz, *De Siger de Brabant à Jacques de Plaisance. La théorie de l'intellect chez les Averroïstes latins des XIIIe et XIVe siècles*, Wrocław/Ossolineum 1968.

———(ed.), *Averroïsme bolonais au XIVe siècle* (Institut de philosophie et de sociologie de l'Academie polonaise des Sciences), Ossolineum 1965.

H. Lagerlund, *Modal Syllogistics in the Middle Ages* (Studien und Texte zur Geistesgeschichte des Mittelalters 70), Leiden 2000.

H. S. Lang, *Aristotle's Physics and its Medieval Varieties* (SUNY series in ancient Greek philosophy), New York 1992.

O. Langer, *Christliche Mystik im Mittelalter. Mystik und Rationalisierung, Stationen eines Konflikts*, Darmstadt 2004.

Y. T. Langermann, *The Jews and the Sciences in the Middle Ages* (Variorum Collected Studies Series CS 624), Aldershot 1999.

O. Langholm, *The Merchant in the Confessional. Trade and price in the pre-Reformation penitential handbooks* (Studies in medieval and Reformation thought 93), Leiden 2003.

D. R. Leader, *The University to 1546* (*A history of the University of Cambridge*, vol. 1), Cambridge 1988.

G. Leff, *Heresy in the Later Middle Ages. The relation of heterodoxy to dissent c. 1250-c. 1450*, 2 vols., Manchester/New York 1967.

———*Paris and Oxford Universities in the Thirteenth and Fourteenth Centuries. An institutional and intellectual history* (New dimensions in history, essays in comparative history series), New York 1968.

———*The Dissolution of the Medieval Outlook. An essay on intellectual and spiritual change in the fourteenth century*, New York 1976.

C. Leijenhorst (et al.) (eds.), *The Dynamics of Aristotelian Natural Philosophy from Antiquity to the Seventeenth Century* (Medieval and early modern science 5), Leiden 2002.
D. R. Lesnick, *Preaching in Medieval Florence. The social world of Franciscan and Dominican spirituality*, Athens 1989.
Ch. Lewis, *The Merton Tradition and Kinematics in Late Sixteenth and Early Seventeenth Century Italy* (Saggi e testi. Università di Padova. Centro per la storia della tradizione aristotelica nel Veneto 15), Padova 1980.
G. J. Lewis, *Bibliographie zur deutschen Frauenmystik des Mittelalters* (Bibliographien zur deutschen Literatur des Mittelalters 10), Berlin 1989.
———*By Women, for Women, about Women. The Sister-books of fourteenth-century Germany* (Studies and texts 125), Toronto 1996.
P. O. Lewry (ed.), *The Rise of British Logic. Acts of the Sixth European Symposium on Medieval Logic and Semantics, Balliol College, Oxford, 19-24 June 1983* (Papers in mediaeval studies 7), Toronto 1983.
A. de Libera, *Introduction à la mystique rhénane, d'Albert le Grand à maître Eckhart* (Sagesse chrétienne 3), Paris 1984.
D. C. Lindberg, *Theories of Vision from al-Kindi to Kepler* (University of Chicago history of science and medicine), Chicago/London 1976.
———(ed.), *Science in the Middle Ages* (The Chicago history of science and medicine), Chicago 1978.
D. A. Lines, *Aristotle's Ethics in the Italian Renaissance (ca. 1300-1650). The universities and the problem of moral education* (Education and society in the Middle Ages and Renaissance 13), Leiden 2002.
G. M. Löhr, *Die Kölner Dominikanerschule vom 14. bis zum 16. Jahrhundert, mit einer Übersicht über die Gesamtentwicklung*, Köln 1948.
Ch. Lüthy (et al.) (eds.), *Late Medieval and Early Modern Corpuscular Matter Theories* (Medieval and early modern science 1), Leiden 2001.
R. Mackenney, *Renaissances. The cultures of Italy, c. 1300-c. 1600* (European studies series), Basingstoke 2005.
S. Magnavacca (et al.), *Cuatro aspectos de la crisis filosófica del siglo XIV* (Patristica et mediaevalia Serie C, Estudios monográficos 4), Buenos Aires 1993.
A. Maier, *Die Vorläufer Galileis im 14. Jahrhundert* (Studien zur Naturphilosophie der Spätscholastik, Bd. 1), Roma 1949; 2. erw. Aufl. 1966.
———*Zwei Grundprobleme der scholastischen Naturphilosophie. Das Problem der intensiven Größe. Die Impetustheorie* (Studien zur Naturphilosophie der Spätscholastik, Bd. 2), Roma 1951; 3. Aufl. 1968.
———*An der Grenze von Scholastik und Naturwissenschaft. Die Struktur der*

materiellen Substanz, das Problem der Gravitation, die Mathematik der Formlatituden (Studien zur Naturphilosophie der Spätscholastik, Bd. 3), Roma 1953.

――――*Metaphysische Hintergründe der spätscholastischen Naturphilosophie* (Studien zur Naturphilosophie der Spätscholastik, Bd. 4), Roma 1955.

――――*Zwischen Philosophie und Mechanik* (Studien zur Naturphilosophie der Spätscholastik, Bd. 5), Roma 1958.

A. Maierù, *Terminologia logica della tarda scolastica* (Lessico intellettuale europeo 8), Roma 1972.

A. Maierù/A. Paravicini Bagliani (eds.), *Studi sul XIV secolo in memoria di Annelise Maier* (Storia e Letteratura. Raccolta di Studi e Testi 151), Roma 1981.

――――*English Logic in Italy in the 14th and 15th Centuries. Acts of the 5th European Symposium on Medieval Logic and Semantics, Rome, 10-14 November 1980* (History of logic 1), Napoli 1982.

J. Marenbon, *Later Medieval Philosophy (1150-1350). An introduction*, London/New York 1987; 加藤雅人訳『後期中世の哲学 1150-1350』勁草書房，1989年。

U. Mariani, *Scrittori politici agostiniani del sec. XIV,* Firenze 1927.

H. Martin, *Le mêtier de prêdicateur en France septentrionale a la fin du Moyen age (1350-1520)*, Paris 1988.

R. Martorelli Vico, *Medicina e filosofia. Per una storia dell'embriologia medievale nel XIII e XIV secolo* (Hippocratica civitas 4), Milano 2002.

A. Mazzocco, *Linguistic Theories in Dante and the Humanists. Studies of language and intellectual history in late Medieval and early Renaissance Italy* (Brill's studies in intellectual history 38), Leiden/New York 1993.

E. W. McDonnell, *The Beguines and Beghards in Medieval Culture. With special emphasis on the Belgian scene*, New York 1969.

K. B. McFarlane, *Wycliffe and the Beginnings of English Nonconformity*, London 1952.

J. Meyendorff, *Byzantine Theology. Historical trends and doctrinal themes*, New York 1976.

K. Michalski/K. Flasch (Hg., eing.) *La philosophie au XIVe siècle. Six études*, Frankfurt am Main 1969.

J. Miethke, *De potestate papae. Die päpstliche Amtskompetenz im Widerstreit der politischen Theorie von Thomas von Aquin bis Wilhelm von Ockham* (Spätmittelalter und Reformation, Neue Reihe 16), Tübingen 2000.

I mistici. Scritti dei mistici francescani, secolo XIV (Mistici francescani, vol. II), Milano 1997.

J. Monfasani, *Byzantine Scholars in Renaissance Italy. Cardinal Bessarion and other émigrés. Selected essays* (Variorum Collected studies series CS 485), Aldershot 1995.

P. Morpurgo, *L'armonia della natura e l'ordine dei governi (secoli XII-XIV)* (Mi-

crologus' library 4), (Firenze) 2000.
G. S. Moule, *Corporate Theory, Canon Law, and the Censure of Academic Heresy at the University of Paris in the Fourteenth Century* (diss.), Madison 1999.
V. Mudroch/A. C. Reeves (ed.), *The Wyclyf Tradition*, Athens 1979.
B. Nardi, *Sigieri di Brabante nel pensiero del Rinascimento italiano,* Roma 1945.
——— *Saggi sull'aristotelismo padovano dal secolo XIV al XVI* (Studi sulla tradizione aristotelica nel Veneto 1), Firenze 1958.
——— *Studi di filosofia medievale* (Storia e letteratura 78), Roma 1979.
C. J. Nederman (ed.), *Political Thought in Early Fourteenth-century England. Treatises by Walter of Milemete, William of Pagula, and William of Ockham* (Medieval & Renaissance texts & studies 250. Arizona studies in the Middle Ages and the Renaissance 10), Tempe 2002.
F. Niewöhner/L. Sturlese (Hgg.), *Averroismus im Mittelalter und in der Renaissance,* Zürich 1994.
G. Nuchelmans, *Late-scholastic and Humanist Theories of the Proposition* (Verhandelingen der Koninklijke Nederlandse Akademie van Wetenschappen, Afd. Letterkunde, nieuwe reeks 103), Amsterdam 1980.
G. Nuchelmans/E. P. Bos (ed.), *Studies on the History of Logic and Semantics. 12th-17th Centuries* (Variorum Collected Studies Series CS 560), Aldershot 1996.
F. Oakley, *Omnipotence, Covenant & Order. An excursion in the history of ideas from Abelard to Leibniz*, Ithaca 1984.
——— *Omnipotence and Promise. The legacy of the scholastic distinction of powers* (The Etienne Gilson series 23), Toronto 2002.
H. A. Oberman, *Der Herbst der mittelalterlichen Theologie* (Spätscholastik und Reformation, Bd. 1), Zürich 1965.
C. O'Boyle, *The Art of Medicine. Medical teaching at the University of Paris, 1250-1400* (Education and society in the Middle Ages and Renaissance 9), Leiden 1998.
C. Ocker, *Biblical Poetics before Humanism and Reformation*, Cambridge 2002.
G. R. Owst, *Preaching in Medieval England. An introduction to sermon manuscripts of the period. c. 1350-1450*, New York 1965.
R. Paqué/E. Martineau (tr.), *Le statut parisien des nominalistes. Recherches sur la formation du concept de réalité de la science moderne de la nature. Guillaume d'Occam, Jean Buridan et Pierre d'Espagne, Nicolas d'Autrecourt et Grégoire de Rimini* (Épiméthée), Paris 1985.
R. Pasnau, *Theories of Cognition in the Later Middle Ages*, Cambridge 1997.
B. Paton, *Preaching Friars and the Civic Ethos. Siena, 1380-1480* (Westfield publications in medieval studies 7), London 1992.
H. Patze (Hg.), *Geschichtsschreibung und Geschichtsbewusstsein im späten Mittelalter*

(Vorträge und Forschungen 31), Sigmaringen 1987.

D. Perler, *Der propositionale Wahrheitsbegriff im 14. Jahrhundert* (Quellen und Studien zur Philosophie 33), Berlin/New York 1992.

———*Zweifel und Gewissheit. Skeptische Debatten im Mittelalter* (Philosophische Abhandlungen 92), Frankfurt am Main 2006.

E. Piergiovanni, *La metamorfosi dell'etica medioevale, secoli XIII-XV* (Scienze filosofiche 8), Bologna 1967.

J. Pinborg/H. Kohlenberger (Nachwort), *Logik und Semantik im Mittelalter. Ein Überblick* (Problemata 10), Stuttgart 1972.

O. Pluta (Hg.), *Die Philosophie im 14. und 15. Jahrhundert. In memoriam Konstanty Michalski (1879-1947)* (Bochumer Studien zur Philosophie 10), Amsterdam 1988.

G. Podskalsky, *Theologie und Philosophie in Byzanz. Der Streit und die theologische Methodik in der spätbyzantinischen Geistesgeschichte (14.-15. Jh.), seine systematischen Grundlagen und seine historische Entwicklung* (Byzantinisches Archiv 15), München 1977.

W. F. Pollard/R. Boenig (eds.), *Mysticism and Spirituality in Medieval England*, Woodbridge/Suffolk/Rochester/New York 1997.

A. Poppi, *Introduzione all'aristotelismo padovano*, 2 ed. (Saggi e testi 10), Padova 1991.

P. Porro (ed.), *The Medieval Concept of Time. Studies on the scholastic debate and its reception in early modern philosophy* (Studien und Texte zur Geistesgeschichte des Mittelalters 75), Leiden 2001.

R. R. Post, *The Modern Devotion. Confrontation with Reformation and humanism* (Studies in medieval and Reformation thought 3), Leiden 1968.

La predicazione dei frati della metà del'200 alla fine del'300. Atti del XXII Convegno internazionale Assisi, 13-15 ottobre 1994 (Atti dei convegni della Società internazionale di studi francescani e del Centro interuniversitario di studi francescani, Nuova ser. 5), Spoleto 1995.

J. H. Randall, *The School of Padua, and the Emergence of Modern Science*, Padova 1961.

J. Rattner/G. Danzer, *Die Geburt des modernen europäischen Menschen in der italienischen Renaissance 1350-1600. Literarische und geistesgeschichtliche Essays*, Würzburg 2004.

S. Read (ed.), *Sophisms in Medieval Logic and Grammar. Acts of the Ninth European Symposium for Medieval Logic and Semantics, held at St. Andrews, June 1990* (Nijhoff international philosophy series 48), Dordrecht 1993.

H. de Ridder-Symoens (ed.), *Universities in the Middle Ages* (A history of the university in Europe, vol. 1), Cambridge 1991.

E. Rogent/E. Durān, *Bibliografia de les impressions Lul•lianes, I: 1480-1600,* Mallor-

ca 1989.
———*Bibliografia de les impressions Lul•lianes, II: 1601-1700*, Mallorca 1991.
———*Bibliografia de les impressions Lul•lianes, III: 1701-1868*, Mallorca 1991.
I. Rosier, *La grammaire spéculative des modistes* (Linguistique), Lille 1983.
P. Rossi/C. De N. Ipsen (tr.), *The Birth of Modern Science* (The making of Europe), Oxford/Malden 2001.
P. Rossi, *I filosofi e le macchine 1400-1700* (Universale economica. Saggi), Milano 2002.
K. Ruh, *Scholastik und Mystik im Spätmittelalter* (Kleine Schriften II), Berlin 1984.
———*Die Mystik des deutschen Predigerordens und ihre Grundlegung durch die Hochscholastik* (*Geschichte der abendländischen Mystik*, Bd. III), München 1996.
———*Die Niederländische Mystik des 14. bis 16. Jahrhunderts* (*Geschichte der abendländischen Mystik*, Bd. IV), München 1999.
———(Hg.), *Altdeutsche und altniederländische Mystik* (Wege der Forschung 23), Darmstadt 1964.
E. L. Saak, *High Way to Heaven. The Augustinian platform between reform and Reformation, 1292-1524* (Studies in medieval and Reformation thought 89), Leiden 2002.
R. Sabbadini, *Le scoperte dei codici latini e greci ne'secoli XIV e XV, nuove ricerche col riassunto filologico dei due volumi*, Firenze 1914; edizione anastatica con nuove aggiunte e correzioni dell'autore a cura di E. Garin, Firenze 1996.
B. Sandkühler, *Die frühen Dantekommentare und ihr Verhältnis zur mittelalterlichen Kommentartradition* (Münchner romanistische Arbeiten 19), München 1967.
J.-I. Saranyana, *Filosofía y teología en el Mediterráneo occidental (1263-1490)* (Colección Historia de la Iglesia 35), Pamplona 2003.
R. Schönberger, *Die Transformation des klassischen Seinsverständnisses. Studien zur Vorgeschichte des neuzeitlichen Seinsbegriffs im Mittelalter* (Quellen und Studien zur Philosophie 21), Berlin 1986.
H. Schüssler, *Der Primat der Heiligen Schrift als theologisches und kanonistisches Problem im Spätmittelalter* (Veröffentlichungen des Instituts für Europäische Geschichte Mainz 86), Wiesbaden 1977.
H. J. Schwager, *Die deutsche Mystik und ihre Auswirkungen (Von Meister Eckart bis Schelling)* (Kirchengeschichtliche Quellenhefte 15), Gladbeck 1965.
A. G. Seesholtz, *Friends of God. Practical mystics of the fourteenth century*, New York 1970.
N. G. Siraisi, *Medicine and the Italian Universities, 1250-1600* (Education and society in the Middle Ages and Renaissance 12), Leiden 2001.
Società internazionale di studi francescani (ed.), *Santi e santità nel secolo XIV. Atti*

del XV convegno internazionale, Assisi, 15-16-17 ottobre 1987, Perugia, 1989.

F. Somerset (et al.) (eds.), *Lollards and their Influence in Late Medieval England*, Woodbridge 2003.

P. V. Spade, *The Mediaeval Liar. A catalogue of the insolubilia-literature* (Subsidia mediaevalia 5), Toronto 1975.

———*Lies, Language and Logic in the Late Middle Ages* (Collected studies series CS272), London 1988.

H. L. Spencer, *English Preaching in the Late Middle Ages*, Oxford 1993.

M. Spinka (ed.), *Advocates of Reform. From Wyclif to Erasmus* (The Library of Christian Classics 14), London 1953.

K. A. Sprengard, *Systematisch-historische Untersuchungen zur Philosophie des XIV. Jahrhunderts. Ein Beitrag zur Kritik an der herrschenden spätscholastischen Mediaevistik*, 2 Bde., Bonn 1967.

G. Stamer (Hg.), *Die Realität des Inneren. Der Einfluß der deutschen Mystik auf die deutsche Philosophie* (Philosophy & representation 8), Amsterdam 2001.

P. A. Streveler, *The Problem of Future Contingents from Aristotle through the Fifteenth Century, with Particular Emphasis upon Medieval Views* (diss.), Madison 1970.

L. Sturlese, *Homo divinus. Philosophische Projekte in Deutschland zwischen Meister Eckhart und Heinrich Seuse*, Stuttgart 2007.

T. Suarez-Nani, *Les anges et la philosophie. Subjectivité et fonction cosmologique des substances séparées à la fin du XIII*[e] *siècle* (Études de philosophie médiévale 82), Paris 2002.

R. N. Swanson, *Religion and Devotion in Europe, c. 1215-c. 1515* (Cambridge medieval textbooks), Cambridge 1995.

J. J. Swiniarski, *Theories of Supposition in Medieval Logic. Their origin and their development from Abelard to Ockham* (diss.), Buffalo 1970.

E. D. Sylla, *The Oxford Calculators and the Mathematics of Motion, 1320-1350. Physics and measurement by latitudes* (Harvard dissertations in the history of science), New York 1991.

K. H. Tachau, *Vision and Certitude in the Age of Ockham. Optics, epistemology and the foundations of semantics 1250-1345* (Studien und Texte zur Geistesgeschichte des Mittelalters 22), Leiden 1988.

S. Tanz/E. Werner, *Spätmittelalterliche Laienmentalitäten im Spiegel von Visionen, Offenbarungen und Prophezeiungen* (Beiträge zur Mentalitätsgeschichte 1), Frankfurt am Main/New York 1993.

B. Tatakis, *La philosophie byzantine* (Histoire de la philosophie, par É. Bréhier fasc. supplémentaire 2), Paris 1949.

L. Taylor, *Soldiers of Christ. Preaching in late medieval and reformation France*, New York 1992.

J. M. M. H. Thijssen, *Censure and Heresy at the University of Paris, 1200-1400* (Middle Ages series), Philadelphia 1998.

B. Tierney, *Ockham, the Conciliar Theory, and the Canonists* (Facet books. Historical ser. 19), Philadelphia 1971.

———— *The Idea of Natural Rights. Studies on natural rights, natural law and church law 1150-1625* (Emory University studies in law and religion 5), Atlanta 1997.

Ch. Trinkaus, *Renaissance Transformations of Late Medieval Thought* (Variorum Collected Studies Series CS 671), Aldershot 1999.

E. Troilo, *Averroismo e aristotelismo padovano* (Opuscoli accademici 7), Firenze 1939.

C. Trottmann, *La vision béatifique. Des disputes scolastiques à sa définition par Benoît XII* (Bibliothèque des Écoles françaises d'Athènes et de Rome 289), Roma 1995.

G. H. Tucker, *Forms of the "Medieval" in the "Renaissance". A multidisciplinary exploration of a cultural continuum* (EMF Critiques), Charlottesville 2000.

G. W. Tuma, *The Fourteenth Century English Mystics. A comparative analysis*, 2 vols. (Salzburg Studies in English literature. Elizabethan & Renaissance studies 61-62), Salzburg 1977.

S. Unguru (ed.), *Physics, Cosmology, and Astronomy, 1300-1700. Tension and accommodation* (Boston Studies in the philosophy of science 126), Dordrecht/Boston 1991.

A. Vettese (et al.) (eds.), *Sopra la volta del mondo. Onnipotenza e potenza assoluta di Dio tra Medioevo e età moderna*, Bergamo 1986.

P. Vignaux, *Nominalisme au XIVe siècle* (Conférence Albert-le-Grand 1948), Montréal 1948; Paris 1982.

H. Weber, *Histoires d'idées et des combats d'idées. Aux XIVe et XVe siècles de Ramon Lull à Thomas More* (Etudes et essais sur la Renaissance 13), Paris 1997.

O. Weijers/L. Holtz (eds.), *L'enseignement des disciplines à la Faculté des arts (Paris et Oxford, XIIIe-XVe siècles). Actes du colloque international* (Studia Artistarum 4), Turnhout 1997.

J. R. Weinberg, *Ockham, Descartes, and Hume. Self-knowledge, substance, and causality*, Madison/London 1977.

D. Weinstein (et al.) (eds.), *La figura de Jerónimo Savonarola y su influencia en España y Europa* (Il tempo di Savonarola. Seconda serie di "Savonarola e la Toscana" 1), Firenze 2004.

F.-W. Wentzlaff-Eggebert, *Deutsche Mystik zwischen Mittelalter und Neuzeit. Einheit und Wandlung ihrer Erscheinungsformen*, 3. erw. Aufl. Berlin/New York 1969; 横山滋訳『ドイツ神秘主義』国文社，1979年。

S. Wenzel, *Monastic Preaching in the Age of Chaucer* (The Morton W. Bloomfield